창피하게 아직도 찍기 책으로
토익 공부하십니까?

EBS 최장수 프로그램 'RADIO TOEIC'의 진행자 임귀열 교수 +
미국 현지 일류대학 언어학 교수들 +
토익 시험 출제진(ETS) = 국내 유일의 정통 토익!
토익 단기완성에서 미국 현지 영어까지!

이 시대 최고의 토익 마스터 임귀열 교수가 보장하는 토익의 정석!

- 미국의 TOP 10 대학교 영문과 언어학 교수님들이 출제했습니다
- 토익 주관사인 ETS(Educational Testing Service) 출제진이 참여했습니다
- 지난 20여년간 출제된 문제를 철저히 분석, 각 파트별로 방향을 제시했습니다
- 예상문제를 유형별로 분류, 제시했고, 500여 개의 연습문제는 토익의 완성을 보장합니다
- 연습문제는 실전 토익보다 높은 난이도로 본 시험에서의 적응력을 높여드립니다
- 2000년 이후 업그레이드된 최신 경향을 반영해 어려워진 문제에 철저히 대비할 수 있습니다
- EBS 최장수 프로그램 진행자 임귀열 교수의 해설이 있습니다
- 토익 고득점에 필수적인 발음과 어법에 관한 임귀열 교수만의 노하우를 실었습니다
- 단순한 문제풀이에 그치지 않고 다양한 표현을 제시해 현지영어를 익힐 수 있습니다
- 토익 고득점과 영어실력 향상이라는 두 마리 토끼를 잡았습니다

Listening 값 17,500원

Reading 값 15,500원

임귀열 (코넬대학교 교수, EBS Radio TOEIC 진행) 지음

임귀열 THE TOEIC

종합편
임귀열 The TOEIC Listening
임귀열 The TOEIC Reading
임귀열 The TOEIC 강의해설편

실전편
임귀열 The TOEIC Intermediate Version
임귀열 The TOEIC Advanced Version

어휘편
VOCABULARY Listening 3월 출간
VOCABULARY Reading 3월 출간

주니어편
중고생을 위한 임귀열 The TOEIC Listening 5월 출간
중고생을 위한 임귀열 The TOEIC Reading 5월 출간

문자학습에서 소리학습으로!
영어학습 패러다임의 대전환기에 던지는 메시지
일본, 중국, 대만에 수출되어 베스트셀러에 오른 아시아 대표 영어학습법!

영어공부 절대로 하지 마라!
2권 아직도 영어공부 하니? 정찬용 지음 / 각권 8,500원

영어공부 절대로 하지 마라! 에피소드 | 1 | 영어뉴스 듣기편
이재룡 할아버지, 297시간만에 귀를 뚫다 이재룡 지음 / 5,800원

영어공부 절대로 하지 마라! 소리영어 시리즈 듣기와 받아쓰기
듣기와 받아쓰기 일반용
듣기와 받아쓰기 주니어용
듣기와 받아쓰기 비기너용

중학생 소리영어 시리즈
중학생 소리영어 DESE 입문편
중학생 소리영어 DESE 기본편
중학생 소리영어 DESE 실력편
중학생 소리영어 DESE 종합편

저자 : John Frankl, Donna Lee, 김민선, 최수영, 김분, 문현정, 조형제 선생님
각권 15,000원 / 본책, 듣기 대본 및 정답, 듣기테이프 3개 포함 / 전면 컬러

소리영어 시리즈 듣기와 받아쓰기 Advanced Version
듣기와 받아쓰기 명연설편
듣기와 받아쓰기 발음훈련편
듣기와 받아쓰기 뉴스 청취편
사회평론 어학당 교재개발팀 지음 / 테이프 2개 포함 각권 9,800원

1년 6개월이면 영어책을 읽게 만드는 어린이 영어의 정석
조기유학 절대로 보내지 마라!
송순우 지음 / 8,800원

우리 아이 영어, 아홉 살에 끝냈어요!
곽유경, 이윤민 지음 / 6,800원

대한민국 대표영어학습법 www.ksEnglish.com

사회평론 서울시 마포구 망원동 481-1 동성빌딩 4층 Tel 326-1182(代) Fax 326-1626 E-mail : editor@ksenglish.com

www.changhae.com

새우와 고래가 함께 숨쉬는 바다
전화:(02)333-5678/팩스:(02)322-3333

창해ABC북

풍부한 화보, 지적 호기심의
연쇄반응을 일으키는 사전식 편집.
한권 한권 모으다 보면
어느새 '나만의 맞춤 백과사전' 이 된다.

● **인터넷을 능가하는 ABC북**
'가나다' 순으로 구성된 사전식 편집, '검색' 과 '링크' 의 기능

● **백과사전을 뛰어넘는 ABC북**
테마별로 독립 구성된 심층적인 맞춤 정보

● **할리우드를 초월하는 ABC북**
올 컬러 그림들과 함께 입체적으로 넘나드는 상상력의 보고

● **노트북 컴퓨터보다 뛰어난 ABC북**
한 손에 잡히는, 가볍지만 한없이 고급스런 교양 실용서

창해 ABC북은 계속 발행됩니다. 전면 컬러, 각권 128쪽 내외, 각권 9,000원

※현재 40권 발행!

창해ABC북 출간 도서

001 반 고흐	008 고대 이집트	015 초콜릿	022 프랑스	028 차	035 신화
002 샤갈	009 람세스2세	016 프랑스 학교	낭만주의	029 조르주 상드	036 축구
003 밀레	010 베르사유	017 오르세 미술관	023 향신료	030 레바논	037 자금성
004 넥타이	011 맥주	018 모네	024 공화국과 시민	031 세비녜	038 베르메르
005 와인	012 세잔	019 과일	025 알렉산드리아	032 들라크루아	039 피카소
006 커피	013 프랑스 영화	020 1930년대	026 몽생미셸	033 해	040 시가
007 개 이야기	014 고양이	021 하늘	027 미식	034 뒤피	

근간 예정 도서 이슬람교, 위스키, 사막, 장미, 상징주의와 아르누보, 꿀, 나무, 쿠르베, 그리스도교, 뇌, 인상주의, 레제

생각의나무가 펴내는 오늘의 삶과 문화의 오디세이, 탐사와 산책 시리즈

저항과 금욕의 시대에 한글로 쓰여진 최초의 에로스 찬가
이병주가 주유한 동서양의 에로스 역사

이병주의 에로스문화탐사

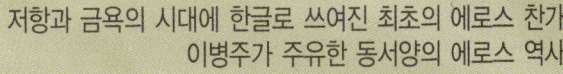

남과 다른 나만의 삶을 연출하는
일상 생활 속의 18가지 아주 특별한 명품이야기

윤광준의 생활명품산책

인류의 1/5을 상대로 벌이는 도박!
중국의 사회주의 시장경제 실험에 대한 생생한 현장보고

정운영의 중국경제산책

최고의 건축가가 타고난 눈으로 찾아낸 건축과 문명정신

김석철의 20세기건축산책

사랑이란 — 자기가 제일 좋아하는 만화책을 빌려주는것

성완경의 세계만화탐사

그리스 로마 신화보다 더욱 중요하고 흥미진진한
성서의 신앙과 신화 250여 컷의 명화와 함께 하는 성서 기행

온 가족이 함께 읽는 구약성서, 신약성서 이야기

전화 02-713-2277 팩스 02-713-4247 www.itreebook.com   생각의 나무

  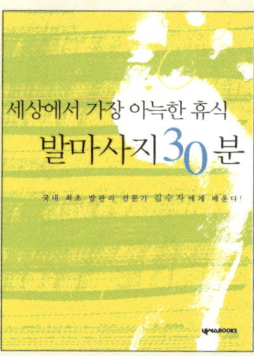

"힘들게 살아온 나에게, 이런 선물 어떨까요"

"스트레칭의 진리를 전하는 바이블"
아름다운 몸의 혁명 스트레칭 30분 13000원 (포스터 1장, 카드 4장 포함)

"우리집 주치의, 이제 수지침입니다"
행복을 지키는 과학 수지침 30분 18500원 (수지침 다이어트 핸드북 1권, 수지침도구 세트 포함)

"베스트셀러의 상식을 바꿔버린 책"
세상에서 가장 아늑한 휴식 발마사지 30분 15000원 (다용도 마사지봉 포함)

넥서스BOOKS

TEL 02 3949 003 FAX 02 394 2138

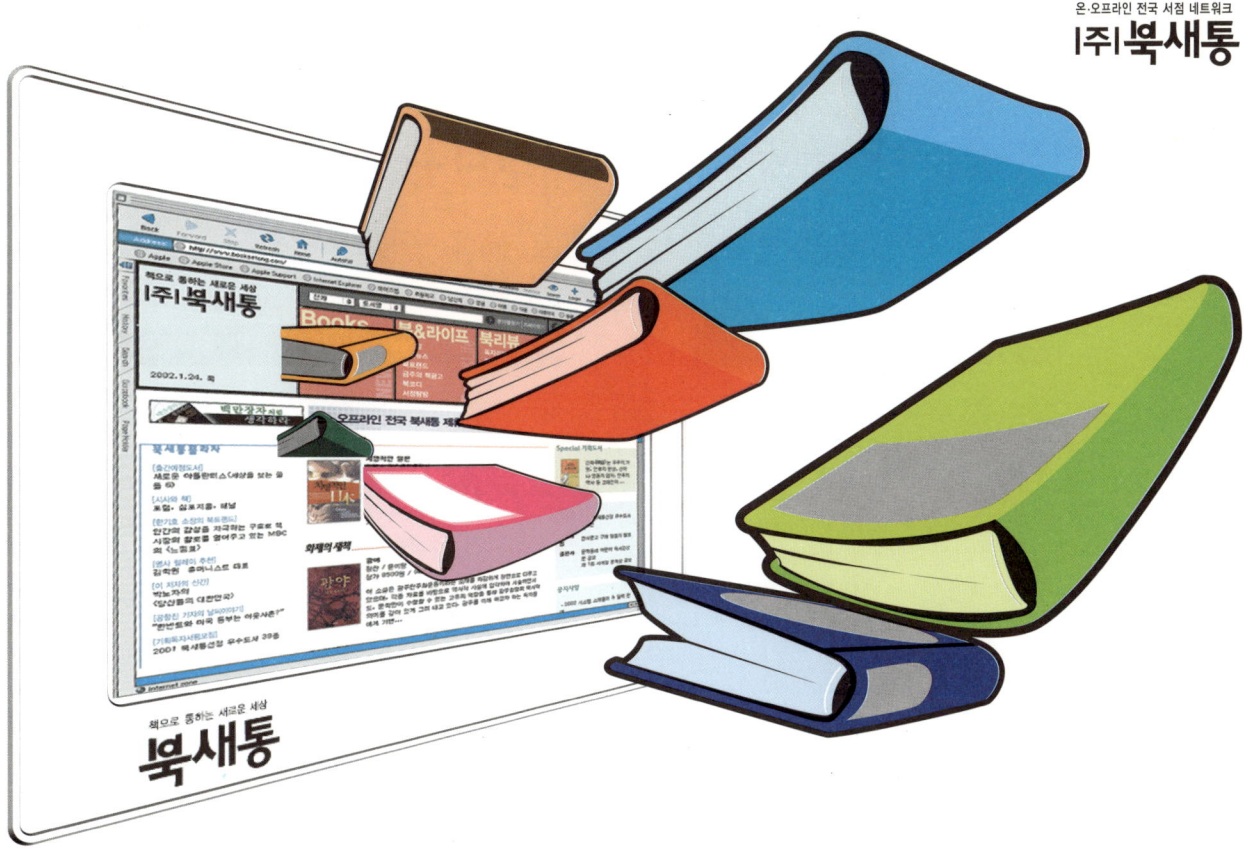

북새통만의 신개념유통 시스템으로...

북새통은 전국의 유명 중대형 서점이 함께 만든 국내 최대의 온·오프라인 전국 서점 네트워크입니다.
이제 북새통이 출판유통의 새로운 지평을 열어가겠습니다.

서점을 위한 북새통사업

- 고객 구매성향 분석, 이메일 마케팅 등을 손쉽게 구현할 수 있도록
  북새통이 개발한 '서점 고객관리 시스템' 제공
- 북새통 회원카드 발급 및 고객 구매금액의 5%포인트 누적서비스 실시
- 국민카드 5% 청구할인, 우수회원 특가 판매 등의 다양한
  고객 서비스 확대를 통한 매출 보장
- 서점 복합문화공간화를 위한 제반 환경 지원
  (민원서류 발급, 지역문화 이벤트 후원, 현금 인출기 배치)
- 음반, DVD, 게임프로그램, 캐릭터 상품, 문구류 등
  특가상품 제공으로 판매상품의 다양화 추진
- 전국 규모 이벤트 개최를 통해 고객 확보, 판매 증진 기회 제공
- 전국 규모의 서점 홍보 대행
- 서점 개별 사이트 개설 및 운영 대행
- 북새통의 특별 기획상품인 오렌지북 제공

출판사를 위한 북새통사업

- 북새통에서 개발한 독자, 출판사, 서점을 하나로 연결하는
  신개념 유통시스템의 보급을 통해 출판사가 필요로 하는 판매 데이터 제공
- 전국 제휴서점에서 집계된 고객 구매 정보 제공을 통해 고객 다이렉트 마케팅,
  효과적 홍보 전략 수립, 과학적 출판 기획 근거 제공
- 북새통 제휴서점에 특별 판매대를 설치, 적극적 신간 홍보를 통한 매출증진 도모
- 북새통 사이트에 제휴출판사 신간 우선 홍보
- 우수 회원특가 코너 개설을 통한 충성 고객 확보

서울시 종로구 경운동 88번지 수운회관 5층 Tel 02-725-1511 Fax 02-725-5840
WWW.BOOKSETONG.COM

뜨인돌 홈페이지 www.nobinson.com / TEL 02-734-7711

대한민국 대표 에듀테인먼트 「신나는 노빈손 시리즈」
일본에 이어 중국으로 전격 수출!

신나는 노빈손 시리즈

로빈슨 크루소 따라잡기

**무인도에서 살아남는 법을 재밌게 풀어낸
유쾌한 생활과학 입문서**

불의의 사고로 무인도에 표류한 노빈손. 살아남기 위해선 혼자 힘으로 바닷물을 증류해 식수를 만들고 물렌즈를 이용해 불을 피우고 맨손으로 사냥을 해 식량을 얻어야 하는데…….

박경수·박상준 지음/ 이우일 일러스트/ 올컬러/ 7,500원

과학기술부 선정 우수과학도서 | 간행물윤리위 청소년 권장도서 |
한국출판인회의 청소년 추천도서 | 전교조 권장도서

노빈손의 아마존 어드벤처

**아마존의 신비한 자연과 환경의 중요성을
일깨우는 노빈손의 대활약**

무인도에 이어 아마존 정글에 떨어진 노빈손.
여인왕국에 얽힌 신탁의 비밀을 풀어나가는데…
환경파괴꾼들과의 숨막히는 두뇌 싸움을 기대하시라!

박경수·장경애 지음/ 이우일 일러스트/ 올컬러/ 7,900원

노빈손의 버뮤다 어드벤처

**신비의 바다 버뮤다와 사라져 버린 대륙
아틀란티스를 찾아 떠나는 노빈손의 대모험!**

개헤엄도 못 치는 노빈손이 바다에 떨어졌다!
군함도, 비행기도 꿀꺽 삼켜 버리는 버뮤다 삼각해역.
그곳에서 만난 수중인간들.
허걱! 이들의 정체는 과연 뭘까?

박경수·김훈기 지음/ 이우일 일러스트/ 올컬러/ 7,900원

노빈손의 계절탐험 시리즈

조선일보
소년조선일보 선정
좋은책

노빈손의 여름사냥

여름에 관한 모든 것을 담을 잡학 사전!

덥다고 수박을 허겁지겁 먹어대며 공포영화를
보더니 노빈손 결국 사고를 치고 말았다.
그 나이에 이불에 지도를 그리다니…
허겁지겁 도망쳐 나온 노빈손,
자 이제 더위 퇴치 대작전이 시작된다.

허문선·함윤미·문혜진 지음/이우일 일러스트/올컬러/7,900원

한국간행물
윤리위 선정
청소년 권장도서

노빈손의 가을여행

풍성한 가을이 그득한 계절백과사전

아름다운 그녀에게 잘 보이기 위해
시를 쓰기로 결심한 가을 남자 노빈손!
아버지 바바리 코트까지 몰래 입고 시를 찾아 떠난
가을 여행에선 어떤 일들이 기다리고 있을까?
자, 노빈손과 함께 가을을 습격하러 떠나 볼까!

함윤미·문혜진 지음/ 이우일 일러스트/올컬러/7,900원

**직접 체험하며
즐겁게 배운다.
노빈손 가다! 시리즈**

노빈손 에버랜드에 가다!

놀이공원에서 만난 과학

터프 걸 말숙이에게 끌려 에버랜드에 가게 된 노빈손.
위 아래 사방팔방으로 몸부림치는 놀이기구에
다리는 후들후들 떨려오고… 과연 노빈손에겐 어떤 일이 벌어질까?

박경수 지음/ 이우일 일러스트/올컬러/7,900원

베스트셀러의 시대적 의미를 깊게 성찰하는 출판 무크

베스트셀러 이렇게 만들어졌다 02

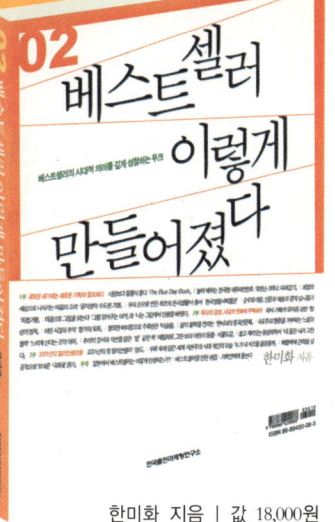

2001년 베스트셀러의 키워드를 한눈에 …
책의 탄생과 성장을 생산자의 관점으로 바라본 출판 필독서

2001년에 탄생한 밀리언셀러와 새로운 기획과
감성으로 독자를 사로잡은 화제작들을 다루며
그 이면에 숨겨진 문화 트렌드와
독자들의 욕구, 사회 현상을 연관지어 살펴본다.
일본의 베스트셀러 탄생기와 우리 출판인들이
직접 전하는 베스트셀러 기획 이야기도 볼 수 있다

한미화 지음 | 값 18,000원

『The Blue Day Book』 — 사람보다 동물이 좋다
『로빈슨 크루소 따라잡기』 — 놀며 배우는 한국형 에듀테인먼트
『공지영의 수도원 기행』 — 희망의 세상으로 나아가는 마음의 소리
『그림 읽어주는 여자』와 『나는 그림에서 인생을 배웠다』 — 마음으로 그림을 읽는다
'한국생활사박물관' — 우리 손으로 만든 최초의 한국생활사 총서
『상도』 — 2001년 첫 밀리언셀러

베스트셀러 이렇게 만들어졌다 01

한 권의 빅셀러가 어떻게 탄생하는지 살핀 베스트셀러 보고서

『부자 아빠 가난한 아빠』, 『가시고기』 등 시대의 핵심과
독자의 욕구를 짚어낸 우리 시대 베스트셀러의 탄생기!
한 권의 책이 베스트셀러가 되는 과정과 시대적 의미를
성찰하는 본격 출판 무크

한미화 지음 | 값 15,000원

한국출판마케팅연구소 서울 마포구 동교동 183-21 1층 전화 336-5675, 팩스 337-5347 이메일 kpm@chollian.net 전국총판 ㈜송인서적 전화 491-2555, 팩스 439-5088~

한국출판마케팅연구소 출판총서

디지털 시대의 책 만들기
2000년대 출판시장의 키워드는 이것이다! 한기호의 출판시평! 한기호 지음 값 10,000원

어느 게으름뱅이의 책읽기
한권의 책에 담긴 의미를 겹쳐 읽기와 깊이 읽기를 통해 퍼올린 독서일기 이권우 지음 값 8,000원

우리에게 온라인 서점은 과연 무엇인가
온라인 서점의 정체성과 오프라인 서점의 가능성에 관한 보고서 한기호 지음 값 8,000원

e-북이 아니라 e-콘텐츠다
e-북의 등장은 책의 혁명인가 해프닝인가? 그 논쟁에 마침표를 찍는다. 한기호 지음 값 8,000원

베스트셀러 죽이기
비판과 풍자정신으로 읽어낸 베스트셀러 옹호론! 최성일 지음 값 8,000원

책의 현장 2001
출판인 9명이 진단하는 2000년 한국 출판! 한국출판마케팅연구소 편 값 15,000원

베스트셀러 이렇게 만들어졌다 01
한 권의 빅셀러가 어떻게 탄생하는지 살핀 베스트셀러 보고서 한미화 지음 값 15,000원

우리시대 스테디셀러의 계보
사회·문화적 배경과 독자의 욕구로 살려본 스테디셀러의 사회사 한미화 지음 값 8,000원

베스트셀러 이렇게 만들어졌다 02
베스트셀러의 시대적 의미를 깊게 성찰하는 출판 무크 지음 값 18,000원

한국출판마케팅연구소 서울 마포구 동교동 183-21 전화 336-5675·6, 팩스 337-5347 e-mail kpm@chollian.net 전국총판 송인서적 전화 491-2555 팩스 439-5088~5090

책의 현장

2001년 결산을 통해 살핀 2002년 출판의 비전

책의 현장

2002

한국출판마케팅연구소

초판 1쇄 인쇄일 | 2002년 2월 5일
초판 1쇄 발행일 | 2002년 2월 10일

발행인 | 한기호
펴낸곳 | 한국출판마케팅연구소
출판등록 | 2000. 11. 6. 제10-2065호
주소 | 121-200 서울시 마포구 동교동 183-21 암곡빌딩 1층
전화 | (02)336-5675~6   팩스 | (02)337-5347
e-Mail | kpm@chollian.net

표지디자인 | 김진

ISBN | 89-89420-09-1   03010
ⓒ한국출판마케팅연구소, 2002, Printed in Korea

총판 | ㈜송인서적 / 전화 (02)491-2555, 팩스 (02)439-5088~90

* 책 값은 뒤표지에 표시되어 있습니다.

머리글 · 2002년 출판 전망

우리 출판의 '르네상스 시대'는 다시 오고 있는가?

한기호 (한국출판마케팅연구소장)

20세기 말에는 '종이책의 종말'이 당연한 것처럼 여겨진 적이 있었다. 이른바 'e-북 열풍'이 몰아치면서 그야말로 '종이 없는paperless' 시대가 임박한 것이 아닌가 하는 두려움이 엄습했다. 그 당시, 인기작가 이문열은 〈동아일보〉(2000. 5. 29)와의 인터뷰에서 "미국에서 나온 PDA의 단말기를 보니까 외양도 크지 않고 사용에도 불편하지 않더라. 앞으로는 작은 단말기 하나만 들고 다니면서 수백, 수천 권의 책을 볼 수 있게 된다. 적어도 5년 이내에 전자책이 적어도 60~70%이 차지하리라고 본다"는 성급한 예측을 했다. 그 자신이 책 문화에 대한 대단한 무지를 드러낸 것이지만 2000년에 이런 'e-북 열풍'을 주도한 것은 국내의 무책임한 언론들이었다. 가령 다음과 같은 기사를 보자.

'e-북'과 종이책… 맞붙으면 누가 이길까. 인터넷이 출판과 독서 패턴을 갈아엎고 있다. 인터넷이 종이책을 대신할 것이 아니라는 상투적인 경보가 아니다. 문제는 이미 책 혁명이 시작됐음에도 출판 유통 서점 독자 등 전방위로 진행되는 그 혁명의 방향과 속도를 예측하기 힘들다는 데 있다. 90년대 출판을 주도했던 주요 출판사들은 한결같이 '앞이 안 보인다'는 절망에 가까운 신음을 내고 있다. 폭풍의 진원지는 디지털북이라 할 수 있는 e-북의 등장이다. 가뜩이나 N세대를 중심으로 책읽기 대신 인터넷 서핑에 더 많은 시간을 쏟고 있는 풍조에서 기존의 종이책이 인터넷으로 들어간다는 뜻이다. 출판계는 현재 3조원 가량 되는 단행본 시장 규모의 절반인 1조5000억원 정도가 5년 내에 디지털북 시장으로 옮겨갈 것으로 전망하고 있다. (〈조선일보〉 2000년 2월 15일)

e-북의 시장성은 여전히 확인되지 않고 있다.

그러면 이런 예측은 맞았는가? 적어도 현재까지는 '아니올시다'이다. 이 기사를 실은 조선일보에서마저 「e-북」에서 종이책으로 '유턴'」이란 기사(2001년 2월 26일)가 게재되기도 했지만, '그 많던 e-북 업체들은 다 어디로 갔을까' 하는 생각이 들 정도로 우후죽순 등장하던 e-북 업체들은 대부분 추풍낙엽처럼 사라지고 없다. 단지 몇 개의 회사가 살아남아 전자책 전용 단말기를 내놓거나 인터넷에서 얻은 정보는 '무조건 무료'라는 인식의 확산으로 인해 고객을 대상으로 한 B2C 사업이 잘 안 되니까 도서관, 학교, 기업체 등을 대상으로 한 B2B 시장을 겨냥한 영업을 진행하고 있다. 그러나 이것은 e-북 업체들이 엄밀하게 실낱같은 목숨이나마 연명하는 것은 될지언정 출판업체나 저자에게 실질적인 이익을 가져다주는 것은 아니어서 그 앞날을 예측하기 어렵다. e-북 업체들이야 어떻게든 살아남아 보려고 몸부림치고 있지만 이미 대부분의 출판사들은 "아직도 e-북 이야기를 하고 있냐"는 매우 싸늘한 반응을 보이고 있다.

e-북의 진원지인 미국에서도 e-북에 대해서는 냉담한 반응이다. 작년 8월 28일자 뉴욕타임즈에 'e-북 시대의 예견은 시기상조인 듯하다'는 기사를 쓴 데이비드 D. 패트릭은 "전자책은 먼지가 쌓이지 않는다는 이점밖에 없는 듯하다. 전자책을 구입하는 사람은 거의 없는 실정이다. 출판사와

온라인 서점의 고백에 따르면, 전자책의 베스트셀러가 고작해야 1천 부를 판매한 정도일 뿐만 아니라, 그 수가 극소수에 불과하며 대부분의 전자책이 거의 팔리지 않는다. 게다가 텍스트를 디지털 포맷으로 전환시키는데 소요된 수백 달러의 비용을 회수한 전자책도 손가락으로 헤아릴 정도"라고 쓰고 있다.

실제로 e-북에 기대를 걸었던 출판사들도 벌써 발을 빼고 있다. 작년 11월에 미국의 유명 출판사인 랜덤하우스가 e-북 사업 철회를 밝힌 데 이어, 12월에는 타임워너북스가 연내에 e-북 출판 부서인 iPublish.com을 폐지한다고 밝혀 사실상 e-북의 실패를 선언했다. 그 이전인 작년 초에는 또 다른 e-북 출판사인 xLibris.com도 직장해고를 선언한 바 있었다. 엎친 데 덮친 격으로 미국작가협회까지 e-북이 저작권을 침해한다며 반발하고 나서 e-북 시장을 얼어붙게 만들었다.

이렇게 예상이 크게 빗나간 것은 우리 나라의 언론이나 작가, e-북 업자들이 디지털을 엄연한 문명사적 전환으로 바라보지 않고 단지 일순간에 자본을 증식시킬 수 있는 수단으로만 여겼기 때문에 일어난 착각 때문이다. 최근의 정보기술은 놀랍게 발달한 것만은 분명하다. 그러나 기술만으로 모든 것이 이뤄지는 것은 아니다. e-북의 시장성이 구체적으로 확인되려면 e-북을 '소비'할 수 있는 문화적 기반이 먼저 조성돼야만 한다. 또 인류의 오랜 역사를 통해 증명된 것은 인간은 새로운 기술이 등장하면 새 기술에 완전히 투항하는 것이 아니라 새 기술의 혁신을 통해 새롭게 신체화해 다시 가능성을 찾아간다는 사실이다.

최고의 호황을 맞고 있는 한국 출판 시장

그러면 곧 사그라질 것 같았던 종이책은 어떤가? 새해 들어 우리 출판 시장은 아연 활기를 띄고 있다. 영화 〈반지의 제왕〉의 돌풍에 힘입어 판타지의 고전 『반지의 제왕』(톨킨, 황금가지)은 전체 여섯 권을 합쳐 벌써 100만 부를 돌파했다. 현재 8권까지 나온 『만화로 보는 그리스 로마 신화』(토머스 불핀치, 가나출판사)는 신화 열풍에 힘입어 200만 부의 고지를 눈앞에 두고 있다. 화제의 뮤지컬 〈오페라의 유령〉의 원작 소설로 세 출판사에서 거의 동시에 출간한 『오페라의 유령』(가스통 르루)은 모두 30만 부 가까이 판매됐다. 작년 말 개봉된 영화가 인기 행진을 계속하고 있는 '해리포터' 시리즈(조앤 K. 롤링, 문학수첩)는 1천만 부의 고지를 향해 순조롭게 내달리고 있다.

텔레비전 방송 프로그램에서 다뤄진 책들의 인기 행진도 이어지고 있다. MBC가 토요일에 방영하고 있는 〈느낌표〉에서 다뤄진 책들은 곧바로 종합 베스트셀러 1위에 오르는 신드롬 현상을 일으키고 있다. 12월에 다뤄진 『괭이부리말 아이들』(김중미, 창작과비평사)과 1월에 다뤄진 『봉순이 언니』(공지영, 푸른숲)는 모두 30만 부의 판매를 넘어섰다. 이밖에도 KBS의 〈TV 책을 말하다〉나 MBC의 〈행복한 책읽기〉와 같은 책 프로그램에서 다뤄진 책들도 판매 부수를 꾸준하게 늘려가고 있다.

대형 베스트셀러의 숫자가 이렇게 한꺼번에 늘어나자 서적 도매상들은 이런 호경기는 처음 맞이한다며 희색이 대단하다. 일부 출판사 영업자들의 입에서는 '단군 이래의 최대 호황'이라는 말이 거침없이 나오기 시작했다. 인쇄소나 제본소는 24시간 완전 가동시키고 있지만 그래도 책을 제대로 대지 못하고 있을 정도다. 그러자 출판계 일각에서는 드디어 '출판 르네상스'의 시대가 오고 있다는 말마저 나오고 있다.

그런데 이런 호황은 어느 정도 예상된 것이기는 하다. 2000년에는 『가시고기』(조창인, 밝은세상), 『영어공부 절대로 하지마라』(정찬용, 사회평론), 『부자 아빠 가난한 아빠』(로버트 기요사키 외, 황금가지), '해리포터' 시리즈 등 네 종의 밀리언셀러가 탄생했고, 2001년에도 『상도』(최인호, 여백), 『누가 내 치즈를 옮겼을까』(스펜서 존슨, 진명출판사), 『만화로 보는 그리스 로마 신화』, 『국화꽃 향기』(김하인, 생각의나무) 등 역시 네 종의 밀리언셀러가 탄생했다.

2001년의 밀리언셀러는 모두 비록 2000년부터 출간되기 시작한 것이지만 어쨌든 2년 동안 1년에 네 종씩이나 밀리언셀러에 올랐다는 것은 무척 고무적이다. 물론 과거의 밀리언셀러는 시장 전체를 활성화시켰지만 지금의 밀리언셀러는 그 책만이 팔려 양극화를 부채질하고 있는 부정적인 모습이 드러나고는 있지만 여전히 대중이 책에서 자신이 필요한 메시지를 찾고 있다는 점은 무척 중요하다. 더구나 90년대의 밀리언셀러가 소설이나 비소설 등 특정 영역에 국한되었던 데 비해서 최근의 밀리언셀러는 모든 분야를 넘나들고 있다. 이런 추세는 2002년에도 이어질 것이며 그래서 과거보다는 더욱 출판의 '르네상스'를 점치게 만든다.

영상 정보의 빈자리를 채워주는 문자 정보의 증가

그러면 왜 새삼스럽게 2002년에 출판에 대한 긍정적인 반응이 나오는 걸까? 첫째, 영상 정보가 비약적으로 증가하자 오히려 상상력을 극대화시키는 활자매체의 장점이 도드라지고 있다는 점을 들 수 있다. 『오페라의 유령』, '해리포터' 시리즈, 『반지의 제왕』 등과 같은 책은 모두 뮤지컬과 영화의 성공에 영향받은, 즉 원 소스 멀티 유즈One Source Multi-Use의 효과를 톡톡히 누린 경우이다. 이런 사실을 놓고 일부에서는 책이 인접 문화상품의 지원이 없으면 성공할 수 없다며 책의 미래에 대한 비관적인 견해를 내놓는 경우가 없지 않다. 그러나 이런 사실은 역설적으로 영화나 오페라 같은 제2의 창작물이 책이 가지고 있는 창의력이나 상상력의 폭을 전혀 뛰어넘지 못하고 있다는 사실을 반증한다고 볼 수 있다. 실제로 영화나 오페라를 본 사람들이 그 아쉬움을 어쩌지 못해 다시 책을 찾게 되고 있는데 이것은 바로 책만이 가진 장점이 여전히 매우 유효하다는 것을 증명하는 것이 아니겠는가?

최근에 영상정보는 기하급수적으로 늘어나고 있다. 이미 인터넷에는 사용자 개개인의 '문화적 차이'를 고려하지 않은 정보들이 차고 넘친다. 그러나 과잉된 정보는 정보부재 상태를 의미하기도 한다. 더구나 이제 인간은 한 분야의 정보만으로는 전체를 파악할 수 없는 '불행한 처지'로 전락했다. 공간을 달리하는 커뮤니케이션 회로가 완성되고 물리적인 장벽이 낮아질수록 정신의 장벽은 지금 이상으로 우뚝 솟을 것임에 틀림없기 때문이다.

이런 정신적 장벽에 시달리고 있는 사람들에게 정보 자체의 '공공성'을 확인시켜 주는 일이 중요한 과제로 떠오르고 있다. 아직도 적지 않은 사람들이 '싸고 별 쓸모 없는 정보'는 인터넷에서 찾으면 그만이라는 생각을 갖고 있는 것과 같다. 디지털이 출현함으로 인해 '가치 있는 정보는 더욱 그 가치가 올라가고, 가치 없는 정보는 차차 가치를 잃어간다'는 정보의 차별화 현상이 자연스런 인식으로 자리잡아가고 있다.

이제 인간은 '영상 정보'라는 빛나는 소금을 한없이 들이켜다보니 다시 물을 켜기 시작했다. 이것은 영상화가 도저히 채울 수 없는 빈자리가 있다는 것을 의미한다. 아니, 영상화가 진전되면 될수록 비어지는 자리가 늘어난다는 것을 뜻한다. 정보를 습득하기에는 더할 나위 없는 환경이 조성돼서 초등학생 정도의 수준만 되어도 온갖 정보를 검색할 수 있지만 정보를 가공하고 판단하는 능력은 키워지지 않는다. 학교 교육 현장에서는 무엇을 가르칠 것인가를 고민하지 않아도 되는 환경이 조성됐지만 어떻게 배울 것인가 하는 방법론을 다시 가르쳐야 하는 새로운 문제에 직면했다.

결국 오늘날의 대중은 문자정보의 가치를 다시 높이 평가하기 시작했다. 그 자체로만은 해석의 폭이 너무 넓은 영상정보들은 누군가가 문자로 해석해주지 않으면 이해하지 못하는 사태가 벌어지고 있다. '보고 듣는' 텔레비전은 '읽는', 텔레비전으로 전락하고 있다. 카메라가 현란하게 돌아가는 쇼 프로그램에서 가사는 자막으로 제공되고 있으며, 토크쇼에서 마저 출연자의 생각은 말 풍선으로 표시되고 있다. 그야말로 '문자 르네상스' 시대가 도래한 셈이다.

상상력과 창조력이 있어야 살아남을 수 있는 시대의 도래
둘째, 자기 생존 방법을 찾기 위해서도 책이 절대적으로 필요하다는 사실의 확인이다. 전세계가 하나의 네트워크로 묶이면서 모든 인간은 보다 확실한 자기 경쟁력을 가져야만 한다. 지난 시절에는 가능한한 엘리트 회사를 선택하고, 그 회사라는 조직 안에서 생존하기 위한 방법론을 터득하기만 하면 그만이었다. 그러나 이제 글로벌 경쟁력을 가져야 하는 사람은 자기만의 확실한 장점을 지녀야 한다. 그 장점을 찾아 인간다운 삶을 영위하기 위해서라도 인간은 책을 찾기 시작한 것으로 볼 수 있다.

우리 나라에서도 모든 산업에서 '종신고용'은 사라지고 임시계약고용이 확산되고 있다. 『부유한 노예』(김영사)의 저자 로버트 라이시는 '고용의 시대'는 이미 끝났다고 말하고 있다. 그의 견해를 따르자면 이미 60%에 이르는 임시 계약직의 비율은 앞으로 계속 높아만 갈 것이다. 이제 매년 일정한 수입을 보장해주는 안정된 일자리의 대부분은 임시직/시간직 근로자나 프리랜서, e-랜서(인터넷이나 통신을 주로 이용하는 프리랜서), 계약직, 프리에이전트 등으로 고용의 패턴은 변해가고 있다.

이런 사회에서 개인은 "얼마나 빨리 혁신을 하고 고객을 유치(그리고 유지)하느냐가 돈을 버는 관건"이다. 과거에는 "수직 구조의 대기업이 승리를 차지했지만, 이제는 좋은 아이디어를 만들어내면서 상황에 유연하게 대처할 수 있는 소규모 기업과, 이 아이디어를 시장에서 효과적으로 팔 수 있는 신용 있는 브랜드가 승자'다. 따라서 "재능과 야망을 겸비한 사람에게는 엄청난 기회가 제공"되지만 그렇지 못한 사람은 단지 생존을 위해서 근로 시간을 늘려야 한다.

이런 시스템에서 개인이 안정된 생활을 영위하기 위해 선택할 수 있는 유일한 방법은 바로 개인의 상상력과 창조력을 키우는 것이다. 나이가 들어 창조력을 맘껏 발휘하기 어려운 사람은 최소한 자신이 필요하다는 근거, 즉 경험과 지혜, 판단력 등으로 부족한 창조력을 메울 수 있어야 한다. 그것이 바로 평생학습 사회에 적응하는 것이다. 이런 것을 감안해 교육부는 학교교육 이상으로 사회교육에 치중하기 위해 교육인적자원부로 이름을 바꾸지 않았는가?

그런데 그런 능력은 어떻게 키울 수 있을까? 책읽기만큼 개인의 상상력과 창조력을 신장시킬 수 있는 훈련은 드물 것이다. 이미 상상력이 구현된 영상매체를 통해서는 결코 상상력을 키울 수 없다. 그래서 책읽기가 새삼 중요해지고 있다. 책을 읽기 위해서는 일정한 시간을 투여해야 하고 정성을 기울여야 한다. 그러나 경쟁 사회에서 남보다 앞서나가기 위해서는 효과적인 독서가 필요하다. 최근 정보의 첨단에 서 있는 사람들이 효과적인 독서법을 소개한 『나는 이런 책을 읽어 왔다』(다치바나 다카시, 청어람미디어), 『아름다운 지상의 책 한 권』(이광주, 한길아트), 『독서가 어떻게 나의 인생을 바꾸었나』(애너 퀸들런, 에코리브르), 『서재 결혼 시키기』(앤 패디먼), 『서가에 꽂힌 책』(헨리 페트로스키, 이상 지호), 『어느 게으름뱅이의 책읽기』(이권우, 한국출판마케팅연구소) 등의 책이 때아닌 인기를 끌고 있는 것은 이런 흐름의 당연한 반영이 아니겠는가?

모든 문화 산업의 기본 콘텐츠가 되는 출판 산업

셋째, 여가 시간의 증대로 대중의 취미 활동이 활발해질 것이라는 점이다. 올해에는 3월부터 디지털 위성방송이 시작되고 7월부터는 5일제 근무 체제가 본격 도입된다. 따라서 대중의 라이프 스타일은 크게 변할 것이다. 이로 인해 영화, 음반, 방송, 출판, 인터넷, 테마파크 등 엔터테인먼트 산업은 엄청나게 성장하고 있다. 이런 엔터테인먼트 산업이 비약적으로 성장하게 된 것은 초고속 정보 통신망과 인터넷, 새로운 정보 저장매체, 국경 없는 위성방송 등 정보통신 혁명이 선행적으로 이뤄졌기 때문에 가능하다.

우리 나라에서도 최근 문화콘텐츠산업 육성과 지원에 많은 노력을 기울이고 있다. 영화시장이 대단한 호황을 누리고 있으며, 게임시장은 영화시장의 2배 이상으로 성장할 잠재력을 보여주고 있다. 또 방송산업은 새로운 기회를 맞이하고 있다. 모처럼 맞이한 이런 기회를 잘 활용해 문화산업 자체의 수익 증대뿐만 아니라 우리 문화와 상품의 이미지 제고 효과를 기대하고 있다.

이런 산업의 기본 콘텐츠는 물론 출판이다. 출판에서 생산된 콘텐츠를 기반으로 해 다른 산업으로 활용이 이뤄져 그 가치가 증대된다. 따라서 우리는 출판을 기반으로 하되 세계적인 미디어기업으로 키워 많은 가능성을 열어가야 한다. 이제 우리의 경쟁상대자는 국내의 출판사가 아니라 세계적인 출판기업이자 미디어그룹이다. 과거에 우리는 엔터테인먼트를 은근히 경시하는 풍조마저 있었지만 최근에는 많은 출판기업들이 엔터테인먼트 출판으로 뛰어들고 있다. 그래서 이 시장의 비약적 발전을 통해 출판의 급격한 산업화가 진행될 것이다. 또 출판 내부에서도 여행, 요리, 취미, 건강 관련서 등 엔터테인먼트 서적의 약진이 이뤄질 것이다.

아날로그와 디지털의 장점을 결합한 '새로운 책'의 등장

넷째, 출판기획자들이 영상시대에도 살아남는 책을 만드는 방법론을 찾아내기 시작했다는 점이다. 디지털 기술의 출현으로 인해 책을 둘러싼 환경의 카테고리는 완전히 달라졌다. 프랑스 사회과학고등연구원 교수인 로저 샤르띠에는 전자 텍스트에 의한 변혁으로 텍스트의 생산·복제 기술의 변혁, 텍스트나 매체의 물질성의 변혁, 독서 습관의 변혁 등을 꼽았다. 무수한 텍스트가 종이에 인쇄된 책에서 컴퓨터 액정화면으로 옮겨가면서 기존의 '문서 질서'는 파괴되고 인류가 경험할 수 없었던 '새로운 읽기'가 진행되고 있다. 손으로 직접 쓰거나 인쇄하는 것이 아닌 전자공간에 올리는 자판을 '두드리는' 새로운 기술법記述法마저 출현했다. 인류 역사에서 새로운 사고 도구(미디어)는 항상 새로운 사고 양식을 가져왔다. 따라서 과거 활자문화 시대에 통용됐던 과거의 책은 '새로운 책'으로 거듭나야만 했다. 단순한 정보를 전달하는 기능은 e-콘텐츠(e-북이라 하는)에 내주고 과거의 아날로그는 디지털의 경험을 수용해 새로운 아날로그로 거듭나야 했던 것이다. 그렇게 거듭나기 위한 방법론은 무엇인가? 그것은 책이 단순히 문자로 지식을 전달하는 수단에서만 머무르지 않고 읽고 보고 찾고 만지고 느끼는 종합 예술로서의 책으로 거듭나는 것이다.

따라서 문자와 이미지가 상생하는 책 만들기와 같은 토털 디자인, 이질적인 상상력의 퓨전fusion을 통해 상상력의 시너지 효과를 키워주거나 네트 세대의 감성에 맞는 언어로 작성된 텍스트의 생산, 한 권의 책에서 교양·정보·오락 등의 효용을 한꺼번에 제시하는 책 기능의 업그레이드 등이 출판 현장에서 일상적으로 이뤄지고 있다. 이제 저자와 편집자 등 책의 생산에 참여하는 사람들이 그런 방법론을 실제 책 만들기에서 활용하는 경우가 급격하게 늘어나고 있는 것이다. 그로 인해 탄생한 책들이 독자들의 선택을 받고 있기 때문에 새로운 출판의 르네상스가 당연지사처럼 여겨지는 것이다.

"책을 읽지 않는 사회에서는 결코 창조적인 문화가 생산될 수 없다"

　마지막으로 최근에 진행되고 있는 독서운동 등으로 인해 책읽기의 중요성이 강조되고 있다는 점을 들 수 있다. 작년 6월 2일에 문화개혁시민연대, 학교도서관살리기국민연대, 전국교직원노동조합, 한국도서관협회, 대한출판문화협회, 한국출판인회의 등 8개 단체는 함께 모여 '도서관 콘텐츠 확충과 책 읽는 사회 만들기 국민운동'을 공식 출범시켰다. 이 단체는 '책 읽는 사회'를 만들기 위해 결성된 단체인데 작년 8월 6일에는 서울 정동 세실레스토랑에서 기자회견을 열고, 현재 400여 개에 불과한 전국 공공도서관을 2012년까지 1000여 개로 늘리는 등 '공공도서관 증설과 도서관 콘텐츠 확충을 위한 정부 정책 제안'을 발표하며 정부가 '공공도서관 증설 및 지식 정보 인프라 확충을 위한 10개년 계획을 수립할 것'을 요구했다.

　이들이 요구한 구체적인 내용은 ▲현재 400개에 불과한 전국 공공도서관을 2012년까지 1000개로 증설할 것 ▲공공도서관 콘텐츠 확보 비용 1000억원을 2002년도 정부 예산안 중 지식·정보사회를 위한 '국책사업비'로 책정할 것 ▲현재 오후 5시 또는 6시로 돼 있는 공공도서관 열람 시간을 최소한 오후 10시까지 연장할 것 ▲어머니와 함께 도서관에 온 아이들이 책을 읽을 수 있도록 각 공공도서관에 모자母子열람실을 확보할 것 ▲매년 1천 권의 고전 텍스트 및 외국 저술 번역 출판을 위해 10년 동안 연간 100억원 규모의 국고 지원을 제공할 것 등을 제안했다.

　이 운동을 주도하는 도정일 문화개혁시민연대 공동대표 (경희대 교수·영문학)는 "문맹文盲보다 더 심각한 게 바로 책맹冊盲"이라 말했다. 그는 한 신문과의 인터뷰에서 "책을 안 읽는 것도 문제지만, 책읽기를 우습게 아는 사회적 분위기가 더 문제다. 어쩌면 현대 사회는 사람들이 책맹이 되도록 부추기는 지도 모른다. 그래야 속이기가 쉬울 테니까. 책맹이 되는 것은 개인적으로나 사회적으로나 대단히 위험한 일이다. 기본이 허약한 사회는 결국 경박하고 천박한 사회로 도태되고 말 것"이라고 말했다.

도 교수는 또 '독서=아날로그=현실 도태'라는 그릇된 고정관념을 불식시키는 것이 무엇보다 중요하다고 지적했다. 그는 "책을 읽지 않는 사회에서는 결코 창조적인 문화가 생산될 수 없다. 세계에서 가장 빠른 통신망을 개발하면 뭐하나. 그 통신망으로 전달할 콘텐츠가 없는데. 독서야말로 지식 산업사회를 준비하는 기본이다. 결국 도서관 살리기 운동은 곧 나라 살리기 운동과 같다"고 말했다. 이런 운동이 이제 범사회적으로 설득력을 얻고 있다. 책 시장에 강력한 영향력을 끼치고 있는 MBC의 〈느낌표〉 같은 프로그램도 바로 이 같은 '사회적 압력' 때문에 탄생한 것이지만 그 자체가 자가 발전해 다른 방송사나 프로그램에까지 확대될 움직임을 보이고 있다. 또 운동의 구체적인 결실이 벌써 여기저기 나타나고 있다.

이밖에도 책을 읽는 계층이 모든 세대로 확장되고 있다는 사실, 특히 책의 가치를 깨달으며 성장한 세대인 40대가 책 소비시장의 주류 독자로 등장하면서 자신들이 즐겨 찾는 인문서 시장과 자신들의 자식들에게 필요한 아동서 시장을 동시에 키우고 있는데, 그들과 그들의 자식들이 동시에 성장하면서 몇 년 안에 실버 출판과 청소년 책 시장이 열릴 것이라는 전망, 과거에 불모지에 가까웠던 과학서 시장이 새롭게 커지고 있다는 점, 인간의 감성을 추구하는 예술서의 증가, 대화가 단절된 기성세대와 청소년이 대화를 통해 관계를 복원시키는데 도움이 되는 책들의 출간, 몸과 성을 다룬 책들의 인기, 우리 출판이 글로벌 시장으로 영역을 넓혀가고 있다는 점 등도 출판의 새로운 '르네상스 시대'를 다가오게 하는 데 어느 정도 기여할 것으로 보인다.

그러나 우려가 없는 것은 아니다. 팔리는 책과 팔리지 않는 책의 양극화가 심해지고 있다는 것, 도서정가제의 실질적인 붕괴로 인해 도서 유통 시장이 여전히 불안하다는 사실, 독자의 기대를 충족시킬만한 '눈부신' 책들을 기획할 능력 있는 인력의 부족, 외국의 유명 출판사들이 국내 시장에 본격적으로 진출하고 있는 일 등은 악재로 작용할 공산이 크다. 그러나 그런 우려들에도 불구하고 우리 출판은 모처럼 맞이한 호기를 맞아 어느 정도 성숙된 방향으로 나아갈 것만은 분명해 보인다. 그러면 그 가능성을 분야별로 구체적으로 살펴보자.

당분간 어려움이 계속될 것으로 예상되는 본격문학

2001년 몰아친 신화 열풍은 당분간 계속될 것이다. 『이윤기의 그리스 로마 신화』(웅진닷컴)는 2000년에는 10만 부 판매에 그쳤지만 2001년에는 35만 부 이상 판매되어 50만 부의 고지를 눈앞에 두고 있고 아동 대상인 가나출판사의 『만화로 보는 그리스 로마 신화』가 이제 불이 붙기 시작했으며 『만화 그리스 신화』(사토나카 마치코, 황금가지), 『동화로 읽는 그리스 신화』(메네라오스 스테파니데스, 파랑새어린이) 등이 꾸준히 판매되고 있는 가운데 2002년에도 신화 관련서는 폭발적으로 출간될 것으로 보인다. 이미 에이전시를 통해 웬만한 신화관련서는 죽어있던 것마저 계약이 끝난 상태라니 공급량이 엄청나게 늘어날 것이다.

본격소설의 침체는 이어질 것이다. 2001년에 출간된 『마이너리그』(은희경, 창작과비평사)가 17만 부, 『바이올렛』(신경숙,문학동네)이 16만 부, 『손님』(황석영, 창작과비평사)이 12만 부, 『칼의 노래』(김훈, 생각의나무)가 10만 부 정도 판매됐다. 8권까지 출간된 『한강』(조정래, 해냄)은 모두 합해 40만 부의 판매를 넘어섰다. 『손님』은 2001년의 최대 문제작으로 손꼽혔지만 『마이너리그』나 『바이올렛』은 작품성에 대한 논란이 끊이지 않았다. 또 신경숙은 이전의 장편소설이 보통 30만 부 이상 판매된 것에 비해 이번에는 절반 정도에 머물렀다. 더구나 최근에는 작품의 사이클이 3개월 정도로 짧아진 것에 비하면 더 이상 대대적으로 판매되는 것을 기대하기 어렵다.

그러나 문제는 그나마 이들을 제외하고는 시장을 주도할 스타 작가가 없다는 점이다. 공지영은 2001년에 『공지영의 수도원 기행』을 펴내 10만 부의 판매를 기록했다. 곧 창작과비평사에서 장편소설을 펴낼 것으로 알려지고 있는데 그 책의 판매 동향이 이 스타작가들의 책들에 대한 풍향계가 될 것으로 보인다. 또 대하소설의 전반적인 침체에도 불구하고 『한강』이 출간 초기에 상당히 선전하고 있는데 『한강』은 작품 집필에만 전념해온 작가 조정래의 개인적인 신뢰 때문에 기인한 것이긴 하지만 이 시리즈의 판매 성적 또한 본격문학 시장의 가늠자가 될 것이다.

그러나 이제 스타 작가(작품)를 띄우는 시스템이 만천하에 공개되고, 오히려 그런 시스템에 대한 비난이 거세지고 있어 앞으로 본격작가 진영에서 대형 베스트셀러를 펴내는 작가가 등장하기는 어려울 것으로 보인다. 오히려 '문학권력' 논쟁이 더욱 거세지고, '주례사 비평'을 일삼은 평론가들에 대한 본격적인 비판이 상반기 중에 다각도로 진행될 예정이기 때문에 그동안 기득권을 누렸던 작가들은 대단한 반성을 통한 '탁월한' 작품을 펴내지 못하면 역사의 뒤편으로 사라질 것이다.

다만 2001년 소설 시장에서 나타난 긍정적 징후로는 여성 독자 일변도에서 많은 남성 독자들이 소설을 찾기 시작했다는 점이다. '58년 개띠 네 남자'의 이야기인 『마이너리그』, 밀리언셀러 『상도』, 동인문학상 수상작인 『칼의 노래』, 2001년의 문제작 『손님』 등은 모두 남성 독자들이 대거 가세했기 때문에 좋은 반응을 얻을 수 있었다. 이 점은 소설 독자를 20대 젊은 여성들로만 보고 있는 기획자들에게 경종을 울려주었다 할 수 있다.

이에 비하면 대중소설의 득세는 계속될 것으로 보인다. 『가시고기』

가 기록한 170만 부는 『마이너리그』의 10배나 되는 부수다. 언제나 대중소설이 본격소설에 비해 득세한 것은 사실이지만 이렇게 더욱 격차가 벌어진 것은 최근 본격문학 진영의 작가들의 작품이 본격소설이라기보다는 대중 통속소설에 가까우면서도 어정쩡한 채 언론의 띄워주기와 평론가들의 주례사 비평과 출판사의 광고에 의해 인기를 누리면서 자기 자리를 확실하게 찾지 못했기 때문에 발생한 일로 보인다.

개구리를 물에 넣어놓고 서서히 물을 끓이면 개구리는 아무 것도 느끼지 못한 채 그냥 죽어간다. 그러나 어느 정도 끓인 물에 개구리를 집어넣으면 개구리는 바로 팔짝 뛰어나가기 때문에 살아난다고 한다. 우리 문학계의 지형도가 바로 개구리 꼴이 아닌가 싶다. 자신들은 눈앞의 단맛에 취해 물이 끓고 있는지도 모른 채 즐기기만 했다. 그러다 외부에 있던 사람들이 그 물에 들어가 보고서는 '물이 끓고 있다'고 소리를 치니 '당신들이 언제부터 문학에 헌신했냐'며 오히려 힐난하기에 바쁘다. 그래서라도 2002년에는 본격소설이 별로 희망이 없어 보인다.

픽션에서 논픽션으로

1990년대 중반만 해도 비소설 시장은 20대 여성 독자들이 끌고 갔다. 공격적 페미니즘의 주장을 담은 처세서들과 '성공한 여성'들의 휴먼 스토리가 대단한 인기를 끌었다. 그러나 이제 그런 책들은 시장에서 전혀 맥을 못 추고 있다. 산업 사회에서는 여성들이 매우 불리했다. 관료화된 조직, 합리적 이성과 과학적 합목적성을 맹종하던 사회, 정상과 중심만을 향해 뚜벅뚜벅 걸어갈 뿐 곁가지는 무시되던 시대, 경제적 효율만을 추구하던 기업들, 권력 우위의 사회에서 여성은 '억압'의 상징일 수밖에 없었다.

그러나 21세기는 크게 달라졌다. 이 세기를 '여성의 시대'로 명명하는 것처럼 평범한 개인들도 힘을 발휘하기 시작했다. 정보의 소유권은 이미 소비자(독자)에게로 넘어갔다. 모든 '권력'은 몇 사람의 '외침'에도 힘없이 무너지기 시작했다. 여성들도 이제 더 이상 소수자가 아니다. 그들도 발언권을 회복하기 시작했다. 적어도 책 시장에서만은 그들은 『여성이여 테러리스트가 돼라』(전여옥, 푸른숲)와 같은 목청 큰 주장을 담은 책이나 『마음을 열어주는 101가지 이야기』(잭 캔필드 외, 이레) 류의 말랑말랑한 이야기에 만족하지 않는다.

이제 비소설 시장에서도 소모적이고 단순한 소비적 정보만을 나열한 책들은 외면 받기 시작했다. 전체적으로 이 시장을 주도하는 독자들이 30~40세의 고학력 전문직 여성들이 되다보니 생산적인 정보를 찾기 시작했다. 앞으로 이 추세는 강화될 것으로 보인다. 전지구적 자본주의 체제가 더욱 공고화될수록 여성들은 가정의 울타리 안에서만 살아갈 수가 없다. 그들은 단지 생존의 차원에서라도 맞벌이에 임해야 한다. 따라서 그들은 진정 그들을 위한 이야기를 즐겨 찾을 것이다.

IMF 이후 남녀노소를 불문하고 불안에 휩싸인 대중은 변화의 당위성을 역설하는 처세서들을 열심히 찾아 읽었다. 그러나 처세서들의 대부분은 노동 시장의 유연성을 키우기 위한 미국 서적들이었다. 『누가 내 치즈를 옮겼을까』, 『펄떡이는 물고기처럼』(해리 폴 외, 한언), 『경호!』, 『하이파이브』(이상 켄 블랜차드 외, 21세기북스) 등은 변화의 당위성을 역설하고 조직에서 필요한 논리들을 설명하고 있어 우리가 받아들일만한 내용이 전혀 없는 것은 아니지만, 그럴 듯하게 포장된 논리의 이면에는 철저한 환경 순응의 철학이 똬리를 틀고 있으면서 그것을 대중에게 은근히 강요하는 책일 뿐이다. 그 철학이란 무엇인가? 기업주가 직원을 해고할 때 아무 때나 자유롭게 할 수 있다는 점이다.

그러나 우리 사회는 미국처럼 그런 분위기에 익숙하지 않다. 철저하게 사기업화된 체제에서 기업주가 회사 자금을 빼내 딴 짓을 하다 망해도 그

피해는 몽땅 헌신해 일한 노동자들에게 되돌아간다. 그렇게 해서 '짤린' 직원들마저 개인에게 대단한 허점이 있는 것으로 인식하기 때문에 다른 직장을 잡기도 만만치 않다. 그런데도 지난 몇 년간 우리 사회는 노동의 유연성을 키우는 데만 혈안이 되었을 뿐 노동자들의 근본적인 대책을 세우는 데에는 미흡했다. 국가가 교육부를 교육인적자원부로 이름을 바꾸고 사회교육 시스템을 도입하고는 있지만 아직 걸음마 단계에 불과하다. 그런 와중에 이미 노동자의 60%는 임시계약직으로 전락했다. 그들은 그야말로 살아남기에 급급하다.

따라서 대중이 노동의 유연성을 키우는 사회 분위기를 띄우는 책을 기업주로부터 헌사 받아 열심히 읽어서 변화의 중요성을 분명히 깨달았다 하더라도 자신들의 주머니는 갈수록 가벼워지기만 했다. 이를 자각한 대중은 2002년에는 자본가의 관점이 아닌 바로 자신의 시각에서 자아성찰을 추구할 수 있는 책들을 주로 찾을 것이다. 물질 가치가 아닌 정신 가치를 추구하는 인물들의 휴먼 스토리와 반자본주의혁명가들을 인간적으로 조명한 책, 신화 관련서 등 인간의 감성을 중요하게 취급하고 있는 책들은 금년에도 더욱 인기를 끌 것이다. 전반적으로 픽션보다 논픽션이 유행하게 될 것이다.

'회사 안'에서 '회사 밖'으로 이동하는 경제·경영서 시장

경제·경영서 시장은 지난 몇 년간 약진을 거듭했다. 디지털 혁명으로 인한 기술의 변화, IMF로 인한 경제·사회 환경의 변화, 민주화와 야당으로의 정권 교체와 같은 정치적 환경 변화 등으로 인해 대중은 새로운 카테고리에 맞는 새로운 사고와 행동을 해야만 했다.

이로 인해 경제·경영서 시장은 '회사 안' 시장과 '회사 밖' 시장으로 양분되기 시작했다. 90년대 중반까지만 해도 이 시장은 '회사 안' 시장 일변도였다. 리엔지니어링, 다운사이징, 벤치마킹 경영 혁신, 새로운 마케팅 등과 같은 개념을 다룬, 기업(회사)을 합리적으로 운영하기 위한 책들이 대부분이었다. 당시에는 우리 경제의 호황 혜택을 받아 대학생들이 취업에 대한 걱정을 할 필요가 거의 없었다. 오로지 엘리트 회사를 선택한 다음 회사라는 조직 안에서 생존하기 위한 방법론을 터득하기만 하면 그만이었다.

그러나 최근에는 서울대 졸업생의 취업율도 30% 전후에 불과하다. 사법시험과 같은 '대단한' 관문을 통과해도 '먹고사는' 것을 걱정하기는 매일반이다. 20대의 대부분은 우리 경제의 거품이 걷히는 과정 속에서 심각한 구직난에 시달리고 있다. 개인주의, 동아리, 탈이념적 성향을 보이고 있는 이들은 스스로 취업의 길을 접고 '회사 밖'에서 적극적으로 자기 생존법을 찾으려는 경향을 내보이기 시작했다. '학생 벤처'마저 출현하고 있고 아르바이트도 다양해지고 있다. 기업들은 평생고용보다는 임시계약고용을 요구하고 있다.

그런 분위기를 반영하듯 유행하는 책들이 바뀌기 시작했다. 『보보스』(데이비드 브룩스, 동방미디어), 『프리에이전트의 시대가 오고 있다』(다니엘 핑크, 에코리브르)와 같이 새로운 인간형의 도래를 예상한 책, 『부자 아빠 가난한 아빠』, 『익숙한 것과의 결별』(생각의나무), 『그대, 스스로를 고용하라』(김영사), 『오늘 눈부신 하루를 위하여』(이상 구본형, 휴머니스트) 등과 같이 달라진 세상에서의 새로운 사고를 촉구하는 책, 『CEO 안철수 영혼이 있는 승부』(안철수, 김영사), 『잭 웰치 끝없는 도전과 용기』(잭 웰치, 청림출판)와 같이 경영 비전을 보여주는 책, 『협상의 법칙』(허브 코헨), 『대화의 법칙』(래리 킹, 이상 청년정신), 『나의 가치를 높여주는 화술』(안은표, 시아출판), 『로지컬 씽킹』(테루야 하나코 외, 일빛)과 같이 자기 협상력을 키워주는 책 등은 모두 '회사 밖' 시장의 규모를 키운 책들이다.

현재 '회사 안' 시장과 '회사 밖' 시장은 그 규모가 대략 6:4 정도로 점유하고 있다고 볼 수 있다. 하지만 베스트셀러는 '회사 안'에서 '회사 밖'으로 점차 이동하고 있다. 올해에는 '회사 밖' 시장이 그 규모를 키워나갈 것이다. 증권에 대한 책은 주가가 750선을 넘어서면 개미군단이 움직이기 시작할 것이기 때문에 새로운 활로가 트이겠지만 현재로서는 맥을 추지 못하고 있다. 그러나 부동산, 절세, 자기 혁신, 경영 마인드 등을 다룬 책들은 보다 인기를 끌게 될 것이다. 경제·경영서 전체적으로는 세대별 처세를 다룬 책들이 당분간 이 시장을 주도할 것이다. 돈에 대한 개념과 재테크를 다룬 책들마저 처세서 시장에서 흡수할 것으로 보이며, 세대별 라이프 플랜을 다룬 책들은 점차 시장을 확대해 나갈 것이다. 따라서 출판기획자들은 자기 경영을 모색하는 20대, 결혼자금을 준비하는 사람들, 노후생활을 설계하는 사람들을 대상으로 구체적인 계획을 세우는 데 도움이 되는 책들을 준비해볼 필요가 있을 것이다.

'회사 안'을 다룬 경영혁신, 매니지먼트, 정보통신, IT에 대한 책들은 약세를 면하기 어려울 것이다. 그러나 기업도 달라진 환경에 맞춰 탈바꿈해야 하는 것은 분명한 이상 원칙, 팀워크, 기업문화 등을 다룬 책은 대체로 좋은 반응을 얻을 수 있을 것이다. 경영·경영서 시장은 전체적으로는 예년과 같은 인기를 그대로 유지하게 될 것이다.

활성화를 기대해도 좋을 인문서 시장

2001년의 최대 성과라면 인문서의 가능성을 확인했다는 점이다. 냉전 체제 붕괴 이후 절망감에 휩싸여 지적 태만 상태에 빠져들었던 지식인들도 오랜 잠에서 깨어나기 시작했다. 정부의 언론사 세무조사를 놓고 벌인 지식인의 정체성 논란, 9·11 테러 사건 이후 세계 체제 재편에 대한 관심의 증가, 고급한 인문서의 시장성 확인, '책세상문고·우리시대'의 일정한 성공 등은 이들이 각성을 하게 만들었다.

『이븐 바투타 여행기』, 『씰크로드학』(이상 창작과비평사), 『고대문명교류사』(사계절) 등 정수일의 일련의 저서와 역서들에 대한 폭발적 관심, 『교양』(디트리히 슈바니츠, 들녘)의 안정적인 판매는 인문서 기획자들에게 많은 희망을 안겨줬다. 또 사회적 발언을 하고 싶어도 발언의 장이 없었던 '풍찬노숙자'(주로 40대)들에게 발언할 기회를 주기 시작한 '책세상문고·우리시대'는 사회적 쟁점을 매우 순발력 있게 다루고자 했던 기획이었는데 인문서 독자층을 확인한 매우 뜻깊은 기획이었다.

올해에는 정치, 경제, 신기술, 환경 등 모든 분야에 걸쳐 대중의 불안감이 갈수록 누증되고 있지만 그럴수록 지식인들이 이를 극복해야 한다는 의지가 늘어날 것이다. 따라서 사회적 책임감을 회복하기 시작한 지식인들은 발빠르게 새로운 담론이 담겨진 인문서로 대중과의 접점 찾기를 시도할 것이다. 올해 치러질 여러 선거는 이런 변화의 윤활유 역할을 담당하게 될 것이다.

그러나 이제 인문서도 텍스트 자체가 새로워야 한다. 디지털 영상시대, 즉 '신 구어新 口語' 시대의 늪이 깊어짐에 따라 '글자'는 읽어도 '글'을 읽지 못하는 세대가 늘어나고 있다. OECD에 가입한 24개국 중에 우리 나라가 문장 해독력에서 최하위 수준이라는 것을 감안해야만 할 것이다. 그런 독자들을 '유혹'하기 위해, 인간의 사유 과정까지를 보여주며 저자의 소리와 마음까지 가미된 대화형·강의형·좌담형과 같은 새로운 텍스트가 주목받고 있다. 작년에 교양의 대중화에 일정하게 성공해 조선, 동아, 중앙 등 주요 일간지들이 일제히 '올해의 책'으로 선정한 『춘아, 춘아, 옥단춘아, 네 아버지 어디 갔니?』(이윤기 외, 민음사)는 대화형 텍스트를 도입했다.

이 책을 기획하는 데 참여한 한 기획자는 이 시대는 "말이 넘쳐나는 시대이고, 글이 전부 말로 바뀌는 시대다. 바로 네트워크의 힘 때문이다. 대표적인 것이 화상채팅이란 기술이다. …… 화상채팅에서는 얼굴과 대화한다는 전제가 되어 있어 구어체를 쓰지 않으면 재미가 없다. 지금 이 문투, 이 말법이 모든 문자문화에 침투해 들어오고 있다.『춘아 춘아 옥단춘아, 네 아버지 어디 갔니』는 '말의 스탠더드를 공급한다'는 것이 기획 의도였다"고 밝히고 있다(이 책 45p 참조). 작년 연말에 출간돼 화제를 불러 모은『서양과 동양이 127일간 이메일을 주고받다』(김용석, 이승환)도 이 기획의 연장선상에 있다. 올해에도 이런 노력은 늘어날 것이다. 따라서 올해는 인문서 시장의 활성화를 기대해도 좋을 것 같다.

약진할 것으로 보이는 엔터테인먼트 서적

앞서 말했듯이 디지털 위성방송의 시작과 주5일제 근무 체제의 도입은 대중의 라이프 스타일을 변화시킬 것이다. 5월에 벌어지는 월드컵축구 또한 이런 변화에 상당한 힘을 실어줄 것이다. 이로 인해 여행, 요리, 취미, 건강 관련서 등 엔터테인먼트 서적의 약진이 이뤄질 것이다. 엔터테인먼트 서적의 약진은 2001년 프랑크푸르트 도서전에서도 확인된 바 있다.

세계적인 미디어그룹들은 영화, 음반, 방송, 출판, 인터넷, 테마파크 등 엔터테인먼트 산업의 모든 영역에서 수직적, 수평적 통합으로 독점화를 추구하면서 '원 소스 멀티 유즈' 전략으로 엄청난 수익을 창출하고 있다. 이런 현상은 우리 나라에서도 예외가 아니어서 영화시장, 게임시장이나 방송산업이 비약적으로 발전하고 있으며 새로운 기회를 맞고 있다.

앞으로 엔터테인먼트 서적들은 단순한 소비적 정보만을 제공해서는 살아남기 어렵다. 남녀노소를 불문하고 취미생활에서까지 의미를 추구하는 대중의 변화에 발맞춘 생산적 정보여야만 한다. 90년대의 문학 서적과 인문서가 영상미디어와의 변별력 경쟁이었다면 엔터테인먼트 서적은 인터넷과의 변별력 경쟁이기 때문이다.

폭과 깊이를 넓혀가고 있는 아동 출판 시장

최근 우리 출판에서 가장 확실한 시장으로 떠오른 것이 아동 출판 시장이다. 이제는 시장이 굳건한 틀을 형성했다고 볼 수 있다. 그렇게 된 배경으로는 70, 80년대에 '한 권의 책'의 가치를 분명하게 깨달았던 세대로 볼 수 있는 이른바 '386세대'가 최근 출판 시장에서 전략적 소비층으로 부상했기 때문이다. 이들 40대 독자층의 응집력은 올해에는 더욱 강화될 것이다. 그로 인해 그들의 자식들인 10대를 대상으로 한 아동 출판 시장은 더욱 공고화될 것이다.

아동 출판 시장에서 가장 관심이 많이 모아졌던 분야는 저학년 창작동화와 그림책 시장이다. 고학년 창작동화에 비해 저학년 창작동화가 상대적으로 부족하자 출판사들이 대거 달려든 결과 종수와 판매 부수는 크게 늘어났지만 독자의 뇌리에 기억될만한 수준 높은 작품이 탄생하지는 못했다. 소재의 유사성, 몇몇 인기 작가의 다작 현상도 드러났다. 창작동화는 국내물에 비해 외국물이 맥을 추지 못하고 있는 분야이다. 그래서 성인 대상 작품의 아동서적화나 고전으로 평가받는 작품들을 새롭게 재해석한 작품들의 출간이 늘어나고 있다. 심지어 과거에 고학년 창작단편집에 포함됐던 한 작품을 빼내어 한 권의 저학년용으로 포장해 내놓은 경우마저 있다. 그림책의 경우도 이와 비슷하다. 그림책은 무엇보다 실력 있는 그림작가를 섭외하기가 힘들기 때문이다.

따라서 아동 출판 시장에서도 경쟁이 심해져 개별서적의 이윤이 크게 떨어지고 있다. 그래서 이 두 분야는 앞으로, 양으로 승부하기보다는 내용과 깊이를 추구하는 질적인 변화가 이뤄질 전망이다. 이제 창작동화가 포화 상태에 달하고, 좋은 작가나 작품이 새롭게 출현하지 못하자 일제히 달려드는 분야가 교양학습시장이다. 작년에 좋은 반응을 얻었던 책으로, 이 분야의 성장 가능성을 방증하는 책이 『로빈슨 크루소 따라잡기』(박상준 외, 뜨인돌출판사) 시리즈와 『열두 살에 부자가 된 키라』(보도 섀퍼, 을파소)이다.

앞의 책은 아동 대상의 지식책이 잡다한 상식의 나열에 그치던 것에서 탈피하여 한 가지 주제를 정하여 그 주제에 대한 다양한 정보를 깊이 있게 다뤄 아동 지식책의 신기원을 이룬 책으로 평가받고 있다. 이런 책의 유형으로 좋은 반응을 얻었던 책들로는 『신기한 스쿨버스』(조애너 콜, 비룡소), 『샘의 신나는 과학』(케이트 로언 외, 시공주니어), 『공룡을 찾아서』(클로딘 롤랑, 아이세움), '리틀스코프' 시리즈(여명), '읽는 재미' 시리즈(삼성출판사), '앗' 시리즈(김영사), '알고 싶어요' 시리즈(웅진닷컴), 『고래는 왜 바다로 갔을까』(과학아이, 창작과비평사) 등이 있다. 이런 책들에 비해 『로빈슨 크루소 따라잡기』는 엔터테인먼트적인 요소를 다소 더 가미하고 스토리에 서사성을 도입했다는 점이 매우 색다르다.

뒤의 책은 문학과 역사에 머무르던 교양학습서가 다른 분야에서도 성공이 가능하다는 사실을 보여줬다는 점에서 높게 평가받는다. 이제 교양학습서는 경제, 수학, 영어, 음악·미술·영화 등 문화 전반으로 영역을 넓혀가고 있는데 올해에는 그런 노력들이 다양한 분야에서 결실을 맺을 것으로 보인다.

그런데 최근 아동 교양학습 시장에는 만화붐이 일고 있다. 만화팀을 해체했던 웅진닷컴, 두산동아 등이 최근 새로 팀을 꾸려 이 시장에 다시 뛰어드는가 하면, 민음사, 김영사 등 단행본 출판의 강자들과 아이세움, 바다출판사 등 이 분야의 신흥 출판사들이 속속 이 시장에 뛰어들었거나 뛰어들 준비를 하고 있다.

이렇게 된 큰 이유로는 아직 완간이 안 된 『만화로 보는 그리스 로마 신화』가 180만 부나 판매되며 초등학생들에게 신화 열풍을 불러일으킨 일이다. 만화에 대한 사회적 인식이 최근 매우 긍정적으로 변하고 있을 뿐만 아니라 잡지만화가 크게 위축되자 톱 클래스 수준의 만화가들이 학습만화에 관심을 갖기 시작한 것(사실 얼마 전까지만 해도 학습만화 분야에는 신진 혹은 잡지만화에서 도태된 만화가들만이 활동해온 것이 사실이다)도 이 시장에 대한 관심이 폭증한 이유로 꼽을 수 있다. 또 정부에서 문화콘텐츠에 대한 관심을 가지면서 만화 출판에 대한 지원을 늘리겠다고 계속 공언해온 것도 작용하고 있다.

이런 변화 때문에 학습만화 시장은 아동서에서의 베스트셀러를 추구하는 '큰 타이틀'이 속속 등장하기 시작했다. '그리스 로마 신화' 등 '신화'를 다룬 책들은 과열 조짐을 보일 만큼 출간되고 있으며, 올해에는 『아라비안나이트』, 『성경』 등 이미 검증이 끝난 작품들이 속속 만화로 옷을 갈아입고 출현할 것이다. 이제 학습만화는 학습 일변도에서 엔터테인먼트를 가미한 에듀테인먼트로, 단권보다는 대형 시리즈로 변해가고 있다. 일부 책들은 아예 학습성마저 배제한 엔터테인먼트를 추구하고 있다. 이런 책들이 대거 시장에 유입될 올해 여름 시장에서 이들 책들이 어떤 평가를 받느냐에 따라 아동 출판 시장의 판도가 확실하게 그려질 것이다.

e-북(전자책)이 가능성을 보여준 거의 유일한 분야가 아동 출판이다. 이 분야에서는 책과 e-북이 상호 대체재가 아니라 보완재라는 사실이 검증되고 있다. 이처럼 책과 e-북, CD와 책, 장난감과 책 등 보완 매체를 하나의 세트로 합쳐서 상품화하는 경우가 늘어날 것이다. 또 홈쇼핑이나 인터넷 판매 등을 노린 유통 채널에 맞는 상품의 출간, 학습지 회사들이 학습지를 책으로 만들어 출간하는 경우가 늘어날 것이다. 그러나 아동 출판 시장의 큰 변수중의 하나는 외국 대형출판사들이 회사 이름에 '코리아'라는 꼬리가 달린 현지 법인을 설립하고 직접 국내 시장에 뛰어들고 있는 일이다.

그런 일이 대세를 이룰 경우 번역서로 한 몫 잡아보려던 출판사들의 고전이 예상된다.

성장을 기대해도 좋을 과학서 시장

현대 사회는 지식 기반, 정보화가 가속화되고 있는 사회이다. 따라서 국가적 이슈가 되는 문제의 많은 부분이 과학기술적 사안이기 때문에 이러한 문제의 합리적이고 효율적인 해결은 국가적으로 중대한 정치 과정이 되고 있다. 원자력발전소, 새만금 간척, 동강댐 등에서 국가가 빠른 결정을 내리지 못하고 국론이 분열될 양상마저 보인 것도 전 국민의 과학지식이 학교 시절에 배운 것 이상으로 진척되지 못했기 때문이다.

과학기술부가 마련한 「과학기술기본계획 10대 부문별 계획수립을 위한 공청회」자료에 따르면 "다수의 평등한 참여를 통한 합리적 의사 결정을 위해서는 사회 구성원 전체의 과학기술적 소양과 더불어(정보와 지식의 격차는 민주주의를 근본적으로 불가능하게 만들 것임) 과학기술과 사회와의 합리적인 의사 소통 채널을 구축하여 사회적 합의를 효율화하는 것이 중요한 과제"로 내다보고 있으며 "우리 사회가 직면한 문제들을 합리적으로 해결하여 지속적인 과학기술 발전을 이루고, 사안에 대한 적정한 지식과 과학기술적 판단력을 갖춘 시민들을 기반으로 한 합리적 문화를 창달하며, 참여와 비판을 통한 진정한 선진 민주주의 정보화사회를 이루어가기 위해서는 과학기술문화사업의 추진이 절실히 요청된다"고 적시하고 있다.

이러한 현실 때문에 대중용 과학서의 출간은 시대적 필요성을 갖고 있었다. 그래서 과학서는 출간되기만 하면 안정적인 판매가 이뤄지는 분야로 성장하고 있으며 유일하게 '거품이 없는 시장'으로 평가받기도 한다. 좋은 과학교양서는 10만 부 이상 팔릴 수 있다는 가능성도 보여줬다. 그러나 외국 번역서는 국내 독자들의 능력에 비해 지나치게 수준이 높아 국내에서 소화되기 어려웠다. 그렇다고 과학지식을 충분히 소화해 대중용 문장으로 소화시켜줄 필자가 많은 것도 아니다. 이인식, 최재천 등 소수의 검증된 저자만이 존재하며, 전문출판사 또한 사이언스북스, 궁리 등 손에 꼽을 정도다. 그러나 『과학 콘서트』(동아시아)의 정재승과 같은 젊은 필자가 등장해 과학서도 시장에서 통할 수 있다는 '역할 모델role model'이 되어줌으로 인해 이 분야에는 신진 필자들이 속속 뛰어들고 있다. 그런 신진 세력들이 집필한 책들이 올해에 서점의 서가를 누빌 것이다.

현재 인기를 끌고 있는 과학서는 대략 세 부류다. 첫째, 『과학 콘서트』, 『생명이 있는 것은 아름답다』(최재천, 효형출판)와 같은 일반인들을 위한 과학 입문서다. 이 분야에서는 외국 서적이 크게 인기를 끌지 못한다. 그러나 국내 필자의 책도 신문이나 잡지에 쓴 칼럼을 모아놓은 수준이라는 한계가 있기 때문에 적지 않은 비판이 있다. 하지만 이 분야의 책은 기획자들의 정확한 에디터십이 가미되면 대형 베스트셀러로 성장할 가능성이 있다. 둘째, 『개미제국의 발견』(최재천, 사이언스북스), 『$E=mc^2$』(데이비드 보더니스, 생각의나무)과 같이 한 주제를 심층적으로 다룬 과학교양서다. 이 주제는 아직 국내 필자들이 소화시켜 주지 못하는 분야다. 그러나 시장 잠재력은 매우 크다 할 수 있다. 셋째, 국내에서 가장 출간이 많이 이뤄진 과학자 전기나 과학 역사서다. 이 분야의 책도 출간되기만 하면 기본 판매 부수는 보장된다. 국내 과학서 시장은 전체적으로 첫째 유형에서 둘째 유형으로 옮겨가고 있는 추세인데 올해 과학서 시장은 약진이라고 해도 좋을 만큼 성장이 이뤄질 것으로 보인다.

새로운 '출판 르네상스' 시대는 오고 있는가?
올해 국내 출판계는 '출판 및 인쇄진흥법'의 통과라는 중요한 변수가 남아

있다. 그러나 그런 변수에도 불구하고 국내 출판계는 이미 디지털 혁명이 '종이 없는paperless' 시대를 몰고 온다는 잘못된 충격에서 벗어나 디지털 시대에도 살아남는 방법론을 찾아가고 있다. '한 권의 책'은 편집자 개인의 개성, 책이라는 미디어의 특성, 시대 분위기, 저자나 디자이너의 역량, 독자의 안목이나 감각 등이 총체적으로 작용하여 시대적인 산물로 만들어진다.

지난 몇 년간의 충격을 벗어나 우리 출판기획자들도 카테고리가 달라진 세상에서 책이라는 것이 어떻게 변모해야 하는가를 구체적으로 찾아가고 있다. 그래서 올해 출판계는 대통령 선거, 월드컵 축구, 지방 선거, 부산 아시안게임 등 출판계에 부정적으로 작용할 대형 사안들이 도사리고 있음에도 불구하고 긍정적인 전망을 해도 무리가 없을 것으로 보인다. 출판 전체적으로 올해에는 성장 가능성이 매우 크다. 그래서 일부에서는 새로운 '출판 르네상스' 시대가 오고 있다는 장밋빛 희망마저 조심스럽게 등장하고 있는 것이다. 일간지들의 북섹션이 제자리를 잡아가기 시작하고 TV매체를 통한 독서 캠페인이 커다란 효과를 불러일으켜 신드롬 현상까지 일고있는 것도 이런 전망을 가능케 한다.

중국이 WTO에 가입하게 됨에 따라 우리 나라를 중국 시장 진출의 발판으로 삼고자 하는 외국 출판사들이 늘어나고 있다. 따라서 국내 출판 시장에도 글로벌화의 회오리가 본격적으로 불기 시작할 것이다. 작년에 『영어공부 절대로 하지마라』나 컴퓨터책 등의 실용서, 한류 바람에 편승한 『가을동화』(오수연, 생각의나무)나 『국화꽃 향기』 등의 대중소설, 『친구』(곽경택, 다리미디어)나 『DMZ』(박상연, 민음사) 등의 영화원작 소설, 『로빈슨 크루소 따라잡기』, 『먼나라 이웃나라』(이원복, 김영사) 같이 기획력이 돋보이는 책으로 해외 시장 진출의 발판을 마련한 우리 출판계 또한 금년에도 외국 시장으로의 진출을 크게 늘려갈 것이다.

우리 연구소가 연감의 형태로 펴내고 있는 『책의 현장 2002』를 다시 내놓는다. 작년에 『책의 현장 2001』을 펴낼 때보다 책의 출간 시기를 다소 앞당겼으며 머리글에 올해 출판의 전망을 포함시켰다. 미리 약속드렸던 것과는 달리 이 전망을 빼놓고는 새롭게 추가된 것이 없다. 그러나 한 치 앞을 내다보기 어려운 출판 시장에 대한 전망을 어설프나마 내놓을 수 있는 것도 매우 다행스럽게 생각한다. 또 두 번에 걸친 좌담이 전에 비해 논의 수준이 한 단계 진전됐다고 자부한다. 이 좌담들은 발표될 때마다 출판계와 언론의 과분한 반응을 몰고 왔다.

사실 과거 우리 출판계에는 출판 현장에서 생산된 담론이 거의 없었다. 그렇다 보니 학자, 문인, 언론인들이 내놓는 생산 현장과는 다소 거리가 있는 메타 담론에 의해 출판 자체가 휘둘리기 일쑤였다. 출판계를 위해 일할 평론가와 같은 자체 인력이 제대로 키워지지 않았으며 생산 현장에 별다른 도움도 주지 못했다. 우리가 진정 바람직한 출판 르네상스 시대를 구가하려면 출판의 팩트fact를 꿰뚫어 출판 현장field에 적절한 자극을 줄 수 다양한 담론을 생산할 수 있어야 한다.

『책의 현장』은 바로 그런 일에 심부름꾼이 될 것을 약속드린다. 내년에 발간되는 『책의 현장 2003』에는 출판전문가들이 선정한 2002년의 주요 성과물과 2002년에 발생한 주요 사건에 대한 구체적인 정리와 평가 등을 포함시켜 연감에 보다 충실해질 것을 약속드린다. 여러분의 지속적인 관심을 부탁드린다.

차 례

■ 서문 : 2002년 출판 전망

우리 출판의 '르네상스 시대'는 다시 오고 있는가? · 5

1부

2001년 결산 좌담 : 2001년 출판 시장의 완전 해부

새로운 상상력만이 독자의 욕구를 창출할 수 있다 · 37

2부

2001년 상반기 좌담 : 한국 출판의 현주소

자신감만 회복하면 책의 미래는 여전히 밝다 · 175

3부

2001년 출판 결산 및 월별 베스트셀러 분석 · 298

■ 2001년 교보문고 분야별 베스트셀러 목록 · 338
■ 찾아보기 · 347

1

【2001년 결산 좌담: 2001년 출판 시장의 완전 해부】
새로운 상상력만이 독자의 욕구를 창출할 수 있다

참석자 (가나다순)
김영범 북새통 대표
김학원 휴머니스트 대표
박철준 뜨인돌 기획실장
이권우 도서평론가
장은수 문학평론가, 민음사 편집부장
한기호 사회, 한국출판마케팅연구소장

때 : 2001년 12월 7일
곳 : 한국출판마케팅연구소

김이구

창작과비평사 기획실장. 서울대와 서강대 대학원에서 국문학을 전공하였고, 소설가와 문학평론가로도 활동하고 있다. 1984년 창작과비평사에 입사하여 편집자로서 문학, 인문, 아동, 계간 〈창작과비평〉 등 다양한 분야의 책들을 만들었고, 편집국장을 지냈다. 저서로 소설집 『사랑으로 만든 집』(1997)이 있다.

이권우

1963년 충남 서산에서 태어났고 경희대 국문과를 졸업했다. 일찍 책만드는 일과 인연을 맺었는데, 교지 〈고황高凰〉 29호 편집장을 맡았고, 이때의 특집만을 따로 묶어 『민주공화국 40년』(중원문화사)을 펴냈다. 〈출판저널〉, 〈독서광장〉, 〈책과 인생〉 등에서 기자나 편집장으로 일했고 지금은 도서평론가로 잡지와 방송에서 좋은 책을 소개하는 일을 하고 있다. 저서로 『어느 게으름뱅이의 책 읽기』(한국출판마케팅연구소)가 있다.

이종원

1962년 서울에서 출생했다. 1988년 서울대 사회과학대 지리학과를 졸업하고 1991년 길벗출판사에 편집부원으로 입사하면서 출판과 인연을 맺기 시작했다. 그후 편집장을 거쳐 1995년에는 길벗의 대표이사로 취임해 현재에 이르고 있다

장은수

1968년 서울 출생으로 서울대학교 국어국문학과를 졸업했다. 1993년 ㈜민음사에 입사했으며, 그해 가을 문학평론가의 이름을 달았다. 『지식 노동자 선언』(롱셀러) 등의 책을 번역하기도 했다. 현재 몸담고 있는 ㈜황금가지는 ㈜민음사의 자회사로 1997년 파견되어 현재 편집부장으로 일하고 있다.

한기호 제가 이번에 낸 책 『디지털 시대의 책 만들기』(한국출판마케팅연구소)에서 『공자 노자 석가』(모로하시 데츠지, 동아시아)와 디자인하우스의 '대화' 시리즈와 같은 가상 대화 형식의 책들이 '신 구어新 口語' 시대에 살아남을 수 있는 한 방안이 될 수 있다는 이야기를 했어요. 사실 지금 세상은 카테고리가 완전히 바뀌고 있습니다. 활자 문화 시대, 즉 엘리트가 '무식한' 대중에게 지식을 일방적으로 전달하는 시대가 아닌 것이죠. 최근에 학술출판사들이 복사 때문에 어렵다고들 합니다. 무단 복제만큼은 출판계가 일치 단결해 막아내야 합니다. 그러나 사실 그 출판사들이 복사 때문에 어려운 것 이상으로 '대학교재'라고 하는 책들의 시장성이 많이 상실되고 있습니다. 아직도 그 책들은 대부분 활자문화 시대에 지식을 전달한다는 수단으로서만 만들어지고 있기 때문이죠. 그러나 정보가 넘쳐나고 그 정보의 소유권이 이미 대중(독자)에게 넘어가 버린 시대이기 때문에 이제는 지식을 단순하게 전달만 하는 것이 아니라 말하는 사람이 자기 사유를 통해 상상력을 구현하는 과정까지 보여주는, 따라서 텍스트에 저자 개인의 체험이나 소리나 마음까지 가미되는 책 만들기가 상당히 중요하다고 생각했어요.

'新 口語' 시대의 책 만들기

최근의 구체적인 사례로, 김학원 사장이 설립한 휴머니스트에서 첫 책으로 펴낸 『서양과 동양이 127일간 e-mail을 주고받다』를 들 수 있을 것 같습니다. 먼저 이 책이 나오고 나서 저는 무척 반가웠습니다. 앞으로 이런 책들이 대중에게도 자극이 되면서 좋은 반응을 얻을 것이라고 생각되요. 오늘은 이 책 이야기부터 시작해보겠습니다. 이 책을 펴낸 김학원 사장님부터 먼저 말씀을 해주시죠. 이 책의 반응은 어떻습니까?

김학원 일단 반응은 괜찮은 정도예요. 지금 나온 지 10여 일 정도 됐는데, 초판을 3192부 발행해서 이제 200부 정도의 재고가 남았어요. 지금 2쇄 들어가 있는 상태고요. 썩 좋지는 않지만 괜찮은 정도죠.

장은수 그 정도면 썩 좋은 거 아닌가요? (웃음)

김학원 그 책에는 두 가지 배경이 있어요. 하나는, 어떻게 해서든지 40대에 주목해야 한다는 생각입니다. 우리 사회에서 전후세대 다음으로 지적인 형성을 했던 게 70년대, 80년대인데 그 세대들이 이제 30, 40대가 되었지요. 그런데 90년대 들어서 언론에서는 상대적으로 '386 세대'라면서 80년대 세대들을 주목했습니다. 그런데 386세대들도 중요하지만 자기 분야에서 농익은 이야기를 꺼낼 수 있는 40대 세대들의 전면적 등장이 더 중요한 단계라 생각해요. 우리보다 10년 정도 앞섰던 그 세대들이 70년대부터 90년대까지를 겪으면서 어쨌든 새로운 세기의 주역으로 등장할 수밖에 없는 세대이거든요. 그래서 언론에서 자꾸 386세대를 주시했어도 출판 입장에서는 오히려 40대들을 주목해야 한다고 생각합니다. 이 세대들이 어떻게든 자기의 농익은 이야기를 내놓아야 30대들이 귀를 기울이고 그러면서 20대까지 연결이 되고 바로 윗세대인 50, 60대와 연결 고리가 생겨날 거라는 생각이었죠. 책세상에서 '책세상문고·우리시대'를 통해서 30대 소장학자들에게 글쓰기의 장을 대대적으로 열어줬다는 점은 큰 의미를 지닌 반가운 일이었지만 또 한편에서는 40대의 글쓰기에 주목하는 출판 기획에도 좀더 의식적으로 진행해야 한다고 생각했습니다. 이런 문제 의식에 비추어 볼 때 기존의 출판사들, 즉 민음사나 한길사, 창작과비평사 같은 곳에서 그동안 많은 노력을 해왔지만 70, 80대 그들의 주독자층이었던 40대들을 독자가 아닌 필자로 엮어 나가는 측면에서는 상대적으로 미흡한 점이 있지 않는가 생각했어요. 특히 인문과학과 자연과학 분야에서는 그렇다고 봐요. 일본에서는, 전후에 신서를 읽던 세대들을 다시 생산적 필자로 부각시키면서 지식 소비와 생산의 사이클을 잘 그려왔는데,

그에 비하면 우리의 경우 상대적으로 40대 세대들이 전면에 나서야할 90년대에 그렇게 하지 못했습니다. 출판계가 놓친 부분이 있다는 거죠. 그런 점에서 어느 누구든 이 40대 세대를 엮어내야 하고, 그래야 30대들이 자극과 기운을 얻고 새로운 시도를 할 수 있을 거라고 봅니다. 그것이 80년대 세대들의 몫이 아닐까 라고 생각했어요.

지금 휴머니스트의 스태프들이 모두 80년대 학번들인데, 일단 우리보다 10년 정도 앞선 선배들의 얘기에 아주 깊게 귀기울여야 한다, 이를 통해서 70,80년대 학번 세대들을 중심으로 인문교양의 필자군과 독자층을 형성해야 한다는 게 우리의 기본 전략입니다. 그래서 인문과 자연과학 분야의 휴머니스트 책들에는 40대 세대들을 주축으로 하고 30대 세대들의 문제의식과 성과들을 담을 생각입니다. 앞으로 나올 일련의 대담 시리즈, 꼭 대담 방식은 아니고 다양한 방식으로 전개가 될 테지만, 어쨌든 목적은 철학, 역사, 자연과학, 문화 등의 각 영역에서, 또는 일반 기업이나 다양한 문화 영역에서 활동하는 40대들을 전진 배치하는 것이 큰 목표입니다. 여기에 한국 출판계의 미래가 달려있다고 해도 과언이 아닐 겁니다. 아울러 기획의 방법 역시 단순히 원고를 받아서 출간하는 고전적인 방식만을 답습하지 말고 좀더 적극적인 방

휴머니스트의 첫 책 『서양과 동양이 127일간 e-mail을 주고받다』는 '新 口語' 시대에 적합한 책 만들기인 대담 형식을 도입해 주목을 받고 있다. 70, 80년대 지식 독자군을 이루었고 지금은 사회의 중심 역할을 하는 40대에 주목하여 그들을 독자에서 생산자로 이끌어내기 위한 일환이기도 하다.

법, 좀더 시대의 흐름을 이끌어나가는 방법을 개발해야겠다는 생각을 했고, 이런 고민이 일부 표현된 것이 이번에 선보인 대담집이었습니다. 조금 더 살아있는 글을 생산하기 위해 원고 청탁과 아울러 연구 성과와 자기 경험들을 입말을 통해서 살아있는 활자로 생산하는 새로운 방식에 대한 적극적이고 다양한 시도가 필요하다고 생각하고 직접 실천해본 거지요.

두 번째로는, '대담집을 통해서 과연 40대들을 어떤 식으로 논의의 장을 만들어낼 것인가'였어요. 우리 나라에서 미흡했던 부분은 종적인 토론과 담론은 있지만 횡적인 토론이 부재하다는 거예요. 동 세대에서 같이 어깨를 겨루는 사람들, 쌍벽을 이루는 사람들이 토론하는 문화가 너무나 척박하지 않은가, 그래서 좀더 깊고 좀더 열린 세계로 나아가는데 장애가 있지 않나 싶어요. 학교에서도 선생과 제자만 있지 선생과 선생간에 서로 토론하는 문화는 취약하잖아요. 그러다 보니까 자꾸 학문과 사고하는 방식이 선생만을 바라보게 하고 동 세대들과의 생산적 교류를 가로막고 있다는 거죠.

역량 있는 동 세대들이 분야를 넘나들기도 하고 같은 분야에 있는 사람들이 서로 다른 이야기들을 주고받는 경험들이 있으면 좋겠다는 생각이 들었습니다. 종적인 부분으로는 일정한 방식 즉 인터뷰 같은 것밖에 안 되는 거고……. 그래서 저희들이 1차적으로 일련의 시리즈를 생각했던 것은, 같은 분야 혹은 서로 다른 분야에 있는 40대들이 자기의 농익은 이야기를 겨뤄본다는 측면이 강해요. 그러면 40대를 어느 정도 전면으로 끌어내는데 성공할 수 있을 것 같고, 두 번째로는 서로 겨뤄보면 토론이나 담론 문화가 조금 더 깊이 있어질 것 같고, 세 번째로는 그것을 바라보는 30대와 50, 60대들도 호흡을 같이할 수 있지 않을까. 이런 정도의 의미가 있었어요. 물론 이 과정에서는 30대에서 60대까지 다양하게 참여하리라 생각합니다.

박철준 그럼 주 독자층이 어떻게 되나요?

김학원 1차 타깃은 70, 80년대에 학창 시절을 경험했던 30대 중반에서 40대 후반입니다. 70, 80년대 인문·사회과학을 비롯해서 자연과학, 소설까지 넘나들며 읽었던 사람들이 지금은 학계에서 또 한편으로는 사회 현장에서 활동하고 있는데 그들에게 자신의 삶을 되짚어보는 측면에서 타깃을 잡은 거죠.

박철준 70, 80년대의 인문사회과학 독자들이 새로운 책읽기의 형태로 드러나는 것이네요.

김학원 그렇죠. 언론에서 반응이 있었던 것도 그런 측면이 있었을 거예요. 언론이나 방송, 그리고 출판에 있는 사람들도 이제는 70, 80년대 세대들이 주역이 되었잖아요. 그러니까 그들이 가지고 있던 갈증의 단초나마 확인하지 않았는가……. 그런 측면에서 격려해준 것 같아요. 어쨌든 그들을 다시 독서 시장에 복원시켜야 하지 않겠는가 라는 생각이었겠죠. 그래야 어떤 흐름, 그것이 꼭 다수의 흐름은 아니더라도 건강성과 다양성을 잉태할 수 있는 흐름이 이어지니까요.

글쓰기의 주체이자 읽기의 주체인 40대

장은수 제가 올해 주목한 것 중의 하나는 이렇습니다. 제가 재직하고 있는 민음사를 비롯한 전통적인 의미의 출판사들이 독자를 잃어가고 있는 것은 분명합니다. 과거에 우리가 독자라고 할 때에는 주로 20대의 대학생 아니면 소위 OL, 10대 후반의 고등학생들을 엮어서 상상하는 것이 일반적이었는데, 지금은 이제 그런 주체를 상정하고 책을 만들 수는 없다고 생각하거든요.

저는 지금 말씀하신 386세대나 40대들이 훈련된 독자들이라고 생각하는데, 특히 386세대들은 독서에 친밀한 세대라고 생각합니다. 과거의 통계자료가 없어서 확실치는 않지만, 그 독자들이 과거에 전체 독자의 10%라고 한다면 지금은 30% 이상으로 성장했지요.

그 세대들이 글쓰기의 주체인 동시에 글을 읽는 주체로 다시 살아나고 있는 것입니다. 그것이 위쪽으로 퍼져가면서 40대 독자들도 굉장히 풍부해지고 넓어지고 있고요. 과거에 40대는 책을 읽지 않는 계층의 상징이었습니다. 아버지 세대를 생각해보면 1년에 책 한 권을 안 읽어도 다 행복하고 평안하게 잘 사셨죠. (웃음)

지금 이 세대가 책을 읽는 계층으로 변신한 것은 지식 사회니 뭐니 해서 경쟁이 격화되고 있다는 이유도 있겠지만, 고령화 사회와 관계가 있다고 생각해요. 은퇴하고 나서 아주 긴 세월 동안 도대체 자기가 어떤 방식으로 버텨나갈 것인가, 그 시간을 어떻게 소비할 것인가를 미리미리 준비하는 문화가 나타나고 있다고 생각합니다.

일본이나 미국의 경우, 흔히 지하철이나 버스에서 책을 본다고 하는데, 그런 얘기는 경제개발국가에는 해당되지 않는 거예요. 바쁘게 살고 저녁이면 매일 술자리에서 술 마시는 사람들이 피곤한데 지하철에서 자야지 어떻게 책을 보겠습니까. 그런데 한 10년 정도 뒤가 되면 노인들이 앉아서 책보는 것도 익숙한 문화가 될 것 같고요. 그 세대들과 함께 독서 시장이 커져 간다고 생각합니다.

김학원 실제로 일본과 비교해 보면, 일본 독자들이 우리보다 10년에서 15년 앞서 갑니다. 일본 같은 경우에는 1950년대에 신서 전쟁을 겪으면서 신서를 읽었던 세대들이 60년대에 와서 문고를 생산하기 시작하거든요. 그래서 저는 소비한 만큼 생산한다고 생각합니다. 지적 소비와 생산은 일정하게 순환하는 사이클을 보이는 거죠.

전후 세대들이 새로운 서구 이론들을 엄청나게 폭격을 맞을 정도로 수입을 했단 말이죠. 신서라는 이름으로. 그 신서를 읽은 사람들이 다시 10

년 뒤에 문고를 생산하게 된 것처럼 우리의 경우에도 70년대 엄청나게 책을 읽었던 세대들이 이제는 농익은 글들을 쓰게 되고 다시 소비하게 되는 거죠. 그것이 지식 생산과 소비의 순환 법칙이라고 생각해요. 그리고 그 70, 80년대 세대들이 결혼하고 아이들을 낳으면서 90년대 아동서 시장을 열어준 거거든요. 책의 가치를 어떤 식으로든 체험한 사람들이 2세들에게도 책을 권하게 되는 거지요.

박철준 요즘 몇몇 신문에서는 세대별 특집을 내고 있는데, 한 신문에서는 50대를 위한 특집면을 만들면서 거기에 50대를 위한 책을 소개했지요. 그랬더니, 사람들이 그 책을 찾더라는 거예요.

저는 이번에 애너 퀸들런의 『어느 날 문득 발견한 행복』(뜨인돌출판사)을 펴내면서 독자 시장의 변화를 새롭게 알게 됐어요. 처음에 그 책을 낼 때 우리가 생각하기로는 20대 초반 여성, OL들이 보고 소문내서 독자들이 확대됐으면 좋겠다고 생각했는데 실제로는 30, 40대 아줌마들이 그 책을 더 많이 찾더라고요. 인생을 반추하는 내용의 책이거든요. 필자가 살아온 동안의 이야기를 썼는데 30, 40대들이 자신의 이야기로 받아들이는 거예요. 지금은 독자군이 골고루 퍼지고 있지만, 처음에는 독자 시장이 다른 쪽에서 열려지더라고요. 주 독자군이 변한다는 것을 실감한 계기가 되었습니다.

한기호 일본은 주류 독자가 50, 60대 여성층이에요.

지난 10월에 이와나미쇼텐에서는 최초로 만화책을 냈습니다. 만화책을 낸다고 할 때, 우리 나라 같으면 창피하다는 생각에 소문도 안 내고 슬쩍 내고 말겠지만 이와나미는 20주년 기념으로 소책자를 발행하고 언론에 인터뷰하면서 '우리는 좋은 만화책도 낸다'라고 얘기했거든요. 그 이와나미가 중앙공론사와 함께 전후 지식인의 젖줄로 양대 축을 이뤘잖아요. 중앙공론사는 98년에 도산한 다음 요미우리신문으로 넘어갔고, 이와나미는 아직도 잘 버티고 있는데, 이와나미에서 가장 많이 팔려나간 책이 『대왕생』(에이 로쿠스케)입니다. 모두 230만 부 가량 팔렸는데 그 책의 독자가 50, 60대 여성층이라는 거죠. 두 번째로 많이 나간 것이 『일본어 연습장』이라는 건데 175만 권 나갔습니다. 이 책은 일종의 실용의 학문화에 맞는 책입니다.

일본에서 또 많이 나가는 책이 파트워크part-work형 출판물이라는 거죠. 『일본 100 명산名山』, 『고사古寺를 가다』처럼 주간 단위로 나오는 책들입니다.

장은수 고단샤의 『주간 세계의 미술관』도 있고요.

한기호 점차 고령 사회가 되어서 평균 수명이 80대까지 올라가니까 50대에서 60대에 자식들을 모두 출가시켰는데 앞으로 살아가야 할 시간이 20년에서 30년이나 남아있는 이들이 이런 책들을 열렬하게 찾고 있는 것입니다. 파트워크 출판 시리즈가 50만 부에서 100만 부까지 팔리게 되는 것이죠. 이 시리즈들을 일본 기획자들은 현재 유일하게 가능성 있는 시리즈라고 말하고 있을 정도예요. 그럴 정도로 50, 60대는 확인되는 독자층이에요. 사실 이와나미의 전통적인 독자층과는 어긋나는 거죠.

우리 나라에서는 시장을 주도하고 있어 주목해야 하는 독자층이 '386세대'입니다. 지난 시절에 책 한 권을 읽고는 혁명을 꿈꾸기도 했던, 그래서 인생이 크게 바뀌기도 하고 감옥도 갔다 오는 등 모든 일을 겪었던 사람들이죠. 그것을 앞장서 해온 사람들이나 옆에서 지켜본 사람이나 모두가 책의 가치를 아는 세대가 아니었나 싶어요.

그 세대가 현재 그들을 위한 책 시장도 열고 있을 뿐만 아니라 아이들의 책 시장을 열어주는 부분도 있죠. 그 부분을 한국 출판이 주목해야 한다는 것은 분명하죠. 그들이 나이가 들어감으로써 청소년 책 시장의 가능성도 같이 검토해 봐야겠죠.

386세대를 주목할 수밖에 없는 이유

장은수 아까 386세대에 대해서 말씀하셨는데, 민음사에서 올해 낸 책 중에 『춘아, 춘아, 옥단춘아, 네 아버지 어디 갔니?』가 있습니다. 〈세계의 문학〉 100호 기념으로 그것을 기획하면서 민음사 편집진들은 이런 생각을 했어요.

현대는 말이 넘쳐나는 시대이고, 글이 전부 말로 바뀌는 시대인 겁니다. 네트워크의 힘 때문이죠. 대표적인 것이 화상 채팅이라는 기술이에요. 화상 채팅은 얼굴을 보면서 문자를 통해 대화를 주고받는 것인데, 여기에서는 바로 앞에 있는 얼굴과 대화한다는 게 전제되어 있으니까 구어체를 쓰지 않으면 재미가 없죠. 지금 이

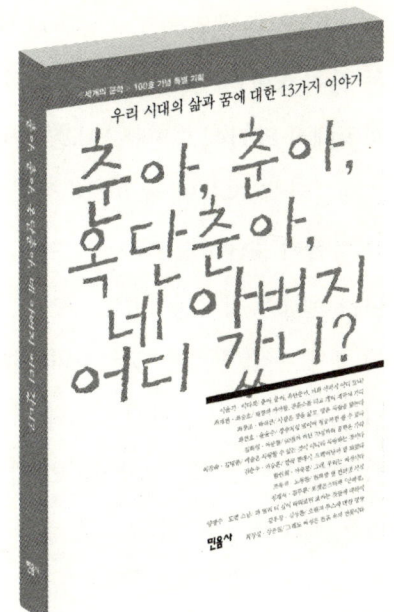

〈세계의 문학〉 100호 기념으로 출간된 대담집 『춘아, 춘아, 옥단춘아, 네 아버지 어디 갔니?』의 기획 의도는 '말의 스탠더드'를 공급한다는 것이다.
이윤기, 이문열, 김우창, 김화영, 김병종 등 쟁쟁한 인문 교양주의자들이 현장의 이슈가 있는 곳에 교양의 돋보기를 갖다대고 말로 풀어냈다.

문투, 이 말법이 모든 문자 문화에 침투해 들어오고 있습니다. 『춘아, 춘아, ……』를 만들면서 저희가 가장 주목한 것은 '말의 스탠더드를 공급한다'는 것이고, 이것이 가장 큰 기획 의도입니다. 인터넷이라는 네트워크를 통해서 엄청나게 넘쳐나는 말들이 거의 대부분 쓰레기로 사라져 가고 있습니다. '데이터 스모그'라고 할 정도로 많은 데이터들이 쓸모없이 소통되고 있어요. 게다가 말하는 법을 한국 사람처럼 잘 모르는 경우도 드뭅니다. 학교에서 토론 문화를 제대로 공급해 주지 못하고 있으며, TV 대담 같은 데에서도 서로 빗나가는 얘기를 하면서도 뻔뻔하게 앉아 있기 일쑤고

요. 이런 시대에 말의 중요성을 다시 한 번 확인하고, 말은 어떤 식으로 하는 것이 올바른 것인가 등을 당대의 일급 지식인들을 모아 이야기를 듣는 과정에서 확인해 보자는 의도였습니다.

그런데 그 지식인 대표 선수(?)를 뽑고 나니까 그들이 모두 교양주의자라는 점이 유난히 눈길을 끌었어요. 모두 어떤 분야의 특수한 지식인이 아니라 교양적 지식인이었던 것이죠. 전문적 지식인과 교양적 지식인의 차이 중에 가장 큰 것은, 교양주의자들은 자기의 전문 지식과 상관없이 제너럴리스트로서 사회 전체 이슈에 대해 반응한다는 겁니다. 그 도구가 생물학이든 역사학이든 철학이든 상관없이, 요즈음 주목받는 애니메이션이 있으면 그 애니메이션을 어떻게 볼 것인가, H.O.T가 중국에서 '떴다'고 할 때 그것을 어떻게 볼 것인가 등 많은 사회적 이슈들에 대해 어떻게든 반응해 주는 사람들이에요. 이들은 지금 40대 내지는 50대에 상당히 축적되어 있으며, 30대들도 미숙한 가운데 상당히 연습되어 있습니다. 그에 비하면 20대들은 소위 마니아 세대이기 때문에, 자기 관심이 아닌 부분에 대해서는 전혀 반응하지 않는 것이 특징입니다. 정치가 지리멸렬하게 되는 것도 그 때문이고, 사회적 감시 기능이 약해지고 말이 넘쳐나는데도 주요 이슈들이 확산되지 않고 갇혀서 희석화되는 것도 그 때문이죠. 이러한 지식의 쇄말화 현상을 넘어서기 위해서는 말의 스탠더드를 공급하는 것이 중요하다고 본 거예요. 그것은 축적된 교양과 현장의 이슈들이 만나는 접점을 발견하는 연습이기도 했고요. 『춘아, 춘아…』에서는 문제가 있는 곳에 교양의 돋보기를 갖다대는 것이 중요하며, 그로부터 우리가 말의 스탠더드를 향해 움직여갈 수 있다고 생각했던 소중한 기획이라고 봅니다.

아까 김학원 사장님께서 아직은 386세대가 미숙하다는 말씀을 하셨는데, 저는 90년대에 왜 386세대들을 강조하고 주목할 수밖에 없었는가에 대해 두 가지 정도로 생각해 봤어요.

첫번째는 일단 기존의 목소리를 해체하지 않으면 안 되었다는 것입니다. 기존 세대가 가지고 있는 사고틀은 이른바 군사 문화에 젖어 있죠. 군사 문화 또는 개발 독재의 참여자로서 그 사고에 젖어 있기도 하고, 반대로 군사 문화에 대항하기 위해 그와 똑같은 시스템을 유지하지 않으면 싸움이 안 되기 때문에 무의식적으로 그 사고에 젖어 있기도 한데, 이건 굉장히 후진적인 시스템이에요.

게다가 가부장제의 기본 사고틀이 적어도 40대 후반 이상에는 완강하게 남아 있는 상태예요. 여성들의 사회 참여가 늘어가고 여성의 권리에 대한 의식이 높아지면서 가부장제의 사고틀이 더 이상 의미 없게 된 와중에도 그 사고 시스템은 완강하게 유지되고 있죠. 이를 해체하기 위해서는 중간 세대를 무시하고 아주 새로운 사고틀을 가진 세대들을 사회 전면에 배치할 수밖에 없었다는 겁니다. 이것이 90년대 초 페미니즘 혁명의 원동력인 동시에 386세대가 그토록 강조되어야 했던 이유라고 봅니다.

둘째, 새로운 지식 에너지가 결집되어야 했기 때문입니다. 80년대 한국 지식 사회를 지배했던 마르크스, 레닌 중심의 혁명적 사고 시스템이 붕괴되면서 지식 사회 전체가 파편화되어 각개 약진하게 되었어요. 그러나 각개 약진만으로는 기존의 낡은 사고 시스템을 무너뜨리기에 힘에 부쳤고, 그것에 어떤 집단성 또는 방향을 부여해 새로운 시대를 열어야 했거든요. 그러기 위해 지식 사회가 세대론의 틀로 이들을 묶으려 했던 것이죠. 역사가 흔히 보여주듯이 세대론은 보통 사상 또는 사고 시스템의 전환기와 관계가 있듯이 386세대론도 그런 성격을 띤 것입니다. 따라서 우리는 386이라는 이름을 단지 나이를 뜻한다고 생각해서는 안 되며, 사고 시스템의 변화 또는 전환과 관련이 있는 상징적인 숫자로 읽어야 합니다. 386은 30대의 사고 구조를 가리킨다기보다는 사고의 전환에 관련된 모든 이들의 보통 명사인 셈이죠.

그런데 이러한 사고틀의 변화에서 주목할 것이 하나 있습니다. 지금 50, 60대의 사고 시스템에 연료를 공급해 온 곳은 일본입니다. 몇몇 분을 예외로 할 수는 있겠지만, 영미英美의 교양도 전부 도쿄를 거쳐서 수입된 것이지요. 한강의 기적을 일으키면서 비약적으로 발전해 온 산업 역시 마찬가지 아닙니까. 전두환 군사 독재 정부가 들어서면서 재미있는 현상이 하나 생겼는데, 졸업 정원제라는 것을 실시해서 갑자기 대학생의 수를 두 배로 늘리는 바람에, 이른바 원전 세대가 굉장히 불어났죠. 불어를 읽을 수 있는 사람이 과거에 100명밖에 안 되었다면, 졸업 정원제와 동시에 대학 자체의 수를 엄청나게 늘리면서 불어의 발음 정도는 할 수 있는 사람을 1000명으로 늘린 것이죠. 이것이 지식 사회에서는 사고 시스템의 연료 공급 장치를 일본이 아닌 다른 곳으로 바꾸게 만드는 효과를 가져왔죠. 그래서 1990년대 초반에는 프랑스 철학서들이 전 세계에서 가장 많이 번역된 나라가 되었고, 또한 독일의 사상서들을 가장 많이 수입해서 번역하는 나라가 되었어요. 요즈음은 미국의 논픽션들이 기하급수적으로 빠른 속도로 엄청난 양이 수입되고 있죠.

이러한 지식 사회의 변화가 가장 급격하게 나타난 부분이 지식의 서술 방식입니다. 과거의 지식 서술 방식은 논문체, 그러니까 김영민 선생이 날카롭게 비판한 바 있는 논문 중심주의였다면, 지금은 일본 지식인들의 시각으로 굴절되지 않은 원전을 읽은 자신감을 바탕으로 한 에세이체가 범람하고 있죠.

김학원 자기 소화력이 생기니까 그런 글들이 나오는 거죠.

장은수 지식인들이 과거에는 스페셜리스트로서 자신의 아성을 수성할 수 있었고, 상아탑에 갇혀서도 충분히 먹고살 수 있었어요. 그런데 지금은 상아탑에 들어갈 확률은 줄어들고 경쟁은 더 치열해지고 있기 때문에 제너럴리스트로 변신하지 않으면 생존을 보장하기 힘든 시대라고 생각해요. 이러한 환경의 변화가 지식인 사회 내부에서 글쓰기의 방식 또는 말하기의 방식을 극적으로 변화시키고 있지 않은가 하는 생각이 듭니다.

글쓰기 방식은 어떻게 변해야 하는가?

이권우　최근에 각광받고 있는 글쓰기를 분석해 보면, 같은 이야기이지만 조금 다른 시각, 즉 범주론으로 보면 특수성의 글쓰기라 할 수 있어요. 보편적인 법칙이 구체적인 상황과 만날 때 그건 특수적이다 라고 하지요. 특수성의 영역은 바로 소설이에요. 맑시스트들이 문학 작품을 열심히 읽었던 이유가, 보편적 역사 법칙이 한 개인의 삶에 어떻게 구현되고 있는가 라는 것을 찾아내기 위해서였죠. 최근 주목받고 있는 일련의 글쓰기는 특수성에 초점을 맞추고 있다는 거예요. 수필화라고 하는데 어떻게 보면 저는 그것을 소설화라고 볼 수 있다고 생각해요. 가장 대표적인 것이 미시사微示史예요. 최근에 번역된 미시사 책을 보면 거대한 역사 법칙이 구체적인 인물과 어떤 관련이 있는가를 드러내고 있죠. 지극히 소설적인 장치가 역사서에 나타나는 겁니다. 『마르탱 게르의 귀향』(나탈리 제먼 데이비스, 지식의풍경), 『치즈와 구더기』(카를로 진즈부르그, 문학과지성사)가 대표적인 경우지요. 주인공이 있고 역사서의 서술 방식을 파기했죠.

이런 면에서 거대 담론의 한계나 지나치게 시사적인 담론의 한계를 극복할 수 있는 글쓰기의 전형으로 전 세계가 특수성 범주에 주목하는 게 아닌가 싶은데, 그렇다고 모두가 주인공이 있는 소설 형식의 글을 쓸 수는 없는 법이지요. 그래서 개인적으로 주목하고 있는 형식이 바로 이 대담 방식입니다.

대담이야말로 그 기본적인 요소가 특수성의 범주에 맞아요. 그동안 우리는 대화나 토론, 논쟁의 문화가 없었기 때문에 대담집이 잘 안 읽힌 거고, 또 자기 지식을 대중들에게 공개하려는 노력을 하지 않았기 때문에 대담집이 없었던 건데, 이제는 그런 정도의 사회 민주화나 지식 민주화가 이뤄지면서 대담집의 필요성이 늘어났죠. 그리고 우리가 생각하기에 특수성의 범주에 드는 글쓰기가 많이 늘어나야 하는데 국내 학자들의 글쓰기 훈련이 아직 부족하기 때문에 대담으로 가는 게 나은 면이 있어요. 글은 못 써도 말은 할 수 있으니까요.

대담에는 두 가지 기능이 있는데, 첫 번째는 대담 그 자체가 가지고 있는 변증법적 발전이죠. 내가 어떤 얘기를 하면 상대방이 동의하거나 분석해주거나 비판하고 대안을 제시함으로써 얘기가 계속 발전하게 되어 있죠. 확대되고 검증되면서요. 그런 면에서 일반 대중 입장에서는 누구 한 사람의 견해에 지나치게 동의하거나 반대하지 않고 일정한 거리를 두고 그 사람의 주장이나 학문적 세계에 대해서 비판적 독서가 가능하게 됩니다. 서비스가 굉장히 잘되어 있는 거죠. 흔히 비판적 독서를 하라고는 하지만 한 권의 책을 읽고 제대로 이해하기도 힘든 와중에 비판적 독서는 거의 어렵잖아요. 그런 면에서 대담집이 갖는 미덕이 있어요.

두 번째는 대담을 하다보면 범주적으로 특수성이 드러날 수밖에 없다는 점입니다. 자기 개인의 구체적인 경험이나 세계를 얘기하지 않고는 대담을 이어나갈 수 없어요. 자신이 주장하는 거대한 이론적 지식이 현실적 삶이나 자기 개인의 삶과 어떤 관련이 있는지를 말할 수밖에 없죠. 그건 강연이나 강의, 대담이 가지고 있는 기본적인 특징이고 본인이 그걸 거부하더라도 상대방이 반드시 물어보게 되어 있어요. 카운터 파트너가 '너의 그런 사고가 너의 삶과 우리 삶에 어떤 관련이 있냐'고 반드시 묻죠. 이해하기 위해서도 그렇고 상대방 논점의 허점을 드러내기 위해서도 그렇고 반드시 그렇게 유도하게 되어 있어요. 그렇게 되면 대담자가 답변을 안 할 수 없죠. 특히 대담이란 팽팽한 긴장이 유지되는 맞섬의 장이기 때문에 말을 하지 않을 수 없는 거죠. 말하자면 이 대담이라는 것이 자백과 고백을 이끌어내는 장이 되거든요.

그런 여러 가지 면에서 봤을 때 자기가 갖고 있는 이론적 지식을 현실의 삶이나 개인의 삶과 연관시켜 얘기한다는 것은 일반 독자들이 봤을 때 곧바로 내가 같이 살고 있는 동시대에 대한 분석과 내 삶을 비출 수 있는 지식을 습득하는 방법이 돼요. 글쓰기 훈련이 제대로 안 되어 있는 학자들이 시의 적절하게 지식의 대중화를 위해 대담집을 더 많이 출간해줘야 한다고 생각하고 있고, 그런 의미에서 『춘아, 춘아……』나 이번에 나온 『서양과 동양이 127일간……』이나 모두 의미가 있다고 봅니다.

그런데 단점도 있어요. 대담집을 꾸려 나가는 편집자들이 주목해야 할 것이 있는데, '휘발성'이 대단히 강하다는 거예요. 문어체로 되어 있는 글과 구어체로 되어 있는 글을 읽었을 때, 분명한 것은 구어체를 빨리 잊어버리게 돼요. 참 묘하게도 그렇더라고요. 그래서 그것을 대체 어떻게 해야 일반적 지식으로 우리의 뇌 속에 오랫동안 남길 수 있는 체제를 만들 수 있는지……. 대담 방식이 우리가 지식의 대중화나 지식의 민주화에 크게 기여하는 방법이니까 이런 대담집을 활성화시키되 읽고 나서 그것을 어떻게든 간에 독자의 지식으로 만들 수 있는 장치를 반드시 마련해야 합니다.

저 개인을 봐도 그렇고 주변 사람들을 봐도 그렇고 구어체로 되어 있는 책들은 내용을 오랫동안 기억하지 못해요. 아마 논리성이 부족하기 때문일 거예요. 말할 때 우리가 논리적으로 하는 것은 아닐 테고, 나중에 아무리 첨삭을 하더라도 그것이 처음부터 글로 쓸 때 만큼의 내밀한 치밀성은 떨어지죠. 이 부분을 어떻게 메워서 구어체가 가지고 있는 문어적인 글쓰기에 대한 근본 한계를 이겨낼 것인가, 이런 방안을 좀더 구체적으로 연구하고 고민했을 때 대담집에 거는 기대가 더 깊이를 갖지 않겠는가 합니다.

김학원 그 점에 대해서는 이렇게 생각해요. 직접 해보니까, 글의 장점과 말의 장점을 어떻게 살릴 것인가가 가장 포인트였거든요. 말은 굉장히 생생하지만 계속 반복된다는 단점이 있죠. 깊이가 떨어지고 논리성이 취약하고. 글은 반대의 단점과 장점을 가지고 있어요.

대담을 하고 녹취를 하면서 몇 차례 점검을 하고 시간을 소비한 것도 군데군데 계속 말의 단점들이 보여서입니다. 그래서 그런 글들을 다시 보내고 다시 정리하게 하고……. 사실 이런 것은 있습니다. 두 분을 밀도 있게 붙여보니까, 몇 개월 동안 얼굴 맞대고 토론한 것만도 40시간 가까이 되거든요. 그러니까 굉장히 긴장감이 있고 우리가 이메일로 원고를 보내면 다시 정리하시는 거예요. 그래서 막판에는 이쪽에서 수정해서 저쪽으로 보내주면 저쪽에서 또 수정하고 또 수정하고……. 저쪽에서 뭔가 말을 달면 반드시 거기에 대해서 또 달고, 그런 과정이 엄청나게 많았어요.

그래서 어떻게 하면 글의 장점을 보강할 것인가 하는 측면에서 상당 부분 필자들이 긴장감을 가지고 작업을 했는데, 마지막으로 서로에게 주는 편지로 정리를 했던 거거든요. 편지는 상대적으로 구어체가 지니는 생동감과 동시에 자기의 준거를 충분히 얘기할 수 있는 형식이기 때문에 대담을 마무리하고 나서 50매씩 편지를 청탁했는데, 처음에는 두 분 다 도대체 몇 달간 대담했으면 됐지 뭘 또 글을 쓰라고 하느냐, 사람 잡느냐고 했지만 막상 결과를 보니 말의 장점과 글의 장점이 편지를 통해서 아주 잘 살아나더라고요. 밀도있는 대화의 성과이자 글쓰기의 새로운 진전이라고 평가해요. 그렇게 지식 생산과 소비의 과정 속에서 한단계 발전하는 거라고 생각해요. 아마도 두 분은 분명 글쓰기와 사고, 표현 방식의 측면에서 이번 대담을 통해 한 발자국 진보한 면이 있을 거라고 확신합니다. 또 한 가지 대담집을 내면서 기획, 편집진들이 엄청나게 고생하고 여러 가지 어려움을 겪기도 했지만 지식 생산의 새로운 노하우 축적이라는 점에서 중요한 부가 가치를 얻었다고 생각해요. 새로운 자신감, 그리고 어떤 새로운 것이 제기되어도 할 수 있다는 믿음, 아울러 저자와 열 명이 넘는 스태프들이 동고동락하면서 팀워크를 형성하면서 얻었던 새로운 파트너십에 대한 체험은 돈을 주고도 못사는 소중한 성과라고 생각해요.

장은수 대담집이 활성화되기 위해서는 전제 조건이 있다고 생각합니다. 한국 사회에서 대담 문화가 발전하지 못한 것은 아마 '대가' 또는 '어른'이 없기 때문이라고 생각합니다. 대담이라는 형식의 가장 큰 장점은 속도이죠. 가령, 9·11 사태가 일어나자 전 세계인이 단숨에 혼란에 빠졌습니다. 이 사태를 어떻게 볼 것인가를 한 순간에 꿰뚫어볼 수 있는 통찰력을 가진 사람들은 드물었지요. 일차적으로 이러한 통찰력을 제공하는 것은 신문 또는 잡지라고 볼 수 있어요. 그러나 좀더 깊고 넓은 통찰력을 요구하는 사람들은 그것에 만족할 수 없을 것입니다. 그때 출판 또는 책의 역할이 중요해져요. 그런데 이 사태에 대응하는 한 권의 책이 나오기 위해서는 아주 많은 시간과 분석, 노력이 필요합니다. 대담집은 그 시간차를 메워주는 중요한 출판 형식이라고 봅니다. 이때 우리에게 지식의 사부(제너럴리스트)가 필요해지죠. 노암 촘스키나 에드워드 W. 사이드 등 세계적 사상가들이 오랫동안 축적해온 교양과 경험이 우리에게 창공의 별처럼 빛나는 길을 보여주는 것이지요. 개인적으로 저는 대담집의 가장 큰 매력이 이 지점에 있다고 생각합니다. 그들의 사유가 우리 생각의 지도가 되는 것이죠. 불행히도 한국 사회는 이러한 대가들을 많이 갖고 있지 못해요. 지식인들이 이 세계사적 사건에 대한 의견은 누구한테 들으면 좋겠다고 한 번에 떠올릴 수 있는 그런 지식인의 모델이 굉장히 빈약한 것입니다. 그런 사람, 또는 그럴 가능성이 있는 사람이 있으면 학살해 온 것은 아닐까요? 지금 김학원 사장께서 40대 지식인을 예로 드셨지만 그것은 고육지책이라고 생각합니다. 그보다 더 많은 지식과 경험이 축적된 세대에서 무언가 발언이 나와야 해요. 그가 의견을 내고, 다른 사람들이 그에 대해 찬성하거나 반대하거나 혹은 비판적으로 다시 읽거나 비껴가거나 반응을 보일 수 있도록 말입니다.

김학원 저는 그 점에 대해서는 견해를 달리하는데요, 물론 대가가 있으면 더 활성화되겠죠. 문제는 저희들이 채택한 방식도 대가의 이야기를 듣고 '아, 선생님 말이 맞습니다, 아닙니다' 라는 식으로 하향식 내지는 종적인 커뮤니케이션을 하고자 한 것은 아니라는 겁니다. 대가들의 의견에 대해서 듣고 정리하는 기획도 지금 진행 중이기는 하지만, 보다 더 중요한 것은 한 사회에서 지식과 정보를 커뮤니케이션 하는 생산과 소비의 방식들이 달라질 필요가 있다는 거죠. 왜냐면 우리 사회에서도 조선 중기에만 하더라도 자기의 생각과 사상들을 시, 그림, 건축 등 다양한 형식으로 표현하면서 그 사람들이 하나로 어우러져서 토론하는 문화가 있었다고요. 중세의 르네상스처럼 우리한테도 그런 과정이 있었죠.

그런데 이제 대가들의 의견에 경청하는 것보다 오히려 중요한 것은 당대에서 자기들의 생각들을 부족하나마 익은 이야기들을 털어놓고 서로 교류하고 열어놓는 이런 쌍방향적이고 생산적인 커뮤니케이션 문화 자체가 오히려 더 취약하지 않았나 라는 생각이 들어요. 그런 풍토가 무르익어야 대가가 나올 수 있는 환경에 도달할 수 있다고 봐요.

장은수 왜 그런 얘기를 꺼냈느냐 하면, 지금부터라도 대가를 키우는 문화를 만들어가야 한다는 거죠. 대담집이라는 형식을 통해서 궁극적으로 우리가 뭘 이룰 것인가 하고 물어보는 것이죠. 그 중 하나가 바로 어른을 키워가자는 것입니다.

김학원 저는 그것도 과거의 방식이라고 생각해요. 우리가 대가를 키우기 위해서 사는 것도 아니고 그렇다고 해서 대가가 키워지는 것도 아니고, 스타 만들기는 더욱더 아니고요. 중요한 건 한 사람의 대가가 아니라 어떤 문화적 풍토라고 생각합니다. 출판이 그 풍토를 조성하는 데는 매우 중요한 역할이 있다고 봐요. 풍토가 조성되면 누구든지 다양하게 저마다의 목소리를 내고 교류할 수 있고 그래야 대가를 대가로 대접할 수 있는 풍토도 생길 거라는 거죠. 존경하는 선생님만 있고, '네네' 하는 제자만 있는 풍토에서는 진정한 대가가 나오기도 어렵다고 봐요.

대담집이 궁극적으로 지향하는 바는?

장은수 어른을 만들어가는 것이 중요한 것은 현재 문학 시장의 경우를 보면 잘 알 수 있어요. 박완서나 황석영 같은 어른들이 버팀목을 이루고 있어서, 시장이 축소되어 있는 상황에서도 일정한 역할을 할 수 있도록 만들고 있습니다. 그런데 지식 사회에서는 인문학의 위기를 얘기하면서도 그 위기를 벗어날 수 있는 길을 제시하는 대가가 없기에 한층 어려운 상황에 빠져 있다고 느끼는 거죠. 물론 저는 인문학이 위기에 빠져 있다고는 믿지 않지만요. 어쨌든 인문학의 위기를 탈출하는 방법 중 하나로 동세대 커뮤니케이션을 시도한다고 하셨는데, 그건 굉장한 시도라고 봅니다. 그러나 그러한 시도들이 지속적으로 뿌리를 내리기 위해서는 대담만 가지고는 부족하죠. 지금까지 한국의 지식 사회는 주머니 속의 송곳을 끌로 갈아서 평준화하려는 의식을 가져 왔습니다. 그런 사람들을 반골인 양 억누르려고 하는 거죠. 가령, 우리가 자주 듣는 '요즘 책 썼다며' 하는 식의 비아냥거림이 얼마나 지식 사회의 생산성을 가로막고 있습니까? 심지어 스승이 번역한 책은 오류가 넘쳐나더라도 제자가 재번역할 수 없는 게 현실이죠. 이젠 이런 악습을 돌파할 수 있는 사회적 환경이 만들어졌다고 생각합니다.

김학원 저는 대담집 자체가 중요한 것이 아니라고 봅니다. 우리가 뭐 대담집 만들려고 태어난 것도 아니고. 문제는 동 세대의 문화적 주역들이 자기 얘기를 마음껏 할 수 있다는 커뮤니케이션 문화와 방식들을 열어야 한다는데 의미가 있는 것이죠. 그래야 싸우더라도 좀더 멋지고 생산적으로 싸울 수 있는 것이고 어설픈 조정이나 굽신거림보다는 다름의 문화를 체화할 수 있어야 담론이라는 게 싹틀 수 있다는 거죠. 70, 80년대에는 이데올로기와 정치의 시대였기 때문에 인문학적인 '다름'조차 정치적 목적으로 만났습니다. 그러나, 지금 문화의 시대에는 문화적 다름이야말로 만남의 근거이거든요. 저희가 대담집을 진행할 때도 동 세대이자 바로 후배 세대인 30대들을 대담에 참석하도록 했어요. 그 사람들이 나와서 대담 현장을 가만히 지켜만 보고 있는 게 아니라 애초에 시작을 할 때도 아무 때나 끼여들고 아무 때나 이야기할 수 있다는 것을 전제해 놓고 시작한 거예요. 그러니까 이야기를 듣다가 '이건 아닌 것 같다'라고 하면 누가 발언하기도 합니다. 토론과 논의의 지식 생산과 소비의 문화 자체가 그런 식으로 민주화되고 열려 있을 때에 대가가 탄생되지 못했던 토양이 어느 정도 해소될 수 있다고 생각하고요. 대가의 얘기를 추종하거나 배척하는 종적 문화 환경에서는 또 다른 완장 문화가 형성될 거라고요. 우리 사회에 있는 완장 문화라고 하는 것이 얼마나 뿌리 깊은 것이고 그 피해와 상처가 얼마나 깊은 것인지는 출판 10년 동안 수없이 대학의 연구실을 드나들면서 절감한 것인데요. 결정적으로 이런 측면에서 지적 생산과 소비의 문화적 풍토가 좀 변해야 그 다음에 대가가 나오든 아니든 그건 그 다음 사람들이 몫이라고 생각해요.

박철준 지금까지 여러 얘기가 나왔는데, 저는 시장성에 대해서 생각해 봤어요. 이런 대담집이 우리 나라에서 어느 정도나 팔릴까 라는 생각을 했는데, 아까 3천 부가 거의 다 나갔다고 하셨죠? 한편으로는 성공한 것 같다는 생각이 들기도 하고 또 한편으론 3천 부 정도라면 걱정이 되기도 합니다.

토론 문화가 형성되지 않은 상태에서 이런 대담집의 출간은 시장성이 없을 거라고 생각을 하게 되거든요. 대가의 이야기도 했지만 이런 문화가 형성되지 않았기 때문에 대가가 나올 수 없다는 거예요. 현재 인문사회서의 주 독자층인 70, 80년대 학번의 독자들이 수준 높은 독서를 하고 있던 사람들인데 이 사람들이 읽을 책이 많지 않은 것이 사실입니다.

게다가 각 기업의 중추 역을 맡고 있는 이들의 독서가 '나는 이렇게 살아야 해', '앞으로 이렇게 살면 성공할 수 있을 거야' 등의 처세 분야로 흘러가는데, 이들은 이런 분야의 책에 사실 적응을 못합니다. 필요하니까 보는 것뿐이지 지식에 도움이 된다고는 생각하지 않는 거죠. 실용적인 면에서 읽는 거죠.

그래서 김학원 사장의 대담집 출판 시도가 굉장히 어려운 일이라고 생각했는데, 이런 시도를 한 것에 대해 높이 평가하지 않을 수 없는 것입니다. 어제 한 출판인을 만났을 때 그런 얘기를 했어요. 휴머니스트 출판사가 잘되길 진짜 바란다고. (웃음) 새로운 글쓰기 문화, 새로운 출판에 대한 시도가 만들어지면 만들어질수록 인문서 시장으로 독자들이 많이 들어올 수 있다고 생각해요.

장은수 시장하면 김영범 사장님이 전문가이신데……. (웃음)

김영범 저는 이렇게 생각합니다. 대담을 한다고 하면 대담에 참여하는 사람에 대한 생각들이 서로 확인이 되어서 저 사람과 나는 서로 어떤 생각이 달랐다고 하는 공감이 있었다고 하든지 등이 전제되어 있는 상황에서의 대담이라고 하는 것은 의미가 있어 보이는데, 대담 속에서 나타나는 그 사람들의 생각이나 의견들이 독자들에게 표면적으로 느껴질 수 있겠다는 생각이 들거든요. 그래서 한 저자가 자기 생각을 쭉 담아서 써냈다면 그런 부분에 대해서 독자들이 '아, 이 사람은 이런 주제에 대해서 어떤 생각을 할까'라는 관심이 있을 때에 그 대담집이 호기심 내지는 관심을 유도할 수 있을 거라고 보는데, 물론 독서에는 체계적인 단계가 있어 대담집은 상당한 수준에 다다른 사람들이 읽게 되는 책이 아닐까, 라는 생각도 들고요.
  최근에는 독서의 환경이 베스트셀러로만 획일화되고 있지 않느냐는 우려가 드는 반면에 또 한편으론 다행스러운 면도 보게 되는데, 바로 다양성이라는 겁니다. 출판의 다양성들이 보여지고 있다는 생각이 드는데요. 그런 예로 『The Blue Day Book』(브래들리 트레버 그리브, 바다출판사)이라는 책은 사진과 짧은 글의 만남이거든요. 예전에는 그런 것을 책이라고 생각지도 않았습니다. 어떤 독자든지 처음부터 어려운 책으로 접근하지는 못하거든요. 아주 쉬운 책 아니면 자신이 관심 있는 책을 보게 되죠.
  요즘 들어서, 사람들은 다른 나라의 환경이나 다른 사람들의 생각, 생활환경 등에 대해 관심을 갖고 고민도 합니다. 제 개인적인 생각인데요, 해외여행을 자유롭게 할 수 있고 많이 다니다 보니까 선진국에 사는 사람들은 우리보다 경제적인 여유가 있어 보이지 않는데도 삶의 질이 우리와는 다른 것 같다고 느꼈기 때문이라고 봐요. 예를 들어, 우리 나라 사람들은 미술관에 굉장한 부담감을 안고 가거든요. 가서 그림은 어떻게 봐야할지, 어떤 표정을 지어야 할지 라는 고민부터 한다는 거죠. 그런데 그쪽 사람들은 미술관에 가기 전에, 피카소라고 하면 피카소의 생애부터 그 사람의 그림 세계에 이르기까지 온 가족이 토론을 하고 간다는 겁니다. 피카소의 전시회가 있다고 하면 한달 전에 피카소에 관련된 책을 다 읽어보고 '이러저러한 피카소의 그림을 보자, 그리고 그것을 실제로 확인해 보자'라는. 정말 질적으로 문화에 대한 깊이가 보여진다고 생각되는데, 이런 것들이 알게 모르게 우리에게도 많이 축적되어지고 있다고 생각됩니다.
  우리가 앞만 보고 달리면서 돈만 많이 벌면 모든 게 해결되는 것으로 생각했던 세대에서 이제는 '죽으라고 기를 써서 돈을 벌었는데 이걸 뭐에 쓰지?' 혹은 '저 친구보다 내가 좀더 돈이 많지만 그게 무슨 차이지?'라는 상황을 돌아볼 수 있게 됐어요. 그러다 보니 '이건 아니구나'라는 생각을 하게 되고, 그런 면에서 책의 다양성이라는 면으로 접근할 수 있는 환경이 만들어져 있다는 거예요.

제 개인적으로 보는 대담집에 대한 생각은, 조금은 앞선 시장이 아닌가 라는 겁니다. 그 작가가 충분한 저작 활동을 통해서 독자들과 공감대가 이뤄지고, 이 저자와 저 저자는 서로 다른 초점으로 얘기하고 있는데 이 두 분이 만나서 얘기를 하게 되면 어떤 이야기가 나올까 하는 정도의 관심이 있어지고 나서는 상당히 활발한 시장이 될 거라고 생각합니다.

올 출판 시장의 큰 흐름으로 자리한 '서사성'

한기호 최근에 한 대학원에서 강의를 하다보니까 학생들이, 작년에 진행한 좌담을 묶어놓은 『책의 현장 2001』을 읽어보고 많은 생각을 하게 됐다고 해요. 제가 일본의 유통 관련 책을 읽다보면, 대부분이 서점 전문가나 유통 전문가들이, 글을 쓰기보다는 질문하고 답한 형태의 텍스트로 구성돼 있습니다. 거기에는 물론 편집자들의 노력이 개입되죠. 도표나 기본적으로 들어가야 할 자료들은 편집자가 정리해 주고 중요한 부분에 대해서는 부가적으로 설명해주는 등의 보완이 필요하겠죠. 입말의 한계를 보충해서 책으로 만들어낸 것인데, 읽다보면 수준이 굉장히 높다는 생각이 들어요.

우리도 이제 시장을 열어가는 중인데, 구체적인 실험과 현실적인 실천을 통해서 발생할 수 있는 여러 가지 약점, 아까 말한 휘발성 같은 그런 것들도 희석시키고 조정해 나가야하지 않겠나 라는 생각이 듭니다.

다음으로는 김영범 사장이 언급하신 『The Blue Day Book』과 같은 책에 담겨 있는 '서사성'을 주목해야 할 것입니다. 그 책에는 사진 설명이 한 줄씩 밖에 안 되지만 그걸 모두 모아놓으면 한 편의 서사시가 되죠. 『로빈슨 크루소 따라잡기』의 경우도 올해 들어 무척 좋은 반응을 얻고 있는데, 과거에 인기를 끌었던 아이들의 지식책은 만화 형식이라든지 단순하게 매뉴얼로 되어 있었는데 이제 서사적인 스토리로까지 왔습니다. 『누가 내 치즈를 옮겼을까』와 같은 경제·경영서도 두 마리 쥐와 두 명의 꼬마인간을 주인공으로 한 짧은 서사적 스토리로 이뤄져 있죠. 최근에 나온 『하이파이브』 같은 책도 서사적이면서 구체적인 이야기를 통해서 대안이나 새로움을 찾아가고 있는데요. 전반적으로 서사화가 올 출판 시장의 또 하나의 흐름이 아닌가 싶습니다.

사진과 짧은 글로 이뤄진 『The Blue Day Book』은 전통적인 책의 개념을 뒤집은 책으로 출판의 다양화를 단면적으로 보여준다. 이 책은 2001년 한국 출판의 한 흐름을 이룬 '서사성'으로도 주목하게 되는데, 한 줄의 사진 설명들을 모두 모으면 한 편의 서사시가 된다.

　서사적 스토리와 책이라는 미디어는 처음과 중간과 끝이 분명한, 그 완결성이 가장 큰 공통점입니다. 우리가 IT 혁명, 디지털 혁명이라고 대단하게들 말하는데 『지知의 편집공학』(넥서스)의 저자 마츠오카 세이코는 IT 혁명은 쉽게 말해 "정보의 '전후 순서' 배치법"이라고 합니다. 그가 말하는 오늘날의 사회를 조금 인용해보죠. 즉 아날로그에서 디지털화되어 정보를 온디맨드로 얻기 쉽게 된 것이 IT 혁명인데 아날로그에서 디지털로 간다는 것은 손끝으로 정보를 검색했던 것이 버튼으로 검색하게 되었다는 것입니다. 손끝으로 하는 것은 연속적으로 변화된다는 것, 예를 들면 예전에는 라디오 주파수를 맞추려면 손끝으로 소음이 나는 곳에서 주파수가 맞는 곳까지 조금씩 돌렸잖아요. 사람이 신경을 곤두세워 손가락 끝에 정신을 집중하고 세세히 따라가지 않으면 주파수는 좀처럼 맞출 수 없죠. 한편 디지털은 이미 그곳에 정보가 들어있어 포인트만 짚으면 된다는 겁니다. 이것이 아날로그 기술에 대한 디지털 기술의 차이입니다. IT에서는 버튼을 누르기만 하면 그곳에서 반드시 정보가 나옵니다. 첫 번째 누른 것도 원하는 것이고 그것을 보고 누를 수 있게 되어 있다면 또 원하는 정보를 얻을 수 있지요. 유저user는 원하는 순서대로 정보를 컴퓨터나 휴대전화로 읽어낼 수 있습니다.

    이 시대를 엄지족 휴대폰 시대라고들 하는데 왜 휴대전화나 i모드가 유행인가 하면 어쨌든 엄지손가락으로 누르기만 하면 온디맨드로 자신이 원하는 것이 나오기 때문입니다. 가고 싶은 레스토랑, 좋아하는 밴드의 스케줄 등을 갑자기 알고 싶어졌을 때 누르기만 하면 그것이 나옵니다. 그런 정보를 메모리 속에 순서대로 넣어둡니다. 그것도 드문드문 말입니다. 이것이 IT 혁명입니다. 그러면 이렇게 디지털에서와 달리 아날로그 매체인 책은 정보의 차별성으로 살아남을 수 있는 방안을 찾아야 합니다. 책은 이미 슈퍼마켓에 진열돼 있는 일회용 패스트푸드여서는 더 이상 살아남기 어렵습니다. 같은 것을 '먹어도'(읽어도) 각기 느낀 바가 달라지는 서사성이 책의 새로운 대안으로 떠오르는 것이 아닌가 싶고 그것이 지금 독자들에게 대단한 호응을 받고 있는 게 아닌가 싶은데요. 먼저 『로빈슨 크루소 따라잡기』를 기획한 박철준 씨의 얘기부터 들어보죠.

박철준 사실 이 책이 서사 구조라는 점도 중요하겠지만 더 중요한 것은 '벗어나기'에요. 기존에 있는 것에서 벗어나고 비꼬는 것이 주요 장점입니다. 처음 '노빈손' 시리즈의 기획은 〈과학동아〉에 소개된 '무인도 과학' 여섯 페이지를 봤는데 이건 뭔가가 될 것 같다는 느낌이 들었기 때문에 이뤄

에듀테인먼트 시장의 상징인 『로빈슨 크루소 따라잡기』는 어렵게만 느껴지던 과학을 이야기 속에 녹아들게 만들어 청소년들의 폭발적인 반응을 얻었다. 서사와 일탈이 관통하는 줄거리가 흥미를 유발시키고 주인공인 '노빈손' 캐릭터가 활력을 불어넣었다.

진 겁니다. 기존의 생각에서 벗어나 무인도에서 과학을 생각한다는 것이 너무 기발한 거예요. 그래서 오래 고민하지도 않았어요. '이건 되겠다'라는 생각이 든 데다가, 이우일 씨의 그림이 유머러스하고 약간 삐딱한 것이 딱 맞아들었어요. 그래서 잘된 것이지요. 또 요즘의 트렌드로 보자면 이 작품에는 '엽기'가 관통하고 있지요.

물론, 서사를 무시하지는 못하죠. 마치 60, 70년대의 명랑소설 같으니까요. 그리고 약간 비틀려 있고요. 주인공의 캐릭터 자체가 잔머리를 잘 굴리는 특징이 있어요. 주인공이 똑똑해서가 아니고 잔머리를 굴려서 위기에서 벗어나는 내용이기 때문에 독자들인 청소년들이 보기에 재미있다는 거죠.

처음 '노빈손' 시리즈를 기획했을 당시에는 사람들이 획일적으로 살기를 거부하던 시기였어요. 지금도 그렇지만 누구나 삭막한 도시에서의 일상에서 탈출하고 싶어했죠. 이러한 컨셉으로 성인용으로 접근한 책이었어요. 게다가 어려운 과학을 일상생활에서 가져와 읽을거리를 통해서 쉽게 보여주면 좋겠다는 생각으로 만든 것이지요.

처음 원고는 과학 상식으로 꽉 채워진 책이었어요. 그런데 완성된 원고를 보니까 이건 아니다 싶더라고요. 너무 과학적인 내용만을 가르치는 것 같아서요. 이우일 씨 만화만으로 재미를 주기도 어려울 것 같고요. 그래서 스토리를 집어넣는 작업을 다시 했어요.

김학원 저는 이 책을 보고 정말 충격을 받았어요. 90년대 초반에 나와 붐을 일으킨 『반갑다 논리야』(위기철, 사계절)와 맥은 이어지지만 전혀 새로운 개념의 책이었거든요. 대중교양서 시장에서 분명 한 단계 업그레이된 개념의 책이었어요. 90년대 초, 교양의 흐름은 '친절'에 맞춰졌어요. '쉽고 재미있게'였거든요. 기존의 어려운 지식을 어떻게 쉽게 전달할 것인가, 그러니까 『반갑다 논리야』와 같은 이야기 구조를 가지고 기존의 논리와 논술 시장을 이야기로 풀어줬던 거죠. 그것이 아주 대표적이었고 『재미있는 물리여행』(루이스 엡스타인 외, 김영사), 『교실밖 국어여행』(강혜원 외, 사계절) 등의 쉽고 재미있는 교양 시장이 아주 큰 열풍이었죠.

『로빈슨 크루소 따라잡기』는 그 다음 시장인 '교양의 에듀테인먼트화'의 상징이었습니다. 기존의 교양 시장은 어려운 것을 쉽게 해주는 정도에 그쳤고 여전히 계몽적이었죠. 뭔가를 가르치려고 하는데 이야기 구조로 가다보니까 전달하는 메시지가 해체되어 버리는……. 사실 『반갑다 논리야』 같은 책은 그걸 읽고 논리가 대폭 향상된다기보다 좀더 친숙하게 하는 것이 목적이었거든요. 단지 그 이야기를 통해서 뭔가를 섭취했다는 자족감을 얻게 하자는 정도였는데, 『로빈슨 크루소 따라잡기』는 똑같은 전복적 발상이긴 한데 '즐김'의 전복이라는 거죠. 일단은 내가 여기서 뭘 얻어야겠다는 생각 없이 그저 즐기게 하는 거예요. 그러다 보면 자연스레 새로운 지식을 얻게 되는 거죠. 그런 점에서 이 책은 우리 나라 대중 교양서의 새로운 지평을 열었다고 평가할 만해요.

김영범 우리 나라 교과서의 문제와도 맥락을 같이 하는 건데요. 쉽게 얘기해서 우리 나라는 아주 함축적이고 빽빽하게 담아서 지식을 전달해야 된다고 생각하는데 외국에는 우리 나라 같은 교과서가 없는 곳이 상당히 많다고 해요. 어떤 소설이 하나의 교과서일 수도 있고 교양 서적이 교과서일 수 있는 거죠. 100%를 가득 담은 책에서 40~50%를 전달하는 것과 70%를 담은 책의 80%를 전달하는 것을 비교했을 때, 내용이나 의미의 전달이 어느 쪽이 얼마만큼이나 잘되느냐 라는 문제가 제기되는 거죠.

『로빈슨 크루소 따라잡기』 시리즈만 하더라도 처음에 말씀하신 것처럼 과학 상식을 100% 빽빽하게 담아봤던들 독자 입장에서는 '어휴, 머리 아파'라는 생각이 먼저 들었을 텐데, 이렇게 구성하니까 그 중의 한두 가지라도 제대로 이해하게 된다는 거죠. 앞으로는 그런 쪽의 책읽기들이 형성될 것입니다.

최근에 인문학의 위기이니 이런 말들이 나오고 있는데, 전 이런 형태로라도 책읽기에 길들여지거나 학습이 되고 나면, '이제 함축성 있게 짧은 시간에라도 좀더 많은 내용을 한번에 습득할 수 없을까'라는 생각이 들게 되고, 그러다 보면 무게 있는 책들도 점차 읽혀진다고 생각되거든요.

예전에는 출판이라고 하면 문학출판사들이 거의 전부였다시피 했고 좀더 쉬운 책을 만들어 낸다고 하면 상업적인 출판사로 매도당하기 일쑤였죠. 책이 너무 어려워서 독자가 이해할 수 없고 어떤 말인지 물어봐야 저자도 잘 대답할 수 없는 책들만 책이라고 생각했던 시대도 있었습니다. 옛날에는 인터넷도 없고 지식을 습득하려면 오로지 책밖에 없었는데 이젠 인터넷에 얼마든지 정보가 널려 있죠. 그렇기 때문에 이제는 '책이라고 하는 매체로 정보의 전달을 어떻게 해야 할 것인가'라는 고민들이 보여지는 것 같아요.

김학원 『로빈슨 크루소 따라잡기』에 대해서 조금만 더 덧붙이면, 이 책은 90년대에서 흘러왔던 대중 교양 시장의 한 사건이었다고 봐요. 그것을 미리 알고 기획을 했든 어쨌든 간에.

모두 알고 했겠죠. (웃음)

김학원 왜냐하면 90년대 후반에는 '앗' 시리즈니 하는 한 단계 버전업된 책들이 나왔단 말이에요. 그런데 저는 이 기획을 '앗' 시리즈(김영사)나 그런 유사 종류와는 전혀 다르다고 생각합니다. 기본적으로 하나의 이야기 구조 속에 에듀테인먼트적 요소가 있으면서 동시에 그 다음 지점이 있어요. 예전에 『반갑다 논리야』는 삽화 수준이었는데, 여기는 캐릭터가 있어요. 단순한 삽화 수준이 아니라 살아있는 캐릭터가 있다는 거예요. 예전에는 삽화라면 본문의 글에 복속된 의미였죠. 그런데 여기에는 활자에 복속된 의미의 삽화가 아니라 활자와 대등한 위치에 놓인, 그래서 살아있는 캐릭터로서의 단초를 보여줍니다. 거기에 『로빈슨 크루소 따라잡기』의 큰 의미가 있다고 보여져요.

어쨌든 대중 교양서에 하나의 획을 긋는 서사 구조이면서 텍스트 자체가 대중 교양서의 새로운 장르를 개척할 수 있는 단초를 보여줬다고 생각해요. 우리의 출판이 대중적으로 어떤 방향으로 나아가야 하는지 그 시사점을 보여주었다는 점에서 주목하고 싶어요.

이권우 『로빈슨 크루소 따라잡기』를 높이 평가해야 할 부분이 있습니다. 청소년 시장은 학과 실력을 향상시키는 것과 밀접한 관련이 있거든요. 그것과 관련이 없으면 책이 잘 안 팔려요. 그런데 『로빈슨 크루소 따라잡기』는 현재로는 유일할 정도로 학업 성적과 관련 없이 베스트셀러이자 스테디셀러가 됐는데, 그래서 그런 면에서 아동서에서의 『신기한 스쿨버스』와 비교할 만 해요.

장은수 스타일이 굉장히 비슷하죠.

이권우 에듀테인먼트이고, 거기에 나오는 지식이라는 것이 어른의 시각에서 청소년이나 아이들에게 모든 것을 알려줘야 한다고 강박하지 않고, 제한되어 있지만 제한된 만큼은 그 안에 충분히 녹아들어 있거든요.

우리가 아까 얘기한 것들이 다 맞아요. 현재 우리에게 중요한 것은 지식이나 교양을 어떻게 육화시키느냐는 거죠. 그게 주로 서사적 구조인데, 저는 그걸 특수성의 범주로 보는 것이고요. 살아있는 그 무엇으로 만드는 거죠. 살아있다는 것은 소설의 주인공 같은 요소들인데, 이렇게 해서 사람들에게 동일시하게 하고, 그걸 통해서 구체적인 삶과 관련이 없다 하더라도 일반적 교양의 의미에서 충분히 지식을 얻게끔 하는 것……. 그런 면에서는 시사성이 있는 거죠.

그런데 중요한 것은 앞으로도 과연 청소년 시장에서 학업 능력 향상과 관련이 없어도 책이 지속적으로 나갈 수 있냐는 건데, 그렇진 않다고 봅니다. 그런 면에서 아까 말한 장점들, 그러니까 '일탈성'이라든지 이런 다른 장점들도 큰 역할을 한 거겠죠. 어린이들이라면 에듀테인먼트만으로도 주목할 수 있는데, 『로빈슨 크루소 따라잡기』는 주독자층이 청소년이라는 점에서 그 밖의 것들—그것이 가상 공간이라는 점, 치열한 입시 지옥에 시달리는 아이들에게 생존법을 일러준다는 점, 그리고 어디론가 떠난다는 일탈성 등— 즉 책의 정보나 교양의 바깥 요소가 더 많은 독자를 끌어당겼다고 봐야할 거예요. 청소년 시장에서는 굉장히 예외적인 상황이 아닌가 싶습니다.

김학원 이 책은 독자들이 이야기 구조와 캐릭터에 대해 직접적으로 이해하고 반응했습니다. 교사들도 마찬가지이고요. 마케팅이라는 것이 거의 필요 없을 정도로 자연스럽게 퍼졌지요. 그런 면에서도 중요하게 봐야 할 거예요. 왜 그토록 독자 스스로 선택하고 입소문을 내서 바닥에서부터 죽 올라왔는가는 굉장히 중요한 점이죠. 무작정 대중을 따라가는 것이 아니고 대중의 건강한 탄력성, 그들이 원하는 새로운 흐름과 기호를 보여준 것이라는 점에서 세심하게 경청하고 관찰해야 할 거예요.

'대낮의 글쓰기'와 '황혼의 글쓰기'

장은수 저로서는 『The Blue Day Book』과 같은 책들이 지금 왜 문제가 되고 이 시점에서 필요한가, 왜 글쓰기 또는 책의 형태가 그런 모습을 띠게 되었는가 하는 점에 주목하고 싶어요. 아까 386세대 이야기를 하면서 기존의 목소리와 글쓰기 방식을 해체할 필요가 있었다고 했습니다. 과거에 우리가 책에 대해 가지고 있던 기본적인 생각은 헤겔적 사고예요. '미네르바의 부엉이는 황혼녘에 난다'는 것입니다. 다시 말해 사건이 완전히 종결되고 그에 대한 지식이 완전히 체계가 잡히고 나서, 그 다음에 문자로 기록하는 거죠. 이 기록은 굉장히 성스러운 것이고, 쉽게 익힐 수도 버릴 수도 없는 거예요. 완전한 지식, 단 하나의 책을 지향하는 거죠. 그걸 비교적 잘 보여주고 있는 것이 교과서라고 생각합니다. 교과서는 우리가 상상할 수 있는 완벽한 지식의 시스템 위에서 만들어지고 있어요. 우리 나라 국민의 교양 수준이 세계에서 가장 높은 이유는 교과서가 잘 만들어져 있기 때문이라고 생각하는데, 흔히 생각하듯이 교과서를 그렇게 부정적으로 볼 필요는 없어요. 물론 교과서를 어떻게 가르칠 것인가 하는 것은 또 다른 문제이겠죠. 한국 사회는 이 부분에 대한 고민이 결여된 기형적인 사회라고 할 수 있습니다. 어쨌든 지금은 그런 '황혼의 글쓰기'만으로는 버틸 수가 없는 거죠. '황혼의 글쓰기'가 유지되기 위해서는 사회 변화가 굉장히 느려야 해요. 한 사회의 기반이 아주 튼튼해서 그것이 변하려면 전체를 움직여야 하는 사회, 그러니까 나비 효과가 없고 사소한 사건들이 사회 전체에 파장을 못 미치는 사회여야 합니다. 그런 사회에서는 지식의 체계를 10년 또는 100년에 한 번 교정하면 충분하겠죠. 조선 시대의 성리학이 그러했고, 조선 시대 선비들이 한 상자의 책만으로도 지식인의 역할을 다할 수 있었던 것도 그 때문이에요. 그런데 요즘 세상은 전혀 그렇지 않습니다. 지식의 교체 속도가 너무 빨라져서 1, 2년만 지나면 지식 시스템이 통째로 흔들려 낡아버립니다.

　이 엄청난 사회 변화 속도, '모든 것이 공중으로 흩어져 사라지는'(마르크스) 상황에 지식은 어떻게 대처해야 하는가를 가장 고민한 사람 중의 하나가 바로 니체예요. 그는 이른바 '대낮의 글쓰기'를 시도했죠. 그러기 위해서 기존의 철학책 쓰기의 방법을 계속 흔들었습니다. 그는 "나는 좀더 격렬하고 살아있는 철학을 하고 싶다. 나의 철학은 대낮의 철학이며, 헤겔처럼 타락한 데카당스의 철학이 아니다"라고 말하곤 했죠. '대낮의 글쓰기' 또는 '망치로 하는 철학'을 요청한 거예요. 이러한 글쓰기의 방식에 가장 훌륭하게 대처한 사람들이 바로 니체, 마르크스, 프로이트라고 할 수 있습니다.

　어쨌든 현재 세계는 질서 정연한 뉴턴적 세계에서 혼란 속에 살아가는 카오스적 세계로 옮겨가고 있고, 전 세계의 거의 모든 일급 지식인들이 혼란에 빠져 있습니다. 게다가 한국 사회는 아직 농경 문화에 한쪽 발을 깊게 담그고 있죠, 게다가 가부장제 문제도 거의 해결하지 못했죠. 또 상명하복식의 군사 문화적 이데올로기도 해결하지 못한 상황이에요. 세계는 모던을 거쳐 포스트모던으로 나아가고 있는데, 우리는 아직 프리모던에서 기원한 수많은 문제들과도 싸워야 하는 것이죠. 이 엄청난 혼란과 가치의 전도가 바로 우리 사회를 들끓게 하는 근본적인 에너지이면서, 동시에 바깥에서는 '즐거운 지옥'이라고 보일 수도 있는 극한 긴장의 상황을 만들어낸 모태입니다. 지금 출판은 이 창조적 에너지와 카오스의 모태를 어떻게 결합시켜 새로운 문화적 통찰력을 보여줄 것인가 하는 문제에 직면해 있습니다. 지금 한국 출판에서 나타나고 있는 다양한 실험들은 바로 이 문제를 돌파하기 위한 노력의 산물이라는 생각이 들어요.

　그중 하나가 바로 그림과 텍스트를 결합시키는 것이고 그 결합의 차원은 지금 김학원 사장님이 잘 정리해서 말씀해 주셨습니다. 그와 관련해서 외국 출판계는 두 가지 길을 택하고 있어요.

그 하나는 'DK 스타일'인데, 영국의 출판사 DK가 시도하고 있는 편집 스타일의 특징은 책의 판면을 웹 문서와 똑같이 보이도록 만드는 거예요. 그렇게 되면 모든 지식이 아주 잘 정리된 채 한눈에 들어오게 되죠. 그런데 이 DK 스타일의 가장 큰 약점은 비인간적이라는 것입니다. 전통적으로 책에서 기대하는 휴머니티가 DK 스타일에서는 빠져 있어요. 그리고 이 스타일의 편집 방식은 전 세계에서 다 성공을 거두고 있는데, 유독 한국에서만 실패하고 있죠. 실패의 이유는 여러 가지 들 수 있겠지만, 그중 하나는 분명 한국 사회가 충분히 근대화되지 못했다는 점 때문이에요. 오늘도 우리는 이 좌담이 끝나면 술 마시러 가겠죠. 외국 같으면 그냥 집으로 돌아갈 텐데 말이죠. (웃음) 정情의 문화가 아직 우리로 하여금 책에서 인간의 냄새를 기대하도록 합니다. 『로빈슨 크루소 따라잡기』에서는 그런 인간의 냄새가 나요. 『The Blue Day Book』도 아주 극단적으로 감정에 호소하면서 인간의 냄새를 보여줘요. '세상을 살아가면서 당신은 정말 소중한 것을 잃고 있는데, 그건 바로 당신의 표정이야'라고 말하는 거죠. 인간을 통해서 말하면 충격을 주지 못할까봐 그것을 동물을 통해서 보여주고 있습니다. 거울을 한번이라도 들여다본 사람이라면 자신이 얼마나 표정 없이 살아가고 있는가를 알게 됩니다. '즐거운 지옥'에서는 거울을 볼 틈이 없는 거죠. 그때 우리에게 『The Blue Day Book』이 거울이 되어준 거예요. 원숭이가 찡그리는 모습, 웃는 모습, 우는 모습을 보면서 우리는 같이 찡그리고 웃고 울게 됩니다. 그러면서 가상 공간으로 떠나고, 거기에서 다시 자신을 충전하는 것이고요.

이처럼 책에서 인간 냄새를 풍기게 하는 길을 택한 것이 바로 프랑스 출판사 '갈리마르 스타일'이라고 할 수 있어요. '갈리마르 스타일'은 DK 스타일처럼 차갑지 않습니다. 책 자체의 미학적 가치를 극대화함으로써 책의 육체성을 최대한 살려내는 방식이니까요. 영국과 대륙의 문화적 차이라고나 할까요. 이러한 스타일은 이탈리아를 비롯한 서유럽 국가들 사이에서 광범위하게 시도되고 있죠. 물론 이렇게 책의 육체성을 살리는 기획들이 한국 출판에도 급격히 늘어나고 있고요. 책의 육체성을 살리기 위해서는 정보물과 다르게 만들어야 하는데, 표지의 질감을 높인다든지 하는 시도들이 많이 나타나고 있어요. 그렇게 책의 육체 가치를 높여주는 것이 바로 지금과 같은 '대낮의 글쓰기'의 시대에 요청되는 것입니다.

김학원 그런 점에서 『로빈슨 크루소 따라잡기』와 비슷한 맥락을 보여주는 것이 『펄떡이는 물고기처럼』과 『누가 내 치즈를 옮겼을까』라고 생각합니다. 이 책들은 처음으로 경제·경영서에 스토리와 캐릭터 전前 단계를 구현했다고 봐요. 『펄떡이는 물고기처럼』과 『누가 내 치즈를 옮겼을까』를 읽어보면 사실 잭 웰치의 책보다는 밀도가 떨어지죠. 그러나 치즈를 통해서 풀어나가는 이야기가 책의 줄거리에 머무르는 것이 아니라 하나의 상징적인 아이콘이 되는 거고, 아이콘이 스토리 즉 서사 구조에 녹아 들어가는 거예요. 그래서 아예 제목도 '물고기'와 '치즈'로 걸었고요. 이 제목만 봐서는 무슨 책인지 전혀 알 수 없어요. 그런데 '물고기'와 '치즈'를 매개로 해서 이야기를 풀어 가는 과정에서 저자의 메시지가 숨겨져 있고, 매번 물고기와 치즈가 나오면서 상징적인 캐릭터로서의 가능성을 보여주고 있어요. 요즘 어디에선 '고양이'까지 나왔다고 하더라고요. 새로운 이야기의 창조는 앞으로 출판 시장의 중요한 화두가 될 것이라고 생각합니다.

박철준 약 5년 전의 일인데, 서사를 키워드로 한 블랜차드의 책이 나왔어요. 그 당시에는 참패였죠. 지금에 와서는 '서사'라는 점에서 주목하면서 self-help 책들이 붐을 이루고 있죠. 이 책 역시 전형적인 self-help 책이거든요. 즉 외국에서는 이런 바람이 오래 전부터 불었는데, 한국에서는 2,

3년 전부터 유행하기 시작한 것이죠. 우리 나라 사람들이 이야기에 갈증을 내고 있는 것 같아요.

일본에서는, 고등학교 졸업하고 대학에 갈 때까지 뭐를 해라, 라는 식의 충고가 지배적이에요. 나카타니 아키히로의 책이 모두 그런 지침서예요. 일본은 아직까지 자기가 혼자 설 방법을 모른다는 거죠. 일본의 〈주부생활〉 같은 잡지를 봐도 '이렇게 해라, 저렇게 해라'라는 방식으로 나왔던 거죠. 그걸 한국이 그대로 들여왔는데, 이제 사람들이 이야기에 대한 갈증을 느끼기 시작한 거예요.

'이렇게 해라, 저렇게 해라'에 환멸을 느끼고 그 다음부터 서서히 불기 시작한 게 서사였죠. 게다가 『누가 내 치즈를 옮겼을까』가 그렇게 잘 팔리니까 전부 다 이야기로 간 거예요. 『정호!』나 『하이파이브』 모두 블랜차드의 책인데 모두 우화 형태의 서사 구조를 가지고 있습니다. 그리고 이러한 글쓰기는 미국에선 이미 10년 전부터 시작되었죠.

장은수 과거에는 경제·경영서라고 하면 떠오르는 이미지가 있었습니다. 바로 실용성이죠. 대표적인 예로 더난출판사의 '부기장부 쓰는 법'에 대한 책을 들 수 있죠. 상고를 졸업한 여성들이 어린 나이에 사무실에 취직해서 아무것도 알지 못하고 실무를 맡아 장부를 정리할 때 오직 의지할 데라곤 이 책뿐이었죠. 이 극도의 실용성이 바로 지금까지 우리가 경제·경영서에 대해 가지고 있던 관념입니다. 이쪽의 책을 만드는 사람들은 모두 그런 아이템 하나를 갖고 싶어서 고민을 해왔고요. 그 여파가 남아서 『합법적으로 세금 안 내는 110가지 방법』(아라크네) 등의 '방법' 시리즈들을 여전히 만들어내고 있습니다. 그런데 이런 방식의 매뉴얼들은 이제 주류에서 밀려나고 있어요. 그 대신에 좀더 풍부한 이야기들이 그 자리를 차지하게 되었습니다.

몇 가지라고 할 때의 '가지'는 실제로는 실천하기 어려운 겁니다. 그것이 많아질수록 더욱더 어렵죠. 진정한 실용서는 그저 읽기만 해도 그것을 실천할 수 있는 능력을 쥐어주는 환상의 책이죠. 그러나 '방법'은 대체로 정보 영역에 속하는 것이어서 웹 문서와 경쟁해야 하는 상황에 놓였습니다. 인터넷에 접속하면 우리는 그 방법들을 수없이 마주칠 수 있으니까요. 이야기가 경제·경영서에 도입된 것은 웹 문서와 경쟁하지 않기 위해, 또는 웹 문서를 넘어서는 어떤 것을 독자들에게 제공하기 위해서입니다. 그러기 위해서 편집자들이 택한 전략의 하나가 바로 '가지' 하나 하나를 떼어내 한 권의 책으로 만들어 가는 거예요. 가령, 『20대에 하지 않으면 안될 50가지』를 50권의 책으로 만드는 거죠. 과학 책에서도 이러한 경향은 두드러지고 있습니다. 수식과 도표로 상징되는 과학책이 풍부한 이야기들을 포함한 읽을거리로 진화하고 있어요. 그러나 이 분야의 한국 필자들은 아직 이런 상황에 적응하지 못하고 있는데, 번역서가 많은 것이 그 증거입니다. 아직 그렇게 풍부한 글을 쓸 수 있는 훈련이 안 된 것입니다. 프리젠테이션에 익숙한 사람들이어서 그럴까요? (웃음)

　이 시장과 관련해서 두 번째로 주목되는 것은 기업에서 직원들에게 책 읽기를 강요하는 문화가 생겼다는 거예요. 밀리언셀러가 된 『누가 내 치즈를 옮겼을까』의 판매 부수 중 많은 부분이 기업체의 단체 구매라는 말을 들었습니다. 『경호!』, 『펄떡이는 물고기처럼』, 『하이파이브』 등도 다 마찬가지라고 생각하고요. 그런데 이 기업체 단체 독서 시장은 IMF 이후에 주로 생겨났어요. 노동 재교육 시장이 열리면서 비로소 『누가 내 치즈를 옮겼을까』 같은 책들이 주목받기 시작한 겁니다. 물론 그 전에도 이러한 시장은 있었지만 그 대상이 기하급수적으로 늘어났다고 할까요.

　김학원 또 덧붙일 수 있는 것은 이런 것 같아요. 우리의 매뉴얼에 대한 태도, 매뉴얼을 소비하는 방식은 일본과 굉장히 다르고, 일본은 매뉴얼과

지침이 곧 긍정적인 의미이고 굉장히 강제적인 느낌으로 다가오는데, 우리는 그것에 대해서 대개는 짜증나는 것으로 보죠. 회사에서 짜증나는 지침이 많으니까 그것으로부터 벗어나고 싶어하죠. 그러니까 이야기라는 것이 필요한 겁니다. 또 한 측면으로는, 이 등장이 인터넷의 확산과도 맞물려 있어요. 매뉴얼과 정보는 인터넷 어디에서든 널려 있기 때문에 실질적으로 책이 가야 할 방향이 어느 지점인가가 덧붙일 수 있는 대목이라고 생각되는군요. 이제는 매뉴얼 쪽이 아니라 그런 것들을 어떻게 독자들의 삶 속에서 생생하게 구현해줄 것인가 이런 측면에서 서사 구조들을 인터넷 시대의 독자층이 책을 통해서 얻고자 하는 하나의 흐름이 아닌가, 라는 생각이 드네요.

개종을 강요하는 우화 형식의 경제·경영서들

이권우 저는 우화 형식에도 주목했으면 좋겠어요. 우화를 통해 자기 혁신의 필요성을 설득하잖아요. 이 책들이 모두 두 가지 공통점을 갖고 있죠. 우화이기 때문에 딱딱한 이론을 쉽게 이해할 수 있게 해준다는 점이 있고, 또 하나는 감성에 호소한다는 점이지요. 우화라는 게 소설적인 측면이 강하니까요. 자기 혁신이라는 것은 읽는 이의 주체적인 결심이 필요한데 감성적인 면에서 호소한다면 우화 형식이 가장 적합하죠.

이 우화 형식은 아주 오래되고 낯익은 기법입니다. 이솝우화라든가 예수의 설교, 부처님의 말씀 등 기본적으로 한 사람의 신념을 바꾸게 하기 위한 아주 오래된 어법이에요. 단지 그동안 주목을 안 했던 거죠. 그런데 왜 이제 중요하냐 하면, IMF 이후에 모든 기업은 기업체의 변화 이전에 노동자의 변화를 우선적으로 요구하고 있다는 거예요. 이 『누가 내 치즈를 옮겼을까』는 아주 나쁜 책이거든요. (웃음) 어디 이만큼 나쁜 책이 있겠어요. 세상은 하나도 변할 필요가 없고 제도는 안 바뀌면서 오로지 우리 개인만 바꾸라는 것, 이건 신경제가 낳은 너무나 가혹한 또 하나의 착취 구조라고요.

그런데 왜 이 형식이 우화일까 라는 점을 저는 굉장히 중요하게 보는 거죠. 이것이 사람들에게 먹히고 있고 권하는 사람도 굉장히 편안한 거예요. 겉으로 드러나는 이데올로기는 없어요. 그런데 꼼꼼하게 읽어보면 거기에는 기업가의 입맛에 너무나 잘 맞는 것이 숨어 있죠. 결국 이건 이데올로기 투쟁의 결과인 것 같아요. 세계의 대자본들이 일정하게 변화를 유도해야 할 노동자 계층에게 자신들의 메시지를 어떻게 전달할 것인가를 놓고 치밀하게 노력한 거죠. 그게 가장 전통적인 우화 기법을 통해 자기 변화를 이끌어내는 거였죠. 사실 종교적인 것이 뭐예요, 변화를 요구하는 거잖아요. 개종을 원하는 건데, 개종의 어법이 바로 이 우화거든요. 그 때문에 저는 만국의 노동자들이 이 우화에 속으면 안 된다고 생각해요. (다 같이 웃음)

장은수 『누가 내 치즈를 옮겼을까』는 아주 많은 출판사에서 검토를 했어요. 저도 그걸 에이전트에서 보내주어서 읽어본 사람 중의 하나입니다. 그런데 솔직하게 전통적인 책의 개념으로 보면 내용이 너무 없어요. 메시지라고는 단 하나 '변하면 산다, 변하지 않으면 죽는다' 아닙니까? 게다가 예가 풍부한 것도 아니고, 분량도 100여 페이지밖에 안 되잖아요. IMF 전에 읽었기 때문에 그랬는지, 이런 내용 없는 책을 사람들이 읽을 리 없다, 라고 생각했죠.

이권우 아니 '미네르바의 편집인'이네 '대낮의 편집인'이 아니고. (웃음)

장은수 나중에 한국어판이 나와서 사보았는데, 역시 별 내용이 없더라고요. (웃음)

김학원 『부자 아빠 가난한 아빠』도 마찬가지잖아요? (다 같이 웃음)

김영범 저도 그 얘기가 하고 싶었어요. 전 『부자 아빠 가난한 아빠』

를 읽고 나서 약간 불쾌감을 느꼈어요. 별로 읽고 싶지 않았는데……. 미국식 경제와 유럽식 경제의 시각이 있는데, 우리 나라는 너무나 '팍스 아메리카나'에 길들여지고 있지 않나 싶어요. 유럽에 갔을 때, 저는 그 사람들이 삶을 바라보는 시각이 굉장히 좋게 느껴졌어요. 거기엔 월마트 같은 대형 할인 마트가 있는 것도 아니고 동네마다 상점들이 있는데 그것들이 별 어려움 없이 유지가 되고 있었어요. 세금이 45%래요. 그런 엄청난 세금을 내는데도 불만이 없고. 그런데 우리는 과도기에 있으면서 '얼마만큼 세금을 줄일 수 있을까'라는 고민만 하죠. 자신의 사회적 기여에 대해서는 전혀 생각지 않고 방기하면서, 사회에서 뭘 해줄까에 대해서만 관심을 갖지요.

이건 제 개인적인 생각인데, 돈이 있는 사람은 사실 세금을 안 내고도 살아요. '안 낸다'는 표현은, 버는 만큼에 비례해서 내기보다—비례해서 내기만 해도 좋겠는데 오히려 덜 낸다는 거죠. 미국만 하더라도 그나마 기부금 제도가 있어요. 우리 나라의 기업가들이 존경받지 못하는 이유는 돈을 벌어서 모두 세습한다는 것에 있죠. 돈을 벌어서 어느 재단에 기증을 한다든지, 어떤 사람들을 위해 쓴다든지 한다면 좋겠지만요.

해마다 정부에 도서관을 더 지어달라고 주장하는데, 어느 민간 단체에서 '우리 국가가 사는 길은 책을 많이 읽히는 길밖에 없다'고 해서 독서 진흥을 위해서 매년 얼마만큼 기증을 하겠다고 한다면 얼마나 좋겠어요. 그렇게 하는 기업이 있냐는 말이죠. 그런 차원에서 우리 출판계에서도 한 목소리가 있어야 하는데, 만날 돈 없는 정부에 대고 외쳐봤자 안 될 일이죠.

김학원 지금까지 계속 『펄떡이는 물고기처럼』, 『누가 내 치즈를 옮겼을까』, 『하이파이브』 등의 경제·경영서 얘기를 했는데, 이 자리를 빌어 제언을 하겠습니다. 저도 새로 창업을 하면서 지난 6개월 동안 가장 많이 읽은 책이 경제·경영서예요. 실제로 어느 땐 한 달에 서른 다섯 권

쯤을 사서 보기도 했습니다. 그러면서 한편으로는 자기 반성도 했어요. 독자가 되니까 저 자신의 독서 체험을 통해서 문제의식이 싹트더라고요. 왜냐하면 우리 30, 40대의 독자층이 기업에서 중요한 역할을 하고 있는데, 우리 실정에 맞는 책들은 거의 없었거든요. 해외서들도 중요하지만 앞으로는 우리 실정에 맞는 저자들을 개발한다든가 가치와 성공을 결합한 새로운 모델을 만들어내는 기획이 경제·경영서에도 필요하지 않겠는가, 라는 절실함이 느껴졌습니다. 일본이나 유럽에 가 보면 다른 시장은 모르겠지만 경제·경영서 시장만큼은 해외서와 국내서가 항상 균등하게 있더라고요. 예를 들어서 인문서나 다른 부분에서는 전부 해외서가 차지하더라도, 경제·경영서 시장은 항상 균등해요. 그런데 우리 나라에서는 경제·경영서 시장의 거의 100%가 해외서예요. 그 중에 80% 이상이 미국 책이고요. 물론 그만큼 우리 경제 구조가 미국 시장에 편입되어 있음을 보여주는 실례이기도 하지만 아무튼 미국식 성공 노하우 일변도, 서국식 합리주의 일변도에서 어느 정도 탈피해서 우리식 모델도 보여주어야 하지 않나 싶어요.

한기호 경제·경영서 베스트 순위가 아마존 순위와 일치하죠. (웃음)

김학원 대다수가 미국식 성공 노하우이고 10%에서 20%가 일본식 처세서죠. 미국식 성공 노하우와 일본식 처세 지침이 우리 나라 경제·경영서 시장을 장악하고 있습니다.

사실은 저도 『부자 아빠 가난한 아빠』를 보면서 '나도 이렇게 살아야겠구나'라는 생각이 들어서 그 다음날부터 아이한테 '내일부터 구두 닦아, 그럼 300원씩 줄게'라고 했는데 그렇게 며칠 하다보니까 '이렇게까지 살아야하나'라는 자괴감이 들더라구요. 이제는 미국식 성공 노하우도 어쨌든 성공한 실패자가 되지 말라는 쪽으로 와 있잖아요. 얼마 전에 출간된 『부유한 노예』 등의 책이 그렇죠. 그런데 우리는 아직도 어떻게 하면 성공할까 쪽으로 몰아 가고 있어요.

김영범 그렇게 갈 수밖에 없는 게, 사회적인 보장이 되어 있지 못하기 때문이라고 생각되요.

한기호 『누가 내 치즈를 옮겼을까』는 책이 없어져서 못 읽다가 나중에 100만 권 나가고 나서야 읽어봤어요. 다 읽고 나서는 무지하게 화가 나더라고요. 그래서 북새통 사이트에 비판하는 서평을 썼죠. 최근에 『하이 파이브』라는 책을 읽어보니까, 오랫동안 직장에서 열심히 일해 왔던 사람이 어느 날 단지 팀워크가 맞지 않는다고 새로 온 사장에게 내쫓기는 내용이 있더군요. 책에 서술된 것에 따르면, 정확하게 21분 만에 박스 하나에 음료수 통까지 들고 쫓겨나거든요. 그런 것들이 정당한가에 대한 생각이 들었어요. 그 대목을 읽을 때는 울컥 눈물이 나올 뻔하기도 했습니다. 어느 출판사 영업자가 하는 얘기가, 처음 그 책은 신간 배본까지 합쳐서 7천 부 정도밖에 안 됐는데 한 기업체에 6천 부를 납품했다고 하더라고요. 그리고 『누가 내 치즈를 옮겼을까』에는 기업체에 납품한 내용이 줄줄이 나열돼 있거든요. 이것은 독자들의 자발적인 참여에 의해서 판매된 것이 아니라 그런 것을 이용하는 기업가 집단에서 이익을 창출하려고 독서를 강요한 부분이 없지 않다는 생각이 들어요.

그리고 최근에는 이런 일이 있었어요. 제가 창해와 개인적으로 가까우니까, 창해의 기획자가 한 원고를 이메일로 보냈어요. 원제가 '고양이가 되어라'(책의 제목은 『고양이라면 어떻게 했을까?』)라는 것인데, 죽어서 저승에 갔는데 '너 다시 사람으로 태어날래?' 했더니 싫다고 하고 호랑이도 싫다고 했대요. 20세기는 개의 시대였다면 21세기는 고양이의 시대라고 하면서 고양이로 다시 태어난다는 것이고 그 고양이의 특성을 통해 새로운 시대의 인간형 모델을 설명하고 있더라고요. 출판사에서는 상당히 기대를 했는데, 저는 이 책이 어느 정도는 팔리겠지만 그렇게 큰 기대는 하지 말라고 했습니다. 왜냐하면, 지금까지 『누가 내 치즈를 옮겼을까』나 『하이파이브』 등의 시장을 열어온 기업체들이 형성해 온 시장과는 너무 안 맞기 때문입니다. 이건 정 반대되는 얘기이기 때문에 독자의 참여를 통한 구매만으로는 한계가 있을 것이라고 했죠.

　　장은수　『부자 아빠 가난한 아빠』는 기업체에서는 구매 안 했어요. (웃음) 내용상 불가능해서.

　　이권우　암웨이에서 사갔잖아요.

　　한기호　그런데 이런 걸 통해서 제가 생각한 것은, 노동 시장의 유연성을 키우기 위해서 자본가들이 억지로 읽힌다는 겁니다. 미국에서는 9·11 테러 이후에 무슨 항공 업체에서 직원을 몇 만 명씩 해고했다고 하고 그런 일이 일상적으로 일어난다지만, 우리 같으면 그게 허용되겠어요. 머리띠 두르고 난리가 나겠죠. 이러한 면에서 특히 경제·경영서 시장이 그런 쪽으로는 왜곡되어 있는 게 아니냐는 생각이 듭니다.

　　장은수　이 분야와 관련해서 한 가지 좋은 얘기를 하고 싶습니다. 지금까지 외국 책을 얘기했는데, 이제 국내 경제·경영서 중에 재미있게 본 두 권을 말하고자 하는데, 한 권은 『CEO 안철수 영혼이 있는 승부』입니다. 이 책은 이 분야에 대한 김영사 식 노하우가 극대화되어 나온 책인 것 같아요. 사실 안철수라는 인물은 그 자체로 매력적인 부분이 있어요. 그는 의사예요. 한국에서는 의대에 들어가는 순간부터 특권층으로 편입되죠. 머리 좋고 가난한 집 아이가 올라갈 수 있는 최고의 목표 중에 하나이고요. 그 멀쩡하게 보장된 특권을 버리고 컴퓨터 바이러스 백신이라는 새로운 미래를 시도했다는 점이 그의 매력이죠. 말 그대로 벤처 정신의 화신이죠. 두 번째로 주목하고 싶은 것은 이 책의 서술 방식이 미국식 논픽션 스타일을 거의 완벽하게 소화해서 만들어졌다는 것입니다. 한국에서는 전기를 제대로 쓰는 전통이 거의 없어요. 그것은 한국의 전기에는 대부분

거짓말이 넘쳐나기 때문일 겁니다. 안철수 책을 읽으면서 상당히 아쉬웠던 점은 인터뷰가 충분히 이뤄지지 않았다는 것예요. 외국에서 논픽션을 한 권 쓴다고 할 때는 어린 시절의 친구, 교사 등의 수없이 많은 인터뷰 자료를 쌓아놓고 만들어 갑니다. 이런 부분이 상당히 아쉬웠습니다. 어쨌든 이 책은 미국식 논픽션 기술을 우리 출판계가 소화한 한 증거라고 생각합니다.

김학원 저 역시 안철수 책 이야기를 하려고 했는데, 그런 인물들에 대한 이야기가 필요하다는 생각이 듭니다. 산업 현장에서의 다양한 삶의 스토리들이 나와줘야 하는데, 한쪽으로만 나와서는 안 되죠. 지금까지 말한 책들은 '돈만 벌어라'라는 것과 똑같은 거잖아요. 말만 바뀌었을 뿐이지. 안철수와 같은 사람들을 자꾸 발굴해서 새로운 모델들을 만들고 그들의 노하우를 조금 더 다양하게 공급해주는 것이 중요하다고 생각합니다. 결국 사람만큼 중요한 모델이 없으니까요.

장은수 또 하나 제가 주목했던 책은 서두칠 사장의 『우리는 기적이라 말하지 않는다』입니다. 김영사는 김우중의 『세계는 넓고 할 일은 많다』 이래로 이런 책을 오랫동안 만들어온 경험이 있습니다. 하지만 제가 알기로는 이런 책들은 들이는 비용에 비해 성공 확률이 굉장히 떨어진다더군요. 순수한 저작에 비해서 대필 비용 등 부대 비용이 만만치 않기 때문이죠. 어느 정도 자본이 축적되지 않은 출판사에서는 이 시장에 뛰어들기 힘들고, 자본이 있다고 하더라도 노하우가 없는 사람들은 별 재미없는 평범한 전기밖에 못 만들어내요.

서두칠 사장은 미국식 구조 조정주의자입니다. 사실 저는 그 내용에 정말 실망했어요. 이익이 많이 나더라도 노동자들은 참아야 한다, 참으면 언젠가는 좋은 날이 온다, 그때까지 계속 참아라, 하지만 그때는 아직 오지 않았다, 노력하면 조만간 그때가 오겠지만 아직은 아니다, 그러니 더

국내 경제·경영서 기획의 모범적인 사례로 꼽히고 있는 『CEO 안철수 영혼이 있는 승부』와 『우리는 기적이라 말하지 않는다』. 경제·경영서 시장에서 외국 서적이 범람하고 있는 가운데 신선함이 돋보이는 국내 기획서이다.

허리띠를 졸라매자, 그런 내용이었거든요. 하지만 서두칠 사장의 한국전기초자 경영 사례는 기록적인 적자 기업을 흑자 기업으로 변화시킨 아주 드문 성공 드라마죠. 그의 밀어붙이기 스타일의 경영 방법에는 동의할 수 없지만, 그 성공 사례를 한 권의 책으로 만들어낸 김영사의 노하우에는 감탄을 금치 못했습니다. 이는 한국 기업의 이야기이고, 우리의 현재 삶과 매우 밀착된 이야기라는 점에서 그런 시도들이 앞으로 계속되어야 합니다. 또한 그 노하우가 김영사에서 다른 출판사로 퍼져나가서 더 많은 책들이 생산되어야 비로소 김학원 사장께서 말씀하신 균형이 생겨날 수 있다고 생각해요. 한 가지 아쉬운 점은, 두 권의 책이 모두 철저하게 신자본주의적 시각을 견지하고 있다는 점인데요. 그게 팔리는 조건이니까 어쩔 수 없다고 하겠지만, 어쨌든 저로서는 그 반대의 시각에서도 성공 사례가 나올 수 있었으면 해요.

김학원 그래서 황금가지에서 『부자 아빠 가난한 아빠』를 내면 창비 같은 데서 '가난한 아빠 자랑스런 아빠'와 같은 책들도 내줘야 한다고요.

박철준 제가 하고 싶은 얘기도 그런 거예요. 경제·경영서 80%가 미국 책이고 신자본주의적인 시각을 견지하고 있습니다. 그런데 그럴 수밖에 없는 게 우리 나라 CEO들이 전부 미국식 MBA 과정을 받았거든요. 현재의 시장 편재도 그렇게 되어 있고. 그러니까 그들은 그런 책들을 원할 수밖에 없죠.

그 다음, 신자본주의는 변화해서 축복을 받으라는 메시지를 담고 있어요. 거기서 벗어나면 절대로 안 된다고 하죠. 이권우 씨가 얘기했듯이 종교적인 면이 그대로 드러나더라고요. 이건 바로 종교성이에요. 변화하지 않으면 축복 받지 못한다, 우리가 미국을 쫓아가지 않으면 축복 받지 못한다는 겁니다. 그러니까 모든 경제·경영서가 그런 방향으로 만들어지는 거죠.

저도 경제·경영서를 만들면서도 늘 고민하는 것이 저작권료를 높이주고 이걸 만들어야 하나, 차라리 우리 출판사에서 예전에 낸 『웃기는 리더가 성공한다』 같은 책을 내는 것이 더 낫지 않을까라는 생각을 하곤 합니다. 『웃기는 리더가 성공한다』는 일본에도 수출했고 잘 나간다는 연락도 받았습니다. 그런 것처럼 국내 필자를 개발해서 우리 나라에 제대로 맞는 책을 내야겠다는 생각이 드는 거예요. 지금까지 말씀하신 것처럼 다양한 국내 필자를 발굴이 가장 필요합니다.

김학원 김영사의 노하우가 좀더 확장되어 후발 출판사들도 같이 나아가야 되겠죠.

박철준 사실 저는 국내 사정과 다른 책을 5천 불씩이나 지불하고 들여오고 싶지 않습니다. (웃음)

'간증어법'의 경제·경영서는 왜 중요한가?

이권우 우리 모두가 동의하는 것은, 경제·경영서는 자발적 독서가 아니라는 겁니다. 이 점에 주목을 했으면 좋겠어요. 기업 이데올로기에 노동자들이 휘말리고 있는 건데, 그런 면에서 다른 어법으로 경제·경영서를 만들었으면 좋겠다는 생각이 듭니다. 그런 생각이 든 것은 라이시의 『부유한 노예』를 읽으면서입니다. 제가 보기에 이 책은 굉장히 좋은 책입니다.

아까 우화가 개종을 강요하고 있다는 얘기를 했고, 그래서 노동자의 일방적 변화만을 요구하고 있다고 말했습니다. 이것에 대응할 수 있는 경제·경영서 즉 자발적 독서를 유도할 수 있는 어법인 뭔가 하고 고민해봤는데, 이것도 종교적인 방법밖에 없더라고요. (웃음) 간증 방식이 아닌가 싶어요. 라이시가 간증을 하고 있거든요. 자신이 왜 노동부 장관을 때려치울 수밖에 없었는가, 자신이 겪었던 많은 문제들을 실제적인 차원에서 얘기하고 있어요.

이것은 아까 말씀하셨던 바이오그래피와도 연결되는 건데, 이런 우화 기법의 종교적인 경제·경영서에 대항하기 위해서 자기가 겪었던 다양한 문제를 솔직하게—신 앞에서는 거짓말 안 하잖아요— 간증 어법으로 치고 나가보자는 생각이 들었죠. 그래서 기존의 경제·경영서들이 주장했던 일방적인 노동자들의 변화에서 벗어나 이게 결코 개인적인 차원에서 극복될 수 있는 문제가 아니라는 것을 널리 알리자는 거예요.

라이시가 책의 끝에 아주 멋있는 말을 했습니다. '소박한 삶, 단순한 삶을 선택해 봐야 아무 소용없다. 더 바쁘다. 소로우를 봐라. 굉장히 바빴을 거다. 김 매야지 나무해야지 돌 주워와야지. 쉬는 시간이 없었을 거다.' 그러면서 이런 얘기를 해요. 개인적 선택에는 한계가 있고 사회적 선택이 중요하다고요.

장은수 둘 다 김영사 책이네요. (웃음)

이권우 좋은 책이 나왔으니까요. (웃음) 사회적 선택을 얘기하는데, 아주 재미있는 대안이 나오거든요. 첫 번째가 실직 보험을 급여 보험으로 바꾸자는 겁니다. 지금까지는 실업자가 되면 보험금을 지급 받았는데, 급여가 전년도에 비해 50% 이상 삭감되면 그 50%를 보전해 주는 보험을 만들자는 식의 구체적인 대안을 제시해요. 지금 우리 사회의 절대 다수에게 필요한 것은 개인의 변화가 아니라 이 변화의 경제적 이득을 극대화하면서도 개인의 삶이 왜소해지지 않는 방법을 찾아야 한다는 거죠. 이런 의미에서 적극적인 간증의 책들이 필요하다고 생각합니다. 과거에는 정치적 차원의 이데올로기 싸움만 했는데 이제는 신자유주의에 맞설 수 있는 경제·경영서의 이데올로기적인 저항이 필요하고 어법은 간증 어법으로 가면 가능하지 않겠는가라는 겁니다.

장은수 간증이라니까 생각나는 책이 있는데, 문이당에서 나온 『재벌에 곡哭한다』(최용운)라는 소설이 있어요. 이 책에 대해서는 개인적으로 조금 아쉬운 점이 있었죠. 소설이 아니고 논픽션이었다면 정말 재미있었을 것이라는 생각이 들더라고요. 예전에 사회평론에서 나온 『대우자동차 하나 못 살리는 나라』(김대호 외)라는 책도 읽었는데, 『재벌에 곡한다』가 그 책보다 상대적으로 유리한 위치에 있는 것은 필자가 대우 그룹의 사사 편찬실에 있었다는 사실이에요. 그룹의 최고위층과 항상 얘기를 나눌 수 있는 자리에 있었던 만큼, 대우 그룹의 고급 내부 자료를 많이 가지고 있었을 겁니다. 그 점이 책에서, 의도적인지 아닌지 모르겠지만, 많이 빠져 있었습니다. 그리고 소설로 구성하기 위해서 버려야 하는 부분이 많았다고 생각합니다. 이 점을 보충해서 논픽션으로 만들어낸다면 훨씬 더 좋은 책이 됐을 거란 생각이 듭니다.

한기호 이제 다음 주제로 넘어가죠.

박철준 IMF 이후에 '101가지 이야기' 유의 책이 슬슬 읽히면서 소프트한 것 혹은 강요적인 책들 위주로 읽어왔던 것 같아요. 그럴 수밖에 없었고요.

이권우 구조가 어쩔 수 없는 면도 있어요. 그건 이해를 해야죠.

올해 출판 시장에서 돌풍을 몰고 온 '신화'

한기호 이제 올해 출판 시장에서 돌풍을 일으켰던 신화의 문제에 대해 다뤄보죠. 가나출판사의 『만화로 보는 그리스 로마 신화』가 시리즈 전체로 100만 부를 돌파했다고 하더군요.

장은수 훨씬 더 나갔을 거예요.

한기호 그렇게 엄청나게 팔리고 그 외에도 다양한 신화 책이 많이 나가고 있어요. 『반지의 제왕』도 판매 부수가 굉장히 늘어나고 있다고 해요. 이권우 주간도 얘기했지만 아이들이 신화를 굉장히 좋아해요. 우리나라에서는 창작 동화가 많이 팔린다니까 일제 시대의 현덕이나 이원수, 이주홍, 그리고 권정생, 마해송 등의 책을 유아용 그림책으로도 만들고 동화책으로도 만드는 일을 계속 반복하고 있는데, 지금 우리 아이들의 현실과는 유리되는 것이 아닌가 싶어요. 어떻게 보면 어른의 시각에서 독서를 강요하는 듯한 면도 있고요. 신화는 아이들이 진짜 좋아하거든요. 아까 다뤘던 서사나 신화, 상징이라는 것들은 21세기의 화두가 되어가고 있는데 이 시장을 어떻게 봐야할까요?

장은수 지금 한국에서 유행하고 있는 신화는 서양 신화라는 함정이 있어요. 신화는 전 세계에 퍼져 있으며, 아주 큰 다양성을 가지고 있고, 그 구조는 상당히 비슷하지만 이야기의 틀은 굉장히 다르죠. 어쨌든 현재 우리 아이들이 읽는 신화는 그리스 신화가 주류입니다. 그렇다고 해서 중국이나 인도와 같은 동양의 신화를 왜 안 읽느냐고 말하고 싶은 마음은 전혀 없어요. 저는 국수주의자가 아니기 때문에 어떤 것이라도 재미있고 감동을 주는 것이면 상관없다고 생각합니다. 오히려 문제가 되는 것은 그리스 바깥에는 신화가 없다는 생각이죠. 이런 함정은 피해가야 할 필요가 있는 것 같습니다.

황금가지에서 『만화 그리스 신화』를 내면서 그리스 신화에 대해 여러 가지 생각을 해보았습니다. 그러면서 여러 가지 판본들을 세심하게 살펴보다가 일본의 중앙공론사에서 나온 사토나가 마치코의 책을 발견했습니다. 물론 이 책은 현재 교양 만화 시장의 주요 타깃이라 할 수 있는 초등학생을 대상으로 하지 않습니다. 청소년들을 위한 만화 그리스 신화라고 할 수 있겠지요. 이 텍스트의 가장 큰 장점은 그 내용의 정확성에 있습니다. 감수를 하신 이윤기 선생께서 감탄하셨을 만큼 내용이 충실한 편입니다.

서사, 신화, 상징은 21세기의 화두이다. 올해 아동 출판 시장에서 돌풍을 일으킨 가나출판사의 『만화로 보는 그리스 로마 신화』는 『이윤기의 그리스 로마 신화』가 이끌어온 신화서 붐을 아동 시장으로 확장시켰다.

다. 게다가 여성 만화가가 그려서 그런지 그리스 신화에 뿌리 깊이 내재해 있는 남성 중심주의에 대한 비판적 거리두기가 마음에 들었습니다. 게다가 일본의 서양 고전에 대한 연구 성과를 훌륭하게 요약하고 있는 해설에는 정말로 매혹되었습니다. 현재 한국에 수많은 그리스 신화가 나와 있지만 내용 면에서 이만큼 충실한 것은 찾아보기 어려울 것입니다.

한국에서 신화가 이렇게 돌풍을 일으킨 것은 현재 한국 문화 산업의 저변이 확대되어 있는 것도 한 이유일 것입니다. 문화 상품의 특징으로 변형 가능성을 들 수 있습니다. 다양한 매체에 복제되고 변형될 수 있도록 이야기가 단순하면서도 깊어야 합니다. 이 다양한 매체들이 '그리스 신화'라는 코드를 발견하자마자 자기 복제를 시작한 거죠. 그리스 신화는 인간의 원형적 사건을 가장 잘 드러내는 텍스트 중의 하나입니다. 그 사건들은 아주 나이가 어린 아이들부터 나이가 지긋한 어른들까지 삶의 고비마다 반복되어 체험하는 것들입니다. 따라서 신화는 유아용 상품에서부터 노인용 상품에 이르기까지, 다양한 문화 상품으로 복제되고 있습니다. 수없이 많이 출간된 그리스 신화들을 보면 알 수 있겠죠. 이것은 작년부터 계속 이어지고 있는 포켓몬과 디지몬 열풍과 아주 유사해요. 그 두 만화 영화에 나오는 애완 괴물들은 모두 인간 심성의 한 부분을 반영하고 있습니다. 아이들은 수백 종에 이르는 그 괴물들과 자신을 동일시해요. 자기와 유사한, 또는 자기가 바라고 싶은 속성들만 뽑는 거죠. 신화의 이야기들 역시 그런 식으로 아이들에게 다가가고, 아이들은 신화 속의 신들이나 영웅들과 자신을 동일시하면서 이야기에 몰입해 가는 거죠.

이권우 지금 불고 있는 신화붐의 공은 일단 이윤기 선생한테 돌려야 합니다. 기본적으로 이윤기 선생이 개인적으로 국내 신화 전공 학자들이 그 동안 못 해놓았던 거 다 해놓으셨고, 그 분이 주장하셨듯이 우리가 그리스 로마 신화를 알아야 할 필요는 분명히 있죠. 지금의 시대가 세계화의 시대이고, 세계화가 서구화라는 것과 등식 관계에 있으니까 신화를 통해서 서구 문명을 제대로 이해해야 한다는 면에서는 값진 일을 하신 겁니다.

그런데 이게 붐으로 번진 것을 의미 있게 봐야 하는데, 제 딸이 할인 매장을 가서 만화책을 보면서 이 책을 사달라고 하는데, 사 줄 수가 없더라고요. 그림이 너무 우악스러워서요. 대신 비룡소에서 '모방 출판'을 해 주는 바람에 그걸 사줬죠.

장은수 기획은 저희가 먼저 했어요.

이권우 그러면서도 좀 걱정을 했죠. 이 책의 버전이 약간 높다고 할까요? 청소년용이어서 아이들이 보기에는 적절하지 못한 말이 있고 번역이 매끄럽지 못해요. 번역이 매끄러우면 아이들이 봐도 되는데, 그걸 좀 빨리 고쳤으면 좋겠더라고요. 우리 딸이 그리스 신화를 보면서 즐기는 게 어디 있는가 하면, 신화 그 자체에 매력을 느끼는 것이 아니라, 아까 정확하게 말씀하신 것처럼 포켓몬의 구조에서 신화를 발견한 거예요. 현대적인 대중 문화에 반영된 신화적 요소를 동물적인 감각으로 찾아낸 거예요. 그러니까 포켓몬을 즐기듯이 신화를 즐기더라고요. 독특하죠. 우리는 신화를 그렇게 생각하지 않는데, 아이들은 다르게 생각하더라고요. 그 속에서 줄줄이 계보를 외우기 시작하는데 퀴즈를 내보라고 해서 퀴즈를 내면 모르는 게 없는 거예요. 거꾸로 딸이 나한테 퀴즈를 내면 하나도 대답을 못하고요. 이런 구조 속에서 신화 열풍이 계속 된다면 아주 오랫동안 갈 가능성이 많아요. 게임이라든지 판타지, 만화 영화가 기본적으로 신화의 얼개를 가지고 있기 때문에 이 현상은 오래 갈 것이고, 그런 의미에서 현대적인 대중문화 매체들이 신화의 본뜻을 상업화로 왜곡하거나 어차피 재해석을 많이 할 테니까 그런 의미에서는 제대로 된 신화 해설서들이 많이 나와서 왜곡된 신화적 지식을 정상화시키는 데 기여해주면 좋겠다는 생각이 많이 들었어요.

박철준 저도 덧붙일 게 있습니다. 이윤기 선생님의 '신화를 통한 세계화'라는 말은, 뭐 '세계화'라는 말은 나중에 붙인 말 같지만, 21세기에는 사람들이 원형 쪽에 많은 관심을 갖는 것 같아요. 그래서 그 책이 40만 부 이상 팔린 것 같고요. 어린이 시장에서 신화 붐이 일어난 것은 여러 가지 원인이 있어요. 일단 예술의 전당에서 열린 '그리스 로마 신화전展'도 한몫했고, 실질적으로 신화 붐이 일어난 것은 TV 방송 때문이에요. 일요일 아침에 KBS에서 〈디즈니 만화동산〉에서 '헤라클래스'를 했거든요. 패러디를 통해서 그리스 로마 신화를 가르쳐주는 프로그램이에요. 애들이 그걸 보려고 아침에 새벽같이 일어난단 말이에요. 그래서 저도 애들하고 같이 TV를 봤어요. 그런데 애들은 거기서 신화 속에 나오는 신들의 이름을 다 외울 정도로 신화에 대한 관심을 많이 가지더라고요. 그러던 찰나에 가나출판사에서 책이 나와서 불이 붙기 시작한 거고, 그 책을 여자 애들은 〈세일러 문〉의 캐릭터 같은 그림들을 기억하면서 좋아하는 거예요. 우리가 볼 때는 조악하고 일본풍이라고 생각되지만, 애들 입장에서는 가장 좋아하는 그림이었던 것 같아요. 또 부모들이 볼 때는 그리스 로마 신화가 쫙 정리되어 있으니까 그 책을 사주는 거예요.

또 트렌드도 한몫 했다고 볼 수 있어요. 저희 '노빈손' 시리즈가 아이들 시장으로도 확대됐는데, 그 원인이 트렌드 때문이었습니다. 몬스터 계열이 많이 나오고 그게 신화와 엮여지면서 애들 사이에서 붐이 일기 시작했는데, 그 인기가 요 근래에 와서는 가히 폭발적이에요. 애들 사이에서는 누군가 이 책을 읽고 가지고 다니면 다른 애들이 그 책을 보고 싶어한다는 거예요.

장은수 그건 아동서의 특징이죠.

박철준 예, 아이들 책은 폭발성이 있죠. 그래서 전 이런 현상이 언제까지 이어질지 그게 제일 궁금해요. 저는 아동 시장의 신화 붐은 그렇게 일어난 것이 아닌가 하는 생각이 들어요.

김학원 제가 덧붙일 것은, 어느 한 책이 붐을 일으킬 때는 주체와 환경의 문제를 같이 봐야 하지 않겠는가라는 겁니다. 주체의 문제라는 것은 독자와 생산자의 문제일 것이고, 그것을 둘러싼 환경의 문제는 마치 영화 〈JSA〉가 뜬 것이 남북정상회담 때문이라는 것처럼 단순한 시각으로 볼 수 없는 문제라고 생각하거든요. 한마디로 그리스 로마 신화의 열풍은 『나의 문화유산답사기』(유홍준, 창작과비평사) 이후로 우리 나라 대중 교양서 시장의 일대 사건이라고 봐요. 『나의 문화유산답사기』가 우리 것을 가지고 10대에서 50대의 교양 시장을 하나로 꿰뚫었단 말이에요. 기본적으로 교양 시장의 가장 큰 범위는 10대에서부터 50대까지인데, 실제로 『나의 문화유산답사기』가 30, 40대를 꿰고 20대로 내려가고 다시 10대로 내려갔다가 50대까지 확산돼서 전 국민적인 교양서의 붐을 일으켰다면, 이 신화 시장이 그것의 열풍을 다시 한번 일으켰다는 거죠. 단지, 『나의 문화유산답사기』와 신화의 차이는 이런 것 같아요. 신화 시장은 성인, 아동, 청소년 시장이 각개 약진을 해서 서로 다른 텍스트를 가지고 서점에 이미 하나의 평대를 형성하고 있다는 거죠.

전국 서점을 돌아다니다 보면, 성인 인문서 시장에는 항상 신화가 있었고, 아동과 청소년 등 각 분야에서 어느 정도 시장을 형성하고 있었거든요. 그런데 그것을 실제로 퍼 올려준 것, 즉 신화 시장의 2기를 연 것은 바로 이윤기 선생이었다고 봐요. 즉, 이윤기 선생은 각기 산재해 있었던 신화 시장들을 10대부터 50대까지 연결시켜 주는데 결정적인 역할과 영향력을 발휘했습니다. 이윤기 선생이 처음으로 신화라는 텍스트를 교양서로 만들어 내면서 30, 40대와 중·고생들이 같이 읽을 수 있는 모델을 제공해 주었고, 이전에 각개 약진했던 신화 시장들이 하나로 모이면서 폭발력을 보여준 거죠. 거기다 아동 시장의 구매 흐름은 성인 시장의 흐름과 맥을 같이 하는 특성이 있다는 것을 생각할 수 있습니다. 서점에서의 아동서 시장은 부모가 사주는 시장이거든요. 아이들에게 아무리 포켓몬이 인기가 있다고 해도 서점 가서 신화와 포켓몬을 연결해서 생각하고 신화를 찾지는 않거든요. 그래서 저는 이윤기 선생의 역할이 엄청나게 중요했다고 봐요. 각개 약진했던 신화라는 교양 시장을 10대부터 30, 40대까지 연결해 준 모델이라고 보고, 그들을 일굼으로 인해서 그들의 가정까지 파고든 거죠.

성인 독자가 이윤기 선생의 신화 책을 읽었는데, 이걸 7살짜리 아이한테는 못 주니까 할 수 없이 기존에 나왔던 그리스 로마 신화의 만화판 같은 것을 읽히게 되는 거죠. 제가 개인적으로 아쉬운 것은 『나의 문화유산답사기』 같은 시장이 아동서 시장까지 충분히 들어갈 수 있는 상품이었는데, 그렇지 못했다는 거죠. 그래서 신화 책이 『나의 문화유산답사기』보다 더 잠재력이 큰 이유로 아동서 시장까지 들어갔단 걸 꼽을 수 있죠. 그 상징으로 폭발적인 신화 붐을 들 수 있고요. 그런 점에서 대중 교양서의 붐이라고 하는 것이 어떻게 일어나는가를 살펴보면, 초기에 어떤 전사가 나타나서, 성인층과 10대를 같이 끌어줄 수 있는 살아있는 글쓰기를 해주면 가능성이 있다고 보여준 겁니다. 거기에 아동서를 접목하면 더 확장시켜 나갈 수도 있고요. 교양 시장이 새로운 가능성을 열어가는 것을 보여준 새로운 모델이라고 봐요. 이 맥락에서 보면 가나출판사에서 이윤기 선생님께 별도의 공로 인세를 드릴만하다고 생각해요. 이윤기 선생의 역할이 없었다면 불가능한 일이었거든요. 아직도 꺼지지 않는 출판 시장에서의 신화 열풍은 『나의 문화유산답사기』 이후 우리 나라 대중 교양서 시장에서 새로운 가능성을 보여준 일대 사건이라고 생각해요.

신화 읽기는 또 다른 세상 읽기

김영범 전 아까 이권우 주간께서 말씀하신, 세계화하고도 밀접한 관련이 있다고 보여지거든요. 어떻게 보면 신화 읽기는 또 다른 세상 읽기이기도 하고 역사 읽기라는 생각도 듭니다. 예전에 『먼나라 이웃나라』라고 하는 책이 교과서에서 연도만 외우던 식에서 벗어나 우리 나라의 삼국시대가 서양에서는 로마시대였고, 그때 어떤 사건이 있었는지를 알게 해 줬거든요. 우리가 서양사를 이해하자고 하면 그리스 로마 신화를 이해하지 못하면 알 수가 없습니다. 사람들이 해외여행도 하고 〈풍물기행 세계를 가다〉 등의 프로그램을 통해 많은 서양 문물을 보게 됐는데, 쉽게 말해서 우리가 박카스만 하더라도 자양강장제로만 알고 있었지 그게 신의 이름인줄은 몰랐단 말이에요. 그런데 신화 서적을 보다 보니까 '이런 신이 있었구나'라며 알게 됐잖아요. 보면 상품명에도 신들의 이름이 많이 등장하잖아요. 그런데 이것을 신화를 알고 보면 굉장히 새롭거든요. 그래서 저는 신화라고 하는 새로운 장르가 상당 부분 새로운 포커스로 형성될 것이라고 보거든요.

김학원 김영사에서도 이우일의 그리스 로마 신화 나오죠?

김영범 지금 이윤기 선생님하고 작업하는 것도 있습니다. 새로운 장르 개편이라고 하는 부분에 있어서, 출판 쪽에서 신화에 대해 주목하기 시작했다는 것에 긍정적인 평가를 내리고 싶어요.

김학원 이런 붐이 아동, 주니어, 성인으로 몰리면서 노하우를 만들어야 다른 시장이 있을 때 같이 확장시킬 수 있죠. 아주 중요한 노하우라고 생각합니다.

박철준 신화 붐이 한국에만 있는 것 같지는 않아요. 프랑크푸르트 국제 도서전이 끝나고 프랑스 파리에 있는 프낙 서점에 들렀더니, 곳곳에 다양한 형태의 신화 관련서가 있는 것을 보았습니다. 그곳도 신화 시장이 붐이라는 것을 알게 되었죠. 저는 신화 서적 붐에는 21세기에 들어와 인간 속성에 대한 반성의 마음도 많이 작용을 하고 있다는 생각이 들어요.

장은수 제가 아까 말씀드린 내용이네요. 현재를 지배하는 담론 중에서 명료한 것은 없어요. 우리가 흔히 원형을 되돌아본다고 얘기하는데, 현재를 이해하기 위한 가장 손쉬운 방법은 소설을 읽는 거예요. 소설 속에서 살아있는 인물들이 뛰어다니면서 현재에 대한 발언을 하죠. 그 다음으로 좋은 방법은 좋은 사상서를 읽는 거죠. 『부유한 노예』나 헤겔의 『정신현상학』 같은 것을 읽으면 명료하게 세상을 바라보게 되겠죠. 그런데 지금 전세계적으로 소설이 현대 사회의 전체성을 그려내는 시도는 포기된 것 같아요.

　몇 가지 원인이 있겠지만, 가장 큰 원인은 전체성이 보증되지 않는 사회에 있다고 생각합니다. 신자유주의라는 흐름으로 전체성을 해명할 수 있다고는 하지만 그것만으로는 어쩐지 부족하다는 느낌입니다. 요컨대 자본주의라는 개념만으로는 세계 질서가 해명되지 않는단 말입니다. 그래서 그것을 대체 또는 보완하기 위한 많은 분석이 나오고 있지만 하나같이 명료하지 않아요. 80년대에는 사람들이 세상을 주인과 노예, 주변부와 중심부의 투쟁이라는 식으로 명확하게 바라봤는데, 사회가 그러한 방향타를 잃어버렸을 때, 스스로 자기 자신을 해명할 필요가 생긴다는 거죠. 소설이 그 일을 해주면 좋은데, 그게 쉽지 않은 듯합니다. 인간의 원형적 경험을 통해 자기를 돌아보는 소설조차 최근에는 보기 어려웠으니까요. 그럴 때 첫번째로 나타날 수 있는 것이 심리학 서적이라고 생각합니다. 90년대 초반에 한동안 한국에서도 정신과 의사들이 쓴 심리학책들이 엄청나게 많이 팔렸어요. 그 다음으로 쉽게 다가오는 것으로는 처세서가 있습니다. 그런데 심리학책들과 처세서들은 읽으면 읽을수록 공허해져요. 무언가가 진짜 해명되는 느낌이 아니라 겉 핥기를 하고 있다는 느낌이죠. 순간적으로 어떤 행동을 해서 그 원인을 찾아도 돌아서면 새롭게 안 살게 되는 거죠. 그 공허함을 독자들이 점차로 눈치채게 된 것이 바로 한국에서 심리학 서적 시장이 급격히 축소되고 있는 원인이라고 생각합니다. 90년대 후반 이후에는 이쪽 책들의 거품이 빠져버렸죠.

　그리고 나서 마지막 대안으로 생각해 볼 수 있는 것이 아주 오랫동안 전해져 내려오는 인류의 지혜들을 되살리는 것입니다. 온고지신이라고나 할까요. 이 지혜에 대한 갈망이 신화에 대한 탐구로 나타나고, 또 하나는 소위 티베트 열풍으로 상징되는 초월성spirituality에 대한 추구로 나타납니다. 시간을 초월하는 지혜 내지는 힘이 있을 것이라고 믿는 거죠. 이것은 굉장히 보수적이라고 생각하는데, 그 지혜가 인류의 원시간에 가까운 이야기일수록 힘이 있다고 믿기 때문입니다. 일종의 과거 이데올로기죠. 과연 고대의 티베트에 인간을 더 잘 이해할 수 있는 힘이 있을까요? 그럴 수도 있고, 그렇지 않을 수도 있죠. 어쨌든 저는 일찍이 이 현상에 주목해서 소걀 린포체의 『삶과 죽음을 바라보는 티벳의 지혜』(민음사)를 기획한 적이 있습니다. 반응이 아주 좋아 지금까지 약 5만 부 정도가 팔렸습니다.

박철준 저 같은 경우, 삶이 어렵고 뭔가 길을 잘못 들었다는 생각이 들 때 찾는 책이 성경입니다. 저는 신약보다는 구약을 주로 읽습니다. 구약에 펼쳐진 이야기, 그것이 바로 인간의 원형이거든요.

장은수 그렇죠 구약이 바로 히브리즘의 원형이죠.

박철준 그래서 저는 신화가 붐을 일으킬 수 있는 원인이 21세기를 맞아 가치관이 변하면서 대두된 원형적인 관점이었기 때문이 아닐까 싶어요.

혁명적 인물의 평전 왜 인기인가?

한기호 작년의 『체 게바라 평전』 열풍이나 올해 출간된 맑스 같은 사람들의 평전이 그렇듯이, 우리 시대가 세상을 눈여겨보는데 있어 일관된 관점이 없고, 과거에 운동권 세대에게 인기를 끌었던 혁명적 인물들의 자전·전기들이 인기를 끌고 있거든요. 웬만한 책은 1만 부 이상 나간다면서요? 신자유주의의 칼바람을 맞으며 위태롭게 서 있는 대중이 왜 새삼스럽게 이 시대에 혁명적 인물들의 이야기를 즐길까요? 그것도 이 같은 맥락일까요?

장은수 그렇다고 바라볼 수 있겠지만, 조금 다른 것 같아요.

김영범 우리 나라에서 이런 일이 있었다고 하더군요. 서점에 가서 '전기 책이 어디 있습니까?' 하고 물었더니 '전기공학 쪽으로 가면 있다'고 하더래요. 김영사에서 일련의 저자를 발굴해서 책을 내는 이유 중에는—사물을 바라보는 시각에는 음지와 양지가 있을 수 있지만— 양지를 보게 함으로써 사람의 생각을 밝게 하는 것을 들 수 있어요. 우리 나라 전기문학의 폐해는 '위인은 어렸을 때부터 싹이 달랐다'고 하는 거예요. '나는 이런 저런 실패를 했지만 이렇게 됐다'는 진솔한 이야기가 필요하다고 생각됩니다. 그럼에도 불구하고 아이들한테 존경하는 인물 쓰라고 하면 '링컨'을 비롯한 서양 사람이 대부분이래요. 가끔가다 이순신 장군이라든지, 최근에는 가치 부여 기준이 달라져서 디자이너도 있지만요.

어쨌거나 출판 시장에 대한 장르 개척이나 독자를 이해하는 관점으로도 시장을 바라봐야 한다고 보여집니다. 우리가 벤치마킹할 수 있는 인물들을 발굴해 내는 일도 필요하고요. 58년 개띠로 대표되는 전후 베이비붐 세대나 그 이전 세대는 지금까지 생산만 많이 해내고 생산 효율성만 맞춰주면 팔렸지만, 이제는 인구가 줄고 있습니다. 1가구 2자녀에서 이제는 안 낳는 집도 생기고 있으니까요. 이제는 소비가 미덕도 아니고 독자수도 줄고 있는데, 30, 40대를 주목한다고 하는 것도 그나마 책읽기에 익숙한 독자를 붙잡고 있는 것뿐이에요. 저는 청소년 아니 유아부터 책 읽는 습관을 만들어주지 못하면 우리 출판의 미래는 어둡다고 생각합니다.

장은수 저는 희망이 있다고 생각해요. 솔직히 평전 열풍은 체 게바라 열풍 때문에 생긴 거죠. 다른 이유가 없어요. 그리고 사실은 지금 나올 이유가 없는 책도 나오고 있어요. 독자들의 요구보다는 출판지면의 확대와 관계가 있는 것 같기도 하네요. 출판지면이 확대되어 여러 가지 그럴 듯한 이야기로 메워지기를 원하고 있죠. 그럴 때 '뉴스같이'라는 것이 있어야 하는데, '뉴스같이'를 가장 손쉽게 확보할 수 있는 것이 유명인이거든요. '유명인의 감동적인 이야기' 제목만 들어도 감동적이잖아요. 제가 최근에 읽은 책 중에 영국의 수의사 제임스 해리엇의 『아름다운 이야기』(웅진닷컴)이라는 책이 있어요. 헬렌 니어링의 『조화로운 삶』(보리)도 마찬가지고요.

　저는 그런 인물 이야기 중에서 대중들의 관심을 끄는 것은 두 가지라고 생각합니다. 하나는 경제 영웅들의 이야기입니다. 잭 웰치, 피터 드러커, 안철수 등의 이야기이지요. 또 하나는 초월성과 관련된 인물들입니다. 우리가 체 게바라나 헬렌 니어링의 삶에 빠져드는 이유는 정신주의의 확대와 연관짓지 않고 생각하기 어렵습니다. 구조조정이 일상화되고, 실질적으로 고실업률 사회로 접어들어 가는 한국 사회에서 불굴의 의지를 가진 인물이 어려운 환경에서 생존하고 헌신하는 이야기들이 필요한 것입니다. 이 이야기의 주인공들이 바로 평전의 대상이며, 그들의 특징은 반자본주의적라는 거예요. 헬렌 니어링은 헨리 데이빗 소로우의 맥을 잇는 러다이트Luddite주의의 상징적 인물인데, 자본(문명)의 도움을 받지 말고 스스로의 힘으로, 자연과 조화를 이루면서 살라고 말하죠. 또 체 게바라는 밀림 속에서 혁명의 완수를 위해 투쟁한 사람이고, 마르크스나 레닌, 호치민은 말할 것도 없죠. 『아름다운 이야기』의 해리엇이나 『희망의 이유』(궁리)의 제인 구달 등도 자본주의와 관계 없는 삶을 살았어요. 밀림에 있거나 도시에 있거나 상관없이 그들은 밀림 속에서 산 사람들입니다.

　이렇게 초월적인 인물들의 이야기만이 부각되지 평범한 사람들의 이야기는 아마도 관심을 끌기 어려울 것입니다. 저는 그런 책들은 시장에서 성공하기 어렵다고 봅니다. 미련한 탓인지, 제 생각에는 많이 팔릴 것이라고 예상했는데 전혀 반응을 끌지 못한 책들도 그런 책입니다. 얼마 전체 안동 종가에 시집간 여성이 시어머니 얘기를 쓴 책이 나왔습니다. 저는 그 책을 주목할 만하다고 생각했는데, 이상하게 기사가 되지 않았습니다. 지명도는 좀 떨어진다 해도 작은 기사라도 될 줄 알았거든요. 평소에 다른 인물 평전들에 큰 관심을 기울였다고 생각할 때, 이 책 역시 주목받을 것이라고 생각했지요. 제가 기자였다면, 그 책을 주목했을 거예요. 그런 문화를 살리기 위해서라도 말입니다. 그런데 내용이 부실했는지는 몰라도 전혀 관심을 끌지 못했습니다. 왜 그럴까 곰곰이 생각해 보니까, 이런 사람들의 이야기가 지금은 주류가 아니었던 것입니다.

김학원 그런 인물들의 평전과 체 게바라나 맑스 평전은 다르다고 보는데, 실질적으로 80년대는 그야말로 『아리랑』(님 웨일즈, 동녘)으로 대표되는 혁명가 시대의 인물 읽기였잖아요? 그때 당시에는 인물들을 정치적 가슴으로 읽은 거지요. 『전태일』(조영래, 돌베개)하고 『아리랑』처럼요. 사실상 90년대 들어와서 비소설 시장에서 기존의 것들은 다 죽고 방송과 연관 있는 20대 스타일의 사랑과 성공 스토리가 대리 만족 되다가, 새로운 흐름으로 바뀐 것은 『체 게바라 평전』이 대표적입니다. 실질적으로 우리는 옛날에 체 게바라를 혁명가로 봤지만 이것이 지금은 문화적인 캐릭터로 읽힌다는 거죠. 지금 체 게바라와 맑스 읽기의 공통점은, 정치적으로 읽히는 것이 아니라는 거예요. 한 10년 정도 지나게 되면서 맑스의 원전이나 팜플렛을 봤지만 정작 우리가 맑스의 삶을 이해할 수 있었던 것은 『소설 프로메테우스』밖에 없었잖아요. 그러다가 이데올로기나 옛날 문제들이 희석화되고 자기 정리가 되면서 체 게바라와 맑스의 삶을 문화적이고 휴머니티로 보고 싶은 거죠. 사실 푸른숲에서 나온 『마르크스 평전』은 정치적으로 기술한 게 아니라 문화적이고 인간적인 기술이거든요. 가치가 있고 살아있는 휴머니즘을 다시 보고 싶어하는 갈망이 있는 것 같아요. 그런 의미에서 가치 지향적이고 휴머니티한 부분들이 현실에서 벌어지는 것을 희석시켜 주는 헬렌 니어링의 책은 그 한복판에 서 있는 거죠. 훨씬 넓은 독서 지형을 갖고 있는 책입니다.

한기호 다음으로, 밀리언셀러의 한 방향으로 소설이 있는데, 아까 장은수 씨가 소설의 시대는 끝났다고 했는데요.

장은수 끝났다고는 안 했습니다.

소설이 안 팔리는 것은 아니다!

김학원 맞습니다. 우리가 작년 좌담에서도 소설에 대해서 이야기했다가 아주 골치 아팠는데. 우리 자중합시다. (다 같이 웃음) 그냥 소설 시장이 좀 침체되어 있어서 안타까운 마음입니다.

박철준 개인적으로 아쉬운 것은, 소설이야말로 즐거운 삶 아닙니까? 영화보다 더 재미있을 것 같은데 말입니다.

그래서 전 해외 시장 얘기만 할게요. (웃음) 해외 출판물을 소개하는 에이전트를 만나면 소설 한번 해보라고 그러는 거예요. 예전에는 출판사들이 '좋은 소설 없어요?' 하고 다녔는데, 이제는 입장이 뒤집혔습니다. '소설 좋은 거 있는데, 한번 보실래요?' 하면서 계속 이야기를 하는 거예요. 그러면 전 '우리 출판사에서는 소설 안 해요' 하죠. 에이전트에서는 '아주 감동적인 거예요'라면서 또 부추기죠. 사실 감동은 소설이 최고 아닙니까? 상황이 왜 이렇게 됐겠습니까, 그만큼 소설을 찾는 사람이 아무도 없다는 거예요. 문학 출판사에서도 소설을 출간하지 않는다는 거죠.

장은수 그것은 민음사가 전문이니까 말씀드리겠습니다. 요즘 이 문제 때문에 아주 고통스러운 나날을 보내고 있습니다. 그러나 아직 '소설 시장이 망했는가, 아닌가'에 대해서 단정지어 말할 수 있는 단계는 아닌 것 같아요. 소설 시장은 여전히 한국 독서 시장에서 주류이고, 막강한 위력을 가지고 있습니다. 올해도 출판 시장의 15% 정도는 소설 시장이 차지했다고 생각합니다. 제 생각에는 예전에도 그 이상은 아니었습니다. 조금 줄었는지는 모르지만, 그것은 소설이 다양한 이름을 가졌기 때문이라고 볼 수 있어요. 과거에는 소설이라 하면 일반적으로 문단 소설을 생각했습니다. 거기에는 톨킨의 『반지의 제왕』이나 이영도의 『드래곤 라자』(황금가지), 이우혁의 『퇴마록』(들녘) 같은 것은 포함되지 않았습니다(물론 실제 시장 집계에서는 포함되었지만, 의식상으로 그렇다는 것입니다).

그런데 지금은 우리가 소설이라고 할 때, 이런 책들을 포함시키지 않으면 안 됩니다.

  소설 원론에서 숨기고 싶어하는 질문 중에 '소설이 예술이냐?' 하는 게 있습니다. 저는 '과연 이야기가 예술이 될 수 있느냐'라는 질문을 감추기 위해 소설 원론이 필요한 것은 아닌가 하고 생각한 적도 있습니다. 루카치의 입장에서 보면 진짜 소설은 몇 편 되지 않습니다. 우리가 소설이라고 뭉뚱그려서 부르는 것이 루카치에 따르면 다 소설이 아닙니다. 가령, 우리가 단편 소설이라고 하는 것은 시에 가까운 것입니다. 『아서왕 이야기』 같은 설화나 『금오신화』 같은 전기류도 소설이 아닙니다. 루카치가 소설이라고 부르는 것은 부르주아들의 이야깁니다. 자본주의 사회의 전체성을 드러내줄 수 있는 문제적 개인이 나와서, 그가 돌아다니면서 온갖 사건을 겪는 이야기가 바로 소설입니다. 이것은 예술과는 관계없는 것입니다. 그러나 오늘날의 소설은 더 이상 부르주아의 이야기가 아니게 되었습니다. 그것이 20세기 후반에 들어서 소설에서 일어난 가장 큰 변화 중의 하나입니다. 그러한 이야기로서의 소설의 한계를 돌파하기 위해, 그러니까 소설이 예술이 되게 하기 위해서 가장 많은 고민을 한 사람 중 하나가 플로베르입니다. 그는 소설도 시처럼 단 한 단어도 바꿔 써서는 안 될 그런 문장으로 써야 한다고 말했습니다. 그 후 의식의 흐름 수법이 소설에 들어오고, 소설 쓰기의 방법론에 지속적인 혁신이 일어납니다. 그러다 보니까 소설이 부르주아의 읽을 거리로서의 정체성을 상실하게 되어, 예술 소설과 대중소설의 분리가 생깁니다. 그 전에는 그런 구분이 없었습니다.

  지금 한국 소설이 부딪힌 지점이 바로 이 분기점입니다. 문단 소설이 읽히지 않는다고 하는데, 지금까지 문단 소설이 예술을 지향하는 한 대중적으로 널리 읽힌 적은 한 번도 없습니다. 1993년에 제가 민음사에 처음 입사할 때, 소설 초판을 2천 부 찍었습니다. 그리고 십 년의 우여곡절을 겪고 나서 다시 요즈음에 2천 부 정도를 찍고 있습니다. 이것은 복귀, 되돌아오기입니다. 그러나 1990년대 초에는 그 사실에 대해 불만을 가진 소설가들은 거의 없었습니다. 대부분의 소설가들이 자신의 소설이 베스트셀러가 되지 않는 것에 대해서 이상하게 여기지 않았죠. '제 소설집을 냈는데 왜 1억 원 들여서 광고 안 내주세요?' 하는 일은 없었습니다. 오히려 베스트셀러 작가들처럼 책을 파는 것에 대해 거부감이 넘쳤습니다. '나는 한수산이나 최인호나 (당시의) 박범신과는 다른 작가인데, 왜 내 책이 그들과 동격이 돼야 하냐'라는 식으로 말이죠.

이문열이라는 작가가 문제적이었던 이유도 이 때문이었습니다. 그는 대중성과 예술성을 동시에 갖춘 대단히 희귀한 작가였습니다. 문제적 인물답게 그는 교차로에 있었고, 아슬아슬하게 줄을 타면서 문학과 독자를 동시에 끌어안았습니다. 후배 작가들의 존경과 독자들의 마음을 함께 훔친 것이지요. (웃음)

그러면 그 사이에 어떤 일이 있어서 소설이 후퇴했다는 인식이 형성되었을까요? 소위 스타 시스템이 등장했기 때문이죠. 신경숙과 같은 작가들에게 엄청난 자본을 투자해서 국민 작가로 만들어내는 것입니다. 많은 문학 출판사들이 일종의 패닉 상태에 빠져들었지요. 자본의 힘으로 작가를 만들어낼 수 있다고 생각했고, 실제로 많은 작가들을 만들어내기도 했습니다. 이것은 문학적 역량과는 관계없는 것입니다. 작품이 좋든, 나쁘든 이러한 시스템이 작가들을 포위해 버린 것입니다. 그렇게 포위된 작가들로는 신경숙, 공지영, 은희경, 전경린 등을 들 수 있습니다. 남성 작가로는 윤대녕, 김영하 등이 있지요. 이 시스템이 문학 출판 내부에 정착되자마자 문학은 종래의 시스템과는 다른 방향으로 움직이기 시작했고, 일종의 불행한 결말로 치달았습니다. 기본적으로 그들을 국민 작가로 만들기 위해 사용한 전략에 문제가 있었던 것입니다. 일단 소설책을 내고, 막대한 광고비를 투자해, 작가를 스타로 키우기 시작했지만 그 스타 시스템이 독자들에게 먹히지 않게 된 것이지요. 시스템 자체가 금세 낡아서 더 이상 독자들의 주목을 끌 수 없게 된 것입니다. 새로운 작가를 발굴해 광고로 밀어봐야 1만 부 내외밖에 팔리지 않고 있는 것입니다. 광고를 해도 그 정도밖에 팔리지 않는다면 엄청난 손해죠. 최근에 우리가 문학의 쇠락이라고 생각하는 것은 그런 시스템에 의해 부풀려진 거품이 빠진 것이라고 봅니다. 저는 원래의 소설 시장으로 되돌아온 거라고 생각해요.

그러나 문단 소설 바깥에 있는 대중·중간소설들은 나름대로 중심이 바뀌어가면서 계속해서 독자들을 끌어들이고 있습니다. 그것은 지금도 그렇고 앞으로도 그럴 겁니다. 『장길산』과 같은 80년대의 역사소설들이 차지했던 자리는 『소설 동의보감』(이은성, 창작과비평사)을 거쳐 『상도』가 차지했습니다. 『태백산맥』은 『아리랑』을 거쳐 『한강』(이상 조정래, 해냄)으로 맥이 이어지고 있고요. 김진명은 연속해서 밀리언셀러를 내고 있습니다. 또 『퇴마록』, 『공포특급』(한뜻) 등에서 시작된 베스트셀러 행진은 『드래곤 라자』와 '해리포터' 시리즈로 이어지고 있습니다. 그렇다고 해서 문단의 작가들이 대중 소설에 질투를 느낄 필요가 있습니까? 출판인이라면 고려해야 할 일이라고 생각합니다.

스타 시스템을 이용해 인기 작가를 만들어서 소설 시장을 키우겠다고 하는 문학출판의 전략은 이제 지양되어야 합니다. 민음사에서 나오는 '세계문학전집'은 모두 중쇄를 찍었습니다. 지금까지 오십 종 정도를 냈는데 전부 5천 부를 넘었죠. 장기 투자의 관점에서 오래 전부터 기획하고 투자해 온 것입니다. 물론 전체적으로 보면 아직 적자입니다. 하지만 도서관 같은 데 한 세트씩은 갖추어놓아야 할 책들이니까 시간이 흐를수록 적자가 흑자로 전환되리라고 봅니다. 이렇게 장기 투자의 관점에서 생각해야지, 돈 넣어서 바로 뽑는 시스템으로는 한국 문학이 발전하기는 힘들다고

황석영의 장편소설 『손님』과 김원일 연작 소설 『슬픈 시간의 기억』은 2001년 발표된 본격문학 작품들 중에서 가장 주목할 만한 소설로 평가받는다.

봅니다. 오히려 이 기회를 회생의 전기로 이용할 수 있다고 생각합니다.

이권우 그런 시스템 측면만이 아니라, 문명사적으로도 소설 장르를 바라볼 필요가 있습니다. 저는 올해 발표된 장편소설 중에서 제일 잘된 작품으로 황석영의 『손님』과 김원일의 『슬픈 시간의 기억』(문학과지성사)을 꼽는데, 두 작품을 읽으면서 '과연 순수문학이라는 것의 본류는 기억과 과거의 매체이구나' 하는 생각이 들었어요. 물론, 소설 자체가 대중에 기반을 두고 있고 현재적인 것들을 많이 쓰기는 했지만, 그것이 문학적 품격을 갖추는 데는 기억과 과거에 대한 형상화가 강조될 때인 것 같더군요. 그런데 현실 구조는 이게 아니죠. 기억과 과거가 아니죠. 현재 진행형의 변화형이에요. 그래서 본격문학 작품들이 독자들이 요구하는 현실적인 필요성이나 정보성을 갖출 수가 없죠. 그 결과, 문명사적 변혁이 본격문학 시장을 확실히 위축시켜 놓은 것은 분명한 것 같아요. 중요한 것은 위축이냐 아니냐를 이야기할 것이 아니라 어떻게 이것을 보호하고 교육하고, 확장해 나가야 할 것인가를 고민할 시기가 왔다는 거죠. 이것은 아마도 우리 나라뿐만 아니라 전 세계 출판계의 문제일 거예요. 우리가 논의

할 것은 우리가 과연 이것을 보호해야 할 가치가 있는 것인가와 어떻게 보호·유지시켜야 할 것인가에 관심을 갖고 구체적인 해결 방안을 찾도록 노력해야 한다는 거죠.

장은수 그러면 소설 시장이라고 하지 말고, 이야기 시장이라고 해보죠. 아까도 말했지만 이야기 시장은 지금 굉장히 확장되고 있거든요.

이권우 제가 볼 땐, 세상의 변화가 하도 빠르니까 자기 정체성을 잃어가는 독자들이 위안과 감동, 즐거움을 얻으려고 하는 것 같아요. 사실 우리가 감동 받는 것은 사실이잖아요. 대중문화 진영에서 들으면 불쾌할 일이지만 일반 대중들이 거짓 위안과 감동과 즐거움은 찾을 거란 말이죠. 그러나 진정한 위안과 감동과 즐거움은 회피할 것이고요. 왜냐하면 과거와 기억의 매체는 우리 삶의 변화를 요구해요. 과거에 이러이러한 일이 있었으니까 오늘은 우리의 삶을 바꿔야 하지 않냐, 그렇다면 나만 바꿀 것이 아니라 공동체의 기본적 구조를 바꿔야 한다는 이야긴데 그걸 누가 감당하고 싶어하겠어요? 절대 그걸 받아들이고 싶지 않겠죠, 불편하고 거추장스러우니까. 그런 의미에서 '소크라테스의 등에'로서 본격문학을 보호하는 방법이 더 현실적인 것이라고 생각해요.

장은수 문학 시장은 위축되지 않았다고 생각한다니까요. 이야기 시장은 확장됐어요. 정확한 것은 조사를 해봐야 알겠지만, 적어도 축소되지는 않았어요.

박철준 외국의 예도 마찬가지 인 것 같아요. 외국 소설에서도 이야기 시장은 늘어났어요.

한기호 문제는 우리 나라는, 문학에 있어서 엘리트와 대중의 생각이 많이 다르다는 겁니다. 오페라는 10만 원이라도 보고, 대중 가수들이 공연하는 것은 TV도 있고 하니까 공짜 표가 생겨야 보는 식으로 철저하게 차별화되죠. 연극 같은 경우는 몇 만 원 해도 가고 영화 같은 경우는 몇 천 원인데, 유난히 소설 시장만큼은 엘리트들이 생각하는 문단소설과 대중소설이 똑같은 정가가 매겨지고 있거든요.

장은수 그것은 평소에도 계속 이야기하는 거지만 가격 이원화를 통해서 해결해야 된다고 생각해요.

한기호 그런 면에서 강한 거부감을 느끼고 있는 데다가 대중소설이 자기들의 영역까지 치고 들어온다니까 불쾌감을 느끼는 거죠. 대중소설과의 논쟁까지 벌어지니까 자기의 시장을 죽인다는 이야기까지 나왔잖습니까. 사재기를 통해서 시장을 왜곡한다는 이야기도 나왔고요.

김학원 저는 문학 시장이 문학 외에 다른 장르에서 다양하게 활로를 개척하는 현상에 주목할 필요가 있지 않은가 생각해요. 90년대에 나타난 『퇴마록』이나 『드래곤 라자』 등의 판타지 영역이 그렇습니다. 그리고 새로운 세기에는 『상도』를 통해 남성 독자층에게 새롭게 어필하는 등의 다양한 흐름들도 있잖아요. 그런데 왜 같은 작가들을 가지고 자꾸 비슷한 사진과 타이틀만 바꾸면서 일정한 패턴으로 재미없게 가공하고 연출하기만 하는지……. 4년 전이나 지금이나 똑같은 저자의 사진에 제목만 바꿔서 똑같은 기법으로 광고를 하고 있거든요. 일본에서는 70~80년대에 저자의 빠른 졸업 현상이 굉장히 심각한 문제였습니다. 독자들이 마니아를 형성해 나가면서 확장되는 것이 아니라 자꾸 독자들을 잃어버린단 말이죠. 한 번 잃고 나서 그 다음에 새로운 기대감이 충족되지 못하면서 점점 독자 수가 줄어드는 거죠. 이런 것을 극복하려는 시도들이 다른 장르에서는 많이 시도됐어요. 그런데 문학만큼은 '저자와의 대화' 같은 매번 비슷한 마케팅의 반복이에요. 이제는 소비자들이 직접 소설을 생산하는 시대까지 왔는데, 그런 부분에서는 다양성을 열어놓고 개척해야 할 필요성도 있는 것 같아요. 소위 말해서 스타를 만드는 작업도 좀더 다양한 방법으로 개척해야 하지 않을까 하는 생각이 들어요.

한기호 제가 최근에 한 대학원에 강의를 하면서 신경숙의 『깊은 슬픔』(문학동네) 광고를 들고 갔어요. 광고가 너무 신선해요. 이러니까 성공할 수밖에 없었다는 느낌이 들 정도로. 그런데 최근의 광고들은 거의 획일화되어 있어서 인물 사진과 제목만 바꿔버리면 누구의 소설인지 구별할 수 없을 정도예요.

새로운 가능성을 보여준 소설들

김학원 그리고 두 번째는 이미 독자들이나 출판 시장에서 본격이니 순수니 하는 것은 큰 의미로 받아들여지지 않거든요. 예전에 우리가 황석영이나 조세희를 본격문학이라고 해서 읽은 건 아니잖아요? 우리가 공감하는 내용이고 그 책들이 소설 읽는 맛을 주었기 때문에 읽은 것이지, 문단에서 손들어주고 본격문학이라 해서 읽은 건 아니거든요. 그렇기 때문에 90년대의 본격이니 순수니 하는 논쟁은 문단 내에서 논의할 내용이지 이것을 바깥으로 끄집어내서 논쟁할 여지가 없다고 봐요. 단지 거기서 주의 깊게 봐야 할 것은 다양성이죠. 다양한 장르와 기법들이 나타나고 있는데 거기서 취할 것은 취해야 하는 것이죠.

이제 소설 시장에서 매스 마케팅의 시대는 지났다고 봐요. 타깃 마케팅이 돼야 하고, 자기 컬러를 가지면서 다양하게 전개할 필요성이 있다고 생각됩니다. 1천 부, 2천 부 시장부터 5천 부, 1만 부 그리고 영화처럼 블록버스터의 마케팅까지 다양하게 책을 낼 수 있어야 돼요. 모든 작가들이 베스트셀러를 겨냥해서 광고를 해 줘야 하고 기사 안 나오면 내 작품 아무도 이해하지 못한다는 식으로 아무튼 소설만 내면 온 독자가 다 자기에게 시선을 줘야 한다는 시대는 이미 갔다는 거예요. 설령 내가 작년에 낸 책이 10만 부라면 이번에는 그 10만 명 속에 있는 1만 명을 위해서 글을 쓸 수도 있어야 합니다. 때로는 자기 독자층 중에서도 마니아층과 대화할 수 있는 거고, 때로는 판매가 잘돼서 이익이 많이 남으면 유럽이든 어디 테러 현장이든 아프가니스탄 현장이든 가서 소재 확장도 시켜야 하는 거죠. 자기 체험에서 벗어나서 말이죠. 그런 것들이 다양한 형태로 이루어지면 이번엔 이런 것이 베스트셀러가 되고, 다음엔 저런 것이 베스트셀러가 되는 식으로 교차가 되면서 상상력의 판이 어우러져야지, 이야기와 상상력, 문제라는 판이 뻔히 예측되어지는 것이라면 차라리 교양서나 현실의 이야기를 찾는 게 낫지 않을까 싶어요. 70, 80년대 시와 소설, 인문과학, 사회과학을 고르게 읽었던 독자층들이 90년대 문학을 외면하고 20대 여성들이 독자층의 대다수를 차지하게 된 원인도 현실에 깊게 뿌리 박고 있는 계층이 현실만큼 뻔한 소설에 실증을 느꼈기 때문이라고 생각합니다.

장은수 그런 의미에서 저는 올해 두 권의 소설을 주목합니다. 첫번째가 『꾿빠이 이상』(김연수, 문학동네)이에요. 많이 팔리지는 않았지만 어느 정도는 반응이 있었다고 들었습니다. 이 작품은 취재형 소설이라는 장점을 갖고 있어요. 한 사람의 삶을 복원하기 위해 많은 자료를 읽고, 나름대로 소화해서 하나의 스토리로 재구성했다는 점은 최근 사소설이 지배하고 있는 한국 소설 시장에서는 볼 수 없는 독특한 시도입니다. 이런 작품들이 좀더 다양한 대상, 다양한 방식으로 추구될 때 소설 시장의 활로가 열린다고 생각합니다. 물론 문학적 수준에 대해서는 다르게 평가할 문제입니다만.

몇 년 전에는 이런 시도도 하나 있었어요. 『헤르메스의 기둥』(송대방, 문학동네)이라는 작품이었는데, 서양 미술사에 관한 자신의 전공 지식을 동원해 스릴러 소설을 만들어냈어요. 그런 작품들이 계속 생산된다면 소설의 독자들은 결코 문학에서 멀어지지 않을 거라고 생각합니다. 1970년대 말, 이문열이 『사람의 아들』(민음사)을 들고 나왔을 때, 많은 작가들이 이게 무슨 소설 작품이냐, 재미없다, 이건 대중소설이다 했지만, 시간이 흐르자 그 참신하고 새로운 시도가 높이 평가되었고 독자들도 호응해 주었죠. 이런 시도는 계속돼야 한다고 봅니다.

또 하나 주목했던 책으로는 『알도와 떠도는 사원』(김용규, 이론과실천)인데요. 이 작품이 가진 독특함과 개성을 눈여겨보았습니다. 이 소설은 지식소설의 가능성을 열었습니다. 공부해서 소설을 쓴 거잖아요. 그래서인지 다른 어떤 작가도 모방할 수 없는 오리지널리티가 넘칩니다. 역시 언론에서도 주목을 해줬죠. 작은 출판사에서 나와서 광고 지원을 거의 못 받았는데도 1만 5천 질 정도가 팔렸다고 합니다. 만약 이 작품을 대형 문학출판사에서 발굴해서 출판했으면 10만 부 이상은 팔렸을 것입니다. 아직 진행형이니 그 결과를 더 지켜봐야 하겠죠.

김학원 지식 상상력 세계의 가능성을 보여준 소설이죠.

장은수 예, 의외로 우리 문단이 폐쇄적이라고 생각했던 것은 어떤 문예지에서도 이 책에 대한 서평이 실리지 않았다는 것입니다. 물론 문학성이 그다지 뛰어난 것은 아니지만, 그 시도 자체는 굉장히 소중한 것이었다고 생각해요. 이러한 새로운 시도들이 주목받지 못하는 문단의 비평 의식 부재, 문학 시장의 구조가 현재 문학 시장의 위축이라는 표현으로 나타난 것이 아닌가 하고 생각합니다.

김학원 속된 말로 잘 나가다가 안 나가면 어쨌든 눈치보게 마련이거든요. 그런데 사실상 이것을 타개해 나가는 원칙은 당당함 밖에 없어요. 자기 시선으로 돌파하는 수밖에 없는데, 지금 문학 시장에서의 이동 지점은 그런 것이라고 봐요. 지적을 하자면 문학동네에서 이런 책들을 자기 칼라를 가지고 내면 좋은데, 창비 같은 곳에서 만나서 데리고 오고, 자음과모음도 판타지에서 새로운 가능성을 열었으면서 문학동네에서 열심히 노력해서 형성한 작가층에 관심을 보이고 있죠. 창비나 민음사나 문지나 문학동네나 자음과모음이 각각 자기의 문학적 취향과 방향을 가지고 자기 색깔을 가지면서 당당하게 독자들을 만났으면 좋겠어요. 독자들은 출판사 이름을 가려 놓으면 어느 출판사인지를 몰라요. 자기 길을 개척해 가면서 자기 작가들과 보다 길게 관계를 맺고 그 속에서 마니아들을 만들고 '아, 난 저 작가, 저 출판사' 하는 식으로 독자들이 다음에 어떤 것들을 내줄지에 대한 기대를 가지게 하는 것이 문학 출판이 가져야 할 자세라고 생각해요. 물론 한 저자가 여러 출판사에서 책을 낼 수 있고 출판사 역시 같은 저자라고 해도 자신의 기획과 방향을 가지고 새롭게 만날 수는 있습니다. 다만 좀더 차별성을 가지고 자신의 흐름을 형성해나가는 것은 문화적 다양성의 시대에 중요한 점이라고 생각합니다.

장은수 그게 유럽식 문학 출판이죠. 그래서 한번 갈리마르에서 출판한 작가는 계속 갈리마르에서 내는 거죠.

김학원 이런 점은 영화판에서도 그 시사점을 볼 수 있는데, 〈엽기적인 그녀〉의 감독에게 인터뷰를 하기 위해 마이크를 들이댔는데, 만약 그게 출판사였다면 이렇게 말했을 거예요. "지금 돈 벌려고 하나 했는데, 이번에 돈 좀 벌면, 좋은 책 낼 겁니다." 그런데, 〈엽기적인 그녀〉의 감독은 그렇게 이야기하지 않는다는 거죠. "영화는 재미다. 재미있는 영화를 만드는 게 내 색깔이다." 그렇게 얘기하거든요. 전 그런 자세가 좋다고 봐요. 그리고 이광모 감독한테 마이크를 들이대면 "영화는 이래야 한다. 내 영화는 이렇다." 이창동 감독 역시 그 나름대로의 의견을 보이죠. 이광모는 이광모 대로, 〈엽기적인 그녀〉의 감독은 자기대로 문화적 색깔과 당당함을 가지니까 문화 생산자와 소비자가 비슷한 문화적 캐릭터와 비슷한 라이프 스타일을 가진 사람들이 모이는 겁니다. 그래서 독립영화에서 블록버스터까지 어느 정도 다양성의 시대로 접어들고 있잖아요. 우리가 영화판의 대박 문화에 부러움의 시선만을 던지지 말고 배워야 할 점이 바로 이런 면이라고 생각해요. 우리 출판에서도 대중 소설을 하나 내서 잘되면 인터뷰할 때 '저도 돈 좀 잘 벌어서 좋은 책 만들 겁니다'라고 이야기하는 수준을 넘어서야 합니다. 그러면 10만 부, 20만 부씩 팔렸던 그 책을 만들기 위해 동원된 인력은 좋은 책을 만들기 위해서 소모된 겁니까? 작가들도 들러리 선거냐는 거죠. 그래서 판타지를 하든 스릴러를 하든 어떤 것을 하든 간에 문화계 영역에서 당당한 자기만의 컬러를 가져서 출판사와 저자가 일정하게 자기 색깔을 선택할 수 있게 해줘야 영화판처럼 활성화될 수 있지 않을까 생각해요. '책은 재미있어야 한다', '책은 유익해야 한다', '책은 오락이다', '책은 영혼의 양식이다', '책은 삶과 일의 재충전이다' 등등 책에 대한 개념과 자기 방향이 다양해져야 할 것 같아요.

이권우 지금까지 우리가 제기했던 문제의식을 가지고 책세상이 새로운 문학선을 기획하고 있다는군요. 앞으로 이 시리즈에 주목해야 할 것 같습니다. 책세상 김광식 주간이 우리 문학판 돌아가는 분위기가 너무 심상치 않고, 이렇게 가다가는 문학 독자를 다 잃어버리겠다 싶어서 스타 시스템에서 제외된 작가들 위주로 작품집을 내기로 한 거예요. 더 자세한 것은 김 주간 스스로 밝혀야겠지만, 제가 알기로는 그분이 작가들과 만나서 아까 우리가 얘기했던 스타 시스템과 정반대되는 기획을 하겠다고 했대요. '광고 안 한다, 만약에 이 조건이 맘에 안 들면 할 수 없다'고 이야기를 했대요. 그런데 많은 작가 분들이 '책세상 문학선'에 들어오기를 바라고, 그 말을 한 지 얼마 되지도 않았는데 벌써 작품이 들어왔대요. 그러니까 여태 우리들이 얘기했던 게 실질적으로 증명되고 있는 거죠. 이런 스타 시스템이 소외시켰던 작가군이 그만큼 많은 거고, 김 주간이 정확하게 지적하고 있는 것처럼 어떤 특정 작가군이 문학판의 흐름을 장악하고 있을 때, 독자들이 소설 읽는 입맛을 떨어뜨릴 거라는 것이죠. 이런 위험성을 주시하고 새로운 문학선을 만들어 내니까, 이런 것이 독자층에 어떤 영향을 끼치고 문학 활성화에 어떤 영향을 미치는지 지켜봐야 되고, 많은 관련자들이 이 시리즈가 성공할 수 있도록 도와줘야 할 것 같아요.

박철준 정말 좋은 얘깁니다. '코쿤족' 얘기처럼 모든 사람들은 제너럴리스트에서 스페셜리스트로 흘러가거든요. 그러면 순수문학은 다양한 성격과 색깔을 가지고 2만 원에서 3만 원 가격을 붙여서 내든지, 1천 부 시장이면 1천 부 시장에 맞게 살아나간다면 그것으로 문학 시장이 죽었다고 얘기할 수 없는 거예요.

장은수 획일적인 소설 가격은 다 깨야할 것 같아요.

박철준 그렇죠. 얼마를 붙이든 간에 그 시점과 인원에 맞는 가격을 붙여줘야 되는 거죠.

이권우 그럼 앞으로는 본격문학, 대중문학 그러지 말고, 2만 원 작가, 8천 원 작가라고 부릅시다.(다 같이 웃음)

장은수 저도 오래 전부터 시집 출판에 대해서 제안을 하고 있는데, 하자고 해서 통과되면 영업부에서 안 된다고 반대를 해서 못 내고 있습니다. 그게 뭐냐 하면 시 30편만 묶어서 2만 원이나 1만 5천 원으로 하자고 했거든요. 지금처럼 50, 60편 묶어서 5, 6천 원에 독자들을 유혹하려는 저가형 전략은 완전히 포기하고, 정말로 좋은 시 10, 30편을 묶어서 1만 원 이상의 시집을 만들어가자는 거였어요. 그 대신 외국에서처럼 수제본을 하든가 하는 식으로 시집 형식을 완전히 바꿔서 소장 가치를 높이는 것을 만들어보자고 했죠. 그런데 편집부에서 통과되면 영업부에서 관둬라 하니까 방도가 없습니다. (웃음)

박철준 제가 『소비자 코드를 읽어라』(뜨인돌출판사)에서 읽은 내용에 따르면, 그런 사람들은 마케팅을 잘못하고 있는 거예요. 거기에 보면 사람들은 소비자가 무조건 저가의 가격을 원할 것이라고 하는데, 그건 절대로 아니라는 거죠.

한기호 무슨 국화빵 찍어내듯이 소설은 신국판, 시집은 신사륙판으로 나가니까 그러는 건데, 그 부분은 계속 무너지고 있고, 아동서 같은 경우에는 시공사가 처음 서점 진입에 실패했던 이유가 국화빵이 아니라서 서점에서 관리하기가 곤란하고 책 판형이 뒤죽박죽이니까 서점에서 회피하거나 거부하니까 방문판매 쪽으로 가다가 그렇게 된 거잖아요. 이제는 서점이 많이 변했어요. 아동 시장을 국화빵으로 몰아넣으면 도저히 판매가 안 되니까 바뀐 거죠.

장은수 처음에 비룡소에서 책을 보냈더니 꽂을 데가 없다면서 다시 보내는 거예요. 『곰』이라는 책이 1번인데, 굉장히 큰 책이거든요. 이걸 어디다 꽂냐고 하는 거예요. 전부 신국판 아니면 커봐야 국배판 서가인데 뉘여 놓을 수도 없고……. 지금은 아동 시장의 책 형식이 격렬하게 바뀌고 있는데, 이것은 결코 소설이나 시집도 예외가 될 수 없다고 봐요.

좋은 반응을 얻고 있는 무게 있는 인문서들

한기호 하반기 흐름 중의 하나로는 무게감 있는 인문서들이 출간되어 좋은 반응을 얻고 있다는 겁니다. 『교양』이 벌써 13,000부나 팔렸대요. 제가 볼 때, 이 책은 연말까지 2만 부는 무난할 것 같아요. 『교양』을 만들 때, 출판사에서는 이 책을 분책할 것인가 말 것인가로 상당히 고민했대요. 대중 독자들이 이렇게 두꺼운 책을 과연 읽어 낼 것인가 하는 문제로 말이죠. 그런데 도저히 이 책의 어느 중간을 끊을 수가 없더래요. 그래서 768페이지 한 권으로 해서 35,000원으로 냈죠. 그런데 지금은 웬만한 베스트셀러 이상으로 나가고 있어요. 만약 10만 부가 나간다면 얼마예요. 벌써 정가 금액으로 35억 원의 시장이 형성되는 거 아니겠어요.

또, 언론의 주목을 받기도 했던 정수일 씨가 한꺼번에 쏟아 낸 『이븐 바투타 여행기』부터 『씰크로드학』, 『고대문명교류사』 등이 있는데, 굉장히 두껍고 무게감 있는 인문서들이 나오고 좋은 반응도 얻고 있거든요. 작년 상반기 좌담에서 논의했던 『시간 박물관』(푸른숲)은 편집의 새로움은 있었지만 그 당시 5만 원이라는 가격에 대한 거부감이 있었거든요. 그런데 올해는 3만 5천 원, 4만 원 하는 인문서 시장이 아무 부담 없이 작용해 온 것 아니겠습니까. 이런 현상을 어떻게 바라봐야 할 것인지를 말씀해 주세요.

김영범 독자들이 희소성이나 가치에 대해 정당한 대우를 하겠다는 생각인 것 같아요. 가요 시장에도 보면 HOT나 신화 팬들은 길거리 표를 전혀 안 사거든요. 자기들이 이 음반을 안 사주면 이 가수가 어떻게 음반을 내고 활동을 하겠냐는 거죠. 그런 부분이 인문서 시장에도 확산되고 있다는 생각이에요.

그 다음에 또 『교양』이라는 책을 사볼 만한 사람들한테는 지적 허영이라는 것도 있는 것 같아요. 제본 형태에서도 충분히 그들의 니즈needs를 보여줬다는 느낌이 들거든요. 값을 좀 싸게 하려고 장정을 얇게 한다거나 분책을 했다면 『교양』이 가지고 있는 무게를 담아내지 못했을 거란 생각이 들거든요. 오히려 이만한 값을 지불할 능력이 있다든가 하는 것을 과시하고 싶어하는 독자를 타깃으로 한 거고, 그런 독자들은 그만한 대우를 받는다고 생각한 것들이 맞아떨어진 것 같아요.

박철준 저는 그 현상을 두 가지로 볼 수 있을 것 같아요. 아까도 말씀드렸지만, 휴머니스트의 『서양과 동양이 127일 동안 e-mail을 주고받다』라는 책을 읽을 수 있는 독자가 있다는 것이고, 그 독자들이 김영범 사장님의 말씀처럼 니즈needs를 찾아갔다고 볼 수 있어요. 그 독자들은 늘 읽을 자세가 돼 있는 사람들이거든요. 늘 새로운 시장에 대한 욕구를 가진 독자들이란 말이죠.

두 번째로는 이 책들의 대다수 독자들이 젊은 층은 아니라고 보거든요. 30대부터 50대까지로 볼 수 있는데, 이런 사람들은 대부분 안정적인 생활

2001년 하반기에는 묵직한 인문서들이 꾸준히 출간되며 좋은 반응을 얻고 있다. 그 가운데 『교양』은 비유법을 통해 고급 지식을 쉽게 설명해 일반 독자들에게도 널리 사랑받고 있다.

을 유지하고 있습니다. 그리고 인터넷 혁명에 의해서 대부분의 사람들이 쇼핑 중독에 빠져 있어요. 신간이 나오면 한 주에 열 권 이상씩 사요. 저도 책을 사는데 아주 푹 빠졌다니까요. 매주 토요일마다 북섹션을 보며 '이건 사야돼' 하면서 책을 사게 되는 거예요. 안정적인 사람들은 책을 사보게 돼 있어요.

장은수 저랑 비슷한 습관을 가지고 계시군요. 저는 주로 일요일 밤에 쇼핑을 합니다.

이권우 주로 환경 변화가 중요한 것 같아요.

박철준 김영범 사장님의 얘기에 덧붙이는 말이 되지만, 이런 형태가 분명히 구매 동기를 만들어 주기 때문에 팔리는 것은 확실한 것 같아요.

이권우 이런 책들이 잘 팔리는 것은 출판 환경의 변화로도 볼 수 있을 것 같아요. 구조적인 변화가 아니라 사회 분위기가 바뀌었단 말이죠. 90년대를 지배했던 인터넷·디지털과 관련한 오락성의 추구에서 전반적으로 우리가 큰 위기를 겪고 나서 '이래서는 안 된다' 하는 문화적인 반성도 확산된 게 아닌가……. 그리고 우리가 기대했던 것이 온 건데, 사회 전체의 주도적인 매체들이 책이나 출판에 대한 관심을 급격하게 높이고 있다는 것입니다. 그런 면에서 신문마다 북 섹션이 확보되어 있고, 다양한 방송에서 책 이야기를 해 주고 있죠. 또 구체적으로 한 책에 대해 말하기 이전에, '책을 읽어야 지식인이 되고 그 지식인이 바로 새로운 경제 체제에서 성공할 수 있다'는 얘기가 널리 퍼졌죠. 불과 얼마 전에만 해도, 책은 필요 없고 인터넷이면 다 되고 뭐든지 실용적 정보만 있으면 된다고 생각했는데, 그것들의 일천함이 폭로되면서 책에 대한 중요성이 환기되고 있다는 겁니다. 그런데 그런 매체들이 주목할 수 있는 책들이 몇 개 안 되잖아요. 우리 출판이 다양하지 못하기 때문에. 그래서 이런 책들이 딱딱 집히는 것이고, 『교양』 같은 경우는 저널리스트들이 바라본 시선과 일반 독자들의 필요성이 맞아떨어진 것 같아요.

고급한 지식을 알기 쉽게 설명한 『교양』

저는 『교양』을 읽고 높이 평가하는 게, 많은 사람들이 그랬잖아요. '우리도 이런 책 만들어야 하는데……'라고. 그런데 저는 못 만든다고 생각해요. 왜냐하면, 이 책 전체를 관통하고 있는 수사법은 비유법이에요. 그래서 일반 독자들이 고급한 지식을 알기 쉽게 이해하는 데 도움이 많이 돼요. 그런데 그런 필력을 가진 필자가 우리한테는 거의 없거든요.

  이 책의 그런 측면이 성공을 불러왔죠. 그리고 이런 성공은 지목된 몇 권의 책뿐만 아니라, 우리 출판계 전체에 자신감을 불어넣은 게 아니냐는 겁니다. 정말 내용성에 자신 있어서 시장에 내놓고 언론의 주목을 받고, 이후에 독자로부터 입소문을 타게 되면 사재기하지 않아도 대형 베스트셀러가 될 수 있습니다. 그런 자신감을 줄만한 분위기가 됐고요. 그 증거가 이런 책이지요.

  장은수 민음사의 자회사 중에 사이언스북스가 있는데, 사이언스북스에서 중쇄를 못 찍는 책은 거의 없습니다. 물론 극소수의 아주 어려운 책들, 가령 학술서에 가까운 책은 그렇지 못하는 것도 있죠. 그런데 교양서라고는 하지만 이 책들은 일단 가격이 비쌉니다. 1만 5천 원짜리 이하의 책은 구하기 힘들죠. 방금 말씀하신 교양서 시장의 폭발은 구매력과 밀접한 관계가 있다고 생각합니다. 30대들이 책에 익숙한 세대, 혹은 독서의 세대라고 본다면, 그 독서주의자들이 드디어 구매력까지 갖추게 된 것이 교양서 시장의 폭발을 가져온 것입니다. 『교양』이라는 책의 앞을 보면 '빌둥Bildung'이라고 적혀 있습니다.

Bildung은 '인간을 인간으로 만드는 것'을 가리키는 말입니다. 이것이 교양의 핵심이죠. 교양은 귀족 문화에서는 필요가 없는 것입니다. 귀족들은 삶 자체가 교양이기 때문입니다. 사는 것 자체가 우아했던 것이지요. 아니 우아하지 않으면 삶 자체가 불가능하니까요. 그런데 그들의 '우아함'을 본뜨고자 하는 욕구, 그러니까 '교양'이라는 말이 등장한 것은 부르주아 사회가 안정기에 접어든 후부터입니다. 돈은 많은데, 문화적으로 소양이 부족한 세대가 넘쳐났고, 그것이 교양을 소비하고자 하는 욕망을 불러일으켰습니다.

마찬가지로 우리도 1970년대에 교양 붐이 불어서 전집 형태로 수많은 책들이 출판되었습니다. 당시에 조금 여유 있는 집 치고 전집 하나 없는 집이 있었을까요? 교양은 소위 구매력을 가진 계층이 문화적인 허전함을 충족시키기 위해서 가져야 하는 것입니다. 이것이 교양서의 핵심입니다. 물론 그것을 쓰는 사람은 다른 입장을 가지고 있겠지만 말입니다. 시오노 나나미의 『로마인 이야기』(한길사)나 유홍준의 『나의 문화유산답사기』는 구매력을 가지기 시작한 한국의 독자들이 무엇을 요구하고 있는가를 여실히 보여준 예가 되겠죠. 이 책들의 주요 독자층이 점점 성장해 가면서 최소한 1년에 열 권에서 스무 권 정도의 교양서들을 소화해 줄 수 있는 구매력을 가진 계층이 된 거죠.

개인적으로 안타까운 부분이 있다면, 20대를 위한 교양서는 부족하다는 점입니다. 일본에서 돈이 없는 가난한 고학생들을 위해 학술 서적들을 싼 가격에 출판하는 '이와나미 문고'나 '고단샤 학술문고' 등과 같은 기획이 부족한 것입니다.

이권우 고단샤처럼 엡스타인도 '앵커스북스'라는 고전을 페이퍼백으로 만들어서 미국 출판사에 널리 이름을 알렸는데, 『북 비즈니스』(미래사)를 보니까 '출판의 기본적인 임무는 대중들이 읽을 수 있는 책을 만들어내는 것이어야 한다'고 해요. 그런데 자기 주급으로도 출판사에 있을 때 고전적인 책들을 하드커버로는 사볼 수가 없었대요. 작년에도 나왔던 얘기지만 하드커버 값이 올라가는 것은 당연한 현상이고, 세계 시장에 비하면 우리 나라 하드커버 값은 그래도 싼 편이죠. 대신 빨리 페이퍼백 개발을 위해서 애를 써야 해요.

대중용 저가의 텍스트를 개발해야

김영범 우리 나라가 문고본이 활성화되지 못한 이유는, 지금 책값이 엄청나게 비싸다고 이야기를 하시지만 그런 책은 상당히 적습니다. 우리가 쉽게 얘기하는 단행본과 문고본의 가격 차이가 거의 없어요. 제작 원가 차이가 별로 없다는 거죠. 오히려 가격이 양장본은 비싸고, 대중판은 좀 싸게 되어야죠.

장은수 지금 페이퍼백 가격이 문고본 가격이 돼야 해요. 그러려면 하드커버 가격이 더 올라 가야죠.

김학원 그래서 그것의 경로 문제가 중요하다고 생각하는데, 문고본이 기존에 나왔던 책을 낮은 가격으로 보급한다는 형식적인 측면만이 아니라 문고본으로 대중화시킬 만한 글쓰기의 새로운 시도와 개발에 보다 주력해야 한다고 생각합니다. '책세상문고'가 소장학자들에게 대대적인 글쓰기 장을 제공했다는 면은 긍정적이지만 한편으로는 탁석산의 『한국의 정체성』이나 조한욱의 『문화로 보면 역사가 달라진다』처럼 같은 문고본 중에서도 대중적 반응을 일으킨 텍스트들이 지닌 내용과 글쓰기 방식에 대한 시도는 문고본의 개발에서 매우 중요한 지점입니다. 문고본이라는 형식에 매몰되지 말고 문고본의 기본 발간 취지인 대중화의 경로와 방식에 대해서 늘 고민해야 한다는 거죠. 만일 대중적으로 읽을 수 있으면서도 문고본에 적합한 텍스트만으로 문고본을 개발한다면 문고본 시장은 한 발 앞으로 나아갈 수 있으리라 생각합니다.

그건 그렇고 『교양』과 관련해서 제가 말씀드리고 싶은 것이 있습니다. 그동안 인문서를 쭉 해오고 이번에 새로 창업하면서 전국 서점의 매대를 돌고, 특히 교보문고나 대형 매장 같은 곳에서는 거의 한달 동안 살아봤어요. 자꾸 40대 얘기를 하는데, 교보문고에 1주일에 세 번 이상 인문서 신간 매대에 와서 신간을 체크하는 사람들이 300명 정도 되요. 그래서 실질적으로 인문서 신간을 베스트셀러로 움직여주는 사람은 정확히 40대입니다. 예를 들어 10명 정도가 서 있으면 그 중에 대학생은 1명이나 올까? 그리고 중·고생은 신간 매대에 갈 필요가 없잖아요. 자기들하고 전혀 상관이 없으니까. 주로 40대들인데, 이들이 바로 70년대에 독서력을 가졌던 세대라는 거죠. 그 사람들의 구매 스타일은 서평을 보고 나서 괜찮은 것 있으면 오려놓고, 그 중에 60, 70%는 인터넷에 들어가서 정보를 읽어보죠. 그렇기 때문에 책이 어제 나왔는데, 서점에 왜 책이 없느냐라고 물어보는 독자도 있어요. 인터넷 서점에서는 오프라인 서점보다 책 정보가 먼저 뜰 수 있거든요. 그래서 교보문고 같은 곳에 가서 왜 책이 안 깔렸냐고 항의하는 독자들도 있는 거죠. 그만큼 마니아적인 정보력을 지닌 층입니다. 대중물은 교보문고의 비중이 7~8%인데 인문서는 15~20%가 된단 말이죠. 그 비율로 환산하면, 교보에 한 300명 정도 있을 때 전국에는 한 1000명 정도가 항상 서점에 일상적으로 와서 들러보고 구매한다는 거죠. 교보문고에서 1주일에 30~40부가 나가면 인문 베스트셀러에 턱걸이를 해요. 그러니까 300명 중에 10%는 돌아가면서 사는 거예요. 이 사람들은 사회에서 중요한 역할을 하는 사람들이에요. 교수들도 일부 있기는 하지만 교수보다는 오히려 일반 직장인이나 기업인, 전문 직업인이 많아요. 이렇게 자기 직장에서나 가정에서 영향력이 있는 사람들이에요. 왜냐하면 자기가 책을 읽으면 그 아내도 책을 읽을 것 아니에요. 그 사람의 아이들은 반드시 선별적으로 아동서를 읽고 10대가 되면 청소년용 책을 읽게 된단 말이에요. 그렇기 때문에 그 40대 한 사람이 직장이나 가정에서의 활동 범위를 봤을 때는 역할이 굉장히 중요하고, 그 층들이 흔들림 없이 정수일 선생의 책들이나 『서양과 동양이 127일……』에서부터 『시간 박물관』도 카드로 사는 세대들이에요. 『이윤기의 그리스 로마 신화』, 『이슬람』, 『교양』 모두 이 층들이 맨 처음 책을 사서 읽으며 그 가치를 전도해 왔습니다. 이런 세대들은 쉽고 재미있는 코드가 아니라 제대로 된 책을 만들어주면 호평을 해주죠. 단지 이 사람들의 약점이라면, 입으로는 선전을 해주지만 독서 체험을 활자로 생산하는 활동은 활발하지 않죠. 그렇지만 그들이 움직여줌으로 인해서 직장에서는 30대로 확장되고, 가정에서는 다시 주부와 아이들에게 전파하는 문화적인 생산을 하는 소비자 역할을 한다는 거죠. 그래서 인문서가 이러한 지형도를 가지고 있기 때문에 제대로 된 인문서만 만들면 최소한 3~4천 부는 빠지고, 어느 정도 대중성을 가지게 되면 5천에서 1만 부 이상은 팔린다고 봐요.

이권우 교과서적인 얘기지만, 『교양』을 보면서 번역 활성화를 심각하게 생각해 봐야 할 것 같더군요. 물론 그에 앞서 국내 필자를 개발하고 그와 같은 책을 내기 위한 노력도 해야겠지만, 좋은 책이 저렇게 널려 있다면 서슴없이 국내에 소개하고 독자들이 읽게 해주고 국내 지식인 집단에 충격을 줘야지, 어떻게 보면 한동안 번역에 등한했던 면도 있는 것 같아요. 제가 민음사 '세계문학전집'을 굉장히 좋아하는 이유는 새롭게 번역한 거의 유일한 시리즈라는 점이에요. 우리가 지금 이렇게 문학 얘기를 하고 있는데, 고전적인 세계문학작품을 다 읽었는데도 여전히 문학의 위기를 얘기할 수 있을까요? 그 부분에 대해서는 의문이 들어요. 최근에 서머셋 모옴 작품을 민음사 판으로 읽었는데, 거기에 아직도 써먹을 얘기가 굉장히 많아요. 서머셋 모옴이 대중적인 작가라 그런지 인생에 대해 내뱉은 촌철살인적 명구가 많더군요.

박철준 지금 생각이 났어요. 그거 얼른 정리하세요. 책내게…….(다 같이 웃음)

이권우 우리가 80년대 초반에 왕성하게 책들을 번역했다가 90년대 오면서 국내 필자들의 책을 많이 냈는데, 이제는 균형잡힌 시각에서 외국의 좋은 책들도 활발히 소개해야 할 필요가 있다고 봐요.

장은수 이것은 실질적인 문젠데, 번역서는 비용하고의 싸움이거든요. 국내서는 저자 마케팅이라고 부를 수 있는데, 번역서는 정말 비용하고 싸우는 것입니다. 옮긴이의 경우, 대부분 자기가 들이는 노력에 비해서 너무 수입이 적습니다. 이 부분을 극복할 수 있는 장치로는 가격밖에 없는 것 같아요. 가령 3천 부짜리 책을 번역했다고 하면, 인세를 10% 줘도 번역자 입장에서 보면 손해거든요. 그런데 10%도 못 준단 말이에요. 잘해야 5~6%인데, 정가 2만 원짜리 책의 인세를 6% 준다 해도 얼마 안 되잖아요. 비용과의 싸움을 초월할 수 있는 책들이 있기는 하지만 많지는 않아요. 좋은 교양서들이 적극적으로 수입되지 못하는 이유가 대부분 이에 달렸다고 봅니다. 사이언스북스에서 제일 곤란한 것이 번역자 확보예요.

이권우 번역이 중요한 게, 최근에 이경덕 씨나 표정훈 씨 같은 전문 번역가들이 번역보다는 집필을 우선하시기로 결심을 하고 있다는 점에서도 찾을 수 있습니다. 1세대들에게 기대할 바가 없다면 젊은 사람들을 훈련시켜야 하는데, 그 사람들에게 돈을 줘서 훈련시킬 수 있는 것도 아니고,

다른 사회적인 안전 장치가 있어서 기회를 주는 것도 아니죠. 인문적 사고력이 있는 사람들이 번역을 통해서 자기들이 시장에서 어떤 책을 써야 될 것인지 뚜렷이 알게 되고, 번역을 통해 글쓰기의 방향이 어떠해야 하는지 정확히 짚어내고 있지요. 학자나 유명인 중심이 아니라 전문적으로 번역을 하고 나중에는 이들이 필자로 독립을 할 수 있는 시스템이 만들어져야 합니다.

장은수 이윤기 선생님이 바로 그런 케이스잖아요.

이권우 그렇죠. 가장 대표적인 경우죠. 그런 잠재력이 있는 사람들에게 기회를 많이 주었으면 좋겠어요.

김학원 번역서에 대해서 신경 써야 할 부분이 몇 가지 있는 것 같아요. 하나는 이제 인터넷 시대이기 때문에 번역서 기획이나 국내서 기획이나 별반 차별성이 없다는 겁니다. 어쨌든 이제는 중역重譯 문화에서 원전 번역으로 왔고, 한국어판 서문을 붙이는 정도가 아니라 그들을 우리 작가처럼 들이댈 수가 있다는 거죠. 얼마든지 인터넷으로 인터뷰를 할 수 있고, 우리가 한국의 독자들과 외국의 저자들이 커뮤니케이션 할 수 있는 기회를 애초에 처음 기획부터 열어 놓을 수 있다는 거예요. 예를 들어서, 예전에 제가 푸른숲에서 『동양과 서양, 그리고 미학』(장파)을 출간 할 때, 기획 담당자와 역자가 20개 정도의 질문지를 보냈더니 100매 정도의 답신을 보내 왔어요. 그걸 뒤에 80매 정도로 편집해서 역자와의 대담 형식으로 수록했는데 반응이 좋았어요. 그런 시도들이 해외 저자와 국내 독자들의 지식 소비 과정을 보다 생생하고 정확하게 해줄 수 있는 자그마한 매개라고 생각해요. 왜냐하면 국내서 같은 경우도 그런 기획을 한단 말이죠. 그러니까 해외서 가공을 할 때도 좀더 좋은 번역과 저자와 함께 텍스트를 가지고 독자와 효율적으로 커뮤니케이션 할 수 있는 기획이 필요할 것 같아요. 아주 상징적인 사례로 열린책들에서 펴낸 베르나르 베르베르의 여러 소설의 경우, 이 작가는 사실 한국의 작가라 생각하거든요. 여러 나라에서 자신의 소설이 발간되었지만 모국을 비롯해 한국을 제외한 다른 나라에서 발간된 소설의 총판매 부수가 한국의 판매 부수를 넘어서지 않았을 겁니다. 이런 작가를 굳이 해외 작가라는 통념으로 대할 것이 아니라 우리 작가라고 생각해서 기획하면 우리 나라 일간지에서 신간 장편을 연재할 수도 있고 우리 나라에서 신작 장편을 처음 발표하게 할 수도 있지 않나 싶어요. 잘 하면 동남아 판권을 한국에서 따낼 수도 있고요.

기획의 기동성, 추진력, 생산력이 높아져

한기호 아까 9·11 테러 사건 이야기도 했지만, 그 이후에 나온 책 중에서 에드워드 사이드의 『도전받는 오리엔탈리즘』(김영사) 같은 책은 원서가 없는 거잖아요. 원서 없이 기획자가 9·11 테러 이후에 미국이 보복 전쟁을 일으킨다고 했을 때, '두 달 뒤 대중의 관심이 뭘까' 하는 생각에서 출발한 거죠. 오늘 아침 뉴스를 보니까 미국이 최종적인 승리를 할 것 같아요. 그럴 때 미국이 비난받는 부분까지 감안을 해서 촘스키와 에드워드 사이드에 주목을 했던 것이고, 두 사람 책을 한데 묶기는 어려우니까 사이드한테만 동의를 얻어서 책을 냈잖아요. 그러면 김학원 사장께서 말씀하신 대로 국내 저자만이 아니라 세계로 시장을 넓힐 수 있는 것 아니겠습니까. 그런 만큼 저자의 폭을 넓힐 수 있다는 거죠. 또 하나는 타이밍인데, 매주 서점에 와서 무엇을 원하는지 관심을 갖고, 커런트 이슈current issue가 생길 때마다 관련된 책을 무조건 사가는 독자들한테도 맞는 게 되지 않을까요?

김학원 저는 90년대에 출판의 기동성, 탄력성 특히 기동성과 추진력, 생산성은 높아졌다고 생각해요. 그런데 한편으로는 저널과 다른 출판 미디어가 가지고 있는 내용성은 상대적으로 좀 취약하지 않은가 싶기도 해요. 너무 저널화되어선 안 된다는 거죠. 이를테면, 테러 사건이 터져서 책을 낸다고 했을 때, 저널식의 접근이 있을 수 있는가 하면 그 사건을 해석할 수 있는 방향타와 다양한 의견을 줄 수 있는 내적인 콘텐츠를 가공해서 타이밍이 조금은 늦더라도 탄력적으로 가야하지, 탄력성과 추진력만으로 가공이 돼서 출판 미디어의 본연의 내용성을 제공해 주는 것을 상실하는 것은 경계해야 된다고 봐요.

김영범 저는 상실이라기 보다는 두 가지 모두 공존해야 한다고 봅니다. 촘스키의 책만 하더라도 굉장히 다양한 초점으로 책을 만들 수 있다고 볼 수 있습니다. 소설이나 다큐멘터리 등으로 만들 수 있죠. 그러면 저널리즘에 입각해서 9·11 사태가 의미하는 것이 무엇인지에 대한 독자들의 관심을 충족시켜 줄 필요도 있고, 그것을 심층 분석하는 책은 늦게 나와도 되겠죠. 하지만 '책은 이래야만 한다'는 전제에서 비저널적으로만 만들 필요는 없다고 생각하거든요. 어떻게 보면 대담집이라고 하는 부분에 있어서도 대담을 할 수 있는 저자들이라고 하는 분들이 다른 책에서 자기 주장을 충분히 할 수 있고, 그런 논의들이 대담 속에 이루어질 수 있어야 하는 차원이 돼야겠죠.

김학원 제가 말씀드릴 수 있는 부분은 경로인데, 기본적으로 기동성 있는 훈련들이 어떤 과정에서 되는가……. 지금 봤을 때는 단순한 기동성으로는 너무나 훈련이 잘돼 있어요. 아동서에서는 뭐가 하나 나오면 그 아류작들이 바로바로 나오죠. 9·11 테러 사건 터지면서 김영사 같은 경우는 그 다음에 한겨레 1면 광고에 '문명의 충돌을 예견한 이 책'이라면서 『문명의 충돌』을 광고한다는 겁니다. 굉장히 빨라요. 그런데 제가 보기에는 그런 것들이 너무 저널화돼 있다는 겁니다. 왜냐하면, 사실상 『문명의 충돌』이라는 카피와 이 책 내용으로 봤을 때, 실제로 헌팅턴 스스로도 아니라고 얘길 했는데, 이쪽에서는 맞는다고 얘기하는 이유는 저널화되어 있기 때문이라고 밖에 할 수가 없거든요. 똑같은 텍스트를 보고 저자가 이미 아니라고 했는데도, 우리는 '빨리 어떻게 하면 이 흐름에 맞춰서 마케팅 할까'라고 하는 측면……. 추진력이나 기동성이라고 하는 게 왜 나오느냐 하면, 어떤 사건과 현상에 대해서 저널과 출판이 들이대는 것은 어떠한 의미 부여를 해주기 위한 것이란 말이에요. 그랬을 때만 이게 마케팅으로 갈 수 있는 거고요. 그런데 이것이 전제되지 않은 상태에서 마케팅으로만 가려고 하니까 문제가 되죠. 기본적으로 출판 미디어에 있어서의 핵심은, 포지션 없는 포지셔닝은 출판 마케팅이 경계해야 한다는 점입니다. 다른 상품들은 소비자를 향한 포지셔닝이 상대적으로 더 중요해요. 소비자의 기억의 사다리 속에 제대로 얹히기만 하면 되거든요. 그러나, 책은 책이 어떤 성격과 포지션을 가지고 있는가에 대해서는 확실히 이해하고 포지셔닝을 하지 않으면, 포지셔닝 마케팅의 함정에 빠지게 된다는 거죠. 우리 나라 90년대 출판사의 편집자들이 상당 부분 포지셔닝과 독자들의 요구에 따라가는 부분은 엄청나게 훈련이 돼 있어요. 그러나 책의 포지션과 관련된 텍스트에 대한 이해는 상대적으로 취약해요. 이것이 70, 80년대 편집자와 90년대 편집자의 가장 큰 차이입니다. 90년대 편집자들이 갖춰야 할 대목이기도 하구요. 기동성과 추진력을 발휘하기 위해서 외주를 많이 주는데 그러다보니 종합적으로 연출해야 할 책임 편집자가 책에 대한 기초적인 이해력이 떨어져서 제목 뽑고 광고 카피 쓰고 판매하는 감각만 늘어난다는 거죠. 그 점도 물론 중요해요. 하지만 마케팅 감각, 추진력과 기동성, 시스템을 가동하고 움직이는 책임 편집자들이 책에 대한 이해와 정확한 포지션 확보는 축구로 따지면 볼 트래핑만큼이나 중요한 기초 항목이라고 생각합니다.

  두 번째로 책을 빨리 잘 편집해서 만들어 내는 것은 세계적인 수준이에요. 몇 개의 책들을 일본의 편집자들에게 주면 놀래요. 한국 사람들이 이렇게 빨리 멋있게 책을 낸다는 것에 대해서 놀랜다구요. 편집의 가공력이나 기술, 테크니컬 측면이나 저널과 맞추는 능력은 상당히 빠르다고요. 해외 베스트셀러의 경우 일본보다 항상 빠르잖아요. 우리가 먼저 베스트셀러가 되면 나중에 일본에서 베스트셀러가 되는 상황입니다. 대중서의 경우에는요. 하지만 왜 영향력이 없는가 하면, 그것은 출판미디어가 본연의 자세인 콘텐츠 해석력과 그 해석을 적정하게 네트워크하고 형성해 주는 능력은 떨어진다는 거예요. 아주 속된 말로 얘기하면 업자 수준으로 갈 수 있다는 거죠. 우리 나라의 편집자들이 책을 만들어 내는 기술은 빠른데, 외국의 편집자랑 둘이 붙여 놓으면 얘기가 안 되요. 왜냐하면 책을 빨리 만들고 파는 기술은 되는데, 이 친구들은 콘텐츠의 연출자이고 생산자여서 자기 콘텐츠가 어떤 성격과 의미를 가지고 있는지에 대해서 조목조목 다 알고 있거든요. 그래서 트렌드 분석을 하는 점에 대해서는 어떻게 해서 포장하고 광고해서 팔렸는가는 이야기할 수 있지만, 그것이 팔린 의미와 자신이 왜 그렇게 생산했는지, 독자들이 어떤 갈증이 있었기에 그런 반응이 있었는지에 대한 세심한 해석은 잘 못한다는 거죠.

　장은수 말씀은 맞는데, 오히려 제가 보기에는 기동성이 부족한 것이 아닌가 하는 생각이 들어요. 조금 다른 의미에서 그렇습니다. 『도전받는 오리엔탈리즘』과 같은 부분에 대한 국내 지식인들의 대응은 오히려 엄청나게 느리죠. 우리 나라 저자들의 가장 큰 약점은 퍼블릭 어페어public affair에 대한 대응이 느리다는 것이고, 그래서인지 이에 대한 출판은 전무하다시피 합니다. 가령, 입시 제도가 문제가 될 때마다 언론에는 엄청나게 많은 말들이 넘쳐나는데, 출판은 이에 대해 거의 답한 적이 없죠. 외국 같으면 성수대교 무너지고 삼풍백화점이 무너졌을 때 출판계에서 엄청난 응전을 할 겁니다. 하지만 한국 출판계에서 어떤 대응을 본 적이 있습니까. 이것은 기동력의 차원에서 볼 것이 아닙니다. 아직까지 한국 출판은 상아탑에 갇혀 있습니다. 가령 9·11 테러에 버금가는 아웅산 폭발사건 같은 것이 있었는데도 『도전 받는 오리엔탈리즘』 같은 책은 나오지 않았습니다. 대우그룹 같은 초대형 같은 그룹이 무너졌는데, 그것에 대한 보고서가 한 권도 안 나왔잖아요. 유일한 예외가 있다면 광주 민주화 혁명 같은 것이죠.

한기호 맞아요. 세계 역사상 그 정도 규모의 그룹이 부도가 난 것은 최초 아니에요?

장은수 세계에서 60위 정도의 초대형 기업이 쓰러진 건데 말입니다. 오히려 외국에서 이에 대한 실패 연구가 이뤄져서 얼마 후에 보고서가 나올지도 모르겠어요. 그걸 번역 출판할 수도 있겠죠. (다 같이 웃음) 가장 큰 문제는 우리 자신에 대한 문제에 대해 발빠르면서도 정확한 지식의 대응은 약하면서도 외국 책을 번역 출판하는 것은 정말 빠르다는 것입니다. 거의 동시 출판에 가깝죠. 『오사마 빈 라덴』(명상)을 1주일 만에 만드는 것을 보고 굉장히 놀랐어요. 출판에는 분명히 미디어의 속성을 가지고 있습니다. 일본에서는 이 속성을 키우기 위해 편집자들을 주간부에 많이 배치하고 있습니다. 거기서 4, 5년 동안 일을 시킨 다음에, 단행본 부서로 보낸다는 것입니다. 저자에 대한 두려움도 없애고, 어떤 사건을 가지고도 한 권의 책을 만들어내는 능력을 키워줄 수 있다는 거죠. 일본 출판의 미디어로서의 힘은 이렇게 길러지는 것입니다. 그래야 성수대교 사태에도 대응할 수 있고, 백지영 사건 같은 것에도 대처할 수 있습니다.

출판 고유의 담론 생산이 필요하다.

김학원 저도 그 점에 대해서 고민을 많이 했어요. 어떤 일이 터졌을 때, 여기에 출판이 개입을 해야 되나 말아야 되나 하는 것을 판단하는 일, 두 번째로는 우리가 해야 하나 말아야 하나라는 점이에요. 할 수 있으면 일정 시점에서 뭔가를 내 줘야 하는 건데, 그런 점에서 저희 출판사가 화요일 발행 체제를 만든 것도 기동성 있게 움직이는 것이 훈련이 돼야 무슨 일이 터졌을 때, 딱 맞는 필자를 구해서 100쪽이 됐든 200쪽이 됐든 바로 내 놓는 훈련이 되야 한다고 생각을 했어요. 그것과 아울러서 중요한 것은 그런 콘텐츠를 확보·가공하고 거기에 의미 부여를 해서 이것이 내가 해야 하는가 말아야 하는가에 대한 편집자로서의 애초의 선택권과 의미 부여에 대한 것은 함께 훈련이 돼야 한다는 거죠.

박철준 서로 통하는 얘기네요. 김학원 사장의 말씀은 어떤 사건이 벌어졌을 때, 저널 식으로 접근을 할 것인가, 아니면 담론까지 곁들여서 편집자 혹은 출판사의 시각으로 책을 만들 것이냐 하는 건데, 전 그 점에 동의해요. 왜냐하면 요즘 나온 책들을 보면 대개 저자들이 가져온 원고를 그대로 내는 경우가 많더라고요. 참 큰 문제입니다. 여기서 큰 출판사와 작은 출판사의 차이가 나는 것 같아요. 큰 곳은 그래도 편집자들이 원고를 잘 조정하거든요. '어디를 이렇게 고쳐주십쇼' 내지는 해체를 할 줄 안단 말이에요. 작은 데는 원고가 없으니까 그대로 내는 곳이 많아요. 그런 것을 저널 식으로 책을 내면 전혀 안 먹히거든요.

장은수 그러다 보니 담론이 저질화됐죠. 저는 최근에 일어난 황수정 사건을 보면서 어떤 개입을 하고 싶었습니다. 첫째 이유는 연예인을 어떻게 바라봐야 할 것인가 하는 문제 때문이었습니다. 언론에서 연예인들을 공격하면서, 그들을 자꾸 공인이라고 합니다. 그런데 저는 연예인들을 공인으로 생각하지 않아요. 그래서 '공인'이라는 말의 의미가 궁금해졌고, '공인이란 무엇인가'에 대한 책을 내고 싶었습니다. 할리우드 배우들은 한국의 연예인들보다 더 타락했습니다. 가령, 드류 배리모어는 열네 살부터 마약과 섹스에 중독이 되어 온갖 삶의 쾌락과 환멸을 다 겪은 끝에 성숙한 여인이 됐단 말이죠. 그렇다고 해서 누가 드류 배리모어를 보고 마약과 섹스 중독자니까 '죽일 x'라고 하지는 않죠. 청소년들한테 끼치는 악영향을 언급하면서 뭐라고 하는 사람은 없단 말입니다. 이것은 연예인을 바라보는 새로운 담론을 형성하는 길입니다. 출판이 이 문제에 개입해야 하는 이유는 지금 언론의 생산구조나 능력을 가지고 공인이라는 말을 철학적으로 분석해낼 수가 없기 때문입니다. 공인에 대한 철학적 담론을 전개하는 책을 만들어내면, 더 이상 이런 마녀 사냥이 일어나지 않아도 좋지 않을까요?

두번째는 마약 사건이 터질 때마다 궁금했는데, 도대체 한국에서 각성제와 흥분제는 어떤 역사를 가지고 있는지 알 수가 없는 거예요. 우리는 왜 이렇게 이것들에 대해 공포감을 가져야 하는가? 이것이 진짜로 살인이나 전쟁보다 더 크게 사회를 파괴하는가? 그렇지 않다면 우리는 왜 이것에 대해서 이렇게 피해의식을 가지게 됐나 하는 것을 역사적으로 분석해보고 싶었던 것입니다. '한국 마약사' 정도의 책이 되겠죠.

저는 이 능력이 출판계의 진정한 힘이라고 생각합니다. 신문이나 방송과 같은 언론이 도저히 할 수 없는 미디어 파워죠. 신문이나 방송은 『도전받는 오리엔탈리즘』 같은 수준의 기사가 나오기 힘듭니다. 출판이 그런 일을 해줌으로써 출판의 시각이 대중들에게 전달이 되는 거죠.

김학원 할 수는 있는데 성격이 틀려서 그런 거겠죠. 시간을 주고 앉아서 하라고 하면 왜 못하겠어요.

한기호 개인적으로 황수정 사건을 보면서 생각을 해봤는데, 저는 좀 음모론적인 시각으로 바라봤어요. 여당이 보선 실패 후 여당에 대한 공세가 굉장히 심해지니까, 사회적 주목을 끌 수 있는 사건을 확대한 것으로도 볼 수 있잖아요. 황수정 사건 같은 경우는 이미 어느 정도 노출이 되어 있었겠죠. 예전에 장정일 사건이 터졌을 때도, 그 당시 관변 단체 다 정리하고 있을 때, 간행물윤리위원회도 정리될 운명에 놓여 있었단 말이에요. 존망의 기로에 서 있으니까 자기들도 존재 이유를 설명해야 하고 누군가 희생

의 기로에 서 있으니까 자기들도 존재 이유를 설명해야 하고 누군가 희생양이 필요했거든요. 그런 것들이 자꾸 터지고 할 때는 출판 저널리즘이 됐든 일간지 저널리즘이 됐든, 사건에 대한 올바른 해석과 대응을 해 줘야 하는데, 같이 달아오르고 같이 식어버린단 말이죠.

김학원 마지막으로 짚고 넘어가죠. 아까 인문서 시장에서의 독자들을 얘기했는데, 출판사 흐름에서 반드시 짚고 넘어가야 할 것이 있어요. 90년대를 지나며 최근 2~3년 사이에 민음사나 창비 같은 1세대 출판사에 이어 동녘, 돌베개, 청년사의 2세대, 다음으로 삼인, 당대, 지호, 새물결, 이산, 궁리, 푸른역사 등 뚜렷한 영역과 색깔을 지니면서 고유한 독자층을 확보한 출판사들이 어려운 현실 속에서도 자리잡았고 이제 생존의 단계를 넘어섰다는 사실은 굉장히 중요한 것 같아요. 이것은 세대 교체이자 우여곡절 속에서도 자기 색깔을 갖게 됐다는 거잖아요. 그들이 그렇게 될 수 있었던 것은 독자의 힘도 있었겠지만—70년대의 전통을 이어 받아온 80년대 출판사 동녘, 돌베개 등이 90년대 들어와서 대중화를 시도했지만 어느 정도 침체기였는데— 선배들의 그 흐름을 이어받으며 왕성하게 움직였기 때문인 것 같아요. 이들 출판사들은 생산성도 높아지고, 자기 독자층도 확보해 나가면서 2~3년 사이에 형성된 것은 주목할 만하고 또 바람직한 일이죠.

이권우 기존 출판사들이 거대화되고 종합 출판화되는 과정에서 많이 놓치는 것이 있고, 마케팅 전략이 너무 득세하면서 역시 놓치는 부분이 많았는데, 이런 출판사들이 그 틈을 잘 메워주면서 시장을 점진적으로 장악하고 있는 것 같아요.

박철준 저는 사실 성인들의 취미가 어린이들처럼 변하고 있는 것 같다는 생각이 듭니다. 전쟁놀이를 즐긴다든가 하는 것처럼. 40대가 넘으면 감성이 분출하거든요. 그래서 성인 대상의 취미 시장을 개척하는 것도 바람

대단히 중요한 중국 시장

한기호 최근에 중국 붐이 일어나면서 이산의 사정이 좀 나아진 것 같아요. 월드컵 때, 중국이 한국에서 경기를 하는 것과도 무관하지 않다고 봐요. 또 한류 열풍까지 연결해서 생각해 볼 수 있을 것 같고요. 예를 들어서 『가을동화』나 『국화꽃 향기』와 같은 책은 비판을 받고 있기는 하지만 대만에서는 몇 십만 부가 팔려나갔잖아요. 또 『친구』나 〈JSA〉의 원작인 『DMZ』도 일본에서 한 10만 부 나갔죠. 동아시아로 시장이 확대되고 있는 것도 사실이거든요. 『영어공부 절대로 하지마라』도 2권은 초판 5만 부를 찍었다고 하더라고요.

장은수 얼마 전에 보니까 중국에서 그 책이 베스트셀러 1위더라고요. 중국에서도 최소한 10만 부는 넘지 않았나 싶어요.

한기호 우리 나라에서도 『한비야의 중국=견문록』(푸른숲)이 인기를 얻고 있는데, 한비야의 개인적인 인기도 한 몫을 했겠지만, 중국 열풍의 힘도 어느 정도 작용됐다고 봐요. 이로 인해 동아시아 시장 확대를 바라볼 수 있다고 봐요. 여러분은 어떻게 생각하십니까?

박철준 저희 같은 경우는 '노빈손' 시리즈를 중국에 수출했어요. 권당 1500달러에 세 권 먼저 진출시켰지요. 중국 본토에 먼저 가고, 대만 판은 별도로 추진 중입니다. 최근 일본에서도 출간되어 기노쿠니야 서점 베스트셀러 50위 안에 들었습니다.

장은수 『드래곤 라자』를 대만과 중국에 팔아봤는데, 중국은 충분히 공략 가능한 시장이라고 생각합니다. 책의 질이나 필자 수준에서 아직까지는 한국이 중국보다 비교 우위에 있다고 생각합니다. 물론 인력에서는 확실히 차이가 나기 때문에 사전 같은 경우는 중국이 한국보다 좋은 책들을 많이 가지고 있죠. 중국에서는 국가에서 학자들을 고용해서 번역을 시키기 때문에 세계적인 작가나 사상가들의 책은 거의 다 나와 있습니다. 물

키기 때문에 세계적인 작가나 사상가들의 책은 거의 다 나와 있습니다. 물론 그들 중에는 한국어 번역자도 무수히 많죠. 일본에 책을 수출하려면 번역 문제 때문에 골치가 아픈 데 비해 중국은 전혀 그렇지 않습니다. 따라서 참신한 기획만 있다면 얼마든지 중국 시장 진출에 성공한다고 봅니다. 『드래곤 라자』가 대만에서도 많이 나간다는 이야기를 들었습니다. 게임과 연결되기는 했지만, 중국에서는 벌써 불법 복제판이 돌아다닌다고 합니다.

박철준 중국 시장으로의 진출은 중국이 WTO 가입을 했기 때문에 가능한 거예요. 사실 중국은 한국보다 해적판 시장이 더 심각하거든요. 그래서 저희도 '이게 가능성이 있을까' 했는데, WTO 가입으로 불법 복제가 서서히 사라질 거고, 우리의 출판 시장이 해외로 열릴 수 있는 좋은 기회가 만들어지고 있는 거예요.

장은수 그리고 중국어 판을 들고 전 세계에 나가야 승산이 있어요.

박철준 맞아요. 그런 측면에서는 장 부장 말대로 기획만 잘하면 얼마든지 해외로 판권을 팔 수 있다고 생각하거든요. '노빈손' 시리즈 가운데 세 권만 먼저 수출했지만, 이 시리즈의 나머지 책도 나오는 대로 해외 수출 시장으로 눈을 돌릴 생각입니다.

한기호 그런 측면에서 제가 프랑크푸르트 국제 도서전 가서 가장 기분 나쁘고 불만이었던 게 한국번역문학원 때문인데요, 이 기구의 이름을 바꿔야 하지 않을까 싶어요. 이 기구는 오로지 노벨 문학상 하나 바라고 일을 추진하는 것이 아닌가 싶고, 그들이 생산하는 문학 작품이라는 게 국내에서 문학성을 어느 정도 인정받는 작품이지만 외국 시장에서는 기를 펴기는커녕 투자 효과를 거의 누리지 못하고 있잖아요. 그 나라 독자들한테 꼭 어필할 수 있는 게 아니잖아요. 차라리 이름을 한국번역원 정도로 고쳐서 한국의 문화, 역사 등 우리 나라를 외국에 객관적으로 알릴 수 있는 수

우에도 기존 출판 기업들이 열심히 하고 있는 일을 지원해 주는 역할에 머물러야 하는 것이 아닐까라는 생각이 들어요. 그것을 국가가 나서서 인위적으로 개입하고, 끌고 나가려고 하는 것은 무리가 아닌가 합니다.

장은수 확실히 번역원의 번역 대상 선정은 잘못되어 있습니다. 저작권이 살아 있는 작품은 번역원에서 손대면 안 됩니다. 자기들이 필요하면 알아서 번역을 하거든요. 실제로 많이 그러고 있고요. 이문열 선생의 작품은 저작권료를 받고 팔았지, 그렇지 않은 것은 거의 없습니다. 문제는 오히려 고전들입니다. 고전들은 대부분 외국에서 알아서 번역해 주는 일이 없기 때문에, 이 책들을 오히려 번역문학원에 돈을 줘가면서 번역해야 합니다. 『한중록』, 『춘향전』, 『구운몽』 같은 작품들 말입니다.

김학원 저희도 그래요. 임지현 교수하고 사카이 교수하고의 대담은 이와나미하고 같이 진행하고 있어요. 다음 대담은 이와나미 회의실에서 열리거든요. 이 일을 하면서 글로벌마케팅을 출판에 적극적으로 도입해야 한다는 생각이 들었어요. 구본형 선생의 책이 1월에 영역판, 일역판이 나오거든요. 아예 만들어서 그쪽에 줘버리려고요. 그래서 번역 일을 진흥원에 알아봤는데, 진짜 문학 쪽에만 한정되어 있더라고요. 지금 문화관광부에서 2003년에 콘텐츠 대학원을 만든다는 소리가 있거든요. 콘텐츠를 기획하는 콘텐츠 PD들을 양성하는 대학원을 만들겠다고 했는데, 제 생각엔 해외 수출이 다양한 형태로 진행되고 있으니 번역진흥원이 한국 콘텐츠 수출 지원 등의 일을 확장해서 맡아야 한다고 생각해요. 아울러 출판의 수출 경로에 대한 경험과 개발 역시 앞으로의 과제라 생각합니다. 수출할 만한 콘텐츠의 개발도 중요하지만 수출할 수 있는 마케팅 방법과 네트워크의 경험과 노하우 축적도 출판계가 신경 써야할 점이지요. 그동안 해외 수출에 대한 다양한 사례들이 보여졌는데 이러한 사례들 속에서 어떤 경험들이 있고 또 어떤 점들에 노력을 해야하는지에 대한 정보와 경험의 공유는 좀 부족하지 않았나 싶습니다. 출판협동조합이나 한국출판인회의 같은 곳에서 해외 수출을 담당하는 특별위원회나 부서를 만들어 사례를 적극적으로 홍보하고 경험을 축적하고 새로운 시도를 하는데 나서준다면 참 좋겠다는 생각을 해봅니다.

박철준 문학원에는 그동안 문예진흥원에서 해온 번역 작업과 관련된 일이 다 이관돼 있다구요. 그래서 아까 인세도 얘기했지만 살아 있는 작가에 대한 인세를 출판사에서 가져가게 되어 있어요. 그러니까 박원서 선생의 책을 냈다고 해도 박완서 선생은 한푼도 받을 수가 없는 거죠. 역자는 번역료를 받고 출판사는 한국에서 돈을 지원해 주니까 출판하는 식으로 되어 있는 거죠.

장은수 문제는 서점에 책을 배본조차 하지 않는다는 거죠. 프랑스어로 번역됐다는 한국 작품들을 프낙 서점에서 한 권이라도 본 적이 있습니까? 대부분은 한국에서 돈 받으면 그냥 끝내는 것입니다.

박철준 그래요. 그러니까 문학원의 젊은 사람들은 '실질적으로 팔릴 수 있는 책을 번역문화원에서 해야 된다'는 주장을 하기 시작해요. 네임 밸류 name value를 따질 것이 아니라, 일단 팔릴 수 있는 저자부터 시작하고, 그 저자가 외국에서 조명을 받을 수 있게 되면 저절로 한국 작가들을 찾으러 올 거라는 거죠. 실제적으로 아까 장은수 부장이 말했듯이 돈을 받고도 충분히 팔릴 수 있는 작가들이 충분히 있어요. 그래서 저작권 수출을 해야죠. 문학원에서도 그러다 보니 문학 외에 다른 것도 지원해야 되지 않느냐 하는 문제 제기가 있다고 해요. 왜냐하면 그동안은 문예진흥원에서 하던 일을 처리하기에도 산적된 문제가 많았던 거예요. 안 나온 책이 엄청 많다는 것이죠. 한번 취재해도 얘기가 될 거예요.

장은수 다시 중국 얘기로 돌아가죠. (웃음) 저는 일단 중국을 종주국의 하나로 바라보아야 한다고 생각합니다. 조선왕조 500년 동안 중국의 승인을 받지 않고 왕위에 오른 사람은 단 한 명도 없습니다. 사후에라도 반드시 승인을 받아야 했습니다. 아무튼 그 오랜 기간 동안 중국은 한국의 종주국이었고, 그런 만큼 한국 문화 또는 사상과 뿌리부터 얽혀 있습니다. 어쩌면 한국 문화의 진짜 뿌리일지도 모릅니다. 게다가 『전당시全唐詩』 등에는 한국 사람의 시도 실려 있습니다. 이로 볼 때 중국 입장에서 보면 조선 사람이나 일본 사람이나 베트남 사람이나 할 것 없이 모두 중국인이었습니다.

그런데 이 오랜 문화적 종주국에 대한 이해가 지금 왜 이 자리에서 문제가 되는 것일까요. 사실 오래 전부터 저도 '중국 관련 서적을 내야 한다'는 일종의 강박 관념을 가지고 있습니다. 그것은 지금 중국이라는 세계가 팍스 아메리카나 바깥에 있는 다른 세계의 가능성을 보여주는 유일한 국가이기 때문입니다. 중국은 정신적 구조나 사회 운영 시스템 면에서 지금 전 세계를 지배하고 있는 미국과는 아주 이질적인 방법을 택하고 있는데도 유일하게 버티고 있는 나라죠. 아마 미국에서 세계 지도를 놓고 자기네 영토라고 빗금을 긋는다고 할 때 유일하게 빗금을 그을 수 없는 나라가 중국일 것입니다. 중국은 우리가 팍스 아메리카나 바깥에 있는 다른 사고 방식의 가능성들을 생각할 때 가장 유력한 모델입니다. 게다가 우리와는 아시아적 삶의 윤리를 같이 하고 있는 종주국이기도 합니다. 따라서 중국적 사유를 앞으로 어떻게 이해할 것이며, 그것을 어떤 방식으로 해독하고 우리에게 유리한 지식으로 변형시킬 것인가 하는 문제는 폭주하고 있는 자본의 질서 속에서 우리 스스로의 정체성을 지키기 위해 아주 소중한 지적 작업이 될 것 같습니다. 제가 이산 출판사의 작업을 주목하는 것은 이 때문입니다. 이산의 출판물들은 질도 높지만, 그 작업 자체만으로도 우리 사회의 구멍 뚫린 허파에 계속 숨을 불어넣고 있는 것입니다. 이러한 작업들이 좀더 많아지고, 좀더 체계적으로 이루어져야 할 것 같습니다. 그러려면 우선 중국 쪽의 중요 텍스트들을 모두 번역해야 하고, 현대 중국을 이해하기 위한 전세계 석학들의 논의도 살펴봐야 합니다. 전세계의 일급 중국학자들의 작업 성과는 아직 한국에 제대로 소개되지 않고 있습니다. 조나단 스펜서는 한 십 년 전만 해도 한국의 지식인들 사이에서 무명의 존재나 다름없었죠. '서양에 이런 대학자가 있었다니!' 싶죠. 어쨌든 이런 작업들이 소중하게 이어질 때 우리는 팍스 아메리카나 바깥에 있는 어떤 세계를 상상해 볼 수 있는 자유를 얻게 될 것입니다. 또한 그것은 신자유주의적 세계 질서 속에서 무분별하게 자신을 잃어버리지 않는 한 가지 기회를 제공하게 되겠죠.

김학원 그 점에 대해서 제 생각은 이래요. 출판에서 중국 시장이 형성된 것은 사실 꽤 됐죠. 지금과 앞으로 출판 시장에서 형성될 흐름이 이전과 다른 것은 이런 것 아니겠어요? 이전의 중국을 이해하는 코드는 비즈니스적 차원과 여행적 측면에서였던 것 같아요. 그런데, 앞으로 올 흐름은 여행이나 비즈니스를 넘어선다고 봐요. 우리 한국사를 이해하는 데 있어 그동안은 세계사와의 연결 고리를 갖지 못한 채 단절됐다면 중국과 아시아를 이해하게 되면서 세계사와 동양사의 연결 고리로써 아시아와 중국, 인도를 보게 된다는 것이죠. 특히 이번에 정수일 선생이 굉장히 중요한 시기에 중동이나 실크로드에 대한 교류사를 냈는데, 동아시아와 중국에 대한 논의가 시작되면서 한국사를 보는 시각도 달라질 것이라는 거죠. 이전에 한국사라고 하면 고구려, 신라, 백제가 벌인 조그만 땅에서의 싸움, 그리고 전근대 시기의 일본과의 관계 정도였죠. 그 다음에 현대로 따지면 미국과의 관계 정도고요.

그런데 동아시아와 중국을 새롭게 이해하기 시작하면서 비즈니스와 기행이란 교류 관계가 생기거든요. '야! 이곳에는 가보고 싶다'는 생각이 들면 그 다음으로 '여기에서 비즈니스를 하고 싶다'고 하는 교류의 관점으로 연결되기 때문에, 미국이나 일본이 출판 시장에 들어오는 것은 좀 다른 입장에서 들어올 것 같아요. 왜냐하면 교류의 입장에서 들어오기 시작하면 한국사를 바라보는 시각도 동아시아적 관점에서 재조명해야 된다는 거죠. 동아시아적 관점에서 한국사를 조명하는 것은 결국 세계사 속의 한국사를 다시 조명한다는 말이에요. 사실상 우리의 역사가 동아시아를 무대로 엄청나게 다양한 역할을 했는데, 우리는 안에서 아귀다툼을 한 것으로만 이해하고 있고, '일본에 이것을 줬다, 아니다' 하는 정도로 생각하고 있다는 말이죠.

그러나 교류의 차원에서는 한국사가 다시 보이기 시작할 것이고 그러면서 역사 장르에서 다양한 기획들이 펼쳐질 수 있을 것 같아요. 그리고 문화나 문명적으로도 한자 문명권에 대한 새로운 조명이나 해석이 나오기 시작하면서 『나의 문화유산답사기』에서 '신화'로 갔다가 다시 '한자 문명권'에서 다양한 원형들을 동아시아적 차원에서 복원해내는 일들도 가능할 거라 생각하거든요.

장은수 예, 그건 충분히 가능한 일이죠.

김학원 그런 점에서 중국과 동아시아 시장이 우리 나라에 다시 들어오는 것은 굉장히 중요한 코드죠. 지금 외국어 학원 업계에서는 테러 이후 영어 시장이 축소됐잖아요. 조기유학도 이왕이면 안 보내려고 하고, 자기 자식 죽일까봐. (웃음) 벤처 열풍이 꺼지고 테러 사건이 터지면서 영어 시장은 침체됐지만 중국어 시장을 계속 늘고 있는 거예요. 뭐 당연한 거죠.

중국을 이해하는 건 미국이나 일본을 이해하는 것과는 다른 차원으로 전개되리라 봐요. 사실 우리의 긴 역사로 보면 중국을 이해하는 건 우리를 이해하는 것과 맞닿아 있다는 점에서 미국이나 일본을 대하는 시선과 근본적인 차이가 있을 겁니다. 아울러 중국을 이해하는 것 자체가 우리를 이해하는 것에 덧붙여 우리는 우리 안에서 이해하는 것이 아니라 우리를 세계사 속에서 이해한다는 것과 직결되는 것이라 생각합니다. 앞으로 중국 시장은 이 두 가지 관점에서 불어닥칠 것이라 생각합니다.

박철준 중국은 WTO 가입으로 문화 자체가 많이 바뀌게 될 거예요.

장은수 선택의 가능성이 하나 늘어나는 것만으로도 우리의 사유는 크게 바뀔 것입니다. 그것은 또 하나의 축으로 기능할 것이기 때문이죠. 축은 약간만 흔들려도 몸체를 크게 움직이는 법입니다. 우리가 신자유주의에 대항하지 못하는 것은 다른 선택의 여지가 없어서입니다. 다른 방식으로 사고하는 것을 배운 적이 없는 것입니다. 해방 이후 우리는 미국의 변경으로서, 늘 중심에 미국을 두고 살아왔습니다. 중국이나 일본 대신에 미국을 새로운 종주국으로 섬기게 된 것입니다. 그 미국이 지금 전세계에 강요하는 것이 바로 신자유주의적 세계 질서 아닙니까? 따라서 우리에게 또 다른 세계인 중국이 바로 옆에, 비행기로 한 시간 거리에 있는 것은 대단한 장점이라고 생각합니다.

저는 대학에서 한국 현대문학을 전공했습니다. 제가 공부한 것을 잠시 들추어보자면, 지금까지 한국문학 연구에서 중심이 되는 축은 바로 도쿄의 시각이었습니다. 도쿄의 문단을 한국의 문단이 어떻게 복제했느냐 하는 것을 연구한 것입니다. 이것을 '이식문학론'이라고 합니다. 내재적 발전론자들의 반발이 없는 것은 아니지만 저는 이 이식 문학론이야말로 실제로 한국문학을 해석하는 가장 훌륭한 틀 중의 하나로 생각하고 있습니다. 일본에서 어떤 문학적 유행이 생기면 3년도 안 돼서 한국에서 그러한 현상이 나타나는데, 이것을 부인할 수는 없습니다. 불과 몇 년 전만 해도 도쿄의 서점에서 진열대 앞에 높게 쌓인 책을 누가 빠르게 번역하는가 하는 것이 회사의 흥망을 좌우하지 않았습니까?

그런데 최근에 한국 현대문학의 연구자들이 주목하는 게 바로 베이징北京의 시각입니다. 지금까지의 영국은 도쿄 또는 그 너머에 있는 런던이나 뉴욕의 시각이 한국의 현대성을 해명해 주는 유력한 통로였다고 한다면 과연 그 시기에 우리의 오랜 종주국이었던 베이징에서는 무엇을 하고 있었느냐는 물음을 던지기 시작한 것입니다. 한때 일본의 지배에 들어가기도 했지만 베이징의 지식인들은 근대 서양의 제국주의를 맞아 나름의 문학적 시도들을 보여주었습니다. 노신이나 곽말약 등의 작업이 바로 그것입니다. 오늘날 한국의 지식인들은 한문을 잘 읽고 쓰지 못하지만, 백 년 전만 해도 일류 지식인 중에 한문 못하는 사람이 어디 있겠습니까? 현대성의 화신인 이상李箱조차도 소설을 쓰면서 당시唐詩를 인용했을 정도입니다. 따라서 그들은 도쿄의 시각뿐만 아니라 중국의 현대 지식인들과도 같이 호흡했을 것입니다. 신채호 같은 사람들이 그것을 보여줍니다. 아나키즘은 일본에서 수입된 것이 아니라 중국에서 수입된 것이죠. 의화단이 있잖아요. 이렇게 베이징의 시각이 도입되자마자 한국의 현대문학은 훨씬 더 입체적으로 조명되고 있습니다. 더 나아가서 러시아의 시각도 염두에 둘 수 있습니다. 조명희 같은 작가는 블라디보스토크로 망명하지 않았습니까?

이 입체성이야말로 바로 우리가 지금 확보해야 할 시야입니다. 무조건 바깥을 배척하는 근거 없는 국수주의자들에게 우리의 미래를 맡겨둘 수도 없고, 그렇다고 해서 팍스 아메리카나의 신자유주의적 경제 질서를 맹종하는 MBA 졸업생들에게 우리의 앞날을 위탁할 수도 없습니다. 우리에게는 다른 시각, 다른 시야가 필요합니다. 이것이 우리가 중국을 좀더 자세히 연구해야 하는 이유가 아닐까요?

박철준 네, 연구합시다!

청소년 책 시장은 열릴 것인가?

한기호 자, 그럼 다음 문제로 넘어가죠. 처음에 휴머니스트 책 이야기를 하면서 40대에 대한 말들을 했는데……. 일전에 한 출판사에서 강의를 하는데 '청소년 시장이 열릴 것 같냐?'고 누가 질문을 하더라구요. 그래서 순간적으로 열릴 것 같다고 했죠. (웃음) 어차피 아까 40대도 나이가 들고 그들의 아이들이 커지고 있으니 고은 시인의 표현을 빌리자면 그들이 세월을 비껴갈 수 없는데, 지금의 초등학생이 청소년이 될 게 아니냐는 생각이었죠. 금년 입시에서 평균 60점이 하락했다거나 난이도에 문제가 있다는 등 여러 비난들이 많은데, 주목해야 될 것이 뭐냐하면 점수를 의식하지 않고 스스로 독서를 열심히 했던 아이들은 오히려 좋은 점수를 얻었다는 점이죠. 그러니까 문제 자체는 좋았던 것 아니냐는 이야기가 학교 현장에서부터 나오고 있다고도 하는데, 이건 역으로 말하자면 우리 청소년들이 앞으로 책을 많이 읽을 수 있는 환경이 만들어질 것이 아니냐, 앞으로는 사유하기 위해 책을 읽지 않으면 살아남기 어려워지지 않겠느냐는 이야기도 되잖아요. 일본의 다치바나 다카시 씨는 도쿄대생들이 완전히 다 바보가 됐다고 얘길 했는데, 역으로 말해 책을 읽지 않는 아이들이 점점 바보가 되는 세상이라면, 결국은 책을 읽어야만 제대로 살아갈 수 있는 세상이 된다는 거죠. 내가 출판인들한테 '딱 3년만 기다려라. 그러면 애들이 책을 안 읽으면 안 되니까 다들 돌아올 꺼다. 그때까지 좋은 책 내라'고 했는데, 너무 독단적인 판단인지는 모르겠어요.

중앙일보가 '틴틴 책 세상'이라는 고정 지면을 시작했는데 소개할 청소년 책이 없다더군요. 지금은 김영사랑 사계절이 청소년 책을 출간하고 있지만 앞으로 시장이 만개할 가능성은 우리 노력 여하에 달려 있는 게 아니냐는 생각을 하거든요. 이점에 대해서는 어떻게들 생각하세요?

장은수 청소년 책에 권위자가 계신데……. (웃음)

박철준 청소년 책 시장이란 게 사실, 닫혀 있었다고 할 수 없는 것 같아요. 그 시장은 늘 있어왔으니까요. 사실 자세히 보면 대부분의 대형 베스트셀러들은 청소년들이 주 독자가 됐기 때문에 터진 거였거든요. 그러면 그 아이들이 보는 책들이 청소년 도서냐, 아니냐 하는 것은 구분 짓기가 어렵다는 거죠. 시장 자체는 이미 형성돼 있는데 어떤 책을 들고 들어가느냐 하는 것에 따라 많이 달라질 것 같아요. 저 같은 경우도 한 출판인에게 청소년 출판에 엄청나게 관심을 갖고 있다고 했더니, 청소년 책은 시장이 없다고 하시더라고요. 그래서 제가 '뭐가 없냐, 한번 해보자'며 책을 내다 보니까 청소년 시장에서 먹히더라는 거죠.

장은수 10대 청소년들은 현재 한국 사회의 괴물입니다. 기존의 시각으로는 절대로, 거의 절대로 이해할 수 없는 행동들을 보여주고 있기 때문입니다. 옛날에도 이른바 날나리들은 늘 있었지만, 그 날나리들이 이렇게 집단적으로 많았던 적은 없었거든요. (웃음) 이해찬 의원이 이끌었던 교육개혁은 종래의 공교육을 거의 무시해 버렸는데, 문제는 새로운 교육적 대안을 내놓지 못했다는 것입니다. 당연히 아이들은 고삐 풀린 망아지가 되었죠.

그 결과 학교 안과 밖이라는 눈에 보이지 않는 담장이 허물어졌습니다. 그것을 잘 알 수 있는 대표적인 현상이 교사의 폭력에 대한 사회적 대응입니다. 교사의 특권을 거둬들인 거죠. 교사들이 아이들에게 '사랑의 매'라는 이름으로 체벌을 하는 것과 길거리에서 10대들을 몽둥이로 때린 것이 전혀 구분되지 않았습니다. 과거에는 구분이 되었던 행위가 이제는 한 가지로 폭력죄가 된 것입니다.

이것은 심각한 문제입니다. 미셸 푸코의 말처럼, 학교는 사회적 장벽을 통해 아이들을 어른으로 만드는 동시에 그들을 감시하는 것입니다. 그런데 기성 세대가 그 장벽을 스스로 거두어들이자마자 10대가 뭘 하는지 모르게 된 것입니다. 여고 근처 지하철역의 로커를 보세요. 하루 종일 자리가 비어 있는 곳이 없습니다. 아이들이 하교하는 오후 6시쯤이 되면, 여고

근처의 지하철 역 화장실에는 화장을 하면서 머리에 가발을 뒤집어쓰는 애들로 득실득실하죠. (웃음)

김학원 언제 가봤어요? (웃음)

장은수 (웃음) 근처에 많이 보이잖아요. 들어갈 때는 교복 입고 들어갔다가 나올 때는 교복은 한 명도 없으니까……. 이렇게 10대의 라이프 스타일이 극단적으로 변하자 우리들은 도대체 10대들이 무슨 생각을 하는지 알 수 없어진 겁니다.

과거에 청소년 출판이라고 했을 때는, 어른과 청소년을 구별할 수 있는 틀이 있어서 그에 맞춰서 10대용 책을 생산할 수 있었습니다. 그런데 지금은 10대용 책을 표시할 수 있는 방법이 '고교생이 읽어야 할'과 같은 문구밖에 없어졌습니다. 『로빈슨 크루소 따라잡기』와 같은 책은 20대도 읽고, 10대도 읽고, 심지어 8살도 읽고 있습니다. 그 사이를 구별할 수 있는 틀이 없어진 것이죠.

그런데 외국에는 틴에이저에 관련된 출판 시장이 아직 거대하게 존재하고 있습니다. 그 점을 주목해 볼 필요가 있습니다. 현재 우리는 10대에 대한 책을 생산하기를 포기한 상태라고 봅니다. 더 이상 그들을 위한 책을 생산하지도 않고, '그들을 독서시장으로 끌어들이기 위한 사회적 시스템을 만들어주지도 못하고 있어요. 논술 때문에 강제로 조금씩 책을 읽힐 뿐이죠. 물론 그렇다고 해서 아이들이 책을 읽지 않는다고 생각하지는 않습니다. 과거나 현재나 책을 안 읽는 아이들은 안 읽고, 읽는 사람은 엄청나게 많이 읽어요. 오히려 여가 시간은 더 많이 늘어났다고 봅니다. 문제는 '누가 그 여가 시간을 훔쳐올 것인가' 하는 점에서 인터넷 등과 경쟁하고 있을 뿐이지요.

그렇다면 아이들이 왜 그렇게 인터넷을 재미있어 하는가를 먼저 생각해 볼 필요가 있습니다. 인터넷을 못하면 죽는다는 식의 사회적 협박도 상당하지만, 그 열광의 근원에는 생산·소비자가 동일하다는 것이 깔려 있다고 봅니다. 자기 이야기를 자기가 읽는 기분을 느끼는 것입니다. 이를 프로슈머prosumer라고 합니다. 프로슈머 현상은 인터넷의 각종 게시판을 지배하고 있습니다. 우리는 그 지배력이 출판 시장에 가공할 파괴력을 보여준 것을 이미 경험했습니다. 바로 판타지 소설 열풍이 그것입니다. 이영도의 『드래곤 라자』에서 시작된 판타지 소설의 지속적인 생산·소비는 지난 몇 년 동안 가장 주목할 만한 문화현상 중의 하나입니다. 그렇지만 십대를 위한 교양서들은 아직 생산·소비의 영역에 포함되지 않고 있습니다. 아무래도 교양서를 쓰려면 많은 공부가 필요한데, 이것에는 세월이 필요겠죠. 그러니 우선은 누군가가 지식의 몸을 낮춰 청소년들의 눈높이로 내려가야 할 것입니다. 마치 10대들 자신이 쓴 듯한 착각을 일으켜야 할 것입니다. 물론 십대 필자들을 개발하는 방법도 있을 수 있고요. 비룡소에서 12살짜리의 일기를 『나도 일등한 적이 있다』라는 책으로 냈는데, 지금까지 2만 부 정도 나갔습니다. 역시 생산·소비 현상은 청소년 시장을 공략하는 주요 키워드라고 생각합니다. 이번에 『스타크래프트 한 판으로 영어 끝장내기』(장인배, 황금가지)라는 책도 냈는데, 반응이 굉장히 좋습니다. 사실 기획은 한기호 소장님께서 하신 것 같은데……. (웃음)

한기호 내가 한 건 아니고 처음 봤을 때 용기를 줬죠. 열심히 하라고.

김영범 만화에 등장하는 주인공들은 전부 아이들이잖아요. 제가 어릴 적에 처음 만화으로 볼 때는 다 애들이 그린 줄 알았어요. (웃음) 지금 생산자 겸 소비자라는 문화가 청소년들 사이에서 하나의 축을 이루고 있다는 이야기를 했는데 '청소년은 이런 책은 절대로 읽으면 안 돼' 하는 부분이 분명히 있다는 생각이 들거든요. 그런데 아이들은 그런 것을 원하고 있고, 인터넷에서는 청소년이든 성인이든 상관없이 그런 것들을 보여주고 있잖아요. 그렇다고 한다면 그것을 어떻게 정제해서 아이들에게 보여줄 수 있을까라는 고민이 있어야 한다는 생각이 들어요. 유럽에 갔더니 성性에 관한 책인데 내용이 굉장히 구체적이더라고요. 예를 들면 틴에이저 소설에서도 성에 대한 묘사가 굉장히 직접적이고요. 우리 나라는 하다 못해 그림을 그려도 대충 두리 뭉실하게 그리죠. 성인의 시각에서 '청소년은 이래야 된다'는 고정관념이 없어져야 청소년에 관한 책들이 만들어질 수 있을 것이라는 생각을 합니다. 그러자면 그네들이 무슨 생각을 하는지, 요즘 청소년들의 화두가 무엇인지에 대해 깊은 관심을 기울일 필요가 있다는 생각이 들어요.

한기호 『스타크래프트 한 판으로 영어 끝장내기』에 대해 한마디 하면, 장인배라는 친구하고 몇 명이 저를 찾아 와서 여러 가지 이야기들을 많이 했어요. 이 친구들이 서울대 경영학과 출신이고 한데, 현장 경험이 많더군요. 실제로 학원에서 아이들에게 영어를 가르쳐본 거예요. 그 구체적인 경험을 통해 어떻게 영어를 가르쳐야 할지 나름대로의 방법을 제시했고, 그게 구체적인 내용이 된 거죠. 또 한가지는 현실적인 욕구를 잘 알고 있었어요. 아무리 좋은 영어 교육 방법론이라 해도 결과적으로 수학능력시험이나 다른 입시제도와 연결되지 않으면 팔리지 않는다는 것을 정확하게 인식하고 있었어요. 그런 것을 토대로 아이들에게 어떤 방법으로 접근해야 할지에 관한 방법론도 실험을 통해 알고 있었던 거죠. 그 중 하나로 스타크래프트라는 게임을 통해 접근한 것입니다. 이번에 낸 책이 2000년 여름 시장을 노리고 원고가 완성됐는데, 저는 원고가 완성됐을 때 '일단 재밌게 해라'는 격려를 했고 방법론이나 편집 등에 대해 여러 가지 대화를 나눴는데, 실제로 거기에서 책이 더 발전돼서 나온 점은 없는 거 같아요. 이런 사람들이 출판계에 들어와서 기획자가 됐으면 좋겠다는 마음으로 인간적인 조언도 하고, 좋은 아이디어나 아이템만 가지면 출판 시장은 얼마든지 통할 수 있다는 것을 이야기했던 것이거든요. 그런 측면에서 저는 우리 기획자들이 아까 이야기한 몇 가지 노력들을 실제로 하고 있느냐 하면 그렇지 못하다고 생각합니다. 그런 노력들을 할 수 있다면 가능하지 않겠냐는 생각이죠. 문제는 우리가 만들어주려고 접근하지 않는다는 것이고, 구체적으로 그들을 연구하고 고민하지 않는다는 것이죠. 우리나라에서 고등학교 입시에서 떨어지는 애들은 거의 없거든요. 요즘에는 상고나 공고 못 가서 아우성인 애들이 많아요. 오히려 대학 가기 쉽다고. 이렇게 100% 진학하는 상황에서 그들이 실제로 읽는 책을 보여주면 어떨까요? 『호밀밭의 파수꾼』이 이번에 MBC-TV의 〈느낌표〉에서 선정된 모양인데, 이 책이 올해에 많이 팔린 것은 '책따세' 선생들의 역할이 굉장히 컸죠.

김영범 책을 나이로 나눈다는 것 자체가 무의미하다는 생각이 들어요.

박철준 이것과는 좀 다른 얘긴데, 우리가 10대 얘기를 많이 하잖아요. 저는 근처에 스타식스가 있어서 가끔 영화를 보는데, 그때 놀란 게 뭐냐면 관객이 전부 학생, 10대들인 거예요. 나오면서 창피해서 얼굴 가릴 정도라니까요. (웃음) 우리 애가 초등학교 4학년이에요. 그런데 〈엽기적인 그녀〉를 보고 너무 재밌어 해요. 아이들이 전부 그렇더라고요. 아이들의 코드가 뭔가 하면, 예를 들어 우리가 『노빈손 에버랜드에 가다!』가 나온다고 해서 광고를 할 때 노빈손의 여자 친구 말숙이를 내세워 '노빈손 대 말숙이' 이런 식으로 카피를 쓰니까 아이들의 반응이 금방 와요. 카피를 〈엽기적인 그녀〉의 코드로 패러디한 거죠. 아이들에게도 소비적 코드가 확실히 움직이고 있다고요.

청소년들의 독서력이 성인 교양 시장을 대중화해

이권우 엔터테인먼트 부분은 당연히 그런 식으로 기획을 해야 되겠지요. 하지만, 우리가 청소년 교양 도서나 문학서를 기획할 때는 각별히 주의 할 점이 있어요.

　기본적으로 그런 시장은 시험제도와 밀접한 관련이 있죠. 우리 아이들이 그런 엔터테인먼트 도서말고는 왜 책을 안 읽느냐 하면 입시제도가 책을 읽지 않아도 되기 때문이고, 지금 수능이나 논술 자체가 애초의 기획과는 달리 책을 안 읽어도 문제지만 외우면 되기 때문이에요. 이번 수능이 갑자기 어려워졌다는 것은 새로운 유형이 나왔다는 거잖아요. 적응력이 그만큼 떨어졌다는 얘기죠. 어쨌든 문제는 교양도서나 문학도서를 아이들이 읽을 수 없는 상황이라는 겁니다. 그리고 그 문제는 제도 변화와 관련 있다는 점을 인정해야 되요. 역으로 말하면 김학원 사장이 새길 시절 만들었던 '지혜가 드는 창'이 어느 정도 성공했던 것은 입시제도가 변했기 때문이에요. 그리고 제가 이번에 어린이도서연구회 20년사를 꼼꼼히 읽어 봤는데, 어도연 발전에 결정적인 영향을 준 것과 우리 어린이 시장의 질적·양적 성숙의 원인이 된 것은 수능 제도에 있어요. 93년 이후 모든 게 다 그래요. 기본적으로 청소년 특히 중·고등학생은 교육제도가 변하지 않으면 안 된다는 점을 인정해야 되는데, 교육제도와 밀접한 관련이 있는 게 두 가지가 있어요. 첫 번째는 학과 공부말고 특별히 영어를 해야 되요. 그 다음은 입시제도와 연결된 것이지만 학벌이 중요하고요. 아무 대학이나 나와도 되면 이렇게까지 아이들이 책을 못 읽지는 않을 거예요. 그런데 반드시 어느 대학을 가야 된다는 제한이 있기 때문에 힘들어요. 그래서 사회·교육적 환경이 반드시 바뀌어야 된다는 말이죠. 두 번째는 모든 책을 아이들이 읽을 수 있는 게 아니라는 거죠. 탁석산의 『한국의 정체성』은 아이들이 읽을 수 있어요. 실제로 고등학교 2~3학년 아이들이 많이 읽습니다. 그런데 예를 들면, 황종연의 평론집이라면 아이들이 절대 못 읽을 거예요. 교양이란 측면에서 두 책은 모두 똑같아요. 개인적으로는 황종연의 평론집이 더 좋아요. 왜냐하면 황종연의 평론집은 자기 평론의 거대 담론이 앞에 나오는 스타일입니다. 요약이 잘돼 있어요. 황종연 평론을 읽는 즐거움은 내가 미처 못 읽은 인문서 수십 권을 요약해 놓았다는 점이죠. 그런데 그런 책은 아이들이 절대 못 읽는다는 거예요. 이론이 넘치는 책은 아이들이 절대 못 읽어요. 하지만 탁석산처럼 이론을 전제로 구체적인 사례를 집중적으로 분석해 갈 때는 아이들이 읽어내는 거예요. 그러니까 아이들이 읽을 수 있는 책과 없는 책이 분명히 있다면 추천을 할 때는 그것을 구별해 내야 되죠. 황종연 평론집은 당연히 일반 교양인이 읽어야 하고, 성인용으로 나왔지만 탁석산 책은 청소년에 포함시킬 수 있는 것이죠. 그러니까 앞으로 기획을 하더라도 대상을 그렇게 맞춰줘야 되요. 아이들이 읽을 수 있는 문학서와 교양서는 어떤 것인가를 분명히 알아야죠. 읽혀보면 알아요.

출판계가 자기 생존을 위해서도 빨리 청소년 시장을 뚫어야 되고 뚫기 위해서는 교육제도의 개선을 강력하게 주장해야 되는데, 우리 출판계는 이런 목소리를 못 내고 있는 거죠. 청소년 시장은 미개척지거든요. 그런데 이 시절에 독창적 사유를 할 수 있는 능력을 키우지 못하면 언제 키우냐는 말이에요. 이것은 미래의 국가 경쟁력과도 밀접한 관련이 있어요. 아이들에게 영어 공부만 시키고 서울대만 보내면 다 되는 게 아니잖아요. 그런 면에서 출판계가 제도적 개선도 강력하게 요구해야만 되는 것이고 뜻있는 교사들이 열악하고 힘든 상황에서도 독서 운동을 펼치고 있는데, 출판계가 무슨 도움을 준 게 있어요? 아무 것도 없다고요. 출판계에서는 이렇게 자발적으로 움직이고 있는 사서 교사라든가 도서관 운동하시는 교사들에게 무슨 도움인지는 모르겠지만 찾아서 도와줘야 하고 격려를 해줘야 돼요. 그래야만 시장이 열려나가요.

김학원 덧붙이면 저희도 휴먼주니어를 만들고 중학생 대상 책을 만들려고 해요. 전국 서점을 한번 둘러보니 대도시는 중·고등학교와 성인 시장이 섞여 있지요. 우리 나라에서 문학이든 인문학이든 자연과학이든 어쨌든 베스트셀러가 된 책은 다 청소년의 혜택을 받은 거예요. 청소년들이 움직여줬기 때문에 된 건데, 청소년 시장이 대략 15~20%는 된다고요. 10만 부가 팔리면 기본적으로 1만 5천 부에서 2만 부는 청소년들이 사준 거라고 보면 되죠. 수능, 논술 등으로 강제된 독서력을 키워왔기 때문이기도 하죠. 저는 늘 청소년 독서 계층을 강남파, 강북파, 돈암동파로 나누거든요. 중산층 중에서 가치 지향적인 삶을 사는 부모들에게 자란 아이들은 여전히 존재합니다. 제가 강남파를 매도하는 것은 아니지만, 강남파는 독서 시장은 아니에요. 이쪽 아이들은 기본적으로 과외 공부와 대학입시에 완전히 편재偏在된 삶을 사는 아이들이에요. 그들의 라이프 스타일에 따르면 서점 올 시간은 전혀 없어요. 학교 선생보다는 과외 선생을 우선시하고 그 지시에 따라 공부하고, 학교에 가서는 자는 이런 아이들이 소위 강남파들이죠. 그리고 강북파들 중에 반에서 1~2등은 아니지만 대략 선생님 영향력권 안에 있고 전교조 선생님을 좋아하고, 학교 내에서 중간층을 형성하는 아이들, 그 아이들은 꼭 우리 같은 세대들이거든요. 라이프 스타일은 변했지만 우리 고등학교 때랑 비슷해요. 마음에 안 드는 선생님 있으면 껄렁하게 쳐다보고 한두 명 좋은 선생님 있으면 무척이나 따르고, 이런 아이들이 여전히 존재한다는 거죠. 그 아이들은 라디오도 듣고 시오노 나나미의 책도 보고, 『나의 문화유산답사기』도 보죠. 시오노 나나미의 『로마인 이야기』 독후감 모집을 해보면 이 친구들의 독서력과 생산적 소비 수준은 성인 이상입니다. 시오노 나나미와의 대화식으로 독후감을 쓰는가 하면 날카롭게 비판도 해요. 저는 이들이 굉장히 중요하다고 봐요. 우리가 청소년 시장으로 자꾸 게임 시장 같은 것을 찾는데 새로운 트렌드도 필요하지만, 소위 중산층 중에서 가치 지향적인 삶을 꿈꾸는 부모들 세대가 재생산하고 있는, 그리고 앞으로도 재생산해 나갈 가치 지향적인 청소년들의 라이프 스타일도 대단히 중요하고 그 청소년들의 독서력이 사실상 성인 대상의 교양 시장을 대중화할 주역들이라는 거죠.

어떤 형태로든 이들하고 커뮤니케이션을 해야 되요. 사계절이 1318문고로 가장 먼저 시작했죠. 그렇기 때문에 중·고생 중에 가치 지향적인 삶을 지향하는 청소년들한테 모니터를 해보면 사계절이 압도적이에요. 즉 그들의 삶 속에서 출판사 브랜드라는 것이 있다면 80년대까지는 문학 외에는 취약했다구요. 문학 외에 인문사회과학은 극소수. 그러니까 우리가 중·고등학교 때 보면 선생님 말은 안 듣고 〈창작과비평〉 끼고 다니는 아이들이 극소수였는데, 지금은 이들의 문화 다수가 그렇다는 거죠. 그런 점에서 주목할 필요가 있고, 성인 시장을 공략했던 책들을 청소년에게 맞는 어법을 통해 청소년용으로 재가공해 나가는 노력들이 필요하다고 봅니다. 그리고 또 한 가지 지방 서점에 가보면 청소년 코너가 다 있어요. 왜냐하면 서울과 수도권 지역은 참고서나 학습서만 청소년 영역으로 들어가 있는데, 대구·마산·전주 등 지방에서는 경제·경영서 시장이 전멸해 있잖아요. 그곳에는 제조업들이 활성화가 안 되니까. 그 쪽은 다들 유통으로 먹고 살기 때문에 유일한 독서 시장이 30~40대하고 선생, 교수 그리고 청소년이에요. 그러니까 지방에서 100평, 150평 정도 되는 서점에 가보면 청소년 코너가 별도로 마련돼 있어요.

특징은 자연과학과 인문과학과 문학이 전부 뒤섞여 있는 거죠. 대도시로 올라와서 교보문고에 가보면 인문학과 자연과학은 구분되어 있잖아요. 인문, 정치·사회과학으로 구분되어 있지만 지방에서는 이게 한 매대에 진열돼 있으니까 청소년들이 골고루 다 읽게 되요. 세상에 눈을 뜨는 과정에서 자연과학과 인문학, 문학, 대중문화 이런 것들을 골고루 섭취하게 하는 것은 굉장히 중요하거든요. 어쨌든 그런 점에서 청소년들에게 이런 책들을 공급해주는 것은 중요한 일이죠.

한편으로 90년대 아동서 붐이 일면서 유아와 아동서 시장이 급성장했잖아요. 이들이 지금 초등학교 5~6학년이에요. 즉 지금의 중고생들은 수능, 논술 때문에 책을 읽은 아이들이지만 이들은 30대 부모들의 눈으로 보고 골라준 책을 읽은 세대로, 이전 세대와는 달라요. 이 세대들이 지금 5~6학년이 됐는데 이 아이들이 1~2년 후면 중학생이 됩니다. 그러면 이 세대들에게 무엇을 제공해 줄 것이냐는 나중에 성인 시장과 아동서의 연결 고리를 매개해 주는 가장 중요한 코드예요.

이권우 네, 그런데 그냥 놔두면 끊겨요.

김학원 그래서 현장에서 학부모 대상으로 리서치를 해보면 5~6학년 책이 없다고 해요.

장은수 그렇게 되는 데는 여러 가지 이유가 있어요. 아이들에게 1년에 책을 몇 권 정도 읽느냐고 물어보면 초등학교 4학년 때까지는 1년에 만화책 포함해서 100권을 읽는다고 하다가, 5학년쯤 되면 1년에 10권으로 확 줄어버려요. (웃음) 이때부터 입시 압박이 시작되거든요.

김영범 전적으로 공감하는데 출판 시장에서 그런 분야의 책을 만들 필요성은 있습니다. 그럼에도 불구하고 독서 시장에 대한 분석이나 사회적인 접근이 필요하다는 생각입니다. 〈TV, 책을 말하다〉라는 프로그램을 보기 전에는 출판의 미래가 암담하다는 생각을 했어요. 말씀하신 대로 30, 40대 독자로 연명하고 있다고 보고 앞으로 자라나는 세대와 출판이 과연 어떻게 살 수 있을까 하는 생각을 했어요. 그런데 〈TV, 책을 말하다〉라는 프로그램을 보니 인터넷을 통해서는 숙제를 못하게 하고, 독서 주간이 있어서 학교에서 쿠폰을 나눠주는 외국 사례를 보여줘요. 결과적으로 국가에서 독서가 얼마나 국가 경쟁력의 중요한 부분인가를 인지하고 있다는 뜻이거든요.

장은수 저는 지금도 환경이 나쁘지 않다고 생각합니다. 그 이유 중의 하나로 아주 많은 학교들에서 필독도서 목록을 나눠주고 있다는 사실을 들수 있습니다. 그리고 1년 안에 그 책들에 대한 독후감을 제출하게 하는 곳도 점점 많아지고 있어요. 그러니까 책 읽기를 사회적으로 얼마나 강력하게 압박하느냐 하는 것이 문제입니다. 출판의 입장에서 제가 문제로 느끼는 것은 그 목록을 채울 책들이 별로 없다는 겁니다. 제가 많이 받는 전화 중 하나가 『신기한 스쿨버스』도 읽고 '노빈손' 시리즈도 읽고 '앗' 시리즈도 읽었대요. 정재승의 『과학 콘서트』까지 읽은 친구도 있어요. 그런데 그 다음에 읽을 책이 없다는 거예요. 그 수준에서 『이타적 유전자』를 읽기에는 어려움이 있으니까요. 인문학 서적 분야에는 그래도 그 간극을 메울 만한 책들이 많은데, 자연과학 쪽에서는 그렇지 않습니다. 깊이가 있으면서도 수준이 약간 더 높은 책들, 조금 어렵기는 하지만 『$E=mc^2$』나 『파이의 역사』(민음사) 같은 책은 그다지 많지 않습니다. 요컨대 이런 종류의 책들을 청소년들한테 추천하고 그들이 읽게 만드는 사회 시스템이 결여되어 있고, 동시에 그 추천 시스템을 작동시킬 책들도 부족하다는 것입니다.

김영범 저희가 지금 회원제를 운영하고 있는데 35만 회원 중에 10대 후반에서 20대 초반의 회원이 거의 반이에요. 그리고 최근에는 남성 회원도 많이 늘고 있지만 여성 독자가 더 많아요. 그 사람들이 책을 사는 구매 금액도 만만치 않거든요. 우리가 사회적으로 생각해 볼 부분은 아무튼 학생들은 주머니가 가볍다는 겁니다. 학습참고서 사는 문제도 있기 때문에, 어쨌든 제도적인 장치를 통해서 청소년 서적은 저렴하게 만들 수 있는 장치가 필요한 것 같아요.

한기호 어차피 그건 어른들의 몫이죠.

김학원 네. 그렇기 때문에 학부모와 학생과 교사가 연대해서 10대 시장에서 독서의 줄기를 이어줄 것인가가 참 중요한 일이죠.

박철준 (웃음) 그런데 그런 것도 누군가는 해 줘야죠.

한국출판은 왜 아동 시장에 집착하는가?

한기호 연구소에서는 〈북 페뎀〉이라는 무크지를 준비하고 있어서 조만간 책이 나올 텐데요. 제가 「한국출판은 왜 아동 시장에 집착하는가」라는 글을 쓰기도 했습니다. 한국에서 아동 시장이 이상하게 과열되어 있는 거 아니에요?

장은수 우리의 특기가 압축 성장 아니겠어요? (웃음) 과열이라는 표현에는 그 안에 투기가 깃들여져 있다는 의미가 강한 것 같은데요……. 만약에 많은 출판사들이 자본을 투자해서 아동서 시장에 뛰어들지 않았더라면, 지금도 우리 아이들은 여전히 황당무계한 저질책들을 계속 보고 자라게 되었을 것입니다. 물론 그런 책들도 나름의 기능은 있습니다. 그런데 요즈음 서점 아동물 매대에서 그런 저질 책들의 판매 비중이 30% 이하로 떨어졌습니다. 이제 그런 책들이 버티고 있는 곳이 할인 마트 시장에 불과합니다. 그런데 최근에는 할인 마트 시장도 점점 개편되고 있어요. 비룡소, 시공사, 보리, 창비 등의 아동물들이 점차 영역을 확대하고 있습니다. 이것은 양서를 널리 어린이들에게 읽힌다는 측면에서 저는 긍정적인 일이라고 봅니다.

어쨌든 최근의 아동 출판에 나타나는 이른바 과열 현상은 텔레비전에서 방영되는 만화 영화를 기초로 한 획일적인 애니메이션 북에서 아이들을 빨리 되돌리는 긍정적 역할을 했다고 봅니다. 몇몇 출판사에서 손해를 보든 말든 그것은 그들의 문제입니다. 자본은 기본적으로 자기 책임 아래 집행되는 것이니까요. 출판자본이라고 예외가 있다고 생각지는 않습니다. '그 자본을 다른 데 썼으면 다른 좋은 책을 많이 낼 수 있었을 텐데'라고 생각하는 것은 어리석다고 보입니다. 가령, 아동서 시장에 투자한 자본 중 30%만 인문서 시장에 넣으면, 인문학 시장도 활성화됐을 텐데 하고 생각할 수 있지만 자본은 그렇게 투자되는 게 아니라고 봅니다. 그렇죠?

김영범 저는 과열이라기 보다는 지금 수업료를 내고 있다고 생각합니다. 아동도서 시장에는 전통적으로 이러 저러해야 된다는 패러다임이 있거든요. 제가 김영사에 있을 때, 모 서점에 『먼나라 이웃나라』라는 책 때문에 아동 코너에 갔는데, 진열이 안 돼 있더라고요. 그래서 왜 진열이 안 돼 있냐고 하니까 시쳇말로 '어디서 뭐하다 굴러먹다 온 사람인데 참견이냐?'는 식이더라구요. 전에는 아동물 시장은 주로 진열 위주의 상품 구성이었고, 진열권자의 권리가 상당했죠. 그런 것이 이제 좀 해체되고 있어요. 이제는 워낙 부모들이 찾아서 사기 때문에 전시해 놨다고 판매되는 것이 아니거든요. 그리고 그런 것들을 이끌어내는데 있어서 출판사들이 상당한 비용 투자를 했다는 거죠. 그래서 지금은 어느 출판사든 아동물을 만들었기 때문에 무조건 서점의 할인율은 어때야 되고, 어떻게 해야 된다는 식의 전제는 많이 없어지고 있다는 생각이 듭니다.

장은수 비룡소의 경우에는 작년에 비로소 흑자로 돌아섰습니다. 이 시장은 투자비가 엄청나게 들어가죠. 그 엄청난 투자비가 들어간다는 것을 망각하고 뛰어든다면 이건 진짜 과열이죠. 그런데 그렇다고 생각하지는 않습니다. 많은 출판사들이 장기 투자의 관점을 나름대로 갖고 있어요. 물론 장기 투자 자체를 투기로 생각할 수도 있죠. 그런데 비룡소가 처음 시장 진입할 때 비용이 10억쯤 들었다고 해요. 그러면 지금은 아마 20억에서 30억쯤 될 거예요 아마.

김영범 저는 더 적게 든다고 보는데. 어떻게 더 많이 든다고 보시죠?

장은수 일단 시공사나 비룡소의 책들이 가졌던 신선함이라는 장점이 거의 사라졌습니다. 가령, 시장 형성기에는 비룡소에서 책을 내기만 하면 날개돋친 듯이 팔렸습니다. (웃음) 그런데 지금은 좀 어렵죠.

김영범 저는 조금 다른 관점인데, 그 시장이 만들어져 있을 때 시장에 편승하는 것하고, 시장을 만들어 가는 과정에서 드는 비용은 다르다고 보거든요. 그래서 비룡소하고 똑같은 시스템을 가져가려면 아마 20억은 들 겁니다. 그런데 그런 출판 시장의 요구가 확인되었을 때는 틈새 시장도 있을 수 있고 다른 시장이 분명히 있을 거거든요.

박철준 아동서 시장이 확대되었다는 것은 결국 수요가 그 만큼 많아졌다는 말인데, 지금까지 우리가 독자 얘기를 계속 했지만 40대 독자가 결국은 직접 책을 보고 사잖아요. 이들은 좋은 책을 고를 줄 안다는 거예요. 좋은 책에 대한 수요가 늘어나다 보니 공급에서 문제가 생겨난 것이지요. 국내 필자 개발이 많이 안 되고 있으니까 결국 해외로 눈을 돌리게 되죠. 그래서 A출판사가 '가'라는 작가의 작품을 확보해서 출판을 시작하고 있는데, 그 책이 잘 팔리니까 B라는 출판사가 중간에 끼여들어 공격적으로 나서고. 뭐 이러면 과열이라고 할 수 있죠. '볼로냐에 가면 한국인들이 어린이 책을 싹쓸이한다, 한국인들 최고다'라는 말이 퍼블리셔스 위클리에도 나왔거든요. 그런 면에서의 과열은 문제가 되겠죠. 책을 제대로 보지도 않고 가져오는 것은 좀 무리한 일이죠.

이권우 그런데 그런 현상들이 국내 창작물에서도 많이 일어나고 있대요. 그래서 편집자가 일정한 기획 의도나 아동 문학에 담겨있어야 할 질적 측면을 작가나 그림작가에게 요구했을 때, 그게 손쉽게 거절당하는 경우도 있다고 하더군요.

장은수 비용이 사실 과다하게 들죠. 일단 일러스트 비용이 너무 비쌉니다. 제 후배가 프랑스에 아동물 출판을 공부하러 가 있는데, 프랑스 그림책 작가들의 경우 보통 32쪽의 그림동화를 만드는 데 약 300만 원 정도면 된다고 합니다. 그런데 한국에서는 아무리 못 줘도 500만 원 이하는 안 될 거예요. 물론 그림의 질은 또 다른 문제이죠. 어쨌든 그 말을 들은 후에는

'차라리 프랑스 작가랑 작업해 볼까' 하는 생각이 회사 내부에 오갔습니다. 물론 언어 문제나 다른 여러 가지 난점들도 있지만 말입니다. 그림책을 내고자 하는 곳은 많고 일러스트레이터는 적기 때문에 그런 현상이 벌어지는 건데요, 장기적으로 아동 시장이 활성화되고 일러스트레이터 수가 많아지면 이 문제는 자연스럽게 해결된다고 봅니다.

이권우 특히 아동출판을 하시는 분들이 주목해야 할 점은, 어린이 출판이야말로 수출하기 좋은 '전략 상품'이라는 것이죠. 다루는 주제가 보편성이 있고 언어적 제약을 벗어나서 그림만으로도 상대 국가에서 작품의 품질이나 내용을 확인할 수 있으니까. 수입도 많이 해보고 국내 창작도 열심히 해야 되는데 그와 더불어서 우리 책을 어떻게 세계화 할 것인가에 대해서도 생각해 봐야 할 것 같아요. 이렇게 많은 코스트가 들고 있는데 국내 시장이 제한되어 있다면 그것을 뛰어넘는 방법이 글로벌 마케팅이니까 그런 면에서 주력했으면 좋겠어요.

김학원 저는 과열이다 아니다, 좋다 나쁘다 이런 점을 떠나서 생산자와 부모와 추천자 그룹들이 가장 잘 조직되어 움직이는 것이 아동서 시장이라고 봐요. 그리고 또 한편으로 90년대 들어와서 비룡소 등 1세대와 그 뒤를 따르는 요즘의 낮은산 등 출판사들은 아동서를 만들었던 편집자들이 독립해서 자기의 독특한 컬러를 내고 있어 상당히 긍정적이라고 봐요. 그런데 그 다음 단계에서 우리가 신경 써야 할 부분은 두 가지 측면에서 다른 접근을 해야 됩니다. 하나는 아동서는 아이들이 세상에 나와서 처음으로 책을 경험하는 거니까, 그 첫 경험을 어떻게 다져주느냐가 중요하고, 두 번째는 이 아동서는 다른 책들과 달리 부모와 아이의 커뮤니케이션이라는 점이죠. 또 다른 측면에서 책 문화라는 것이 있는데 책만 내는 것이 아니라 이 아이들에게 책을 어떻게 경험하게 해주고 부모와 아이에게 어떤 문화적 틀로 담아낼 수 있을까를 개성적인 이벤트와 행사로 만들어내는 기획이 중요하죠.

예를 들면 일본에서는 종이접기 책을 내서 20~30년 간 약 160만 부 정도 엄청나게 많이 팔았는데 편집자가 어떤 식으로 기획을 했냐 하면, 매년 종이 접기 대회를 했어요. 우리 식으로 따지면 강변에서 비행기 날리고 배 만들고 하는 거죠. 종이 접기라는 행사를 통해서 신문도 만들고, 가령 종이 접기로 배를 만들었다고 하면 재미나게 이야기도 해주고, 아이들에게 자기가 만든 체험을 그림일기로 쓰게 했죠. 그런데 우리는 아직도 아동서에 대한 시장 접근을 전통적 방식에 의존하고 있어요. 대부분 아동서는 부모를 상대로 하고 있기 때문에 부모와의 커뮤니케이션만을 많이 반영하고 아이들에게 좀더 친숙하고 다양한 방식들로 다가갈 수 있는 기획은 놓치고 있는 것 같아요. 아이에게 종이접기 놀이라는 체험과 그림과 글의 표현하는 행사를 같이 전개하면서 책이라는 것을 하나의 재미있는 체험으로 전환시켜 준 것이죠. 그런 점에서 제가 보기에는 모든 부분에서 다 할 수는 없지만 일정하게 자기 컬러를 가지고 독특한 방식으로 다가가는 것은 중요한 것 같아요. 이번에 방문 대여 업체인 아이북랜드가 케이블TV하고 같이 창작 동화 작가들과의 대화를 프로그램으로 만들기로 했는데 1년 동안 50명의 창작 동화 작가들과 30분짜리 프로그램을 만드는 이런 방식은 성인식 접근이거든요. 『신기한 스쿨버스』가 왜 아이들에게 선풍적인 반응을 보였는가하면 『신기한 스쿨버스』를 체험의 놀이로 이벤트를 해서 책과 일상을 접목시켰다는 점이죠. 그러니까 오랜 기억과 체험으로 확장해 나갈 수 있는 틀을 어린이로부터 만들어 내는 기획을 좀더 연구할 필요가 있다는 생각이 들어요.

아무리 강조해도 지나치지 않는 독서 운동

한기호 전체적으로 책에 대한 이야기는 다 한 것 같습니다. 최근에 전반적으로 문제가 되는 것이 '글자는 읽을 수 있지만 글을 읽을 수 없는 세대가 등장한다'는 것이죠. 그렇기 때문에 글을 읽을 수 있는 문화와 시스템을 만들어야 된다는 측면에서 독서 운동이라는 게 중시되는 것이 사실인 것 같아요. 독서 운동은 아무리 강조해도 지나치지 않을 것입니다. 아동 시장에서 어린이도서연구회의 역할이란 굉장히 중요한 것이거든요. 청소년 시장에서도 마찬가지고요. 그런 면에서 처음에는 불쾌하게 받아들여졌는지도 모르지만 어쨌든 MBC-TV의 〈느낌표〉는 황금 시간대 오락 프로그램에서 책 읽는 문화를 만들어가고 있다는 점에서 주목할 만해요. 이런 운동들이 진작에 활성화되었어야 하지 않았나 라는 생각이 들고, 우리가 주목해야 하는 부분으로 〈송인소식〉은 내년부터 책을 생산하는 현장에서 참여했던 사람들이 구체적으로 이야기하는 책 이야기나 책 문화에 대한 이야기를 연재하려고 해요. 개인적인 이야기지만, 제 연재는 대폭 축소하고 그런 사람들을 통해 보다 많은 이야기를 활발하게 전개해야 된다고 생각합니다. 어쨌거나 최근에 일간 신문들이 북 섹션을 만들며 책 시장을 변화시킨 것은 분명해요. 책 소개 프로그램들이 상당히 많이 늘어난 것도 달라진 현상이죠.

김영범 그런데 이 점은 출판사들이 즐겁게 생각해야 되는 거 아닌가요? 책을 팔아주겠다는 곳들이 너무 많지 않아요? 할인 사이트나 할인 마트에서 팔아준다고 하지, 서점도 앞으로는 더 잘 해주겠다고 하지. (웃음)

장은수 그래서 공영 방송이 왜 중요한가 하는 것을 깨달았는데, KBS에서 무모한 짓을 시작한 거 아니겠어요? 사실 목요일 10시면 굉장한 프라임 타임인데 시청률은 뻔한 거죠. 다른 방송에서 〈여인천하〉 같은 인기 드라마를 하고 있으니. (웃음) 시청률을 물어보니까 2.4%에서 4.2% 정도래요. 그런데 2.4%면 300만이 보는 거예요. 엄청난 거죠. 300만 명이 이 책의 제목이라도 알게 되고 그 주변 지식들을 알게 된다니 말이죠. 그런데 300

만을 위한 교양 프로를 만들 수 있는 힘이 방송국 내부 논리로는 마련되지 못했다는 점에 주목해야 할 것 같습니다. 시청률 지상주의에 빠지면 이런 프로는 도저히 할 수 없거든요. 아무리 인기 없는 드라마도 시청률이 10%는 되니까. 그러니까 공영 방송이 중요하다는 것을 이번에 〈TV, 책을 말하다〉라는 프로를 보면서 깨닫게 된 겁니다. 공영 방송이 그렇게 움직이니까 다른 방송들도 사회적 압력을 받아서 움직이고 있거든요.

한기호 MBC의 〈행복한 책읽기〉는 밤 12시 반에 하잖아요. (웃음)

장은수 12시 반이라도 새벽 6시 반보다는 낫죠. 12시 반이면 그래도 지식인들은 볼 수 있는 시간이에요.

이권우 MBC는 채널이 하나니까 이해해야 합니다. 사실 공영이라고는 하지만 상업방송인데 TV에 그런 프로를 마련했다는 것도 뜻깊은 일이죠.

장은수 그렇죠. 어쨌든 프로그램의 존재는 상당히 긍정적이죠. 그 진행 방식이 조금 고급화되어 있다는 점은 일면 우려가 되면서 다행스럽기도 해요. MBC-TV 〈느낌표〉의 파괴력이 물론 1시간짜리 방송보다 나을 수도 있죠. 시청률 면에서도 최소한 천만 정도는 될 테니까. 문자를 다루는 세대들은 이런 프로그램들이 자꾸 만들어질 수 있는 사회적 분위기가 지속될 수 있도록 측면에서 계속 지원해야죠. 그러니까 KBS-TV에서 출연해 달라고 하면 다들 도망가지 말고 나가세요. (웃음) 1급 지식인들이 출연해야죠. 이용할 수 있는 매체는 가능한 한 모두 이용해야죠. 장기적으로는 프랑스의 피보처럼 1급 사회자가 탄생해서 자기가 밑줄 그은 책을 화면에 보여주면서 방송하는 그런 문화가 정착되면 좋지 않을까 생각합니다.

김학원 '역시 믿을 건 소비자다' 싶어요. 공영 방송에서 했다는 점도 있지만 그보다는, 책의 가치를 소비한 세대들이 언론과 방송의 주요 역할로 등장했다는 점이거든요. 예를 들어 이번에 〈느낌표〉라는 프로그램을 만들게 된 계기를 들어보면 도정일 선생님의 힘이 컸고요.

각 방송사의 주체가 되는 문화부장도 40대인데 그들은 책을 적극적으로 소비하고 그 가치를 아는 사람들이기 때문에 점점 이런 부분에 대한 중요성이 민간 차원에서 다양하게 전개된다고 봐요. 어쨌든 책을 만드는 입장에서는 참 행복한 일이죠.

박철준 저는 신문도 독서 문화 발전에 커다란 공헌을 했다고 봅니다. 많은 신문사가 토요일에 집중적으로 책을 소개하는 데, 토요일마다 6개 신문의 북 섹션을 오려 가지고 다니는 사람을 주위에서 볼 수 있는데, 요즘은 그 수가 점점 더 늘어나는 것 같습니다. 저도 별도로 북 섹션만 모으고 있어요. (웃음)

김학원 섹션화 했다는 것 자체가 독서 마니아나 정기적으로 책을 보는 사람들을 확보하고 있다는 측면에서 이해할 수 있기 때문에 섹션 내에서도 다양한 장르를 세분화하여 다룬다는 것은 굉장히 중요하다고 봐요.

박철준 〈도서신문〉 기자 생활을 해봐서 하는 말인데, 출판 전문지에서는 아무리 열심히 해도 이 정도의 영향력은 못 미치거든요. 신문이나 방송에서 이렇게 책을 다루면서 사실 독서 시장은 늘어났다고 생각해요.

이권우 그리고 고민할 게 또 있어요. 방송이나 신문이나 어디가 됐든 출판계 내부에서 신문어법이나 방송어법에 맞춰서 책을 소개할 전문가가 기본적으로 너무 없다는 거예요. 영화 프로그램의 경우, 영화 저널리스트들이 맡는 경우가 왕왕 있는데, 출판은 그렇게 하지 못하고 있다는 점을 한 번 생각해 봐야 되요. 그리고 지금 특히 방송 같은 경우는 전문가들을 많이 불러내고 있는데도 불구하고 전문가들이 전문성을 방송매체와 연결하지 못하고 있어요. 모두 교수급들이 사회를 보고 있는데도 책 선정에 얼마나 기여하고 있는지 정확히 드러나지 않고 있고 나름대로 자문위원들을 두고 있지만 그들의 역할이 기대에 못 미치고 있어요. 이건 제가 볼 때 일단 방송계에 문제가 있어요. 전문가들을 사회자로 앉히거나 자문위원으로 데리고 왔을 때, 그들과 어떻게 연계해서 작업할 것인가에 대한 고민 없이 단지 겉치레로 데려다 놓기 때문이에요. 얼굴 마담으로 쓰려면 차라리 MC들을 쓰는 게 나아요. 그렇지 않은 상황에서 이러고 있는 것이 문제고, 그런 면에서 방송들이 기본적인 책 선정이나 프로그램의 방향에 대해 전문가의 도움을 받을 수 있도록 출판계가 압력을 가해야죠. 물론 방송 어법 같은 것은 방송인들이 해야죠. 〈느낌표〉같은 방식이라든지. 그런데 이런 분야에서 굉장히 조심해야 되는 게 개별 출판사가 자사의 이익을 위한 압력 단체로 나서서는 안 된다는 겁니다.

김학원 그래서 지금 출판계가 각 개별사 차원에서 자사 책의 홍보의 수단이나 대상으로만 커뮤니케이션해서는 안 된다고 생각해요. 출판과 언론과 방송간에 책을 매개로 한 다양한 문화적 방향을 형성해 나가는 툴tool을 만들어 내야 하지 않을까 하는 생각이에요.

장은수 그거 좋은 생각인 것 같아요. 전교조나 이런 모임을 끼고 〈TV, 책을 말하다〉와 같은 프로그램을 모니터링 교재로 쓴다든가 하는 식의 운동을 지속적으로 해갈 수 있으면 좋겠네요. 시민 단체 등의 압력이 있으면 방송국에서도 절대 못 그만 두거든요.

한기호 어제 MBC-TV의 〈행복한 책읽기〉의 녹화 현장에서도, 이제 월드컵 조 추첨이 끝났고 외국인도 많이 들어오고 하니까 외국인들이 우리를 어떻게 보고 있는지 하는 기획을 하더라구요. 그런데, 방송 작가가 짧은 기간에 대본은 써야 되는데 뭐 아무 것도 자료가 없잖아요. 그러다가 우연히 찾은 게 〈월간 조선〉에 제가 썼던 「지난 100년간 외국인이 쓴 책에 비친 한국·한국인」이란 글이래요. 그래서 연락을 해왔고 책 선정에 대한 조언도 하고 여러 가지를 물어서 대답을 해줬죠.

그렇게 필요할 때마다 진단을 해 줄 수 있는 것도 중요하죠. 그만큼 구체적으로 정확하게 읽고 조언할 수 있는 출판평론가 그룹들이 많이 나와야 된다는 것이고요. 그런 측면에서 앞으로 〈송인소식〉에서도 그런 역할을 많이 담당할 생각이에요. 그럼 이제 마지막으로 올해의 모습과 내년의 전망을 돌아가면서 한마디씩 하는 걸로 마무리 해보죠.

새로운 마인드가 절실한 서점들

김영범 글쎄요. 아까 제가 얼핏 책 팔아 주겠다는 사람이 너무 많이 생겼으니 고마워해야 되지 않냐는 이야기를 드렸는데요, 요즘 우리 출판사가 전통적인 파트너로 생각했던 서점이 문을 닫고 있거든요. 할인 사이트가 됐건 할인 마트가 됐건 지금처럼 왕성하게 출판에 대한 논의만 해도 충분히 출판 시장이 건재할 수 있을까 하는 것은 의심스럽다는 거죠. 최근에는 많은 서점들이 의식 변화를 하고 있어요. 인터넷 서점의 긍정적 측면과 부정적 측면이 있는데, 서점들이 이대로 있다가는 망하겠구나 하는 자각을 심어준 것은 굉장히 좋은 점이죠. 어느 출판사에게 '서점을 택할래? 할인 마트를 택할래?'라고 했더니 할인 마트와 거래 정리를 할 수는 없다고 했다죠. 이럴 때 서점이 취할 수 있는 장치는 아무 것도 없었다구요. 그래도 여전히 그 출판사의 책이 잘 나가니까 팔 수밖에 없었죠.

저희 회사의 제휴 서점이 현재 약 120개 되는데 가서 한 얘기가 있어요. 서점들이 지금까지 판매된 대금도 현금이 아닌 어음으로 주고 그나마도 지불 안 하던 그런 관행 가지고는 이제 망한다, 출판사가 이제 당신들이 파트너가 아니라고 말할 수도 있다, 그럼 당신들이 할 수 있는 것은 뭐냐, 장사 안 된다고 서점 문 한번 쳐다보고 '왜 손님이 안 오지?' 하는 식이어서는 출판사에게 아무 말도 할 수 없는 거다, 라고요. 그러면 우리가 해야 할 일이 뭐냐 라는 문제에 대해서 수치를 가지고 말하면, 아직도 독자의 95%가 제 발로 서점에 발걸음해서 책을 사고 있는 환경이거든요. 그러면 지금까지 고객 관리라는 것을 해 본적이 있냐, 이것은 서점 자체적으로 보면 고객 관리라는 측면이겠지만 우리 출판계에서 본다면 굉장히 다른 의미거든요. 출판사들은 문화 산업이냐, 첨단 산업이냐 하면서도 출고 데이터는 있지만 판매 데이터는 전혀 없어요. 팔리고 있는지 재고는 어느 만큼 있는지, 어떤 독자들이 있는지 하는 문제는 전혀 모르고 '이럴 것이다' 하는 거죠. 우리가 5만 부 팔았다고 할 때는 정확히 말해서 5만 부 출고했다는 얘기죠. 즉 지금 재고가 2만 부 있는지 2천 부 있는지를 정확히 모르는 환경이라는 겁니다. 우리 출판은 사실 잘만 하면 굉장히 부가가치가 높은 산업이지만 상대적으로 리스크가 크기 때문에 리스크를 줄이기 위해서는 서점의 역할이 중요해요. 그럼 서점들이 무엇을 해줄 것이냐 하면, 서점은 출판사의 판매 데이터를 바로바로 파악하고 고객 관리를 해서 그 책을 산 독자가 누구인지까지 정리해서 적극적으로 출판사에 알려줘야죠. 출판사에 있는 재고만 보고 또 찍는다든지 아예 품절시키는 경우도 허다하거든요. 어떤 경우에는 품절 때문에 타이밍을 놓쳐버리는 경우도 있지요.

  서점과 출판사의 이해 관계는 다른 것이 아니라, 우리 출판에서 서점이라는 인프라가 굉장히 중요한 것이거든요. 물론 학교 앞에서 문방구하고 서점을 겸하는 곳까지 같이 끌고 갈 수 있는 환경은 아니겠지만, 어느 정도 문화적인 기여를 하겠다는 사람들은 격려해줄 필요가 있다고 생각해요. 그러자면 우리가 할인 사이트에 출고를 하지 말자는 이야기가 아니라, 출판사 스스로 오프라인 서점들이 어느 정도 경쟁할 수 있을 정도의 환경을 조율해 줄 필요가 있다는 거죠. 그리고 오프라인에서도 고객 데이터와 판매 데이터를 공개하는 등의 방법을 통해 출판사에 기여할 수 있는 부분들이 좀더 많아져야 된다는 것이고요. 이런 것들에 대한 작업이 많이 이루어지고 나서 내년 정도면 북새통의 회원이 한 4~5백만 명 정도는 쉽게 될 것으로 보거든요. 만약 어떤 한 사이트에서 회원을 모집한다면 굉장히 어려운 일이 될 텐데, 저희는 이 숫자의 위력을 절감할 때가 있어요. 행사를 한번 하면, 서점별로 만약에 10만 원이 든다면 100군데가 참여하면 1000만 원이 들더라구요. 그런데 역으로 이야기하면 서점별로 100만 원씩 팔면 100개 서점을 합쳐 1억이라구요. 저희가 지금 회원이 모이는 것도 한 서점당 1만 명씩만 회원이 있으면 120만 명이 되고 회원을 관리되는 곳은 적어도 5만 명 정도 회원이 있는데 우리 나라 독서 인구 중 절반의 구매 정보, 고객 정보를 획득할 수 있지 않겠냐는 생각을 해요. 이것은 어쩌면 우리 출판계에서 해야 될 일이라고 생각되는데, 북새통은 사기업이지만 아무도 안 하는 일이니까 하는 겁니다.

가끔은 '도서 정보지 같은 것을 제대로 만들어서 줄 수 없나' 하는 미디어에 대한 충동도 있어요. 우리가 비디오 가게에 가면 볼만한 비디오 정리해 놓은 소식지를 보게 되는 경우가 많은데, 〈송인소식〉이 큰 역할을 하고 있지만, 그건 우리 업계의 전문적인 역할을 하는 것이고 그보다 좀더 대중에게 어필할 수 있는 것도 필요하다는 거죠. 사실 서점이라는 것은 앞으로는 책만 전시해 놓고 파는 공간이 아니라 어떤 독서를 체계적으로 진행할 수 있는 가이드 역할도 해주고, 온라인에서 하지 못하는 일들을 오프라인에서 해줄 수 있어야만 오프라인 서점이 유지될 수 있는 것이죠. 뭐 서점에 나가는 것보다 온라인에서 구입하면 나갈 필요도 없고 가격도 저렴한데 직접 가서 얻을 수 있는 이득이 없다면 우리가 굳이 서점은 서점이니까 살려줘야 된다는 생각은 하지 않을 것이라는 말이죠.

장은수 지금 상황에서 서점측이 그 점을 자각하는 것은 굉장히 중요한 일인 것 같습니다. 최근에 제가 충격을 받은 것 중의 하나가 베텔스만 북클럽의 고속 성장입니다. 얼마 전에 회원 수가 50만을 돌파했어요. 단순히 가격 파괴가 문제가 아닙니다. 도서정가제는 여러 장점이 있겠지만, 그것만으로 서점이 보호받을 수 없다고 생각합니다. 베텔스만 북클럽이 회원을 관리하기 위해 어떤 식으로 일하는지를 서점에서 배우지 않으면 장기적으로 경쟁이 되지 않을 것입니다. 제가 알기로는 한국의 서점 중에서 단 한 군데도 자기 서점에서 책을 팔기 위해 홍보비를 들이는 데는 없다고 생각합니다. 물론 자사 이미지 광고는 하고 있지만 말입니다. 제가 출판계에서 잘 이해되지 않는 것 중의 하나가 이른바 연합 광고입니다. 교보문고 등 대형 서점에서 출판사의 돈을 걷어서 신문 광고를 하는 것입니다. 자기 서점에서 책을 파는 데 왜 남의 돈을 끌어들여서 광고를 합니까? 그런데 베텔스만 북클럽은 유일하게 자사의 비용만으로 광고를 내서 회원을 모집하여 책을 팔고 있습니다. 물론 교보도 북 클럽 잡지를 내고 있지만. 또 회원을 모집하기 위해 각종 이벤트 프로그램과 독서 권유 활동을 벌이고 있습니다. 이러한 노력이 없는 서점은 변화하는 시장 속에서 멸종할 것입니다.

지금 출판을 둘러싼 환경은 급격하게 변하고 있습니다. '서점이 망한다, 동네 서점이 사라진다'는 이야기가 여러 곳에서 들리고 있습니다. 그렇지만 저는 책이란 물과 같은 것이어서 독자가 있는 곳까지 어떤 식으로든 흘러간다고 믿고 있습니다. 서점의 폐업 신고가 늘고 있는 와중에도 발행종수에 대비한 책의 판매량은 많아졌습니다. 이것은 한 권의 책이 독자에게 이르는 경로가 다양해지고 있다는 증거입니다. 유통 혁명이 일어나고 있는 것입니다. 인터넷 서점은 물론이고 할인 마트, 북클럽 등 회원제 판매가 서점의 자리를 대체하면서 독자들을 확장시키고 있습니다. 따라서 전통적인 유통방식만 고집하는 출판사들은 상대적으로 그 위상이 축소될 수밖에 없습니다. 일본 출판계에서는 이미 오래전부터 생협의 책 판매가 늘어나고 있습니다. 생협이란 일종의 소비자 공동체 같은 것인데, 그 회원들을 위해 도서도 구비하고 있습니다. 가령, 환경운동단체에서 회원들을 대상으로 해서 환경서적을 팔아주는 것과 같은 거죠. 하나의 새로운 판매루트로 유용하죠. 환경 관련 서적들은 서점에서는 거의 팔리지 않거든요. 이런 환경에서는 출판사의 마케팅 방식이 과거의 서점 중심에서 벗어나 상당한 수준까지 다각화되어야 하는 거죠.

김영범 아까 말씀 못 드린 것 중 하나가 있는데, 우리 출판계에는 사실 연말 결산을 해보면 망하지 않으면 자산이 늘게 되어 있어요. 매번 신간을 찍고 있기 때문에 신간이 악성 재고인지 아닌지에 관계없이 자산이 얼마 들었다고 해서 세금을 내게 되는데, 이전에는 책은 갖고 있으면 몇 년이 되었건 팔린다는 생각이 있었지만 이제 몇 년이 지나면 무용한 책들이 상당히 많거든요. 그런데 옷 유통만 보더라도 신제품일 때는 정가로 팔다가 얼마 지나면 세일을 하고, 다음엔 이코노 숍을 갔다가 땡 처리를 한단 말이죠. 그런데 우리 출판계에서 그렇게 하지 못하는 이유가 뭐냐면 판매 데이터가 없기 때문이에요. 서점에 얼마만큼 출고되어 있는지 알고 그 서점에 있는 재고 데이터를 안다면, '우리 다음 달에는 특가 코너에서 이 책을 얼마에 팝시다'라는 합의가 가능하겠죠. 그것은 서점의 공간 활성화에도 도움이 되고 출판사의 회전율도 상승시킨다는 거죠. 그런 것들을 하기 위한 여러 가지 얘기가 필요한 것 같아요.

박철준 좋은 말씀 해주셨는데, 제가 올해 특히 느낀 것은 책 수명이 정말 짧아졌다는 거예요. 예전에 한달 정도 됐다면 지금은 보름 안에, 그리고 신문 지면에 소개된 책들도 수명이 굉장히 짧아졌어요. 신문에서 홍보되는 책들이 어떤 경우는 보름을 못 넘기기도 하더라구요.

장은수 대량 생산, 대량 소비 시대로 접어든 요즈음에는 모든 상품의 사이클이 짧아지고 있습니다. 책의 경우도 예외가 아니죠. 서점의 진열 공간은 좁은데 쏟아지는 책은 많습니다. 그러니까 당연히 책의 회전속도가 빨라질 수밖에 없죠. 그런데 이 반품되는 책을 백업하는 시스템이 없다는 게 문제입니다. 도서정가제 문제를 두고 최근에 논란이 많았습니다. 많은 사람들이 그것을 철학의 문제, 문화의 문제로 보고 있는데, 저는 그것보다 데이터의 문제라고 봅니다. 사람들을 설득하기 위해서는 구체적인 데이터가 필요했던 것입니다. 유통이 다각화되고, 정가 개념이 사라지는 것이 왜 출판 활동에 나쁜 것인가를 데이터를 놓고 설득하지 못한 것입니다. 도서정가제가 깨지면 무조건 망한다고 했지, 구체적으로 어떻게 해서 망하는가를 이야기하지 못했습니다. 지금이라도 이에 대한 논의를 다시 시작해야 할 것 같습니다. 김영범 사장님 말씀대로 서점이 출판사에 정확한 데이터를 제공하지 않고 있기 때문에 분석이 결여되고, 진정한 동지 의식이 싹트지 않는다고 생각합니다. 지금 땡 처리 시스템에 대해 이야기했지만, 민음사만 해도 1년에 15만 부 정도를 파기하고 있습니다. 이 책을 재판매하는 것은 지금의 청계천 시스템 가지고는 불가능합니다. 그런 시장에 내놓고 싶은 생각도 없고요. 도서정가제 문제에는 사실 이런 숨은 문제들이 많이 있습니다. 최근 국회에서 심의중인 출판법 개정안은 할인 기간을 규정하는 것 같은데, 이것은 시장에 맡겨야지 인위적으로 규정해서는 안 된다는 게 제 생각입니다. 1년 동안 안 나가는 책을 계속 가지고 있으라는 말이냐고 반문할 수 있다는 거죠.

출판사는 충성도 있는 자기 고객을 확보해야

김학원 제가 주목하는 2002년 출판 시장 전망을 말씀드릴께요. 최근 2~3년 사이 그리고 앞으로 2~3년 동안 출판을 하는 사람들이 주목해야 하는 것은 이런 거라고 생각해요. 이 변화의 한복판에 있는 것은 IT 혁명이거든요. 그리고 이 IT 혁명의 핵심은 커뮤니케이션의 혁명이고요. 예전의 농업 혁명이나 산업 혁명들이 생산성과 관련된 혁명들이었다면 이 IT 혁명은 커뮤니케이션 혁명입니다. 그런 측면에서 우리는 책을 통해 저자와 독자의 커뮤니케이션의 매개적 존재로써 이 커뮤니케이션 혁명을 어떻게 맞아야 하는지가 상당히 중요한 화두라고 보거든요. 조금 더 구체적으로 말하면 지금 부분적으로 만나고 있고 앞으로 확장될 텐데, 이제는 실명實名의 독자와 만나는 것이라는 점에 대해 아주 구체적으로 생각해야 된다고 봐요. 우리는 이제까지 책을 생산하고 소비하는 과정에서 실명의 저자를 만나서 대화를 했죠. 그런데 독자와는 직접 커뮤니케이션한 경험이 없어요. 이제까지는 서점이 독자를 만나왔어요. 우리가 독자와 직접 만나기 위해 독자엽서도 붙여도 봤지만 우리가 아는 독자는 굉장히 추상적이고 관념적이에요. 그리고 대상 독자도 인문서라고 하면 대학생, 중고생, 직장인 하는 식으로 두루뭉실하게 잡아왔단 말이죠. 그런데 이제는 독자가 자신의 이름으로 생산자에게 다이렉트로 이야기하는 시대라는 거죠. 어떤 출판사에서 웹진을 올렸다가 '번역서의 질이 너무 떨어진다'는 등 항의가 들어오니까 사이트를 폐쇄했다고 하더라고요. 그토록 독자와 만나고 싶어서 사이트를 열어놨는데 독자가 문제 제기를 하니까 폐쇄시켰단 말예요. 독자나 출판사 모두 직접 대화한 기억과 경험이 부족한 탓입니다. 그렇다면 기존에 우리가 그토록 독자와 만나고 싶어했던 것은 단지 우리의 관점에서였다는 건데, 찬사만 듣고 싶었다는 말이에요. 이건 그동안 일방적이고 관념적인 커뮤니케이션을 해왔다는 반증이거든요. 이제는 실명의 독자와 만나는 시대예요. 그렇기 때문에 생산적인 측면에서는 어느 한 부분은 포기해야 된다는 거예요. 즉 실명의 독자와 만나는 시대는 매스 마케팅이 아니에요. 예전에는 저자를 선별했다고 한다면 이제는 독자를 선별하는 안목이 출판의 생산에 있어서 대단히 중요하다고 할 수 있죠. 왜냐하면 모든 독자를 만족시켜줄 수 없기 때문입니다. 그리고 책의 소비 과정에 있어서도 이제는 독자와 커뮤니케이션할 수 있는 채널을 어떤 식으로든 확보해야 된다고요. 이전에는 출판사에서 발행 부수와 판매 부수가 중요한 코드였지만 앞으로 향후 5년 후에는 고객 수, 독자 수가 중요한 코드가 된다는 말이죠. 왜냐하면 IT에서 벤처 기업들의 핵심이 뭐냐하면 바로 회원 숫자예요. 바로 고객 수죠. 자기 사이트에 충성도가 높은 고객 수죠. 즉 출판사에서 앞으로 중요한 문제가 뭐냐하면 자기 책을 끊임없이 비판해주면서 1년에 100권 정도 내면 한 달에 2권 정도는 계속 사줄 수 있는 독자층의 확보가 매우 중요하다는 거예요. 90년대 출판사의 편집자나 사장들이 만나면 '올해 몇 종 내실 겁니까? 종수가 얼마나 됩니까? 그거 얼마 팔렸어요?'라고 말하지만 향후 5년 후에는 '당신네 고객수가 몇 명입니까'라고 묻게 될 거라는 거예요. IT 혁명에서 책을 통한 저자와 독자가 만난다는 변화의 흐름을 정확히 보면서 자기 독자가 누구인지 자기가 어떤 책을 내고 싶은 건지, 그리고 그것들을 쓸 수 있는 저자가 누구인지에 대해 자기 컬러를 가지고 출판하는 것이 출판의 본질에도 맞고 전체 흐름에도 맞다는 거죠. 그런 출판사는 절대 망하지 않는다는 거죠.

박철준 네, 그래요. 몇 년 후에는 출판사 충성 고객 수가 재산이죠.

김학원 단지 거기서 조금 더 확장해서 봐야 할 것이라면, 예전에는 타깃을 분야나 소재에 한정시켰다는 거예요. 인문서를 내면 인문서만 읽을 거다 하는 식으로요. 그런데 우리는 가치 지향적인 다양한 라이프 스타일을 영위하다보니 인문서도 읽고 경제·경영서도 읽고 다양하게 읽잖아요. 그 코드는 뭐냐면, 타깃의 가치 기준과 선별 기준은 단 하나라는 거죠. 그렇기 때문에 그 고객하고 커뮤니케이션을 하다 보면 인문서도 낼 수 있고 경제·경영서도 낼 수 있고 장르를 넘나들며 다양하게 낼 수 있다는 거예요. 그렇기 때문에 출판사의 성장 모델이 거기서 나올 수 있다는 거죠.

이권우 저는 오늘 좌담하면서 기분 좋았던 게 다들 386세대니까, '386세대들이 예나 지금이나 이 나라 먹여 살리는구나'라는 생각이 들어서입니다. (웃음) 우리 나라 출판을 버티게 하는 힘이라는 생각에 상당히 기분이 좋았어요. 그렇다면 다른 힘, 방송이나 언론의 힘에 의지할 것이 아니라 출판계가 그들에게 맞는 책을 어떻게 낼 것인가 하는 점에서 계속 연구하고 개별적인 차원에서 책을 내고 실험해서 독자층을 개발해야 될 것 같아요. 그리고 내년에는 월드컵이 있잖아요. 출판계는 늘 커다란 게임이나 행사가 있으면 불황이라고들 생각하는데 한번 발상의 전환을 해서 어떻게 월드컵을 출판과 연관시키는 방법은 없는지, 옛날에 올림픽을 정치적인 이유로 386세대들이 많이 반대했는데, 그래도 국가적 차원에서는 널리 홍보가 되는 기회가 됐잖아요. 그렇다면 나라의 위상이 세계에 알려지게 되는 것인데, 그럴 때 알려진 위상을 잘 타고 출판의 해외 시장을 공략하는데 어떤 도움이 되는지 하는 것도 잘 연구해 본다든지, 어쨌든 월드컵과 출판과 독서, 독서 진흥이라는 차원에서 연결하는 방법을 진지하게 고민해봤으면 좋겠어요.

박철준 제가 여기 오기 전에 2002년 전망으로 딱하나 생각한 것이 바로 수출이에요. (웃음) 수출 시장이 무르익는 것 같아요. 이권우 씨가 386세대 얘기했지만 출판 세대가 젊어지면서 자연스럽게 글로벌 마인드가 생겨났어요. 처음 책을 만들 때부터 우리가 어디에 수출할 수 있다, 어느 나라에 먹히겠다 이런 의견들이 나와요. 또 원소스 멀티 유즈가 더욱더 강화될 것 같아요. 출판을 토대로 게임, 팬시까지 확대해야죠.

장은수 원 소스 멀티 유즈 문제는 제가 몇 년째 고민하는 현안 중의 하나입니다. 가령, 이 문제는 아주 초보적인 형태에서는 이중 가격으로 표현될 수 있습니다. 미국처럼 양장본과 반양장본을 시간차를 두고 출판하는 방법이죠. 또는 무거운 책의 일부분을 잘라내어 쉽게 해설해 독자들이 접하기 쉬운 형태로 출판하는 일본의 신서판이나 문고본도 그런 방법 중의 하나입니다. 그 다음으로는 하나의 콘텐츠를 개발해 게임이나 방송이나 영화 등 다양한 매체들과 제휴·연계하여 활용하는 방법이 있을 수 있습니다. 미국의 스콜라스틱출판사가 이쪽에는 전문으로 보입니다. 스콜라스틱 책을 읽고 자라서, 스콜라스틱의 문화상품들을 소비하고, 아이들을 다시 스콜라스틱 책으로 가르친다는 말이 있을 정도입니다.

아직까지 한국에서 이런 출판 모델에 도달한 회사는 없다고 봅니다. 단행본 출판이 시작된 게 30~40년밖에 되지 않은데다가 이런 부분까지 고민한 것은 1990년대 이후라서 축적된 것이 적기 때문이죠. 그런데 그 10년의 경험은 지금 우리에게 출판이란 여전히 콘텐츠가 솟아나는 최초의 샘과 같은 것이고, 앞으로도 그럴 것이라는 점을 보여줍니다. 『반지의 제왕』이나 '해리포터'와 같은 판타지 소설들이 그 증거입니다. 물론 이러한 출판의 역할이 계속될지는 아직 알 수 없습니다. 하지만 문화산업은 출판이 계속 이 역할을 하기를 원하고 있습니다.

제가 지난달에 MBC PD를 만난 적이 있었는데, 그분의 말이 '90년대 초만 해도 소설에서 드라마의 소스가 탄생했다'는 거예요. 소설을 가지고 또는 소설의 소스를 변형시켜서 드라마를 만들었다는 말이에요. 그런데 그 지금은 그 흐름이 역전되고 있습니다. 오히려 드라마소설이나 영화소설이 적지 않게 생산되고 있습니다. 그런데 출판이 새로운 이야기 코드를 공급해 주지 못하니까 드라마 쪽은 거의 새로운 이야기를 생산하지 못하고 있죠. 그래서 전부 사극으로 치닫고 있는 거죠. 영화에서도 마찬가지 현상이 일어나고 있는데, 〈JSA〉를 제외하고 나면 나머지는 전부 폭력 또는 엽기가 넘치고 있죠. 출판이라는, 시대의 첨단에서 가장 값싼 형태로 대중들의 이야기 기호를 확인할 수 있는 매체가 제 역할을 다하지 못하고 있기 때문에 다른 장르의 이야기 코드가 한쪽으로 쏠리는 것을 제어하지 못하는 것입니다. 책을 통해 다양한 이야기들을 실험하고 생산함으로써 대중들의 문화적 취향을 높여야 하는 거죠. 현재 가장 필요한 것은 이 부분이라고 생각합니다.

그런데 이를 실현하기 위해서는 현재까지 출판이 가지고 왔던 생산의 구조를 혁신해야 한다고 봅니다. 무명의 대중을 향해 투망식으로 아무 이야기를 던지는 구조를 지양해야 하는 것입니다. 자신이 바라보고 있는 대중의 얼굴을 찾아야 한다는 것이죠. 그저 얼굴 없는 대중을 향해 책을 던져놓고, 운이 좋아서 나가면 나가나 보다, 들어오면 들어오나 보다 하는 생산 구조가 바뀌어야 합니다. (웃음) 이른바 선택과 집중의 문제가 중요해진다는 것입니다. 저는 네트워크 혁명이 작은 출판사의 생존을 보장해 줄 거라고 생각합니다. 모두 종합 출판을 지향할 것이 아니라 자신이 바라보고 있는 독자들의 얼굴을 똑바로 보고 그쪽을 모든 역량을 집중하는 그런 식으로 출판사의 내부구조를 혁신해야 할 것입니다. 그러한 선택과 집중이 없이도 살아남으려면 규모의 경제를 실현해야겠죠. 어정쩡한 규모의 종합 출판사들은 빠른 속도로 사라지게 될 것입니다. 아마도 십 년 안에 많은 출판사들이 자연스럽게 정리된다고 봅니다. 2002년도 출판에서 제가 주목하는 것은 선택과 집중을 위해 스스로를 구조 조정하는 출판의 모습입니다.

한기호 이제 마무리 할 때가 됐는데요. 오늘 우리가 장장 6시간이 넘게 있었어요. (웃음) 작년에 할 때보다는 굉장히들 잘 버티는데요. (웃음)

장은수 체력이 좋아진 건가, 말발이 늘었나. (웃음)

새로운 상상력만 있으면 독자는 여전히 있다

한기호 오늘 이야기는 상당히 수준이 높아졌다는 생각이 듭니다. 또 전체적으로 우리 출판계의 담론이 성숙되었다는 느낌이 들었어요. 좀 전에 이야기했듯이 네트워크 혁명이 POD 혁명이라는 개념으로 와서 디지털 기술이 개발되고 책 생산 시스템이 혁명적으로 변하고 있지요. 그로 인한 정보의 편집술이라는 것은 완전히 바뀌었고, 출판 환경과 출판사들이 어떻게 변하느냐에 따라 더욱 달라질 것이라는 점은 분명하죠. 그리고 기본적으로 출판 시장이라는 게 결국은 디지털은 물론이고 모든 미디어와 싸워서 이겨야 되는데 그런 면에서 아까 장은수 씨의 선택과 집중이라는 것과도 연결되고, 출판 기업의 자기 변화와 자기 혁명은 분명히 이뤄져야죠. 또 일부 이루어지고 있다고 생각해요. 그런데 그 생산 시스템의 수준이 높아져 가는 것에 비해서 우리의 유통 혁명은 빨리 진행되지 못했다는 측면이 있어요. 제프리 존스의 『나는 한국이 두렵다』(중앙M&B)라는 책을 이번에 읽게 됐는데 그 책에서는 좀 터무니없지만 어쨌든 2025년에 우리가 미국에 도전할 수 있는 유일한 국가, 즉 '빅 브라더'라고 표현하더군요. (웃음)

이권우 (웃음) 굉장히 기분 좋네.

한기호 그 말을 믿고 싶지는 않지만 그렇게 됐으면 좋겠다는 바램도 있어요. 그 사람 말이 '빨리빨리 문화'라는 게 결국 우리한테 인터넷 사이트나 인적 네트워크를 발전시키는 데 굉장히 유리하다는 이야기를 하고 있거든요. 우리의 장점은 장점대로 키워야겠지만, 도서정가제 같은 경우에도 저는 문제가 없다고는 할 수 없다고 봐요. 분명히 있지만 그것을 대체할 만한 새로운 패러다임이 존재해야 한다는 것이죠. 지금 출판계와 서점계가 합의해서 그것을 빨리 마련하지 못한 상태에서 그냥 무너져가고 있다는데 문제가 있습니다. 그런데 현재의 할인 구조로 계속 갔을 경우에 지금 도매상이 위험하다는 판단 때문에 그렇기도 하지만, 도매상의 책 출고가가 60~65%에서 지금 50~55%로 완전히 낮아졌고 내년 하반기면 40~45%로 떨어질 거라고 봐요. 그리고 불과 3~4년 뒤에 20~25%가 돼서 완전 덤핑 시장으로 갈 수도 있다는 거죠. 물론 그렇게 만들지 않기 위해서는 우리가 많이 노력해야겠죠. 그런 측면에서 저는 우리가 자유 경쟁을 통해 소비자에게 이익을 준다는 것은 보다 싼 가격으로 양질의 제품을 언제 어디서나 쉽게 구입하는 시스템이라고 할 수 있는데, 이중 20~25%로 떨어진다는 것은 결과적으로는 책 가격에 대한 불신, 나아가 책에 대한 환멸로 이어질 것이라는 우려가 커요.

그리고 1997년 서점수가 5400개가 넘었는데, 지금 현재 2700개가 안 됩니다. 절반 이하로 떨어졌는데, 극단적인 예측인지도 모르지만 2년 정도 지나면 100여 개 정도로 떨어질 수 있다고 봐요. 또 하나가 지금 출판인들이 굉장히 고민하는 것이 과연 어느 온라인 서점이 먼저 무너지느냐 하는 것이거든요. 온라인 서점의 양극화로 온라인 서점도 한 두개 정도 남지 않겠느냐 하는 것은 우리만이 아니라 전 세계적인 현상이죠. 아주 소수의 오프라인 서점과 한 두개의 온라인 서점이 남는다면 결국은 자유 경쟁이 아니라 거의 독점에 가까워져 독자가 자유롭게 책을 구하기 어려운 게 아니냐는 우려가 있죠. 이것을 빨리 수습하고 새로운 패러다임을 마련하는 것이, 공정거래법 입법화 이전에 우리가 먼저 할 문제고, 그런 시스템을 도입하는 것이 우리가 변화되는 모습이 아닌가 생각합니다.

10월 달에 일본 아사히신문 기자들이 와서 한국 출판 특집을 했고 그 이후에 한 번 더 했다고 하는데 그것이 시사하는 점은 한국 출판과 한국 문화에 대해 주목하기 시작했다는 뜻이거든요. 우리가 상당히 발달해 왔다는 거죠. 아까도 말했지만 우리 책보고 놀란다고 하잖아요. 최근에 베스트셀러 같은 경우 우리 나라에서 먼저 나오기도 합니다. 특히 일본에서 주목하는 것은 IT죠. 우리가 MP3 플레이어를 먼저 만들었다는 점이나 전반적인 전자 미디어 쪽에서는 우리가 3년이 앞선다는 것이죠. 제프리 존스는 '5분 먼저 가면 50년 먼저 간다'는 말을 역으로 적용해 디지털에서는 우리의 '빨리빨리' 문화가 세계에서 주목받을 수 있는 나라로 만들 것이라는 주장을 하고 있지요. 그런 측면에서 일본이 주목했던 건 사실이거든요. 이런 식으로 될 수 있었던 것은 디지털 혁명이라는 것이 전 세계 동시다발적으로 왔기 때문에 누가 먼저 하느냐의 문제라는 것이고 그렇기 때문에 우리에게는 많은 기회가 주어질 수 있는 것이 아니냐는 것이죠. 그런 시스템을 정돈, 정비해야 21세기 우리 출판이 세계 시장으로 갈 수 있겠죠. 그리고 오늘 말했던 중국 시장에서도 우리가 확실하게 시장을 개척할 수 있는 것입니다. 그리고 그런 가능성이 열려 있지 않나 생각합니다.

   오늘 예정된 항목 중에 이야기 안 된 부분이 적지 않습니다. 출판 산업이 존재하기 위해서는 불가피하게 구축해야 할 하드웨어에 대한 부분은 오늘 김영범 사장님까지 모셔놓고 시간이 부족해 더 이상 진척시키지 못했습니다. 이 부분은 다음 기회에 다른 자리를 마련해 보기로 하겠습니다. 하지만 오늘의 토론에서 디지털 시대에도 새로운 상상력이 넘치는 책을 만들면 독자들은 여전히 있다는 사실만은 확실하게 확인했습니다. 그 점만 해도 커다란 성과가 아닌가 합니다. 오늘 긴 시간 동안의 토론에 모두들 수고 많으셨습니다. 감사합니다.

2

【2001년 상반기 좌담: 2001년 한국출판의 현주소】
자신감만 회복하면 책의 미래는 여전히 밝다

참석자 (가나다순)

김이구 창작과비평사 편집국장, 문학평론가

이권우 도서평론가

이종원 도서출판 길벗 대표

장은수 문학평론가, 민음사 편집부장

한기호 사회, 한국출판마케팅연구소장

때 : 2001년 6월 13일
곳 : 한국출판마케팅연구소

김영범

㈜북새통 대표이사. 77년 태종출판사 영업사원으로 출판계에 입문. 청산사, 모음사를 거쳐 ㈜김영사의 영업부장, 기획실장, 상무이사, 대표이사를 역임하며 출판업무 전반을 섭렵하였다. 책을 읽지 않고는 밥상에 앉지 못하게 하는 가정 분위기 속에서 자라 책에 대한 애정이 각별하다. "어떻게 하면 책을 더 팔까가 아니고 어떻게 더 많은 독자에게 책을 읽힐 수 있을까?"가 요즘 그의 화두다.

김학원

휴머니스트 대표. 서강대 국문과 81학번으로 1992년 도서출판 새길에 입사하여 2000년 12월 푸른숲을 그만두기까지 8년 동안 출판사 편집주간을 맡으며『미학 오디세이』,『철학과 굴뚝 청소부』,『괴테의 이탈리아기행』,『시간 박물관』,『사도세자의 고백』등 270여 종의 단행본을 펴냈다. 2001년 5월, 휴머니스트 출판사를 창립하여 12월부터『서양과 동양이 127일간 e-mail을 주고받다』,『오늘 눈부신 하루를 위하여』,『독도평전』등을 연이어 출간하면서 활발하게 활동하고 있다.

박철준

1989년 '민주일보' 체육부 기자로 기자 생활에 입문해서 출판전문 주간지 '도서신문'을 끝으로 13여 년간의 기자 생활을 마감했다. '도서신문' 재직 중 출판동네 언저리를 5년간 누비다, 뜨인돌출판사 기획실장으로 단행본 출판 현장에 입문하게 되었다. 새로운 세상에서 좌충우돌하며 오늘에 이르고 있다.

한기호

1958년 경주에서 태어나 대학은 공주사범대학 국어교육과를 다녔다. 1982년 편집일로 입문해 1983년부터는 영업 전선으로 뛰어들었다. 현재 한국출판마케팅연구소 소장, 중앙대학교 신문방송대학원 초빙 교수로 활동하고 있다.『출판마케팅 입문』(자작나무),『희망의 출판』(창해),『디지털과 종이책의 행복한 만남』(창해),『우리에게 온라인 서점은 무엇인가?』,『e-북이 아니라 e-콘텐츠다』,『디지털 시대의 책 만들기』(이상 한국출판마케팅연구소) 등이 있다.

한기호   2000년에는 『영어공부 절대로 하지마라』, 『가시고기』, 『부자 아빠 가난한 아빠』, '해리포터' 시리즈까지 밀리언셀러가 네 종이나 나왔죠. 금년 들어서도 『상도』가 벌써 1백만 부를 넘어섰고, 『누가 내 치즈를 옮겼을까』가 곧 왜 예전에 우리 수학여행 같이 갔던 놈 중에도 나한테 그런 놈 있었잖냐. 1백만 부 돌파를 앞두고 있으며 『국화꽃 향기』가 80만 부 가량 판매됐죠. 그러니까 팔리는 책은 계속 팔리는데 비해서 안 팔리는 책은 계속 안 팔리는 양극화가 더욱 심각해지지 않았나 하는 생각이 들어요.

작년까지만 해도 저는 밀리언셀러의 등장이 시장의 확대를 가져올 것으로 판단했습니다. 그러나 최근에는 생각이 바뀌고 있어요. 지금도 우리 출판 시장에 밀리언셀러가 등장하는 것이 여전히 시장을 확대시킨다고 볼 수 있을까요? 과거에는 이런 밀리언셀러가 있으면 독자가 그 책을 사려고 서점에 와서 다른 책들을 충동 구매를 하는 바람에 시장 전체가 활성화됐는데 요즘엔 옛날 같지 않은 것 같아요. 왜냐하면 베스트셀러를 집중적으로 할인해서 파는 할인 온라인 서점, 대형 할인 매장 등이 갈수록 위세를 떨침에 따라 유통 시스템은 전체적으로 팔리는 책만을 취급하는 구조로 가고 있지요. 이제는 베스트셀러에 오르면 기대 이상으로 눈덩이가 커지며 판매가 늘어나지만 그렇지 않은 경우에는 서점의 서가 냄새도 맡아보지 못하고 반품되는 경우가 비일비재합니다.

이런 양극화 구조가 심각해지다 보니 최근에는 책 사재기와 같이 베스트셀러를 만들기 위한 인위적인 노력이 자꾸 발생해서 무척 당혹스럽습니다. 집안 얘기를 무조건 들추어 말할 수도 없는 입장이지만 정도가 심하다 보니 이미 사회 문제가 되고 있습니다. 운동 경기와 비유하면 출판사는 선수고 베스트셀러를 집계해 발표하는 대형서점은 심판으로 볼 수 있습니다. 원래 선수들은 때때로 페어플레이 정신을 망각하고 반칙을 해서라도 이기려 들지요. 제가 출판업자를 두둔하려는 것이 아니라 선수들은 그런 속성이 있습니다. 장사꾼이라면 돈 되는 일은 다하려 듭니다.

심각한 책 판매의 양극화 현상

하지만 심판이 두 눈 부릅뜨고 반칙을 지적하려 들면 그런 일이 크게 문제가 되지 않을 것입니다. 예전에는 지인이나 직원을 동원해 남을 의식하며 사재기를 하는 수준이었지만 지금은 조직적으로 하는 기업형에 가깝습니다. 이런 규모의 사재기는 대형서점들의 방조 혹은 조장 없이는 불가능해요. 왜냐하면 조장을 하면 구전이나마 생기거든요. 이미 대형서점의 매출 중 사재기로 인한 매출이 10%에 육박한다는 이야기가 공공연하게 나돌고 있습니다. 그러니 서점들도 이제 믿을 수 없게 되었죠. 유통이 혼란스럽다보니 그들도 살아남아야 하는 이상 이것저것 가릴 형편이 아니지요.

최상의 문제 해결 방법은, 사재기 같은 것을 하지 않고 좋은 책만 펴내 큰돈은 벌지 못하더라도 출판 기업이 안정적으로 운영되는 인프라가 조성되는 것인데, 현실은 전혀 그렇지 않거든요. 지금 양서만을 펴내는 양심적인 기업들이 갈수록 곤란을 겪고 있습니다. 이러다가는 출판물의 질이 갈수록 떨어지게 되고 책에 실망한 독자들이 책에서 멀어지는 일이 많아지면서 결국 출판 산업이 황폐화될 우려가 커지고 있습니다. 이 문제가 최근 출판 시장에서 최고의 화두로 보이는데, 오늘 참석하신 분들이 보시기에는 어떻습니까?

장은수 이권우 편집장이 먼저 얘기하는 게 나을 것 같습니다. 출판사 내부자가 아니시니까…….

이권우 일단은 우리 출판 시장이 양극화되고 잘 팔리는 책들만 읽히고 그리고 그 잘 팔리는 책들이 과거와 같은 인문적인 책이나 본격 문학 작품이 아니라는 점은 분명히 독서 시장의 중요한 변화로 지적할 만합니다. 특히 이런 경향이 작년부터 확고해지면서 올해는 유별나게 인위적으로 베스트셀러를 만들려는 노력들이 있어서 출판 시장을 상당히 혼탁하게 만들고 있는데, 어쨌든 출판 시장의 양극화와 함께 올해 우리 출판이 불황을 겪게 될 것이라는 것은 이미 작년에 예측된 바 있습니다. 놀랍게도 전체 경기가 나빠지면 출판 시장도 같이 나빠지고 있지요. 경제가 어려우면 그 현실을 이겨내려는 다각적인 노력을 책이라는 고전적인 매체를 통해서 모색해봐야 하는데 현실은 그렇지 않다는 것이죠.

연결된 얘기인데요, 결과적으로 우리 대중들이 잘 읽는 책이 무엇이냐면, 그러니까 주머니 사정이 넉넉할 때 읽는 책은 대부분 엔터테인먼트류라는 것이죠. 작년에 정확하게 분석된 대로 유저user적 기능이 강조된 책만 읽고 있다는 것입니다. 일시적 위안과 기쁨이 되어주고 당장의 현실적 필요에 응해주는 책만 읽고 있기 때문에 현실 경제 지표와 출판 시장이 연동되어 있다는 것입니다.

그리고 아무리 출판 상황이 어렵더라도 올바르지 못한 방법으로 베스트셀러를 만드는 것은 출판계 내부에서 강력하게 제재하고 비판해야 합니다. 사재기라는 극악스런 방법이 올해 들어 유별나게 기승을 부리고 있는데, 이것은 큰 문제죠. 특정 출판사가 연달아 그런 부정한 방법으로 시장을 활성화시키려고 한다면 그것이 결국은 출판계 내부의 문제가 아니라 언론과 사회에도 알려지게 될 것이고 그러면 책의 가치는 더 떨어지게 되거든요. 결국 책을 문화가 아니라 '상품'으로 만든 것은 독자 때문이 아니라 대박을 꿈꾸는 출판업자들의 악덕 상술이 한몫 거들고 있다는 이야기가 됩니다. 문제가 사회적으로 확산되기 전에 출판계가 이 같은 일이 재연되지 않도록 강력한 자정 노력을 펼쳐야 합니다.

저는 한 소장님과 개인적으로 만날 때마다 늘 하는 말이, 연구소 이름이 마케팅연구소니까, '이 나라에서 무슨 출판 마케팅이냐, 마케팅 이전에 독서 운동이 있어야 한다.' (웃음) 그러니까 책을 읽을 수 있는 사회를 만들어 놓고 그 다음에 마케팅을 해야 한다는 것이죠. 우리는 개별 출판사의 마케팅을 두드러지게 강조해 왔지 책을 읽는 사회 문화를 만들기 위한 노력은 너무 부족했습니다. 말하자면 '독서어족'을 보호하고 출판계 전체가 '마케팅 어망'의 규모를 정해서 '씨'는 말리지 않는, 장기적으로 출판이 문화 시장에서 끝까지 살아남을 수 있는 토대를 만드는 데 너무 소홀했다는 겁니다. 미국이나 일본, 영국의 출판계가 보여주는 다각적인 독서 운동에 비교하면 실로 부끄러울 정도입니다. 이런 상황에서 모든 책임을 현실에 영합해 현실주의자가 된 독자들에게만 돌릴 수는 없다는 거죠. 그리고 독서 운동이 시작된다면 출판계가 주체가 되어서는 안 됩니다. 시민단체나 사회단체 그리고 교육단체와 연계를 하되, 출판계가 간접적으로 옆에서 도와줌으로써 우선적으로 책을 읽는 문화를 만들어내야 합니다. 이런 문화 운동이 선행된 다음, 책을 파는 시스템이 작동돼야 한다는 겁니다.

 그리고 어떻게 된 일인지 요즘 우리 출판 마케팅 전략이 대부분 '대중을 읽자' 쪽으로 기울어지고 있는 것 같아요. '대중들이 뭘 원하고 있는지 알자' 이렇게 얘기하고 있는데, 왜 이렇게 우리 출판이 왜소해졌는지 모르겠어요. 한 권의 책이 새로운 문화 트렌드를 만들어가는 창조적인 전략을 구사해야 되는 거 아닌가요. 그래야 여러 문화 산업 가운데 출판의 독자성과 위상이 공고해질 텐데 하는 아쉬움이 듭니다.

대중을 읽는 마케팅에서 대중을 끌고 나가는 마케팅으로 전환해야
최근에 개인적으로 대중적 글쓰기를 하는 역사학 교수님들이 모인 자리에 참석한 적이 있었습니다. 저보고 인문학 출판의 현황에 대해 말 좀 하라고 하는데, 이미 일가를 이룬 분들에게 할 얘기가 있어야 말이죠. 그래서 충격 요법으로 영화 〈친구〉의 마케팅을 분석한 자료를 모아서 설명을 드리고 여기서 우리가 얻을 수 있는 게 무엇인가를 말했어요. 제가 강조한 것은 〈친구〉의 마케팅 기법을 통해서 글쓰는 사람 입장에서 받아들일 게 뭔가를 얘기했는데, 제가 무슨 마케팅 전문가인 것처럼 되어버렸어요. 마음속으로 나중에 한 소장님이 소문 들으면 비웃겠구나 그랬는데……. (웃음) 〈친구〉에 대한 분석 기사를 읽으면서 제가 주목한 것은 일반적인 생각과는 달라요. 복고 트렌드가 이미 있었기 때문에 〈친구〉가 성공했던 게 아니라는 거예요. 복고 트렌드는 IMF 직후에 있었던 거죠. 그러니까 〈친구〉가 흥행에 성공하면서 다시 복고 트렌드를 만들어냈다는 겁니다. 〈JSA〉도 그랬고 그전의 〈쉬리〉도 그랬고, 대중의 심리를 읽어낸 것뿐만 아니라 대중이 영화를 보고 나서 비로소 무엇을 생각해야 되고 무엇을 꿈꿔야 되는지, 무슨 영향을 받았는지 깨닫게 되었다는 얘기들을 많이 하거든요. 그런데 그런 것은 원래 책의 역할이었잖아요. 그러니까 이 같은 예에서 알 수 있듯 정작 대박을 터트리려면 대중을 읽는 마케팅에서 대중을 끌고 나가는 마케팅으로 전환해야 된다는 것입니다. 그렇지 않으면 영화에 모든 걸 뺏길 가능성이 높아요. 원래 이 좌담은 입을 먼저 여는 사람이 불리하게 되어 있는데, 이제 장은수 편집장이 저를 공격하면 되겠네요. (웃음)

장은수 저희 민음사 박맹호 사장님께서 만날 하시는 얘기가 당신의 오랜 경험에 비추어보건대 당신이 출판을 시작한 지 40년이 넘도록 단 한번도 불황이 아닌 때가 없었다는 것입니다. 하지만 시대와 함께 호흡을 해나가는 책을 만드는 출판사는 늘 괜찮았고, 시대의 흐름에 맞춰 자신을 혁신할 수 없는 출판사는 늘 어려웠다는 것입니다. 그러니까 불황이라는 말은 어떻게 보면 시대 부적응자들의 변명일 수도 있습니다. 저는 현재 출판이 불황이라는 말에 동의할 수 없습니다. 다소 어려운 분야도 있겠지만 시장의 규모 전체가 줄어든 것은 분명히 아닙니다. 여기에 이종원 사장님도 계시지만, 과거에는 우리가 독자로 가정하지 않았던 사람들이 새로운 독자층을 이루고 있습니다. 가령, 문학 분야는 힘들지 몰라도 요리책을 비롯한 실용서 시장은 폭발적으로 성장하고 있습니다. 이 분야에 대한 투자는 결코 줄어들지 않았습니다. 어학 시장도 마찬가지입니다. 예전 같으면 어학 책들은 거의 참고서 출판사들의 전용 구장 같은 것이었는데, 이 시장에 수많은 출판사들이 뛰어들어 새로운 책들을 만들어내고 있습니다. 이 새로운 책들은 새로운 독자들을 창출하고 있지요. 그러니까 출판이 불황이라는 말에 저는 결코 동의할 수 없습니다. 불황이 있다면 그것은 기획의 불황이라고 봅니다. 일본에서 최근에 베스트셀러에 오른 책 중의 하나가 『딸이 엄마에게 가르쳐주는 컴퓨터』라는 책입니다. 이 책은 60대 할머니들을 컴퓨터 책의 새로운 독자로 만들어내고 있습니다. 물론 그 자체로는 커다란 시장일 수 없습니다. 하지만 그렇게 새로운 독자를 만들어내려는 노력에 힘입어 독자들의 외형 자체는 오히려 넓어졌다고 봅니다.

하지만 기존에 출판계에서 주요 독자층이라고 생각했던 집단의 독서는 줄어들고 있습니다. 독자들의 외형 자체는 넓어졌지만 종래의 출판계를 지배했던 코드들은 붕괴되고 있는 것입니다. 1980년대 이후 한국의 출판계는 결코 사회학적 상상력을 넘어서지 못했습니다. 1990년대 초반에는 그에 대한 반작용 때문인지 인문학 과잉 시대이기도 했습니다. 『로마인 이야기』나 『나의 문화유산답사기』 또는 『작은 인간』(마빈 해리스, 민음사) 같은 책들이 대량으로 기획되고 폭발적으로 팔려 나간 시기입니다. 그러나 1980년대에 한국 출판이 경험했던 이상한 과잉, 가령 『해방전후사의 인식』(송건호 외, 한길사)과 같은 전문적인 역사학 논문집이 1백만 부 가량 팔리는 사회가 정상적인 사회라고 보지는 않습니다. 『해방전후사의 인식』는 대학에 다닐 때 열심히 읽었고, 최근 서가를 정리하면서 다시 들여다봤는데 읽을수록 쉽지 않은 책입니다. 이런 전문 서적이 밀리언셀러를 기록한 것은 일종의 정신적 패닉 현상이라고 생각합니다. 최근 출판계의 흐름은 그러한 패닉 현상이 수그러들면서 현실의 다양성을 받아들여 가는 과정이 아닌가 싶습니다. 때문에 과거의 코드에 집착하는 기업들은 상대적으로 그 위상이 축소될 수밖에 없고, 현실의 지층에 깔려 있던 다양한 지식욕을 발굴해 가면서 새로운 독자들을 받아들이고 있는 출판사들은 여전히 자기 몫을 해내고 있다고 봅니다.

출판의 새로운 트렌드를 만든다는 것, 그것에는 전적으로 동의합니다. 모두가 그것을 위해 노력하고 있겠지만 물론 그것은 지난한 작업이 될 것입니다. 일단 마케팅 비용이 과거에 비해 기하급수적으로 상승하고 있습니다. 독자층이 훨씬 두꺼워졌고, 그들의 욕망이 다양해진 만큼 그들을 어떤 한 흐름에 집단적으로 동참시키기 위해서는 그만큼 노력할 수밖에 없습니다. 신문이나 방송과 같은 미디어의 특별한 지원이 없다면, 결국 광고가 그 역할을 하게 될 것인데, 그 비용은 갈수록 상승하고 있지요. 1990년대 초반에 해냄의 『무궁화꽃이 피었습니다』(김진명)가 보여주었듯이, 대상 독자의 상당수에게 책의 재미와 감동을 전하려면 한 10억 원 정도는 마케팅 비용으로 지불해야 하지 않을까요? 가령, 『삼국지』(이문열, 민음사)의 경우만 하더라도, 지난 10여 년 동안 나눠 써서 그렇지, 그 정도의 광고비는 집행한 듯 싶습니다. 출판에서 트렌드는 쉽게 만들어지지 않습니다. 그만큼 애쓰고 노력해야 가능한 것이지요.

다품종 소량 생산은 출판 시장의 철칙인가?

장기적으로 볼 때, 그런 식의 대규모 마케팅에 의해 대형 베스트셀러를 노리는 구조를 출판계가 지향해서는 안 된다고 생각하고 있습니다. 그렇다고 해서 창조적인 트렌드를 시장에 정착시키려는 노력을 포기해서도 안 되겠지만 말입니다. 하지만 출판의 본령은 역시 다품종 소량 생산이라고 봅니다. 어떤 책 주변에 자연스럽게 형성되는 독자들을 차분하고 효과적으로 공략해서 다음 책을 내기 위한 밑거름으로 삼는 것이지요. 그러기 위해서는 기존의 독자들을 어떻게 잃지 않을 것인가를 고민하고, 그 분야에서 새로운 독자를 어떻게 창출할 것인가를 좀더 주목해야 할 것입니다. 가령, 인문학 독자들이 1천 명 정도로 축소되었다면 그 독자를 더 이상 잃지 않고 어떻게 1천5백 명으로 늘리는 마케팅을 할 것인가, 그러려면 인문학 내부에서 새로운 트렌드를 어떻게 생산하고, 인문학 마니아들에 정말로 도움이 되는 새로운 주제들을 어떻게 끄집어낼 것인가를 연구해야겠지요. 이런 측면에서 보자면 효형이나 이산이나 새물결 같은 곳이 새로운 희망을 보여주고 있다고 생각합니다.

한기호 지난 4월 일본에서 출간된 『출판대붕괴』라는 책에, 일본의 출판평론가 가즈히로 고바야시라는 사람의 얘기가 나오는데, 일본 출판이 살아남기 위해서는 1년에 6만 5천 종이나 나오는 신간을 최소 3만 종으로 줄여야만 한다고 얘기하고 있습니다. 전에 제가 일본에서 출판을 '자전거식 조업'이라는 말로 표현한다는 것을 소개했는데, 자전거 페달을 밟듯 신간을 계속 내서 일단 밀어내지 않으면 살아남기 어려운 구조를 두고 말한 겁니다. 일본 출판은 이제 '프로펠러식 조업'으로 변했는데, 자전거 페달로는 안 되고 프로펠러를 돌리듯이 신간을 펴내서 밀어내야 한다는 이야기가 나온 지도 벌써 오래됐습니다. 그런 상황에서는 6만 5천 종이나 되는 신간이 많은 문제를 야기하게 된다는 것이 그분의 논리이지요. 신간 자체의 효율을 키우기 위해서는 신간 종수를 절반 이하로 줄여야 한다는 건데, 우리도 1년에 4만 종 가량 나오지 않나요?

장은수 소장님 말씀에 일단 동의합니다. 일본의 출판계는 너무 지엽말단화해서, 책으로 낼 필요가 없는 것까지 책으로 만들어지고 있습니다. 독자가 5백 명밖에 안 되는 책들도 수없이 나오고 있어요. 그게 일본 출판의 장점이자 단점이죠. 물론 그 5백 명이 문화적 가치로 50만 명에 해당하는 책이라면 상관없을 것입니다. 문제는 그 5백 명이 실제 유저user 5백 명을 대상으로 한다는 것이죠. 저는 그런 의미의 다품종 소량 생산이라면 거부합니다. 문화적 함의나 실용적 함의가 분명한, 그러니까 정확하게 자기 독자들을 이해하는 책을 만들어내는 다품종 소량 생산을 말하는 것입니다. 결국 이것이 출판의 과학화와도 연결되어 있죠. 자기가 만드는 책의 예상 독자를 정확하게 예측하고, 그만큼만 책을 찍어내면 아무래도 로스loss가 줄어들죠. 이렇게 로스를 극도로 줄인 상태의 다품종 소량 생산 시스템, 그것은 일본 출판계와 같은 길을 걸어가지 않기 위한 기본 전제라고 할 수 있습니다.

이권우 일본은 이제 안 나온 책이 없을 지경에 이른 모양인데, 우리는 나와야 될 책이 너무 많아요. (웃음) 저는 최근 서점에 들렀다가 충격을 받았습니다. 『루카치 미학』(게오르그 루카치)이라는 책이 번역·출간되었는데, 미술문화라는 출판사에서 나왔어요. 홍익대학교에서 루카치의 미학 연구로 박사학위를 받은 이주영 씨와 임홍배 서울대 독문과 교수, 반성완 한양대 독문과 교수가 번역을 했는데, 이 책이 사실은 80년대 후반에 번역이 시작돼 오래 전에 이미 끝낸 상태였대요. 그런데 책 내주는 데가 없어서 출판을 못하고 있다가 학술진흥재단에서 지원비 받아서 책을 펴냈는데, 어려운 형편에 책을 낸 출판사 측에는 죄송한 말입니다만, 일반인들에게 잘 알려지지 않은 출판사에서 나온 거예요. 이런 상황에서 일본의 경우야 번역 수준이 높고 출판 문화가 성숙한데다 도서관을 비롯한 문화 인프라가 잘 갖춰져 있으니까 종수를 줄이는 게 의미가 있겠지만 우리 쪽 실정에서는 책이 더 많이 나와줘야 합니다. 그리고 제가 『루카치 미학』을 사면서 내내 들었던 의문이 '왜 내가 이 책이 나온 걸 몰랐을까'였어요. 책 관련 저널리즘에서 왜 이 책을 소개 안 했는지 모르겠어요. 제가 못 봤는지 모르지만. 그래서 주변 친구들에게 『루카치 미학』이 나온 걸 아느냐고 물어봤더니 모두들 모른다고 하더군요.

한기호 홍보비 아까워서 언론에 안 돌린 거 아니에요? (웃음)

장은수 그럴 수도 있고요. 지금의 신문사에서 책을 다루는 구조가 『루카치 미학』을 소개하기 어려운 구조죠. (웃음)

김이구 이권우 씨가 결론적인 말씀을 먼저 해주셨는데, 아까 한 소장님이 얘기한 대로 우리 시장 상황이 점점 양극화되고 있는 추세라는 점에는 저도 그 비슷한 생각을 하고 있고요. 아무래도 제가 좀더 잘 알고 있는 분야가 문학 쪽인데, 문학 쪽에도 기본적으로 인지도가 높은 작가들의 경우는 정말 쓸 의욕이 날 정도로 독자들이 많죠. 그런데 그 대열에 들어가지 못하면 여러 가지로 우리 출판 유통 메커니즘이 독자들한테 알려지거나 평가를 받는 게 힘이 드는 상황입니다. 좋은 작품, 개성적인 작품을 쓰는 여러 작가들이 제가끔 독자를 확보해서 좀더 다양한 층위가 형성되었으면 좋겠다는 생각입니다.

팔릴 책을 추구할 수밖에 없는 객관적 현실

이종원 사실 어떤 문제에 대해서 보통 상식적으로 공감하고 있는 나름대로의 의견들이 있잖아요. 이 문제에 대해서는 정답에 가까운 얘기들이 이미 나온 것 같아요. 저는 이 문제에 대해서 특별히 새로운 얘기는 할 것이 없고요, 지금까지 나온 얘기들이 대략 이런 거죠. 현재 한국 출판의 문제점들을 어떻게 해결할 것이냐, 시장의 양극화 현상이나 유통 쪽에서 팔리는 상품 위주로 판매하는 구조에서는 생산자들 즉 책을 만들어내는 사람들이 어쩔 수 없는 객관적인 현실이라는 게 있지 않느냐, 팔릴 책으로 갈 수밖에 없는 거 아니냐는 것이죠. 그 다음에, 좀 전에 하신 영화 산업과 비교했을 때의 얘기는, 생산자들이 너무 안이한 거 아니냐는 거고요.

이권우 어이구, 제가 출판계 인사들한테 몰매 맞겠습니다. (웃음)

이종원 맞는 얘기죠. 사실 출판사 사람들이 만나면 많이들 하는 얘기잖아요. 그리고 이런 현실에 대한 대응 방안으로 좀더 새롭고 신선한 시도를 통해서 시장을 만들어 나가자는 얘기를 하셨고, 장은수 편집장님이 하신 얘기도 맥락이나 의도는 같은 거고요. 전통적인 시장은 줄었을지 몰라도 실용서를 중심으로 한 새로운 시장은 성장하고 있습니다. 시장이 줄었다는 것은 어떻게 보면 주체들이 해야 할 몫을 제대로 해내지 못하고 있는 것이 가장 큰 문제가 아니냐는 건데, 다 맞는 얘기 같아요.

그런데 큰 방향에서 우리 출판의 미래상을 보여주고 있는 미국이나 일본 같은 경우를 봐도 양극화가 심화되고 있지 않나요? 우리의 경우 IMF 이후 객관적인 흐름이 출판만 아니라 전 산업 분야가 양극화되고 있잖아요. 자본이 계속 집중되고 중산층이 몰락하는 식으로. 이게 출판이라고 해서 예외겠느냐는 겁니다. 피할 수 없는 현실 같아요. 책이라는 게 문화적인 내용을 담고는 있지만 또 한편으론 상품입니다. 아무리 뜻이 좋아도 현실적으로 투자된 것이 판매되어서 수익으로 돌아오고 재투자되지 않으면 생존할 수 없는 구조이죠. 그 누구도 자유로울 수 없는데, 여기에다 우리 한국적인 특수성이 또 있다고 생각되요. 뭐냐면, 사회 자체가 단기간에 압축적으로 경제 성장이 이루어졌죠. 그러면서 문화가 상대적으로 취약했단 말이죠. 그러니까 아까 얘기되었듯이 당연히 나와야 될 책조차도 안 나오고 아직도 나와야 할 책이 훨씬 많은데 시장이 점점 양극화되는 상황에서 이런 책일수록 시장성이 없으니 누구도 출판하기를 꺼리게 되는 겁니다. 이런 점에서 지식문화의 기초를 이루는 주요 출판물들이 대부분 출판되어 문화적 축적이 된 상태에서 새로운 변화 상황을 맞이한 일본이나 미국과는 다른 것 같아요. 우리는 과거에 해결하지 못한 과제도 해결해야 하고, 다른 한편으로는 최근 몇 년 사이에 불어닥친 새로운 문제도 풀어야 하는, 이중 과제를 안고 있는 것 같아요. 그런 생각이 드네요.

이권우 정확한 지적입니다. 우리의 출판 시장이 경제 현실과 밀접하게 맞물려 있는 거죠.

이종원 그런데 이런 문제를 풀려면 상품의 움직임이나 실현에 맞는 방법으로 풀 수밖에 없지 않겠어요? 현실은 뜻만으로 되는 게 아닌데, 예를 들어 『루카치 미학』과 같은 책은 어떻게 할 것이냐……. 말을 할 때는 이런 것이 꼭 필요한 책이라고는 하지만 개별적으로 다 흩어졌을 때 누가 내려고 나서겠습니까. (웃음)

이권우 『루카치 미학』의 경우를 보면 우리 출판 환경을 선진화하는 데 필요한 요소가 무엇인지 극명하게 드러납니다. 이 책이 번역된 지 10년이 넘어서나마 나올 수 있었던 것은 그나마 사회적인 지원 시스템이 있었기 때문입니다. 학술진흥재단에서 재정적으로 지원했던 건데요. 바로 이런 지원 시스템이 확충되어야 합니다.

그리고 출판 관련 저널들이 속칭 철지난 인문 관련 도서들도 능동적으로 소개해주는 리뷰 기능을 제대로 하고 있느냐 하는 문제점을 들 수 있죠. '우리도 인문서를 소개하고 있다'며 반박하겠지만, 제가 말하는 것은 학문적인 무게가 담겨 있는 책을 가리킵니다. 그 다음에 어려운 여건 속에서 나온 책을 일정하게 소화해 줄 수 있는 도서관 같은 문화적 인프라가 갖춰 있냐는 것입니다. 이 문제가 시급히 해결되지 않는다면 독서 시장의 양극화 현상은 더 심해질 것이 분명합니다. 하지만 지금 제가 한 이야기가 새로운 게 아니잖습니까. 늘 해왔던 얘기죠? 말하는 저도 답답합니다. 그리고 이런 제도적 차원의 지원과 함께 독자 스스로도 이런 책의 필요성과 가치를 계속적으로 인정할 수 있도록 이끄는 시스템이 필요해요. 저는 그게 처음에 말한 독서 운동이 아닐까 생각합니다.

출판 대중화의 진정한 의미는 무엇인가?

장은수 독서 운동을 한다고 할 때, 『루카치 미학』은 독서 운동의 대상으로 적당한 것이 아니죠. (웃음) 그런 책은 소수의 전문가들이 읽으면 되지요.

처음에도 이야기했지만 지금 한국 출판의 수준은 『루카치 미학』을 모든 사람들에게 읽히려고 애쓰는 구조가 아니라 『루카치 미학』을 읽은 사람이 그 통찰력을 통해 지금 이 자리의 문화 현상들을 분석해야 하는 단계에 이르렀습니다. 이것은 대중 추수주의라기보다는 일종의 대중과의 대화라고 할 수 있습니다. 『루카치 미학』이 자꾸 대상이 되어서 불행하지만, (웃음) 지금 이런 종류의 책을 출판하려는 출판사가 없는 것은 그 책을 감당할 수 있는 소출판사들이 부족하기 때문이라고 봅니다. 인건비나 운영비가 적게 들면서도 출판 정신이 살아 있어 1천 부 내외의 책을 내도 수익 구조를 맞출 수 있는 출판사들이 부족한 것입니다. 모든 출판사들이 종합 출판사를 지향하고 있어서 그런가요? 아니면 인문학 전문 출판사나 대학 출판부가 제 기능을 못해서 그런가요? 물론 1980년대에는 상업출판을 하는 출판사들도 이런 책들을 의무적으로 출판해 주었습니다. 그런데 지금은 이런 책을 내는 것이 의무가 아니라 『루카치 미학』을 번역하고 그것을 읽은 분들을 통해서 한국 문화나 문학을 분석해서 대중들한테 전달하는 책을 만드는 것이 진짜 의무라고 할 수 있습니다. 단순 수입상에 벗어나는 역할을 이른바 상업 출판사들이 해야 하는 단계에 와 있는 거죠.

이권우 『루카치 미학』은 독서 운동과 관련 없는 얘기였습니다. (웃음) 장 편집장님 말씀도 맞아요. 근데 문제는 원전 번역이 우선돼야 한다는 점입니다. 이즈음 우리가 관심 있게 지켜보고 있는 것이 인문학의 교양화·대중화잖아요. 그런데 이게 제대로 되려면 원전 소개가 우선 되어야 한다는 거예요. 자칫 하면 모래 위에 집짓기가 될 수도 있지요.

예를 들어볼께요. 제가 최근에 관심 있게 읽은 책이 『신라인의 마음으로 삼국유사를 읽는다』(이도흠, 푸른역사)라는 거예요. 『삼국유사』 중에서 신라에 해당하는 부분만 따로 모아 독창적으로 해석한 책인데 굉장히 재미있어요. 제가 그 책을 굉장히 좋게 보는 이유는 대중적 글쓰기의 한 표본이라는 점 때문입니다. 책에 있는 글은 이미 논문으로 학계에 발표한 것들입니다. 그 논문을 대중들이 쉽게 읽을 수 있도록 에세이 식으로 다시 풀어쓴 것이죠. 그런데 정작 중요한 것은 뭐냐면, 저자와 우연히 만난 기회에 얘기했는데, 우리 나라에는 읽을 만한 『삼국유사』 번역서가 없다는 겁니다.

그렇다면 대중화 이전에 무엇이 필요하냐가 자명해지는 것 아닙니까. 원전 번역이 있은 다음에 대중화로 가야죠. 우리는 아까 이 사장님이 말씀하신 것처럼 동시적으로 해결할 문제가 많은데, 당연히 우리의 미학이나 문화·문학을 분석한 글이 나와야 하지만 그것을 가능케 하는 힘으로 『루카치 미학』 자체가 번역이 되어야 해요. 왜냐하면 독일어와 루카치를 전공한 사람들만이 아니라 일반 미학을 전공하고 영어만 하는 사람도 그 책을 번역서로 읽어보고 자기의 미학적 자양분을 넓혀서 한국의 예술을 더 넓게 볼 수 있는 기회를 줘야 된다는 거죠. 기본 인프라나 토대 없이 대중화로 간다면 굉장히 위험하잖아요. 제가 역사 전공이 아니니까 함부로 평가할 대목은 아닙니다만, 한 번역자가 동양사와 서양사를 아우르는 책을 써냈어요. 거기다 한국사까지 포함했지요. 근데 그게 잘못하면 아마추어 수준일 수 있지 않느냐는 겁니다. 그렇다면 더 좋은 것은 동양사나 한국사, 서양사를 전공한 사람들이 함께 모여서 테마별로 토론하고 그 결과를 글로 써서 역사적 맥락을 정확하게 짚어주는 것이어야 합니다. 이런 경우 흔히 일본과 비교하잖아요. 일본은 그런 글을 전문가가 써낸다고 하니까. 저는 그런 면에서 장 편집장님의 말씀을 긍정하지만 그 토대로서 고전의 번역만큼은 분명히 계속 나와줘야 된다고 생각합니다.

사회적인 지원 체제와 출판사들의 노력이 병행돼야

장은수 물론 당연히 나와야 하죠. 그런데 그것을 어디서 맡을 것인가, 또 어떤 마음으로 맡을 것인가 하는 게 문제라고 봅니다. 저는 한국의 편집자로서 가장 불만족스럽게 느끼는 것이 편집자들한테 주어지는 사회적 부담이 너무나 크다는 점이라는 겁니다. 편집자들은 기본적으로 가장 자유로운 사고를 해야 하는 사람들인데, 그렇지 못한 게 현실이죠. 편집자가 무슨 성인聖人도 아닌데 늘 고결한 생각을 해야 하고, 그 고결한 생각을 가장 고결한 방식으로 표현해야 한다고 믿는 것. 그게 문제 아닙니까? 그 때문에 늘 『루카치 미학』이 아니면 안 된다고 생각하고…… (웃음), 그것을 이용해 가벼운 책을 내면 '에이, 이런 허섭스레기 같은 책, 안 돼!' 그렇게 생각하고. 이런 출판의 엄숙주의가 거꾸로 한국 문화를 정신적 빈곤 상태로 이끌고 있다고 봅니다. 문화는 천재들이 만드는 것이기는 하지만 대중들의 수준이 그것을 수용할 수 있는 수준이 아니면 결코 발전하지 않습니다. 그런데 한국 출판은 대중과 엘리트 사이의 괴리에 시달리고 있어 그 둘을 하나의 장에 끌어다놓고 생각하게 만드는 대화적인 책이 드물죠. 사실 대중들이 그것을 얼마나 바라고 있습니까? 『나의 문화유산답사기』가 나왔을 때, 우리는 그것을 확인할 수 있었죠. 그런데도 아직 전 국민이 철학자가 되어야 한다고 믿는 분이 출판계에는 많은 것 같습니다.

물론 『루카치 미학』 같은 책이 지식인들의 서가에 빼곡이 꽂혀 있고, 필요할 때면 언제든지 꺼내볼 수 있도록 출판되어야 한다는 것을 부인하는 것은 아닙니다. 저는 아무리 어려운 환경에서도 언제든지 그런 책을 내고 싶어하는 편집자들이 존재할 것을 믿고 있습니다. 그런 편집자들이 있고, 또 수입은 얼마 되지 않지만 몇 년 동안 애써서 그것을 한국어로 소개하고 싶어하는 번역자들의 열정이 있는 한 그런 책은 반드시 출판되게 마련입니다. 문제는 바로 이 지점에 있습니다. 즐거움과 자발성이 이런 문제를 해결하는 가장 좋은 방법입니다. 그렇게 자연스럽게 물 흐르듯이 하면 될 것을, '우리가 번역해야 할 고전 1천 권, 이 책들이 모조리 다 나오기 전에는 한국 출판은 엉터리야! 그러니까 이 책부터 출판해!' 하는 식으로 편집자들을 압박해서는 안 된다고 봅니다. 출판은 결코 운동의 차원에서 전개되어서는 안 됩니다. 그것은 출판이 아니라 국가가 해야 할 일이죠. 중국처럼 번역자를 국가가 고용해서 하면 쉽게 되는 것 아닙니까?

출판은 책의 수많은 곁가지들을 가지치기하지 않고, 그것이 어떤 식으로든 존재할 필요가 있는 한 그대로 흘러가도록 하는 것이 최선이라고 봅니다. 그렇게 내버려두면 어떤 편집자들은 '아, 『루카치 미학』이 없으면 한국 사회는 도저히 수렁에서 빠져나올 수 없어. 난 이 책 만들래'라고 생각할 것이고, 또 다른 편집자들은 '미학을 지금 누가 읽겠니. 미학을 정말로 잘 이해하는 사람에게 신라의 향가를 분석하는 원고를 청탁해 책으로 만들어보자'라고 생각할 것이고, 또 어떤 사람들은 그걸 가지고 한국 영화를 들여다보려고 생각하겠죠. 그러니까 이런 식의 다양성, 원전에 대한 편집자들의 공포를 덜어주려는 시도가 지금 단계에서는 오히려 더 필요한 것 아닐까요?

김이구 두 가지가 같이 가야 되는데, 사회적인 시스템에서 개별 출판사가 할 수 없는 일을 해라 하는 게 아니고, 지원 시스템이 갖춰져서 작은 출판사도 그런 책을 출판할 수 있는 여건이 만들어져야겠어요. 그리고 출판사에서도 예컨대 민음사나 창비(창작과비평), 문지(문학과지성사) 이런 출판사들이 일부분을 맡아줘야 된다고 봐요. 이건 채산성이 없으니까 안 하겠다 그래서는 안 되고, 출판사들이 자연스레 역할 분담을 해야죠. 가령 창비에서는 『영국노동계급의 형성』(E. P. 톰슨)을 냈는데, 일단 번역하기 힘들어서 빨리 번역이 안 된 측면이 있고 또 수요가 제한적일 수밖에 없지만 맡아서 출판을 했고 보람도 있었습니다. 어느 한 출판사에서 큰 덩어리들을 좋은 책이니까 다 내야 한다, 이건 도저히 불가능한 일이니까 사회적인 지원 체제와 출판사들의 노력이 병행돼야죠.

장은수 분담을 하는데 그 분담이 자율적이어야 한다는 거예요. 즐거워서 하는 분담이어야지…….

이권우 그렇죠. 누가 강제로 시킬 수 있는 일이 아니잖아요. (웃음)

장은수 물론 강제로 하는 건 아닌데, 어떤 경우에는 자기가 맡고 싶지 않은데도 하게 되죠.

한기호 저는 최근에 기자들이 사재기 문제를 자꾸 들고 나오기에, '출판업자를 어떻게 믿느냐'고 말했어요. 출판사에서 상품을 만드는 행위는 이미 상업성이 전제된 거 아니에요? 수익이 나야 하는 것이지, 수익이 나지 않으면 출판 행위는 결코 지속될 수 없습니다. 그러나 작가나 화가가 자기 예술을 창조하는 것은 독자를 의식하고 팔아먹기 위한 행위여서는 곤란하지요. 물론 자기 책을 팔아 베스트셀러를 만들기 위해 안달하는 작가들이 없는 것이 아니지만요. 하지만 진선미를 추구하는 예술가들의 창조 행위와 출판사가 책을 펴내는 창조 행위를 같은 맥락으로 보고 출판 사업은 문화 사업이기 때문에 무조건 상업성은 배제하고 문화성 있는 책만 내야 한다는 것은 출판 기업이 존재할 수 없는 것이니까 곤란하다는 것이 저의 논리지요.

책 문화를 고사시키려드는 공정위, 언론, 시민단체

하지만 예술가들처럼 정말로 좋은 책만 펴내서 살아갈 수 있는 구조, 즉 사회적인 기반이 조성돼 있다면 문제가 다르지요. 그런데 우리 나라는 국가나 언론사나 시민단체나 모두가 나서서 출판 산업을 죽이지 못해서 안

달이지 않습니까? 공정거래위원회는 도서정가제를 지키지 않는 업체에 책을 공급하지 않는 것을 담합 행위로 판정했잖아요. 한 마디로 문화를 고사시키겠다는 발상이지요. 그런 사람들이 정부 관리로 있는 한 우리 나라의 출판 미래는 요원하다고 봅니다.

언론은 어땠습니까? 시민단체들 또한 마찬가지지요. 독자가 책을 싸게 살 수 있는 권리를 보장해야 한다는 것이 그들의 논리지요. 그런데 그들의 권리는 일시적인 것이 아니라 영구적인 것이어야 합니다. 언론이 정가제를 없애기 위해 난리친 것이 오늘의 사태를 몰고 왔다고 저는 생각합니다. 그들이 정가제의 입법화를 '목숨 걸고' 막은 것 아닙니까? 이제 이렇게 황폐화된 시장을 어떻게 활성화시킬 수 있을까 하고 생각하면 한숨만 나옵니다.

얼마 전에 한 언론사 문화부장이 그래요. '이산출판사를 어떻게 생각하세요? 좋은 출판사죠. 좋은 책을 많이 내니까, 그래서 우리가 열심히 밀어주는데도 그 출판사 책이 많이 안 팔린다는데 그러면 이상한 것 아닙니까?' 하고 말해요. 이산이야 신간을 많이 내지는 않지만 모두가 좋은 책들만 내니까 그 신문사 아니라 다른 신문사에서도 우호적일 수밖에 없지요. 하지만 그런 출판사의 책들이 그래도 어느 정도는 팔릴만한 시스템은 만들어야 하는데 그게 점점 어려워지고 있습니다.

또 하나의 문제는 지금 전 세계 출판이 마찬가지지만 한국 출판의 가장 큰 변화는 독자의 유저user화, 실용화가 굉장히 심각해져 가는 게 아닌가 해요. 금년에 밀리언셀러 된 『상도』만을 보더라도, 『상도』를 문학 작품으로 볼 건지 실용서로 볼 건지……. 저는 『상도』를 집어드는 사람이 '상업의 길', '인간의 길'을 소설로 읽으면서 깨우치고 인문적 교양을 쌓기 위해 책을 집어들었다고는 보지 않아요. 오히려 주택복권이나 마권을 사는 사람의 마음이나 『부자 아빠 가난한 아빠』나 『합법적으로 세금 안

내는 110가지 방법』을 집어드는 사람의 마음이나 같다고 봅니다. 『아주 오래된 농담』(박완서, 실천문학)의 경우는 그것보다 상대적으로 덜하겠지만 내용 자체로 보면 그것 역시 '돈'이 화두가 되는 기획 소설로도 볼 수 있다는 거죠.

황석영 선생의 『손님』을 얼마 전에 읽었는데, 오래간만에 좋은 소설을 읽었다는 느낌이었고 주변 사람들한테 물어보니까 한 언론사의 데스크도 그 소설을 읽고 나서는 하루종일 기자들한테 참 좋은 소설이라는 얘기를 했다고 해요. 이런 좋은 소설도 있지만 은희경의 『마이너리그』라든가 전경린의 『난 유리로 만든 배를 타고 낯선 바다를 떠도네』(생각의나무) 같은 경우는 이젠 이른바 본격문학 진영 출신의 작가들마저도 나름대로 상업적인 마인드를 알고 있고 그런 쪽으로 달려가는 것이 아닌가 싶거든요. 그런 측면에서 그 사람들은 통속 작가나 상업 작가에 불과한데도 언론이나 출판계에서 본격작가로 포장을 해서 파는 게 아닌가 싶고요. 베스트셀러 순위를 보면 20위 안에 『가시고기』나 『열한번째 사과나무』(이용범, 생각의나무), 『국화꽃 향기』 등 대중소설이 십여 개나 들어있는데…… 그 소설들이 다 비슷비슷한 것 아닙니까? 그러나 문학평론가나 유명 출판사의 입장에서는 자기 울타리 안에 들어오면 본격이니 순수소설이니 하고, 울타리 밖에 있으면 언급할 가치도 없는 저급한 것으로 치부해버리죠. 이제 본격적으로 소설 시장을 이야기해 봅시다.

『마이너리그』는 완성도가 높은 작품인가?

장은수 모든 작가가 똑같은 스타일로 쓰면 그건 지옥이겠죠. 모든 작가가 같은 스타일, 같은 문체, 같은 삶의 무게를 가지고 있다고 생각하진 않습니다. 다만, 제가 『열한번째 사과나무』에 대해 분노한 것은 일부러 그렇게 썼다는 사실 때문입니다. 작가로서 최소한의 양심을 저버렸다고 생각해요. 일부러 그렇게 쓰는 작가를 우리가 논의 대상으로 삼을 필요는 없다고 생각합니다. 하나의 사회 문제로 다룰 수는 있겠죠. 하지만 작가나 작품으로서는 논의 대상이 아닙니다. 더 잘 쓸 수 있는데 이것 밖에 못 썼다. 이런 변명은 있을 수 있겠지만 말입니다. 그래서 『마이너리그』와 『열한번째 사과나무』는 질적으로 차이가 있다고 생각합니다. 지금 얘기하신 대로 일부러 그렇게 썼는지는 알 수 없는 일이니까요. 이모 작가처럼 '저는 일부러 그렇게 썼어요'라고 얘기하기 전에는 아무도 모르는 일이지 않습니까. (웃음) 일단 우리가 문학에 대해 논의하려면, 최선을 다해 썼다고 가정하고 이야기하는 게 가장 기본적인 예의인 것 같습니다. 그런데 '당신은 최선을 다해 썼다고 하는데 왜 이것밖에 못 썼나요' 하고 얘기하는 것은 비평의 영역입니다. 그러니까 일단 의도를 의심해서는 안 된다고 봅니다.

김이구 두 가지 차원을 구분해야 할 것 같은데요. 대중들이 원하는, 대중들의 호응을 받을 수 있는 작품을 쓰겠다, 이것 자체가 나쁜 건 아니거든요. 그런데 여기에 대중에게 많이 팔리니까 뛰어난 문학이다 라는 얘기가 엇갈려서 들어가 있어요. 이용범 씨 등이 촉발한 지난번 대중성 논쟁도 그래요. 그건 좀 구별을 해야 합니다. 왜 이렇게 많이 팔리는가, 대중에게 호소하는 게 무엇이 나쁜가, 이건 좋은 거 아니냐 이렇게 얘기하면서 의도적으로 카테고리를 뒤섞어버리는 것 같습니다. 말하자면 문학성의 아우라를 빌려와 장사도 하고 폼도 좀 잡는 거죠.

은희경 씨의 『마이너리그』에 대해서는 정말 은희경 씨가 대중들 입맛에 맞는 요소들만 모아서 써야겠다 라고 했던 것이라면 전혀 다른 작품을 썼으리라고 봐요. 이전의 인기작의 작품세계를 되풀이한 것이 아니고 남성들의 세계를 집중적으로 그렸으면서도, 이 작품 자체가 재미나게 읽히잖아요. 따라서 그런 생각을 자꾸 갖게 하는 요소가 있다고 봐요. 그런데 유머러스하고 블랙코미디처럼 쓰는 자체가 이 작가가 선택한 글쓰기 방식일 뿐, 재미있게 읽히고 재미난 요소들이 많이 있다는 것이 대중성만을 노린 의도된 글쓰기와는 다른 것이지요.

이권우 그렇죠. 만약에 그렇다면 『태백산맥』은 소설도 아니게요? 『태백산맥』은 더 야하고 재미있는 장면이 많은데요. 저는 일단 은희경 씨 얘기를 하고 다른 얘기로 넘어가야 할 것 같아요. 은희경 씨 개인은 소설적으로 실패할 수가 있어요. 저는 『마이너리그』가 좋은 작품도 완성도가 높은 작품도 아니라고 생각합니다. 특히 후반부에 가면 작가의 역량이 많이 딸리는 부분이 있어요. 이 작품에 대한 기대도는 여성이 남성의 세계를 다뤘다는 것, '58년 개띠'라는 우리 사회에 희한한 저널리즘적 용어가 있는데 바로 그들의 특이한 사회사적 삶을 파헤쳤으리라는 것, 그리고 제목이 상징하듯 우리 시대의 대다수 낙오자들의 박탈감을 위로해주거나 폭로하고 있을 것이다, 라는 기대감을 준다는 것이죠. 하지만 작가는 이 같은 기대감을 전혀 충족시켜 주지 못해요. 방금 언급한대로 특히 후반부에서는 체험의 부분과 상상력의 부분이 얼마나 괴리가 많은지 느껴지지요.

문제는 불행하게도 은희경이라는 작가의 실패가 마치 창작과비평사의 실패처럼 보인다는 점입니다. 그건 은희경 작품 세계와 창비가 지금까지 보였던 문학관이 일치하는 것인지에 대한 의문과 같이 하고 있습니다. 만약에 창비가 그런 입장 전환이 있었다면 과연 창비가 무엇을 지향하고 있다고 독자들에게 설명을 할지, 그리고 그런 것이 아니라면, 은희경이라는 작가를 수용하는 창비의 포용력이 과연 민족·민중문학을 하고 있는 또 다른 많은 작가들, 특히 남성 작가들에게도 미치고 있는지 의구심이 듭니다. 개인적으로 솔직히 얘기해서 부정적인 눈으로 보지 않을 수가 없어요. 『마이너리그』는 특히 최근 창비가 보이고 있는 출판 형태가 스타 중심이 아니냐……. 물론 아까 장은수 편집장이 말씀하신 대로 그걸 강요하지 말아라, 이렇게 되면 할 말이 없죠. 하지만 창비의 성장은 창비 개인의 능력과 마케팅 능력만으로 이뤄진 게 아니죠. 또 이런 부담은 창비로서는 당연히 자부심을 느껴야 될 대목이라고 생각하는데요. 마침 나오셨으니까, 창비가 도대체 어떻게 된 겁니까? (웃음)

김이구 저는 이렇게 보고 있어요. 하나는 쉽게 눈에 띄는 부분만 가지고 판단한다는 것이고, 또 하나는 보고 싶은 부분만을 본다는 것이죠. '아, 창비가 이렇게 하는 것 아니냐'라는 생각을 가지고 있고 또 그렇게 생각하고 싶은데 그런 면이 보이면 '아, 그거다'라고 믿어버리는 거죠. 실제로는 그렇지 않은 부분이 많이 있는데도요. 가령, 인기 여성작가 위주로 가는 게 아니냐. 이것은 한 일이 년만 끊어서 보면 그렇게 볼 수도 있겠어요.

이권우 10년 단위로 끊어서 봐도 전 그렇게 보이던데요. (웃음)

김이구 그렇지 않은 게, 1980~90년대에 전체 작가 중에 여성 작가들이 활발하게 활동을 했고 좋은 작품도 많이 썼다는 점에서 창작 현실이 반영된 것이고, 문학 출판에서 창비가 1970~80년대보다 1990년대에 폭을 넓혀서 작가를 수용했다는 것도 사실이고요. 그리고 창비의 출판 스타일에서는 원고 검토 시스템에 의해서 작품을 판단하고 거기서 일차적으로 추천되는 게 중요한데, 거기서 추천된 작품 중에서 어떤 시기에는 남성 작가들이 현저하게 부진했던 거죠. 그렇지만 최근 몇 년을 보면 김성동 선생의 『꿈』이 얼마 전에 나왔고, 황석영 선생의 『오래된 정원』과 『손님』 같은 굵직한 작품이 나왔어요. 또, 한창훈·민경현·최인석 등의 작품집도 나왔죠. 실질적으로는 거의 균형이 맞아요. 남성·여성을 구분하는 자체가 전 별로 중요한 내용을 가진 것은 아니라고 봐요.

장은수 그건 소위 광고 시스템과 연결되어 있거든요. 가령, 민경현의 작품집이 나왔을 때는 왜 은희경의 작품만큼 광고 안 해줘, 이렇게 얘기하는 거죠.

김이구 그런데 그것도 보는 방식이 좀 다를 수 있습니다. 민경현, 한창훈 작품의 매출 대비 광고비 비율과 은희경 작품이나 『오래된 정원』의 매출 대비 광고비를 비교해 본다면 기계적으로 광고가 많다 적다 할 수는 없어요. 가령 한창훈 소설집 『가던 새 본다』 같은 경우에는 미리 계획된 것과 이런저런 계제가 생겨서 들어간 것 해서 광고를 상당히 많이 했어요. 어느 정도 판매도 되리라고 예상했고, 또 읽는 재미도 상당한 작품인데 실제 독자들의 반응은 출판사에서 기대한 것보다 훨씬 못 미쳤죠. 그리고 광고는 기본적으로 영업적인 판단에 의해서 한다는 점을 환기하고 싶네요.

이권우 제가 제기한 문제를 방금 말씀하신 것처럼 상대적 관점의 차이로만 평가하면 아마 창비 자체에도 좋지 않을 거예요. 제 생각에 공감하는 일군의 독자 세력이 분명히 있으니까 그 문제의식을 창비 측이 받아들여서 공유하면 좋겠어요. 제가 창비를 비판적으로 보는 이유 중 하나가 1970~80년대 보여주었던 왕성한 신인 발굴에 비해서 1990년대 이후에는 다른 양상을 띠었다는 것입니다. 전 시대에 창비가 보였던 문학관과 다른 작가들, 근데 이미 문학판에서 성공한 작가들을 말하자면 스카웃해서 작품을 내주고 있다는 혐의에서 자유롭지 못하거든요.

그리고 『마이너리그』의 경우 창비의 일급(?) 비평가들이 작품평을 썼는데 그렇다면 창비의 비평가들은 저 같은 일반 독자보다 작품을 제대로 못 읽느냐 말이에요. 『마이너리그』를 과연 최원식과 진정석 같은 비평가들이 광고 카피 수준의 글을 써줘서 독자들에게 읽히기를 바랬다면, 저는 그분들의 문학적 감식안에 대해 회의적으로 반응하지 않을 수 없습니다. 이건 저 하나만의 생각이 아니에요. 최근 〈씨네21〉에 신현준이라는 문화비평가가 『마이너리그』에 관한 글을 썼는데 아주 적절하게 잘 썼어요. 상당히 냉소적인 글인데, 첫 번째 『마이너리그』를 다룬 〈TV 책을 말하다〉 프로그램을 보지 말아라, 아주 형편없는 거니까. 또 이런 소설이 많이 읽히고 있는 것에도 실망하지 말아라. 당신은 그러면 세계의 변화를 제대로 못 읽는 것이다. 그리고 출판사가 '사구체 논쟁'을 시작한 창작과비평사라는 사실을 알고 실망하지 말아라, 이런 얘기가 나와요. (웃음) 제 개인의 독서력의 문제뿐만 아니라 『마이너리그』나 창비 자체를 비판적으로 보는 시각이 분명히 있다는 겁니다.

장은수 그 부분에 대해서는 좀 이해가 안 되는 것이……. 창작과비평사나 민음사나 문학과지성사는 지금의 문학 시장을 만들어온 만큼 이 시장에서 어느 정도 지분과 의무를 가지고 있습니다. 물론 창비가 최근에 뚜렷한 신인을 발굴하지 못했다는 것은 어느 정도 사실이지만, 한편으로 민경현과 같은 좋은 작가가 있으니까 꼭 그렇지도 않죠. (웃음) 제가 신입 편집자 시절에 '민음사에서 나오는 문학 책의 10%는 좋고 60%는 그저 그렇고 30%는 별로'라고 했더니, 당시에 주간이셨던 이영준 주간이 이런 말씀을 하셨어요. "민음사가 전체 문학 시장 내지는 문학 독자들을 보호하고 나름대로 일정 수준으로 끌고 가기 위해서는 해야 할 일이 있다. 모든 출판사가 A급 작가들만 낸다면 한국 문학은 진짜 메마르게 될 거다. 그럼 결국에는 한국 문학 출판도 메마르게 될 것이다." 당시로서는 이해하기 힘들었지만 지금은 어느 정도 그분의 말씀을 이해하게 되었죠. 그러니까 단순히 작품이 나쁘니까 출판할 수 없다는 논리에는 동의할 수 없습니다. 한 출판사가 설정한 최저의 수준이 있습니다. 최저의 수준이라는 게 일반 독자가 보기에 불만족스러울 수가 있고, 비평가들이 보기에는 더 불만족스러울 수 있지만 그 최저 수준은 한 출판사가 선택한 것인 만큼 그것을 억지로 바꾸라고 강요할 수는 없다고 봅니다. 그것은 대형 서점의 소설 매장에 있는 수많은 작품들을 출판한 출판사들의 존재 이유를 빼앗아버리는 거죠. 작품에 대한 독자의 심판은 분명한 것입니다. 안 읽으면 되는 거죠.

자기가 원하는 작품이 아니면 안 보면 되죠. 우리가 서점에 가는 이유가 그런 것 아니겠습니까?

광고문구 수준으로 떨어져 있는 문학비평

  이권우 제가 더 말씀을 드리겠습니다. 제가 뭐 창비만 깨끗해라, 창비만 절개를 지켜라 이런 뜻에서 드린 말씀은 아니고, 왜 최저 수준의 작품을 냈냐 라는 식의 시비를 거는 것도 아니에요. 다만 비평가들의 자세를 문제 삼고 싶습니다.

  대중문학 시장은 줄곧 있어 왔습니다. 그렇지만 1980년대 본격문학들이 왕성하게 출판되면서 참여든 순수든 문지, 창비, 민음사든 간에 소위 말하는 좋은 작품들이 많이 읽혔는데, 1990년대 이후 그 시장을 대중문학에게 뺏겼잖아요. 그럼 우리가 왜 그 시장을 대중문학에 뺏겼냔 말이에요. 거기에는 비평가들의 책임이 분명히 있다고 보는 거예요. 제가 자꾸 『마이너리그』 표4에 씌어 있는 두 명의 비평가를 문제 삼고 있는 거잖습니까. 우리 비평이 지금 어느 자리에 와 있냐 하면요……. 사실 비평은 독자들의 작품 선택에 있어 중요한 잣대 역할을 해왔습니다. 김현 선생처럼 한 작품을 정밀하게 분석해준다든지, 아니면 창비 계열의 비평가들처럼 아주 논쟁적으로 작품을 비평한다든지 해서 독자들이 작품을 읽어보게끔 만들어왔죠. 출판 이전이나 출판 이후나 독자들에게 읽을 만한 작품이 무엇인지 자기 나름의 문학관에 기초해 검색을 해줬단 말이에요. 하지만 이게 요즘은 무너졌어요. 문학평론이 검색을 못해요. 그 글들을 읽고는 책을 살 수가 없다는 거죠. 그렇다면 평론가들이 왜 이렇게 될 수밖에 없었냐 하는 게 중요하죠. 다시 평론가들이 그런 기능을 해줘야 우리가 대중문학에 뺏긴 시장을 찾아올 수 있으니까요.

  물론 이게 평론가의 문제냐 하면 그렇지 않다고 볼 수도 있어요. 소위 말하는 포스트모던으로 우리 시대를 규정한다면, 말하자면 창작과 수용에 있어 민주화가 이뤄진 거죠. 대중이 비평가의 헤게모니를 인정하지 않으면서 비평가의 입지가 급격하게 좁아진 거거든요. 최근 김주연 교수가 환갑을 맞이해서 『디지털 욕망과 문학의 현혹』(문이당)이라는 디지털 시대의 문학에 대한 평론집을 내셨는데, 디지털 문화에 대한 이해는 좀 떨어지는 면이 있어요. 최근에 염무웅 선생이 백지연이라는 젊은 비평가의 평론집 뒤에 짤막한 글을 써주셨는데 전 그걸 굉장히 인상깊게 읽었어요. '나는 요즘 작가들의 작품에 대해 잘 모르겠는데, 백지연이라는 친구는 잘 읽어내는 것 같다'는 식으로 말씀하셨는데, 저는 그게 솔직한 말씀이라고 생각해요. 사실 노장 평론가들이 젊은 작가들의 작품을 읽기에는 뭔가 코드가 안 맞잖아요. 염무웅 선생의 말씀도 맞지만 저는 김주연 선생 같은 분도 있어야 된다고 생각해요. 계속 우리 시대를 읽어주는 노장 평론가가 있어야 한다는 거지요. 말이 좀 겉돌았는데, 김주연 선생도 책에서 비평가의 입지가 상당히 협소해졌다고 지적하면서, 그 원인을 이른바 디지털 문명이 가지고 있는 상당히 속류적인 민주주의의 결과라 분석하고 있어요. 설사 이것이 대세라 해도 저는 우리 비평가들이 지난 세기 1970~80년대 선배 비평가들이 해왔던 그 역할을 되찾아야 한다고 봅니다. 광고문구 수준으로 떨어져 있는 문학비평이라면 어느 독자들이 그 비평가의 말을 믿고 책을 읽겠습니까. 그런 면에서 대중문학이 득세하는 데에는 문학비평가들의 책임 방기에도 그 이유가 있다고 생각합니다.

김이구 그런데, 비판의 초점이 대개 대중문학 작가가 아니고 본격문학에서 출발해서 좋은 작품을 분명히 갖고 있는 베스트셀러 작가에 집중되어 있어요. 그리고 비평가들이 일반적으로 대중작가들이라고 하는 사람들은 언급을 안 하죠. 또 비평의 상황 자체가 변동되다 보니까 비평이 놓여 있는 자리가 어디냐 라는 것이 문제가 되는데……. 비평이 놓이는 자리가 대개 작품에 대해 액세서리 같이 되거나, 또 작품의 장점을 주로 부각해야 되는 자리로 가버린 것이죠. 그렇다고 비평이 제몫을 못한 이유가 되지는 않겠습니다만, 저로서도 비평이 자기 중심성이 약하고 제대로 비판해야 할 점을 비판하지 못하고, 정확하게 문학적 흐름이나 작품의 장단점을 파악 못하는 경우가 많았다고 생각하고, 그 점에 대해서는 비평가들이 더욱 분발해야 되지 않겠는가 라는 데 동의합니다. (웃음)

한기호 오늘 〈문화일보〉에서도 소개가 된 내용인데, 일본의 '신서y'라는 인문서 시리즈를 내는 작은 인문서 출판사인 요센샤洋泉社의 오가와 데츠오라는 편집자가 '인문서가 살 길이 뭔가, 인문서의 활로는 이것이다'라는 얘기를 했는데, 뭐 인문서에만 해당하는 얘기는 아니에요. 일본에도 인문서 위기론이 팽배하고 그래서 편집자끼리 만나면 '잘 팔리고 있어? 잘 안 팔리지?' 그게 인사말이 되고 있다는데, (다 같이 웃음) 그래도 '신서y'는 정말 괜찮았다는 겁니다. 오가와 씨가 말하는 게 세 가지 관점인데요, 하나는 '시대의 불가사의를 해독하기 위한 방향성을 제시하는 것'이라는 겁니다. 옛날에는 인문서가 필수 교양서였는데 변해야 한다는 거죠. 예전에는 당연한 것이었으나 지금은 통용되지 않게 된 것은 왜 그럴까 하는 의문을 가지고 시대의 문제를 추구하라는 것입니다. 예를 들어 『왜 사람을 죽이면 안 되는 것일까』 같은 책이죠.

또 하나는 '카운터 오피니언counter opinion'입니다. 과거에 무조건 옳다고 여겨지던 가치와 개념이 정말 그런지 다시 한번 책으로 묻는다는 것이지요. 오가와 씨가 예를 든 책은 『나는 장기臟器를 제공하지 않을 것이다』라는 책입니다. 뇌사나 장기 이식 문제에 대해서 굉장히 깊게 인문적인 지식으로 파고 들어간 책인데 생명 연장이 지나치게 미화돼 있다고 비판한 것으로 압니다.

세 번째가 작가와 독자의 가치관, 실감을 공유할 수 있어야 한다는 것인데, 과거에는 '인생론'이었지만 이제는 '생존론'이라는 것입니다. 사실 지금은 생존해야 한다는 것 자체가 대중의 절박한 심정 아닙니까? 과거에는 인생론이 많이 나갔지만 지금은 '서바이벌'이 잘 팔립니다. 올해 출판이나 영화, 방송 등 모든 문화의 화두도 서바이벌이 아닌가 싶거든요. 그 중에 그 변화의 중심에 서 있는 책들이 있는데 그것이 『부자 아빠 가난한 아빠』와 『누가 내 치즈를 옮겼을까』 등이 아닌가 합니다. 일본에서는 『누가 내 치즈를 옮겼을까』가 연초에 나왔는데 두 달 만에 132만 부가 나갔고, 지금은 300만 부를 넘어섰어요. 이 두 책은 묘하게 한·중·일에서 밀리언셀러가 되었죠. 지금도 계속 팔리고 있고, 이런 독주가 얼마나 갈 것 같으세요?

소설가를 대중 스타 키우듯 하는 이상한 시스템

   장은수 잠깐 문학 시장에 대한 좀더 이야기하고 싶습니다. 전세계의 출판계에서 여전히 책을 구분하는 기준은 픽션과 논픽션입니다. 이것은 픽션 시장이 어느 사회나 절반은 된다는 것에 암묵적으로 동의를 하고 있는 것입니다. 설사 그 분류법이 낡은 것이라고 할지라도 말입니다. 지금 미국 쪽에서는 픽션이 전체 출판 시장에서 정확하게 어느 정도의 지분을 차지하고 있는지 모르겠지만, 적어도 20% 이상은 충분히 될 것 같습니다. 한국은 작년에 13% 정도 되었나요? 교보문고를 기준으로 할 때, 추리, 에세이, 판타지 등 주변 장르까지 다 포함해서 13% 정도 될 겁니다.

   요컨대 세계 시장에 비해 한국 문학 시장이 상당히 위축되어 있다고 봅니다. 물론 그에 대한 반론도 만만치 않을 수 있습니다. 『상도』, 『가시고기』, 『국화꽃 향기』 등이 밀리언셀러의 반열에 올랐고, 『마이너리그』의 경우에는 초판을 10만 부 찍었다는 속설이 돌고 있고. (웃음) 실제로는 7만 부쯤 돼나요? 어쨌든 7만 명의 독자를 한꺼번에 예상할 수 있는 시장이 존재하지 않습니까? 그런데도 문인들을 만나면 늘 듣는 이야기가 '작품이 너무 안 팔려요'라는 푸념입니다. 특히, 시집 시장 같은 경우에는 붕괴 속도가 너무나 빨라서 어떤 서점의 집계를 보니까 1990년대 초반에 비해 25% 규모로 줄었다고 하더군요. 75%의 독자들이 사라져버린 것입니다. 물론 조성모 시집은 빼고 얘기하는 겁니다. (웃음) 그러니까 '이런 현상을 어떻게 바라봐야 하는가' 하는 것이 이번 질문의 핵심에 놓여 있다고 생각합니다.

그 원인으로 물론 비평 시스템의 붕괴를 들 수 있다고도 생각하지만, 그것보다는 제 생각에는 문학이라는 대상을 문화적으로 다루지 않은 출판 시스템에 문제가 있다고 봅니다. 비평 시스템의 붕괴는 그 한 현상으로 나타났다고 생각하거든요. 지금 한국의 출판 시스템은 작가를 가수 키우듯이 만들어내고 있습니다. 음반은 TV나 라디오라는 강력한 지원 매체를 가지고 있기 때문에 밀리언셀러들이 계속해서 나오고 있습니다. 하지만 출판은 비상 수단까지 동원해야 100만 부를 넘길 수 있는 구조입니다. (웃음) 음반은 TV에서 때리고 라디오에서 만날 나오고 길거리에서 계속 들려주면 1백만 장 돌파는 순식간입니다. 한 달도 안 걸리는 것 같습니다. 초판을 70~80만 장 찍으니까요. 그런데 이 시스템과 비슷해질수록 문학 시장은 점점 위축될 것입니다.

창비에 대해 옹호했으니까 비판도 한다면, 『마이너리그』의 초판을 7만 부를 찍은 건 문제라고 생각합니다. 물론 회사 자체의 경영권에 간섭하고 싶은 생각은 없습니다. 충분히 찾는 독자들이 있으니까 그렇게 판단할 것이겠죠. 그러나 제 생각에는 문학 출판 또는 문학 마케팅은 그런 식이어서는 안 된다고 봅니다. 순문학은 기본적으로 다양한 독자층을 개발하고 품어서 끌고 가는, 즉 아껴서 관리해야 하는 시장이지 독자들에게 융단 폭격하듯이 특정한 작가의 책을 쏟아 붓는, 그 작가 하나를 키워서 문학 시장 전체가 사는 그러한 시장은 아니라고 생각합니다. 아주 오랜 시간에 걸쳐 천천히, 조금씩 독자들을 누적시켜 가면서 독자층을 형성해 가는 시장이죠. 프랑스에서는 콩쿠르 상을 받아도 30만 부밖에 안 팔린다고 이야기한 사람도 있지만, 순문학 시장은 3천에서 5천 부, 또는 많아야 1만 부 정도가 계속해서 팔릴 수 있는 기본 독자들을 끌어안고 가는 시스템을 가져야 합니다.

불행히도 오랫동안 명맥을 유지해 오던 이 시스템이 1990년대에 완전히 붕괴했습니다. 저는 특정한 몇몇 출판사들이 자기들만의 과실을 따먹기 위해 이 시스템을 무너뜨렸다고 생각합니다. 물론 제가 속해 있는 민음사도, 또 창비나 문지도 그 붕괴에 일정 부분 일조했고, 책임을 느껴야 하는 부분이 있습니다. 가령, 충분히 검증되지 않은 작가들의 작품을 수없이 많이 출판했고, 이른바 '미모 마케팅' 방식도 너무 자주 써먹었죠. (웃음) 작가가 아니고 스타를 만든 거죠. 한국처럼 순문학 작가들이 값싸게 방송국에서 잡담이나 하고, 주부들 상담이나 하는 나라가 어디 있습니까? 그것도 교양 프로그램에 출현하는 것도 아니고 말입니다. 외국에서는 그런 짓은 대중 작가들이나 하는 거 아닙니까?

어쨌든 1990년대는 스타 시스템이 순문학에 도입되었습니다. 처음에는 대단한 성공을 거두었죠. 신경숙이나 은희경 같은 대형 여성작가들은 그 수혜자라고 볼 수 있습니다. 분명히 말하지만 저는 지금 작품의 질에 대해서 이야기하는 게 아닙니다. 그저 작가들을 둘러싼 문학 출판의 마케팅 전략을 한번 되짚어보고 싶을 뿐입니다. 스타 마케팅을 도입한 결과 순문학 시장에도 편중 현상, 그러니까 인기 작가의 작품은 더 많이 팔리는 대신 그렇지 못한 작가들은 아무리 좋은 작품을 써도 초판 발행부수를 넘기기 어렵게 된 겁니다. 지금 이러한 현상이 점차 가속화되고 있으며, 가공할 속도로 진행되고 있습니다. 이대로 가면 몇 년도 못 되어서 이용범 씨같이 이야기하는 작가들이 수없이 나올 것입니다. 또 그것을 통해 원시적 자본을 축적해 가고 있는 출판사들이 점점 더 많은 스타들을 생산하려고 하겠죠. 제가 보기에 문학은 이 개미지옥에서 빨리 벗어나야 할 것입니다.

이권우 어쨌든 격동의 시대를 살고 있는 나라에서는 대중들은 위로 받고 싶어하는 문화적인 욕구가 강하지요. 그건 뭐 드라마나 영화, 음악의 성공에서도 공통점인데, 그 자체는 우리가 사회적 현상으로 인정할 수 있지만 마치 이것이 시대가 바뀌었으니까 대중문학이 문학의 본령을 차지한 것처럼 떠벌리는 것은 강력하게 이론적으로 응징을 해야 된다고 봅니다. 제가 이전에 이런 비유를 했는데, 대중문학을 현시대 문학 장르의 '대통령'으로는 인정할 수도 있지만(시장에서 주도권을 장악했으니까), 이 대통령이라는 오늘의 문화 현상이 본격문학의 왕홀까지 뺏어가게 해서는 안 된다는 겁니다. 대중문학이 대통령이라면, 본격문학은 왕이었던 거죠. 정말 이 나라에서 이야기되고 있는 대중문학론을 보면, 노벨 문학상도 대중문학 작가가 받을 것 같아요. 이런 참으로 답답한 현실, 제가 〈조선일보〉의 대중문학 논쟁을 보면서 굉장히 화가 났던 게, 논쟁 자체의 시발이 아주 불온했다는 거죠. 어떤 특정 작가의 작품을 키워주기 위해서 논쟁을 상품화한다는 것이 아주 불쾌했고, 거기서 떠벌리던 대중문학 작가들이나 지지자들의 시각이 너무 한심하더라고요. 백번 양보해, 문화의 다양성을 존중해야 하니까, 그런 시각을 인정할 수는 있어요. 그렇지만 그들이 본격문학이 갖고 있던 '왕의 자리'마저 빼앗아 가는 걸 저는 용납할 수가 없어요.

이 혼란을 평정하기 위해서는 다른 무엇보다 비평가들이 문화 권력에서 자유로워져야 되요. 젊은 비평가들일수록 왜 그렇게 광고 카피 쓰듯이 비평을 하겠습니까. 문화 권력에 빌붙어야 나중에 대학에 자리를 빨리 잡기 때문에 그런 거 아닙니까. 이런 것부터 깨나가야 해요. 작가로 하여금 문학 자본에서 자유로워지라고 하기 전에 문학비평가들부터 문화 권력으로부터 자유로운 모습을 보이면서 대중문학과의 헤게모니 싸움에서 본격문학의 자리를 지켜내고 상품성이 없더라도 문학적 역량이 풍부한 작가들을 보호하는 쪽으로 나가준다면, 그리고 장 편집장님이 얘기하신 대로 다양한 출판 시스템으로 작가를 지원해 생계 유지가 가능하게 해준다면 다시 한번 본격문학의 권토중래捲土重來가 가능하지 않을까 생각합니다.

김이구 제가 몇 가지 해명성 발언을 더 해야 될 것 같네요. (웃음) 그와 같은 비판들의 기본적인 취지에는 저도 당연히 공감하고 있습니다. 신인 발굴하고 관련해서, 온갖 신인상 혹은 거액 상금을 건 문학상이 많이 생겨나고 또 과거와는 달리 어디로 데뷔해야겠다는 정체성이 많이 약해지면서, 문학 지망생들이 '나는 어떤 걸 지향하니까 어딜 통해서 작품 활동을 해야 되겠다, 나는 어디에도 소속되기 싫으니까 동인 활동을 통해서 해야겠다' 등 이런 의식이 전반적으로 없어져버렸어요. 대부분의 신인들이 기존 '제도권' 혹은 새로 제도화된 공모를 통해서 데뷔하는데, 이렇게 된 상황에서 과거의 전통 있는 출판사들이 앞서서 훌륭한 작가들을 발굴해내지 못한 것은 사실이고요. 창비도 그런 상황에 대응해서 신인 발굴을 위해 '창비신인상'을 제정했지만, 아직 좋은 신인을 여럿 배출하지는 못했죠. 사실 많이 고민하는 대목입니다. 뭐, 창비뿐만 아니라 다른 출판사도 고민할 거예요. 상을 만들면 1, 2회 때는 좀 좋은 작품들이 나오다가 그 뒤는 고갈되어서 뚜렷한 작가가 안 나온 예도 많고…….

다른 출판사에서 발굴했거나 데뷔한 작가들의 작품을 받는다, 저는 이 문제 자체에서 신인을 발굴하는 것도 중요하지만 이런 일은 출판사에서 더 적극적으로 해야 한다고 봐요. 왜냐하면 그냥 잘 팔린다고 선택을 하는 건 아니거든요. 물론 왜 저렇게 선택하는지 모르겠다고 볼 수도 있지만, 실제는 어떤 작가를 두고서, '저 사람쯤 되면 팔린다' 단순히 그런 관점에서 선택하는 건 아니라는 거죠. 일차적으로 중요한 것은 자기 나름대로 갖고 있는 문학적 기준이죠. 물론 개별 출판사마다 사정은 다 다르겠습니다만……

그리고 비평가들의 경우에도, 일단 책이 나왔을 때는 그 책의 장점을 일차적으로 독자들에게 알리는 홍보가 중요하잖아요. 저는 비평가들의 임무 중에는 그런 식으로 독자와 작품이 잘 만날 수 있게 하는 역할도 있다고 봐요. 그런데 이건 좋은 작품이 아니다, 작품도 아니라고 생각하면서 자기 본심하고 상관없는 얘기를 쓴다면 이것은 도덕적으로도 굉장히 옳지 않죠. 사실 뒤표지에 쓰는 글이나 해설이라는 게 일반적으로 그렇게 쓰여지는 것은 아니에요. 그런데 우선 홍보나 광고 이런 게 늘어나면서 거기에 활용되는 빈도가 많으니까, 어쩔 수 없이 비평가들이 욕을 많이 먹고 있네요. (웃음) 사실 표지글이나 해설, 발문 같은 그런 자리에서 작품의 의미와 감동을 말하기보다 이 작품은 어디가 나쁘다, 이런 것 위주로 글을 쓴다면 그것은 곤란한 거죠. 일단 이런 설명이 필요하다고 생각합니다.

그리고 『마이너리그』는 확인해 보니까 초판을 4만 부 찍었어요. (웃음) 그리고 단기간에 2쇄, 3쇄를 3만, 2만 부 찍었고 그 뒤로도 더 찍었는데 그것은 그 작가의 작품에 대한 기본적인 판단자료들이 있고, 출간 직후의 반응이 좋았기 때문이죠. 가령 초판을 10만 부를 찍을 수도 있었던 것이 언제까지 소화되느냐는 문제지, 영업상의 판단으로는 충분히 소화될 수 있거든요. 그것을 초판에 몇 부를 찍어서 영업을 하느냐 하는 것은 영업자의 판단이나 출판사의 스타일에 따라 달라지겠죠.

장은수 그것은 아까 말씀드렸듯이 제가 간섭할 수 영역이 아닙니다. 그와 관련해서 민음사의 예를 들면 민음사는 일단 순문학 작품에 실리는 해설을 모두 뺐습니다. 비평가들을 곤란하게 하고, 독자들을 작품에 특정한 독서로 이끄는 그런 자리를 만들 필요가 없다는 판단 때문입니다. 어떻게

보면 독자 서비스를 포기한 것일 수도 있죠. (웃음)

김이구 오히려 작가분들이 불만을 표하기도 하는데, 빼는 것도 꼭 좋은 방식은 아니겠죠.

소설의 입도선매는 온당한가?

장은수 더 큰 문제는 작가를 확보하는 방식이라고 생각합니다. 이것은 창비만의 문제가 아니라 문학 출판 전체의 문제입니다. 제 생각에는 문학 출판의 기본 전제는 작품을 읽고 책을 내는 것입니다. 작품 전체를 꼼꼼하게 읽고 나서 이 작품이 그 출판사의 출판 이념과 합치되는 작품인가를 먼저 판단한 다음에 출간하는 것이 순문학 출판의 정도이고, 또 당연히 그렇게 해야 한다고 생각합니다. 작가와 계약하는 게 아니라 작품과 계약한다는 원칙이 지켜진다면 '다른 출판사에서 발굴한 작가를 왜 빼앗아 가냐'는 식의 항의는 일종의 푸념에 지나지 않게 될 것입니다. 결국 출판사에 남는 것은 목록인데, 작품만 좋다면 무얼 못하겠습니까? 문제는 작품이 아니라 작가와 계약하는 시스템이 문학 출판계에 만연하다는 사실입니다. 저는 그것이 왜 문학에 나쁜가를 알려주는 예를 수없이 들 수 있습니다. 가령, 많은 작가들이 작품은 쓰지도 않은 상태에서 여러 출판사와 계약을 한 탓에 글 빚에 시달리다가 졸렬한 작품을 대량 생산하거나 그게 스트레스가 되어 아예 작품을 못 쓰고 있죠. (웃음) 하여튼 이 부분, 그러니까 작품과 계약한다는 원칙을 민음사는 지금까지는 철저하게 지켜가고 있습니다. 작품을 미리 계약한 적이 한 번도 없거든요.

이권우 아니, 하나 있죠, 『화두』(최인훈). 슬쩍 빼놓고 넘어가면 안 되지요. (웃음)

장은수 (웃음) 아, 『화두』. 그래도 원고를 일부 읽고 계약한 거죠. 어쨌든 『화두』를 제외하고 그런 경우는 없었어요. 저는 이 원칙이 모든 순문학 출판에 지켜져야 할 거라고 봐요. 물론 미국식으로 시놉시스만 있으면 계약할 수도 있고, 어떤 경우에는 작가가 작품을 쓰기로 했다는 말만 듣고도 계약할 수도 있겠죠. 그런데 그건 순문학의 출판 방식이 아닙니다. 물론 작은 출판사들이나 새로 문학 출판을 하고 싶어 하는 출판사들은 어쩔 수 없이 그럴 수밖에 없겠죠. 그러나 수많은 작품들이 늘 책상에 쌓여 있고, 많은 작가들과 대화할 수 있는 통로인 문예지를 발행하는 출판사에서, 물론 단편 한 편을 보고 작가의 역량을 확인한 후에 '그럼 책을 계약하자' 이런 식은 될 수 있을지는 몰라도, 항상 그런 방식으로 출판을 하는 것은 곤란하죠. 그렇게 되면 과도한 계약금을 흑자로 돌리기 위해 각종 마케팅 수단이 활용되어야 하고, 결국에는 미모 마케팅이라도 동원해서 책을 팔 수밖에 없는 시스템의 악순환을 낳게 됩니다. 이런 시스템이 널리 퍼질수록 신인 작가들은 자기 작품을 알릴 기회 내지는 발표 기회를 잃게 되고, 특정한 몇몇 작가들에게만 많은 문학 자본이 집중되게 됩니다. 따라서 이런 방식이 만연할수록 좋은 신인 작가들을 구하기가 더 어려워질 것이고, 문학 출판은 계속 위축되게 되겠죠.

한기호 우리 출판 산업이 미국과는 좀 다르죠. 미국 같은 경우는 특정한 출판사가 있으면 예를 들어 창비라고 하면, 창비가 먼저 읽어볼 수 있는 권리를 주죠. 그래서 창비가 작품이 안 좋다고 포기를 하면 딴 데로 갈 수 있는 시스템이 되어 있어 상호 신뢰가 이뤄지죠. 그런데 우리는 민음사도 문학에서는 부진하고 창비가 최근에 와서 황석영 선생이나 은희경 씨 책이 좀 나갔지만 전체적으로는 문학 작품의 출간이 활발했다고 볼 수 없거든요. 문학동네나 문학과지성사도 굉장히 어려운 것으로 알려지고 있어요. 근데 이 이유가 뭐냐는 거죠. 대중문학의 기반을 통해 상업성을 터득한 출판사에서 작가들을 끌어들인 것도 하나의 이유가 아닙니까? 출판사에서 작가에게 당신의 책을 광고를 해서라도 대대적으로 팔아주겠다고 선언하는 것이 작가들한테 먹힌다는 거죠. 작가가 거기에 이미 끌려가고 있고. 그러면서 이제 와서는 작가들이 한결같이 출판사들한테 요구하는 게 뭐냐하면, '마케팅 비용이 얼마냐, 광고 얼마나 해줄래?' 하는 식입니다. 계약서에 오히려 이런 내용이 포함되는 상황이 되었고, 양식 있는 출판사에선 그런 식으로 못하니까 오히려 그런 면에서 밀리는 것 아녜요. 또 대중문학을 해본 출판사들은 독자의 실체에 대해 명확한 인식을 하고 있는데 반해 본격문학 출판사들은 아직도 엘리트 의식, 일종의 엄숙주의에 빠져있고요.

모두 그렇죠.

한기호 그러니까 미리 잡아놓지 않으면 방법이 없는 것 아닙니까?

장은수 그렇게 생각할 수도 있고요. 박맹호 사장님께서는 이런 말씀을 자주 하시는데요. '다른 데 가져갈 테면 가져가라고 해. 작가를 또 발굴하면 되지.' (웃음) 그런 대범함이 필요한 것 아닙니까?

이권우 유종호 교수의 책을 보면 재미있는 구절이 있는데요. 앙드레 말로의 얘기라던가, '풍경화가를 만드는 것은 풍경이 아니라 풍경화다'라고 했는데, 말하자면 모방과 답습을 통해서 하나의 작가가 탄생한다는 거지요. 왜 그럼 요즘 젊은 작가들이 그렇게, 나쁘게 말해 돈에 팔려 다니냐 하면, 선배 작가들의 탓이 커요. 특히 1960년대 작품 활동을 시작한 한글세대 작가들이 1990년대 그런 모습을 보였어요. 각자 자기를 문학적으로 키워낸 집단으로부터 빠져 나와서 선인세와 광고 많이 해주는 쪽으로 옮겨 가버렸다고요. 선배 작가들이 그러니까 후배 작가들이 배운 게 그거예요. 그러다가 선배 작가들의 활동은 1990년대 들어서 침체되어버렸죠, 배운 것은 그것밖에 없는 젊은 작가들이 이제 득세한 거 아닙니까? 마치 문학개론 수업 시간에 들었던 말을 반복하는 것 같아 민망합니다만, 작가들은 언제나 이방인이어야 해요. 말하자면 사회적인 주류, 오늘날은 그것이 물질 위주의 사회니까 거기서부터 자유로워져야 더 좋은 작품이 나오고 또 후배들이 따라하지요. 1990년대 이후 후배 젊은 작가들의 그런 모습은 풍경화로서의 선배 작가들의 모습이기 때문에 당연하다고 생각해요. 프랑스의 많은 부르주아 작가들은 자신의 출신 성분을 벗어버리기 위해 일탈적 행위를 감행했잖아요? 자신의 계급적 조건에서 벗어나서 세계적 작품을 쓰려고요. 그런데 우리 선배 작가들이 후배들에게 그런 치열한 모습을 보여줬느냐는 면에서 반성해야 할 필요가 있는 것 같아요.

장은수 어쨌든 그런 상황에서 '본격 문학을 어떻게 지켜나갈 것인가' 하는 문제가 문학 출판의 화두입니다. 제가 아는 모 선배 작가는 '난 어차피 글렀으니까……' 이런 식으로 말하더라고요. 글렀다는 건 작품에 대한 포기가 아니라 대중에 대한 포기죠. '글렀으니까 나는 내가 믿을 만한 특정 출판사 세 군데 이외에는 책을 내지 않겠다'라고 하더라고요. 그렇게 작가의 자존심을 스스로 지켜가야 합니다. 또 문학 출판사의 입장에서는 그 작가의 작품이 아무리 안 팔리더라도 그 작품을 지켜줄 수 있는 대범함이 필요하죠.

문학 출판은 물량화, 자본화, 양극화에서 벗어나야

이권우 조금 보충하면, 편집자나 비평가들은 모르는 소리가 있어요. 저희들이 듣는 소리 중에는 창비 쪽에서 등단을 했거나 창비에서 작품을 내고 싶고 창비의 세계관에 동의하는 남성 작가들이 창비에서 책을 못 내고 있기 때문에 겪는 심적 갈등이나 배신감에 대한 소문이 들려요. 이런 것들을 과연 계속 무시할 수 있느냐는 겁니다. 그런 면에서 주류 출판사들이, 제가 자꾸 창비를 얘기하는 것은 그만큼 애정이 있어서 하는 건데, 불행하게도 모든 것이 물량화, 자본화, 양극화되고 있는 사회에서, 출판이라는 장르가 가지고 있는 경제적인 입장을 감안하더라도 스펙트럼 자체를 넓히는 것이 좋지 좁히는 건 옳지 않다고 생각하거든요. 그런 면에서 다양한 작가들의 작품을 출판하는 모습을 우리 문학출판사들이 보여줬으면 좋겠어요. 처음부터 잘하는 작가들이 어디 있어요. 숱한 시행착오를 겪으며 우리 문학 출판이 성장했는데……. 제가 보기에 이제 문학 편집자의 세대 교체가 이뤄졌거든요. 문학 출판을 이끌어나가는 편집자 집단은 과거 세대와 마인드가 틀려요. 근데, 저는 선배 세대의 장점은 반드시 후배들이 이어받아야 된다고 생각합니다.

한기호 제가 일전에 〈샘이 깊은 물〉에 본격문학을 '건전한 세포'로 대중문학은 '암세포'라고 표현한 글을 기고했습니다. 만약 암세포가 문제라면 건전한 세포를 키워서 암세포의 활약을 막아야 할 것인데, 이제는 어느 것이 건전한 세포이고 어느 것이 암세포인지 그 구분마저도 모호해지는 것 아닙니까?

장은수 그건 지나친 표현이고요. (웃음)

한기호 그런 식의 논리 아닌가요? 〈조선일보〉가 주최하는 동인문학상 심사위원들이 대중문학을 놓고 '그들을 언급해준 자체가 그들을 키워주는 게 아니냐, 그러니까 무시해야 한다'라고 말했잖아요.

장은수 그건 아닌 것 같습니다. 〈조선일보〉의 논쟁 자체는 『열한번째 사과나무』 때문에 시도된 것은 아닙니다. 요즈음 여러 대중소설들이 밀리언셀러가 되고 있는데도, 비평계에서 이에 대한 의견이 없었으니까 이것을 공론화시켜 보자는 게 그 기획 의도 아닙니까? 처음에 글을 쓴 사람들이 감정적인 소모전을 벌이는 바람에 논쟁의 방향이 엉뚱하게 틀어졌고, 그러한 와중에서 논쟁이 유야무야된 것뿐입니다. 대중문학을 논의 대상으로 삼아야 하느냐고 물으면 저는 당연히 그래야 한다고 말하고 싶습니다. 또 그런 사람도 있어야 하고요. 우리가 전부 클래식 음악만 비평할 필요는 없잖아요. 대중가요도 비평해야 하는 거죠.

한기호 그 사람들이 그런 식으로 마치 '암적 존재'이기 때문에 언급할 가치도 없는 거라는 식으로 말한 것은 사실로 보입니다. 사실 인간의 몸에 있는 암세포야 하루빨리 들어내야만 하는 거고 그걸 도저히 못 들어낼 정도가 되면 죽는 거지만, 자본주의 세계에서 암세포, 암적인 요소는 일방적으로 들어낼 수가 없는 거 아니에요? 암달러상, 암시장 등 우리가 부정적으로 보는 것도 인간이 찾는 한 어느 정도 유지될 수밖에 없는 건데. 그러면 자본주의 구조에서는 건전한 세포를 키워서 암세포의 활동을 막는 것밖에 방법이 없다는 거죠. 그러려면 건전한 문학, 좋은 문학이 계속 나와야 되는데, 최근에 한 유명 문학출판사 사장이 한 인기 소설가에게 '장편 하나 아무거나 주세요' 그랬다는 거예요. 옛날에는 상업주의 작가라 치부하고 쳐다보지도 않았지만요. 그랬더니 그 작가의 대답이 '대한민국 작가들이 다 어디 갔어요?' 그랬답니다. 과거에 이른바 본격문학 진영에서 자기가 당했던 서운함에서 나온 이야기죠. 창작집이 조만간 나온다고 하더군요.

김영하 씨가 최근에 문학과지성사에서 『아랑은 왜』를 펴냈는데, 아직까지 1만 부밖에 안 팔렸죠. 사회적 인지도도 높고 차세대를 이끌어갈 대표적인 작가로 인정받고 있는데 1만 부밖에 안 나가니까 상당히 충격을 받은 것 같아요. 그런데 대중문학 진영은 강렬하게 광고를 매일같이 하고 있는 반면에 이쪽 순수문학 진영은 실질적으로 작품을 끌고 나갈 수 있는 힘이 있느냐 하는 생각마저 들어요. 저 같은 경우도 창비에서 근무할 때는 제가 '이 책을 내자, 저 책을 내자'라고 발언을 할 권한도 없고 능력도 없었고 단지 이왕 출간할 책이라면 영업 책임자이기 때문에 판매하는 데 최대한 기여할 수밖에 없다는 생각이었죠. 그런데 우리 나라에서 본격 전업 작가의 숫자가 얼마나 되나요?

장은수 전업 작가는 모르겠지만 소설가는 2천 명 정도.

한기호 다른 일 안 하고 글만 쓰는 전업 작가는 얼마나 되죠?

김이구 대부분 전업 작가라기보다는 실업자에 가깝죠. (웃음)

장은수 2천 명 정도 안 될까요?

김이구 2천 명까지는 안 될 거예요.

한기호 아무 것도 안 하고 글만 쓰면서 인세 수입만으로 먹고 살아가는 사람이 몇 명이나 되겠어요?

장은수 인세 수입으로 사는 사람은 몇 명 안 되겠죠. 한 50명? (웃음) 소위 문단의 밤무대(?)에 해당하는 사보 원고료 등을 포함하면 그 숫자가 좀 늘겠죠. IMF 이후에 그 문단의 밤무대가 줄어들면서 좀 어려워졌죠. 그런데 순문학을 하면서 인세로 먹고 산다는 발상 자체를 저는 부정합니다. 그래서는 안 된다고 생각하죠. 생계유지를 위해 얼마나 많은 작가들이 소모전을 치르고 있는지를 생각하면 가슴이 아픕니다. 저는 문예지에 갓 등단한 작가들에게 직업을 뭘 구할 생각인가를 물어보고, 제가 가능한 한도 내에서 알아봐주기도 하고 있습니다. 웬만하면 직장을 가지라고 권하고 있죠. 작품의 질을 유지하기 위해 오히려 그게 더 바람직하다고 보거든요. 물론 그것도 작가 자신이 선택해야 할 몫이지만 말입니다.

김이구 작가들은 생업과 전업 사이에서 계속 그런 싸움을 견뎌야 하는 거죠.

이종원 소설은 제가 잘 몰라서 그러는데, 순문학이 옛날과 많이 달라졌다고 하셨는데 그러면 1970~80년대는 어땠어요?

재생산 구조를 상실한 순문학 시장

이권우 1980년대에는 본격문학이 대중들의 전폭적인 지지를 받았지요. 물론 그 당시에도 폭발적인 판매량을 보인 대중소설들이 있었지만요. 『객지』(황석영), 『난장이가 쏘아올린 작은 공』(조세희), 이청준 선생의 소설들은 그 시대를 대표하는 본격문학 아닙니까.

이종원 어, 그건 저도 다 읽어본 거네요. (웃음)

장은수 순문학 그 자체로 재생산 구조를 가질 만했죠. 지금의 순문학은, 민음사를 예로 든다면, 『삼국지』의 지원을 받아서 내는 거죠. 그게 없다면 민음사도 어쩔 수 없이 스타 시스템을 도입해야 할지도 모르죠. 하지만 그렇지 않더라도 동료 의식으로 똘똘 뭉쳐 어려운 상황을 함께 헤쳐 나갈 수도 있겠죠.

이권우 설사 1980년대가 예외적이었다고 하더라도 그 현상은 문화적으로 볼 때 지극히 긍정적이었으니까 어쨌거나 그걸 지금 시대에도 다시 회복을 해야죠. 어렵고 불가능해 보이더라도 노력을 해야 한다는 겁니다. 그래도 예를 들면 〈창작과비평〉이라는 계간지를 낼 수 있을 만큼 팔려 나갔잖습니까.

장은수 창비는 자체 생산 구조가 있으니까 상관없고요.

김이구 대중에게 원하는 읽을거리를 만들어 제공한다는 건 출판의 한 영역이기도 하고, 1910~20년대 『장한몽』같은 작품도 그런 차원에서 인기를 끌었잖아요? 위안으로서의 문학으로 존재했죠. 오늘날에도 『가시고기』라든가 그런 책들을 보면서 한번 실컷 울어보고 싶다 하는 독자들이 있을 텐데, 이런 욕구들을 충족시키는 읽을거리는 수요가 있고 출판의 한 영역이기도 하다 라고 생각해요. 그런 차원에서 '대중'과 '순수'를 넘나드는 작가들이 있을 수 있고, 아무리 팔리는 책을 쓰려 해도 안 되는 작가들도 있고요. 대중의 읽을거리는 분명히 사회적인 풍토 속에서 창출되고 수요가 있는데, 그것을 '이것도 좋은 문학인데, 왜 이걸 나쁘다고 비난하냐'라는 식으로 강변하는 것은 곤란하죠. 무조건 나쁘다고 비난해서도 안 되지만, 일정한 비판적 거리를 가지고 보아야지 억지를 부릴 것은 아니라고 생각합니다.

한기호 영풍문고가 분야별로 매출을 집계해 보면 강남하고 강북하고 거의 비슷한데 유일하게 소설은 강북이 월등하게 판매 부수가 많다는 거예요.

장은수 저는 시내 대형 서점의 판매 자료는 신뢰하지 않아요. 요즘엔 인터넷 서점도 신뢰하지 않게 되었죠. (웃음) 제가 의존하는 자료는 〈송인소식〉에 실리는 자료와 강남 씨티문고, 부산의 동보서적 자료 세 가지 정도죠. 씨티문고는 규모가 작아서 아무도 안 보지만 다양한 사람들이 이용하는 서점이라서 바로미터 역할을 하기에는 충분하다고 봅니다.

한기호 요즘엔 〈조선일보〉가 씨티문고도 베스트 집계에 참고를 한다니까 일부 출판사는 거기에서도 사재기를 한다던데요? (웃음)

장은수 그건 잘 모르겠어요. 그렇게 심하진 않은 것 같고요. 그렇다면 이젠 그것도 좀 부담되네요. (웃음) 그리고 도매상에서 얼마나 팔리는가를 다음에 체크합니다. 동보서적은 제2의 도시인 부산 시내 한복판에 있기 때문에 지방 독자들의 움직임을 알기 위해 보는 것이지요. 『마이너리그』 같은 경우는 순위 차이는 있지만 비교적 골고루 팔리고 있는 것 같습니다. 어떤 것은 한 군데만 있고 다른 데에서는 아예 순위에서 누락된 것도 있습니다. 〈송인서적〉 베스트셀러 목록은 시내 대형서점의 베스트셀러 집계와 일치하는 경우가 많습니다. 서점 주인들이 무엇을 근거로 책을 갖다 놓는지를 극명하게 보여주죠. 독자가 찾아서 주문하기보다는 일단 대형서점에서 베스트셀러니까 비치해 두었다가 안 팔리면 반품시키면 된다는 식의 발상이 엿보이죠. 사재기한 책들은 그래서 반품률이 엄청날 거예요. 인위적으로 무리하게 베스트셀러 목록에 올려놓은 책들 역시 마케팅 기간이 끝나면 반품이 엄청나게 들어올 거구요. 그런 식으로 출판 시장의 구조가 왜곡되는 거죠. 저는 기자들이 베스트셀러 목록을 분석하면서 '소설이 되살아난다'는 식으로 기사를 쓰면 참 기가 막혀요. (웃음)

이권우 아까 이 사장님이 말씀하신 얘기처럼 1980년대 이념 중심의, 이념 편향적인 문학을 되살리자는 것은 아니고요. 문학이 가지고 있는 본래의 기능이 사라지고 있고 우리가 그걸 막기 위해서 노력하지 않으면 안 된다, 일반 대중들은 위안을 받고만 싶어하니까 더욱이 우리 사회의 건강성을 위해서라도 노력해야 된다는 거죠.

장은수 우리가 생각하는 것보다 더 빨리, 심하게 붕괴되고 있다는 게 문제예요.

이종원 잠시, 궁금한 것이 있는데요, 출판 선진국 쪽은 어때요?

장은수 선진국 쪽은 좀 달라요. 출판의 구조가 다르죠. 미국의 경우, 대중소설 자체가 굉장히 세련되어 있습니다. 오랜 역사를 가지고 있으니까요. 스티븐 킹, 마이클 크라이튼, 존 그리샴 같은 작가들은 계속해서 좋은 작품을 쓰고 있고, 독자들의 호응도 높아 작품마다 거의 밀리언셀러를 기록하고 있습니다. 하지만 토머스 핀천이나 톰 울프와 같은 순문학의 대가들도 작품을 내면 그 난이도에 관계 없이 〈뉴욕타임스〉 베스트셀러 종합 10위 안에 2주 정도는 듭니다. 우리와 차이가 있다면, 대중문학 작가들이 절대 다수이고 순수문학 작가들은 그렇게 많지 않다는 것입니다. 우리는 정반대이지요. 또 순수문학을 하는 사람들이든, 대중문학을 하는 사람들이든 자신의 독자들을 향해 성실하게 글을 쓸 뿐 그것이 일종의 신분증 같은 것이 되어 서로를 차별하는 경우도 거의 없습니다. 그리고 대가급에 이른 작가들에 대한 지원도 대단하죠. 제가 알기로는 토머스 핀천 같은 경우는 혹시 먹고살지 못할까봐(큰 농장을 가진 사람이어서 그러지 않겠지만) 혹시 작품 활동에 지장을 줄까봐 정기적으로 지원금을 줍니다. 그렇게 하니까 작품의 수준도 어느 정도 유지되어 10만 부 정도는 팔리는 것 같습니다. 몇 년에 한 번씩 작품을 쓰더라도 작가로서의 품위 있는 생활이 가능한 시스템인 것이죠. 물론 미국도 마찬가지로 신인 작가나 마이너 작가들은 엄청난 고생을 합니다. 물론 그렇다고 해서 한국 작가들처럼 작품과 글쓰기로 생계를 유지하는 경우는 거의 없는 듯합니다. 대학 교수직 하기도 하고 출판사에 대필 작가로 취직해서 일하기도 하고, 농사를 짓기도 하고, 심지어 슈퍼에서 아르바이트를 하기도 하죠.

시장 논리로 풀 것은 풀어야
그런데 대중작가들이라고 해서 한국처럼 순문학 작가들과 문장력이나 구성력에서 차이가 크지는 않습니다. 우리에겐 『좀머 씨 이야기』로 잘 알려진 독일의 파트리크 쥐스킨트 같은 작가가 그렇죠. 문학적인 측면에서 보면 그리 대단한 작품은 아니지만 좋은 문장력과 구성을 갖춘 동시에 어느 정도 문학적 품격도 가지고 있기 때문입니다. 쥐스킨트 얘기만 나오면 독일 비평가들은 고개를 흔든대요. 평가하기가 곤란한 거죠. 미국의 경우는 스티븐 킹이 그렇죠. 인간 내면에 있는 악의 문제를 집요하게 추구하는데, 문장도 유려하고 잘 씁니다. 『쇼생크 탈출』 같은 작품은 특히 괜찮은 것 같습니다. 일본의 무라카미 하루키 같은 작가도 우리는 순문학이라고 생각하지만 가라타니 고진과 같은 일본의 평론가들은 문학이 아니라고 노골적으로 비판하고 있죠.

어쨌든 그런 식으로 너무나 세련되어서 순문학과 구분할 수 없는 작품들을 한국의 대중작가들이 써낸다면 할 말이 별로 없겠죠. 그런데 지금 문제가 되는 것은 대중문학의 시스템이 순수문학에 도입되어 가능성 있는 다른 작가들을 죽여 버리는 것입니다.

이종원 저는 어떤 생각이냐 하면, 사실 소설만이 아니고 모든 분야가 본질적으로 이런 부분에서 동일하다고 보는데요. 우리 나라 출판에 여러 가지 문제가 있겠지만 그 중의 하나가 한쪽으로 쏠리는 거잖아요. 말하자면 출판계에 자원이 이만큼 있는데, 그건 필자일수도 있고 출판사이기도 하고 편집자, 영업자일수도 있고 아무튼, 굉장히 불합리해 보일 정도로 편중되어 있는 게 소설만은 아닌 것 같아요. 응용 기술이 꽃을 피우려면 기초 과학이 탄탄해야 되잖아요. 이것을 수입할 수는 있겠지만 수입을 해도 그걸 기반으로 해서 응용하는 거니까 본질은 마찬가지고. 소설도 순수문학을 통해서 상상력에 자극 받아야 추리소설을 쓴대도 맛깔나게 쓸 수 있는 거 아니에요? 결국 둘 다 객관적으로 존재할 수밖에 없고 비중의 차이는 있겠지만 사회적 수요도 있다는 거죠.

오히려 출판사에서 고민해야 될 것은, 소설이든 어떤 분야든 이것을 자기가 가지고 있는 조건 속에서 어떻게 소화해 낼 것인가 그리고 어떻게 자기만의 색깔과 전략을 가지느냐. 자신만의 주체적 선택의 문제가 가장 핵심인 것 같아요. 그리고 국가나 사회의 지원 등은 그 다음의 이차적 문제 아닐까요. 아까도 창비 김국장님께서 말씀하셨지만 국가가 지원하는 것은 당연한데요. 하지만 생각해보세요. 국가에서 지원할 것이 한두 가지겠어요? 현실적으로는 잘 안 된다고요. 경쟁 메커니즘이 그렇게 안 가고 있거든요. 아직 우리 사회 경쟁력의 원천이 그쪽이 아니란 말이죠. 국가나 사회 전체 차원에서의 투자 우선 순위에서 밀리는 거죠. 공교육 투자를 부르짖으면서도 실제 투자는 미미하고 사교육에 기대는 것처럼. 이런 상황은 우리 경제나 사회가 한단계 발전하거나 발전할 수 있는 조건이 성숙했을 때까지는 획기적으로 변하지 않을 거예요. 점진적인 변화는 있겠지만. 결국 기본적으로는 우리가 시장에서 시장 논리로 풀어야 된다는 거죠.

물론 자본이 축적되지 않은 출판사의 경우에는 생존과 직결된 문제라 이 선택의 문제가 쉽지 않죠. 하지만 상황이 어려울수록 자기가 왜 출판을 하는지 생각하는 것부터 시작해야 될 것 같아요. 저는 컴퓨터 책을 내니까 다른 분야에 대해서 사실 말하기 좀 그렇지만, 순수문학이나 인문학을 정말 하고 싶은 사람이 있을 거라고 생각하고 그러면 저는 그 속에서 방법이 있을 거라고 생각해요. 막연하기는 하지만 적은 투자 비용으로 수익을 내는 생산 방식, 효과적인 마케팅 방식을 개발하고 이를 기본으로 국가·사회적 지원을 끌어내는 쪽으로 장기적으로 모색해 가는 식으로요. 사실 대중 시장이라고 해서 모두가 성공하는 건 아니잖아요. 화려한 만큼 실패할 확률이 큰 시장이고, 어떻게 보면 과거와 반대로 요즘은 대중 시장으로 과도하게 쏠리는 면이 있는 것 같고요. 그리고 큰 출판사는 큰 출판사대로 응용 쪽에서 수익이 났으면 기초 쪽으로도 돌려주고, 전부는 불가능하겠지만요. 단기적으로 보면 저게 많이 팔리니까 유일한 기회인 것 같고 이쪽은 아닌 것 같다고 생각하기 쉽지만, 전 꼭 그런 것 같지는 않아요.

이권우 우리 사회를 미국 같은 선진 자본주의와 계속 비교하는데, 이게 타당한 건지 되짚어봐야 합니다. 과연 우리가 선진국이 될 수 있는 겁니까. 우리 사회는 여전히 제3세계적 문제의식이 있고, 여전히 1980년대의 치열성으로 살아야만 할 객관적인 근거가 있어요. 저는 외환 위기가 그 증거라고 봅니다. 대중문학은 현실로부터 도피하라고 하지, 현실을 보라고 하지 않아요. 현실에 대해 눈감아라, 내가 위로해 준다 그러지 상처의 근본적 치유책을 이야기하지 않는다는 말이에요. 이런 이야기가 있어요. 영어권 본격문학 작가들이 이제는 영국이나 미국에서 나오지 않는데, 인도나 남아프리카처럼 변방에서 많이 나와요. 거기에는 제3세계적인 문제의식이 있기 때문이거든요. 여전히 세계 변혁을 기획하는 제3세계적 문제의식이라는 게 있어요.

이런 제3세계적 문제의식이야말로 우리한테 여전히 있어야 하는데, 아직 남북통일도 안 됐고 통일 이후에 우리 경제가 선진 자본주의로 갈 리도 없고요. 하지만 여전히 〈조선일보〉로 상징되는 보수주의가 득세하고 있고, 진보주의자들의 지지를 기반으로 한 대통령이 정치를 하는데도 반민중적인 정책을 펴고 있고, 이 나라에는 실로 얼마나 많은 문제들이 잔존해 있습니까. 그런데 이걸 어떻게 자꾸 선진 자본국과 비교를 해요. 1990년대 일정하게 정치적 민주화와 경제적 발전이 있을 때 하루키로 대변되는 선진 문화를 흡수하면서 마치 우리도 선진국이 될 것처럼 생각했고, 역사와 계급에서 자유로워지자고 난리들이었잖습니까. 장정일의 『아담이 눈뜰 때』로 상징되는 1990년대적 분위기가 그걸 반영했던 거잖아요. 그 결과가 뭡니까. 하루키로 대변되고 장정일로 시작된 1990년대적 문학 풍토의 결과가 어땠냐는 겁니다. 문학에 담긴 시대정신의 종착지가 바로 IMF잖아요.

여전히 확인되는 본격문학의 유효성

본격문학의 유효성이 여기서 확인되지요. 우리 사회가 진정성을 잃어버렸을 때, 사회 전체의 방향이 또 좌절하고 실패할 거란 이야기예요. 그래서 그 어떤 자본의 논리 앞에서도 자유로울 수 있고, 순수성을 지킬 수 있는 본격문학이 자기 진영을 지켜 나가야 한다는 거죠. 설사, 자본의 압력에 의해서 일정한 출판사가 무너지고 일정한 작가가 깨지더라도 전체 틀은 지켜야 하고, 지금 대중문학과 벌이고 있는 이론 싸움에서 이겨나가야 된다는 거예요. 하지만, 현실은 시장에서의 명백한 패배 때문에 사실 본격문학이 수세에 몰려있거든요. 그러나 여기서 좌절하면 안 되고, 다시 밀고 나가야 해요. 그래야 1980년대의 본격문학이 진보성을 확보하고 사회적 변화를 이끌어냈듯, 세계화 속에서 약탈당하고 있는 우리의 경제·문화 체계를 혁신할 수 있는 힘을 얻을 수 있을 거라는 얘기죠.

이종원 그럼 그 핵심적인 주체는 누가 되는 거죠?

이권우 방금 말한 넓은 의미의 본격문학 진영이지요.

이종원 그 중에서도 소설가가 핵심적 주체이지 않나요?

이권우 모든 것을 작가의 책임으로만 돌릴 수는 없습니다. 1970~80년대의 경우 민족·민중문학의 진영에서 출판사는 단순한 파트너만은 아니었어요. 분명한 지원 세력이었거든요.

이종원 그 현실이 변했잖습니까.

이권우 하지만, 과거보다는 지금이 자본 축적이 더 잘돼 있어요. 창비의 경우도 1970~80년대보다 재정 면에서 훨씬 나은 것으로 알고 있습니다. 죄송합니다, 자꾸 창비를 예로 들어서…… (웃음)

장은수 기본적으로 동의합니다. 그런데 좋은 작품이 있을 때, 그것을 출간하지 않을 출판사는 없다고 봅니다. 과문한 탓인지 모르겠지만 제가 알기로는 작가 자신이 조금만 노력한 경우에 괜찮은 작품이 책으로 나오지 못한 경우는 없습니다. 그런 경우가 있다면, 그것은 불행히도 자신과 코드가 맞지 않는, 특정 출판사를 고집하거나 그 작품의 진가를 발견해 주는 좋은 편집자를 못 만난 것일 뿐입니다. 어떻게 보면 개인적 불행이고, 달리 보면 하소연일 뿐이죠. 문제는 그러한 작품이 투고되었을 때, 상업적 가능성을 일단 괄호에 넣을 수 있는 출판사 내부의 시스템, 또는 그런 작품들을 언제든지 수용할 수 있는 경영자의 마인드가 현격하게 달라져 버린 것입니다. 그것은 출판사 스스로가 살아남기 위한 선택이기 때문에 외부에서 간섭할 수는 없다고 봅니다. 어쨌든 작가들을 신나게 할 수 있는 요소가 출판사 내부에 있으면 좋고, 그렇지 않다라고 좋은 작품에 대해서는 늘 전향적인 태도로 열심히 읽어주고, 출간할 수 있는 시스템이 갖추어져야 하는 것은 분명합니다. 저는 실제로 많은 문학 출판사들이 이런 일을 행하고 있다고 믿습니다. 그것은 광고나 영업과는 별개의 문제이니까요. 솔직히 저는 작가들 보고 안 팔리는 작품 쓰지 말고, 요즘 판타지 뜨니까 그거 써보라는 소리를 할 필요도 없다고 봅니다. 작가들은 늘 자기가 좋아하는 방식으로 써야 하고, 그럴 때 좋은 작품을 낼 수 있다고 봅니다. 판타지가 자신의 아이디어를 표현하기에 적합하다고 생각하면 그걸 쓰겠죠.

하지만 작가의 자존심 문제가 출판 산업과 직접적인 연관을 맺어서는 안 된다고 생각합니다. 계속 말씀드리지만 그것은 개별 출판사들이 알아서 판단해야 할 문제입니다.

한기호 문학 이야기를 길게 했는데, 문학을 지식과 교양의 기본이라고 했는데 많이 퇴색되고, 다른 분야에 비해서 밀리고 있는 게 사실인 것 같아요. 제가 『상도』 이야길 하면서 '주택복권 사는 심정으로 읽는다'고 앞에서 이야기를 했는데, 작가 최인호씨가 들으면 기분 나쁠지 모르겠지만 사실이 아닌가 생각합니다. 독자층이 10대나 초등학생으로 내려가고 있다는 거죠.

이권우 일반적으로 100만 부가 넘어가면 독자 가운데 반드시 초등학생이 끼어 있답니다.

한기호 거의 초등학생까지 봤다고 보면 될 거예요. 조만간에 『상도』가 TV드라마로 방영되면 그 정도가 더하겠죠.

장은수 『상도』야 더 그렇겠죠.

한기호 『퇴마록』 같은 경우에, 그게 19권으로 완결되거든요. 그 긴 책을 초등학생들이 다 읽어냈습니다. 『퇴마록』의 작품 수준을 떠나서 우리한테 끼친 공헌이 크지 않느냐는 거죠. '해리포터' 시리즈의 열풍을 몰고 오는 기반도 만들었고, 『드래곤 라자』를 쓴 이영도의 성공 기반도 이우혁이 만들지 않았을까 하는 생각이 들어요. 어쨌거나 『부자 아빠 가난한 아빠』와 '해리포터' 시리즈로 돌아가서 지난번 『부자 아빠 가난한 아빠』의 기요사키 씨가 서울에 왔을 때, 체조 경기장에 관중이 얼마나 모였죠?

장은수 첫날 3만 명, 둘째 날 4만 명 모였죠.

한기호 그럼 7만 명이네요?

장은수 놀랄 만한 사실은 무료 강연회가 아니고 1인당 5만 원씩 받았다는 겁니다.

한기호 그러면 35억 원 아니에요.

이권우 야~ 하하하하하 (놀라움을 금치 못하는 웃음)

장은수 황금가지가 주최한 것은 아니고요.

한기호 암웨이 계열에서 주최한 것인가요?

장은수 예, 네트워크 마케팅을 하는 회사에서 저희가 초청한 일자를 가로챘어요. 강연료도 굉장히 많이 줬을 거라고 생각하는데……. 저는 개인적으로 이런 책들이 언제까지 지속될 것인가 하는 의문을 품고 있습니다. 사실 이런 책들이 이렇게 많이 팔리는 게 이상과열 현상 아닙니까? 내부적으로는 2백만 부는 무난히 넘을 거라고 확신하고 있습니다. 한국 사람들은 그동안 정치의 고수로 살아왔습니다. 신문 구석에 작은 1단 기사만 실려도, '정권 내부에 무슨 일이 있었구나' 하거든요. 동네 구멍가게 아저씨도 다 알아요. 3김의 드라마틱한 삶과 군사정권의 언론 통제가 바로 전 국민을 정치의 고수로 만든 거죠. 그래서 〈조선일보〉를 비롯한 일간지들이 정치 기사 중심으로 편집을 해도 판매부수가 유지되는 거죠. 이미 방송에서는 안 통하기 시작했거든요. 9시 뉴스에서 정치 기사가 앞에 나오는 MBC의 시청률은 계속 떨어지고 있고, 생활 기사부터 소개하는 KBS의 시청률은 점점 올라가고 있지요.

그런데 국난이라 할 수 있는 IMF는 국민 전부를 경제학의 고수로 만들고 있습니다. 영어 돌풍도 이 고수되기 과정에서 나타난 현상 중의 하나라고 보고 있습니다. 『부자 아빠 가난한 아빠』는 바로 경제학의 고수가 되는 방법을 가르쳐주는 책이죠. 신자유주의 시대에 살아남을 수 있는 생존 기술의 고수가 되지 않으면 아무도 이 험난한 시대를 헤쳐 나갈 수 없게 된 것이 이 책의 폭발 요인입니다. 그 마음이 진정될 때까지는 계속 책은 팔릴 것입니다.

영어도 제2공용어가 되어서 전 국민이 영어를 다 잘하면, 영어책 안 팔리겠죠. 경제도 그렇다고 생각합니다. 그런데 지금 팔리고 있는 경제서는 제가 경제 수신서라고 부르는 책들입니다. 태도 또는 삶의 에토스에 관한 책들이죠. 가령, 『CEO 마인드』(중앙M&B)만 해도 진짜 경제서라기보다는 마음을 바꾸라고 제안하는 일종의 심리학책으로 볼 수 있습니다. 경제 실용서들은 아직 많이 팔리지 않고 있습니다. 문학 시장과 마찬가지로 필요한 사람들만 사보는 마니아 시장의 특성을 그대로 간직하고 있는 것입니다.

일본, 중국 등 다른 나라도 그렇지만 한국에서도 가장 많이 팔리는 경제서는 '마인드 안 바꾸면 죽어. 그러니까 마인드를 빨리 바꿔야 해. 그런데 그런 마인드는 학교에서 안 가르쳐줘' 하는 식으로 일테면 협박하는 책들입니다. '학교나 회사에서는 너한테 인생의 진짜 중요한 비밀을 숨기고 있어. 이 책에는 그 비밀이 실려 있어.' 그런 거죠. 이런 책들은 어느 정도 고수가 되면 읽을 필요가 없을 것입니다. 제가 조사해 본 적이 있는데, 경제·경영을 전공한 사람들은 『부자 아빠 가난한 아빠』를 잘 읽지 않습니다. 새로운 내용이 없어서 볼 필요가 없는 것이지요. 경제부 기자의 경우도, 이미 마인드가 많이 바뀌어 있기 때문에 『부자 아빠 가난한 아빠』에 대한 충격이 일반인들에 비해서는 낮아요. 신기할 게 없는 내용인 거죠. 아마도 어떤 기적적인 방향 전환이 없다면 대다수의 국민들이 이런 마인드를 갖게 될 때까지 이쪽 분야의 책들은 계속 팔리게 될 것입니다.

그러고 나면 구체적으로 '숫자'가 들어간 책들을 읽겠죠. 경제서 시장은 앞으로 그쪽으로 움직여간다고 생각합니다. 이번에 베스트셀러가 된 책 중에서 제가 주목하는 책이 『합법적으로 세금 안 내는 110가지 방법』이에요. 사람들이 이제 숫자를 보기 시작한 거죠. 제도권 교육에는 숫자를 구체적으로 가르쳐주지 않으니까요. 그것은 진짜 유저user용 책이죠. 정말 필요한 사람들이 보는 것이고요.

한기호 그건 인간의 가장 기본적인 특성 아닐까요? 독일이 통일 됐을 때, 동독에서 최초로 베스트셀러가 된 게 『천 가지 합법적인 세금 트릭』이라는 제목의 책이거든요. 동독 사람들이 자본주의 체제로 들어오며 변화된 세상에서 법률이니, 세금이니 이런 사회적인 것들에 적응을 해야 하니까요. 그 책은 최근까지 수정판, 개정판을 계속 내는 모양이에요.

최근에 서바이벌하고 연결해서 나온 책 중에 뜨인돌의 『로빈슨 크루소 따라잡기』는 여러 가지로 시사하는 점이 많아요. 어느 날 사람이 무인도에 떨어져서 살아남기 위한 이야기가 나오거든요. 기본적으로 이야기는 스토리가 살아있습니다. 거기에 과학적 지식이 팁으로 처리됐죠. 그러니까 학문적인 데이터 즉, 이론적인 근거가 있는 거죠. 그렇기 때문에 스토리 구조와 전문성이 연결된 책으로 앞으로 출판의 한 방향이 되지 않을까 싶어요.

개마고원의 자회사인 북앤월드에서 곧 나올 책 중에 '추리소설로 읽는 경제학'이라는 시리즈가 있어요. 우리 나라 사람은 추리소설을 잘 안 읽으니까 '추리'자를 빼고 그냥 '소설로 읽는 경제학' 시리즈라고 했는데, 저자가 경제학자예요. 주인공인 경제학자가 어느 호텔로 휴가를 갔는데, 거기서 살인 사건이 연속해서 벌어지는 거예요. 첫 번째가 『수요 공급 살인사건』이거든요. 경제학의 수요·공급의 원칙에 의해서 인간이 소비를 하게 마련이고 그런 것으로 인간의 심리를 파악해서 범인을 잡아내는 거예요. 인간의 합목적적인 소비 원칙이라든가 이런 것을 찾아요. 출판이 이런 식으로 흘러가는 부분이 있습니다. 경제학자가 책을 써서 실제로 경제학 교과서로 사용하는 거예요. 그렇게 보면 우리 나라도 인문학에 변화가 와야 하는데, 가장 큰 문제는 학자들이 아닌가요?

작년에는 '책세상문고·우리시대'가 화제가 됐죠. 이 시리즈는 세분 시장을 찾고, 예각화된 주제를 다루면서 새로운 가능성을 보여줬거든요. 금년 들어서는 〈TV, 책을 말한다〉에 소개되기도 했고 시리즈의 판매가 많이 늘어난 모양이데요. 그 외에는 딱히 뚜렷하게 보여지는 게 없죠?

'책세상문고·우리시대'의 가능성과 아쉬움

이권우 '책세상문고·우리시대'는 상당히 좋은 시리즈인데, 좀 아쉬운 점이라면 시리즈 성격상 충분히 발휘할 수 있는 기동성을 극대화시키지를 못했다는 거예요. 목록을 쭉 보면 알겠지만 일반 교양서가 많아요. 그러지 말고 좀 능동적으로, 그러니까 이와나미가 펴낸 책을 푸른숲이 번역했던 '21세기 문제군'인가요? 그런 것처럼 오늘의 문제를 풀어냈으면 싶어요. 저널리즘이라는 게 사건만 보도하지, 제대로 깊이 있게 정리하는 경우는 없잖아요. '신자유주의란 무엇인가'에 대해서 답을 좀 얻어보려고 책을 찾았더니, '신자유주의'라는 제목이 들어간 책은 많았는데, 정작 신자유주의의 연원과 개념 정의, 오늘의 세계적 현상 등을 제대로 논한 책은 드물었어요. 그런 것을 봐서는 '책세상문고·우리시대'가 일반 교양 수준의 책과 함께 시사적인 문제에 대해서 게릴라적으로 글을 쓰는 능동성을 보여주면 훨씬 좋을 거예요. 최근 이영자 파문으로 책세상문고로 나온 한서설아 씨의 『다이어트의 성정치』가 다시 주목받는 것 같더군요.

또 이 시리즈가 나올 때는 논쟁 중심의 편집을 하겠다고 했는데, 막상 그런 것은 없어요. 자신들이 내세운 편집 슬로건에 못 미치고 있거든요. 이유야 많겠죠. 말 그대로 풍찬노숙자들이 필자인데, 교수하려면 그렇게 못쓴다는 자기 검열 같은 것 말입니다. 『철학과 문학비평, 그 비판적 대화』(김영건)는 문학 비평가들의 철학적 수준을 비판적으로 언급을 했는데, 다른 책에서는 우리 시대의 지배 담론을 정면으로 비판한 경우를 찾아보지 못했어요. 정리하자면, 지배 담론에 대한 전면적인 비판과 현실적인 문제를 다룬 책들이 나오면 출판 시장에서 화제가 되고, 독자들의 관심도 한층 뜨거워질 거라는 것이죠.

장은수 '책세상문고'에 대해 여러 가지 의미를 부여할 수 있겠습니다만, 제 생각에는 문고본으로 적합하지 않은 내용은 아닌가 하고 생각합니다. 물론 한 권 한 권의 책이 가지고 있는 품격에 대해서는 이 자리에서 문제삼고 싶지 않습니다. 그러나 문고는 단순히 분량이나 판형 또는 가격으로 판단해서는 안 됩니다. 문고본은 고급한 내용을 저렴한 가격으로 많은 사람에게 읽히는 책입니다. 따라서 문고에는 일종의 '대중화 과정'이 포함되어 있습니다. 특히 '책세상문고'처럼 학술적인 성격이 강한 책일수록 더욱 그러합니다.

'책세상문고'는 한국의 독자 수준을 생각할 때 지나치게 내용이나 서술방식이 비대중적입니다. 문고본을 기획할 때 가장 먼저 염두에 두어야 하는 것은 독자들의 수준이고, 그에 알맞은 내용의 선정과 서술 방식의 개발이 선행되어야 합니다. 구체적으로 그것을 어떻게 할 것인가는 개별 출판사에 맡겨둘 수밖에 없겠죠. 그렇다고 하더라도 어쨌든 대중을 지향하는 것인 만큼 문고본의 내용은 깊이보다는 평이성을 추구해야 하고, 좀더 고급한 독서행위를 이끌어내기 위한 예비과정으로 기획되어야 합니다. 또 가격이나 판형에서 부담을 주지 않아 쉽게 읽고 미련 없이 버릴 수도 있어야 합니다. 가격이나 판형에서 '책세상문고'가 문고의 요건을 충족하고 있는 것은 사실이지만, 내용이나 서술방식에서는 별로 그렇지 못하다고 생각합니다. 책의 내용은 대부분 학위 논문들을 요약한 것에 지나지 않고, 서술은 논문체로 딱딱한 편입니다. 그래서는 아마도 대중화에 실패하지 않을까 두렵습니다. 최근에 알아본 바에 따르면 '책세상문고'의 판매량은 몇몇 책들을 제외하면 그다지 크지 않습니다. 초판을 2천 부 정도 찍는 것으로 알고 있는데, 이것은 문고라고 볼 수 없습니다. 작은 총서 시리즈쯤 될까요? 일본에서 문고본의 초판 부수를 최소 2만 부로 설정하고 있는 만큼 그 4분의 1인 5천 부 정도는 되어야 하지 않을까요? 문학과지성사에서 나오는 '문지 스펙트럼'의 경우도 마찬가지입니다. 그 시리즈의 하나로 제 후배가 질 들뢰즈의 『베르그송주의』를 번역했는데, 이 책이 과연 문고본 컨셉에 적합한 것일까요? 저는 이 책은 양장본으로 만들어 1만 원쯤 매겨도 판매 부수에는 큰 차이가 없을 것으로 봅니다.

이권우 '책세상문고'를 옹호해야겠군요. 일반 독자 입장에서 보면 한 권의 책에서 정작 필요한 부분은 한 챕터 정도예요. 우리 책이라는 게 300~400페이지 정도에 통일성도 없는 잡다한 글을 구겨 넣은 꼴이어서 독자 입장에서 보면 사실 책 사기가 아깝거든요. 그래서 불법인 줄 알면서도 필요한 부분만 복사해서 보지요. 그런데 '책세상문고'는 단일 주제를 한 권의 책으로 꾸몄다는 점에서는 가장 성공적인 기획물이죠. 장 부장님의 지적대로 문고본의 원칙적인 기능에 충실한가에 대해서 보면 그런 비판이 가능하지만, 인문학적 주제에 대한 관심을 촉발시켰다는 점에서는 높이 평가할만하다는 것입니다.

장은수 그 점을 부인하는 것이 아니라 일종의 총서처럼 기능하고 있다는 것이죠. '책세상문고'가 인문학에 대한 관심을 불러일으켰고 그 자체로 훌륭한 기획이기도 하지만 문고라는 이름에 적합하지는 않다는 것입니다. 옛날에도 그런 시도는 많이 있었습니다. 가령, 한울에서 '작은책'이라는 시리즈로 논문 한 편씩 모아서 700원 정도의 가격으로 출판한 적도 있었으니까요. 새로운 것이 아니라 그런 책들과 맥락을 같이하는 것이라고 생각합니다.

이권우 어쨌든 편집 방식도 작가 소개라든지 뒤에 더 읽을만한 자료 같은 것들을 실었고 그런 점은 다른 출판사들도 적극적으로 수용하고 있습니다. 최근에 푸른역사에서 『진영첩의 주자강의』가 나왔는데, 역자 글

뒤에 더 읽을만한 책들을 충실하게 소개했더라구요. 그리고 이 문고가 과거의 시리즈와는 다르게 학위논문이 아니고 자기가 자신 있는 분야에 대해서 집중적으로 글을 썼기 때문에…….

장은수 대부분 학위 논문이잖아요. 어떤 것은 학위 논문을 그대로 요약한 것도 있던데요.

문고 출판의 바람직한 방향은?

이권우 하지만 문고 자체의 눈 높이는 다분히 대중을 지향하고 있지요. 우리 사회가 정보나 지식에 대한 욕구가 다양해지니까 그것을 무겁고, 잡다한 글들이 섞여있는 두꺼운 책으로 내는 것보다는 단일한 주제가 담긴, 읽을 만한 형태로 내놓는 것이 좋은 것 같아요. 이런 시리즈로 이미 평가를 받은 것은 건국대출판부에서 나온 '세계작가탐구' 같은 게 있잖아요. 판매 부수까지는 모르겠지만, 이미 평가를 받은 것으로 알고 있어요.

장은수 제일 많이 팔린 것은 서울대출판부에서 나온 '문학비평총서' 시리즈죠. 리얼리즘, 모더니즘, 상징주의 등 문학 전공자들이 거의 한 권쯤은 가지고 있는 시리즈죠.

이권우 '옥스퍼드' 시리즈라고 해서 좀 있었죠. 그런 식으로 단일 주제에 대한 깊이 있는 글, 그리고 대중적 글쓰기는 참 좋은 것 같아요. 특히 요즘 문학평론집들은 잘 안 팔리잖아요. 이런 것들에서 힌트를 좀 얻을 필요가 있는 것 같아요. 예를 들면, 1990년대 소설만 가지고 그 시대 우리 사회의 정신사를 살펴본다든지, 혹은 한 작가에 대한 여러 사람들의 글을 받아본다든지 하는 전략을 구사했으면 좋겠어요.

장은수 좋은 생각입니다. 젊은 사학자 이덕일 씨의 책이나 『프로이트와 영화를 본다면』(김상준, 북앤드) 같은 책들은 몇만 부씩 나간 걸로 알고 있습니다. 이런 책들이 오히려 문고본의 컨셉에 맞는 책이라고 봅니다. 단행본으로 나오는 이런 종류의 책들이 하나의 시리즈로 기획되면 굉장한 인기를 끌 수 있을 것이라고 생각합니다. 저는 몇 년 안에 외국처럼 원 소스 투 북이 일반화된다고 생각하고 있습니다. 저작권 시장이 분화되어, 문고본 판권이 따로 생길 것입니다. 그렇게 되면 어떤 출판사에서 1차로 『프로이트와 영화를 본다면』 같은 책을 기획·출판하면, 문고본 회사는 그 중에서 한두 챕터를 뽑거나 전혀 다른 방식으로 편집해서 새로운 책을 만드는 원 소스 투 북, 쓰리 북 시스템이 나타나게 됩니다. 이를테면 사진이 많이 들어간 전면 컬러 서적을 냈다가, 사진을 빼고 1도 인쇄를 해서 염가로 보급하게 되겠죠. 민음사에서는 이미 로마 시인 오비디우스의 『변신 이야기』(이윤기 옮김)를 고가의 하드커버로 냈다가 세계 문학 전집을 낼 때 작은 판형으로 가격을 낮춰 성공한 바 있습니다. 원가의 『중국신화전설』 같은 책도 그렇게 만들어서 새로운 독자들을 창출했고요.

이권우 조선일보사에서 신영훈 선생이 글을 쓰시고, 김대벽 선생이 사진을 찍은 문고본이 나와요. '신영훈의 역사기행' 시리즈로 주제에 따라서 『한국의 궁궐』, 『경주 남산』 하는 식으로 출간되고 있죠. 이런 책들이 새로운 독자층을 개발할 것으로 기대됩니다.

장은수 어쨌든 문고본을 기획할 때 늘 머릿속에 두고 생각해 봐야 할 것은 내용이나 서술방식이 더 쉬워져야 한다는 거죠. 독자들이 가벼운 마음으로 읽을 수 있도록 내용의 깊이를 상당 부분 제거하는, 마치 고등학교 교과서를 만들 때와 같은 노력이 필요합니다.

이권우 (웃으면서) 내용이 더 쉬워지기만 하면 되는 거 아닙니까?

장은수 내용의 깊이를 제거한다는 것은 그와 같은 주제의 다른 깊이 있는 책이 있음을 전제로 하는 것입니다. 문고본이란 그 책에 이르기 위한 예비 과정으로 기획되어야 한다는 거죠. 그 컨셉들이 문고본에 도입이 돼서 '무작정 따라하기' 시리즈 같은 책이 문고본으로 만들어졌으면 좋겠어요. 솔직히 말씀드리면. 사실 컴퓨터 책들이 상당히 비싸잖아요.

한기호 길벗에서 최근에 26,800원 정가의 『플래시 5 무작정 따라하기』라는 책이 나왔죠?

장은수 개인적으로 볼 때 저는 칼라 컴퓨터 책이 필요 없습니다. 이 분야 책의 경우 서점에 가서 필요한 부분만 보고 잘 사게 되지 않습니다. 사실 DK에서 나오는 컴퓨터 책은 정말 쌉니다. 저는 이 책을 몇 권 가지고 있는데, 한국의 컴퓨터 책과 비교해 볼 때, 배송료만 없다면, 훨씬 싼 책들이죠. 그런데도 가격에 비해 내용은 콤팩트하게 정리가 잘되어 있습니다. 파트워크 출판의 결과이지만, 어쨌든 이런 식으로 문고본 형태의 정보서가 많이 나왔으면 합니다.

한기호 인문서가 과거에는 학교 교육 시스템에서 교재로 많이 필요했는데, 그 수요가 많이 사라지는 것 같아요. 전체적으로 모든 분야에서 실용화 되가는데, 학문적인 것을 바탕에 깔고 실용적인 목적을 가진 책을 만들어 준다는 것과 또 문고를 만들려면 데이터베이스화되야 하죠. 일본의 문고 시장이 그렇지 않아요? 독자가 관심 있는 주제를 문고 코너에서 찾아보면 찾을 수 있어야죠. 우리는 몇 군데 출판사가 시도하고 있는 것에 불과하거든요. '창해 ABC문고'도 당장에 읽든 그렇지 않든 간에 어떤 주제에 대해서 정리가 잘돼 있어서 나중에 참고하기 위해서라도 보관한다고들 해요. 그런데 이 시리즈를 국내에서 기획하려고 하면 채산이 안 나서 못할 거예요.

장은수 채산성이 있긴 있죠. 한 100권쯤 내면. 처음에 돈이 많이 들어가서 그렇지…… (다 같이 웃음) 저는 국내 필자만으로도 '창해 ABC 문고' 수준의 시리즈는 만들 수 있습니다. 얼마든지 가능하지요. 몇 년 전만 해도 일반인들에게 낯선 영역이었던 와인에 관한 책도 몇 권이나 나와 있을 만큼 각 분야별 전문가들은 충분히 확보하고 있습니다. 문제는 그것을 'ABC

문고'만큼 한 눈에 들어오게 정리할 수 있는 편집 실력과 사진을 새로 찍고 자료를 모으는 데 드는 비용이지요.

문고본이라는 이름을 달지는 않았지만, 저는 김영사의 '앗' 시리즈가 성공한 문고본의 한 전형이라고 생각합니다. 전파과학사에서 나오는 'Blue Backs' 시리즈도 그런 거잖아요. 관심 있는 분야는 다 들어 있지요. 내용이 좀 빈약한 듯해서, 그 분야에 대해 아는 사람이 보면 이런 걸 왜 읽나 하는 생각이 들기도 합니다. 하지만 역시 대중성을 충분히 살리고 있어서 중고생에게 큰 인기를 끌고 있습니다. 문고본에 대해 이야기하자면 '앗' 시리즈를 좀더 연구해서 많은 것을 배워야 하지 않나 하고 생각합니다.

한기호 '앗' 시리즈에 대한 부정적 평가도 저는 선생님들의 잣대가 아닌가 생각을 해요. 좋은 책과 나쁜 책을 가리기 전에 먼저 학교 도서관 선생님들이 아이들에게 책을 읽히기 위한 접근 방법이 될 수 있다고 봅니다. 책을 읽지 않는 아이들에게 책을 읽히기 위한 선생님들의 노력이 필요하다고 생각하고, 그런 면에서 선생님들의 일방적 관점에서 책을 바라보는 것은 벗어나야 한다고 봐요.

문고본은 '간편성의 꽃'

장은수 문고본의 경우, 최저 수준의 정보를 전하는 데 만족해야 한다고 봅니다. 일종의 예비 과정으로서의 지식을 전해야 하는 거죠. 저는 최고급 정보를 쉽게 설명한다는 건 그렇게 쉽지 않고, 어떤 면에서는 거의 불가능하다고 봅니다. 한국의 독서문화는 책을 너무 고급한 것으로만 생각하는 경향이 있습니다. 가령, 후배 편집자들이 일본의 문고본을 보고는 내용이 없다는 이야기를 많이 합니다. 거의 다 그렇게 보이지요. 그러나 뒤집어 생각해 보면, 일본과 같이 높은 수준의 학문과 문화를 가지고 있는 선진국에서 왜 그런 방식으로 책을 만들었을까요? 일본의 문고본은 어떠한 종류의 책을 만들어내려는 고된 편집 과정의 산물입니다. 사실 독자들 눈에 쉽지도 어렵지도 않은 정도로 계속 수준을 유지하는 게 얼마나 어렵겠어요. 대중 학술서를 기획해 본 분은 잘 알겠지만 대단한 편집 기술이지요. 가령, '앗' 시리즈에 대해 대학의 교수들은 불만이 큰 것 같습니다. 내용도 부실해 보이고, 진지하지도 않아서일까요? 그렇지만 교수들을 만족시킬 수 있는 시리즈였으면 청소년들에게 인기가 있을까요? (웃음) 어디까지나 '앗' 시리즈는 출발점이고, 그 기능을 다하면 그만인 것입니다.

컴퓨터 책도 그런 것 같아요. 제가 제일 처음에 접했던 컴퓨터 책은 아무리 그 책을 열심히 읽어도 컴퓨터를 잘할 수가 없는 책이었습니다. 너무 불친절했죠. 사이언스북스에서 『40대를 위한 컴퓨터』를 낸 박찬기 선생은 65세에 처음 컴퓨터를 배우기 시작했는데, 한국에서 나온 컴퓨터 책으로는 공부를 할 수가 없어서 고민하다가 결국 일본의 컴퓨터 책으로 공부를 하셨죠. 그리고 다시 자신과 같은 처지에 있는 40대들을 위해 컴퓨터 책을 쓰신 겁니다. 그분은 '더블 클릭하세요'라고 적힌 컴퓨터 책으로는 공부를 할 수 없다는 걸 잘 이해하고 계셨고, 그래서 '"더블 클릭"은 마우스 단추를 두 번 누르는 겁니다' 하고 적혀 있는 그런 친절한 컴퓨터 책을 쓰기로 하셨습니다. '데끼루できる'와 그것의 번역서인 '할 수 있다' 시리즈가 그런 친절함을 보여줬고 독자들의 폭발적인 호응을 불러일으켰습니다. 문고본도 일종의 실용서라고 볼 수 있는데, 그런 친절함이 아주 기본적인 자질 중의 하나일 것입니다.

김이구 책의 장점이라면 간편성인데, 뭐 컴퓨터가 발달해서 전자책도 나오고 노트북이나 PDA, 휴대폰을 갖고 다니면서 다운 받아 볼 수도 있지만 사실 책만큼 간편한 것이 없거든요. 그 중에서도 문고본은 부담도 적고 손에 딱 잡히는 '간편성의 꽃'인데, 시장에서 문고본이 계속 밀리거나 도태되고 있단 말예요. 이렇게 불리한 여건이지만 '책세상문고·우리시대'가 나와서 선전하고 있는데, 이건 계속 키워갔으면 좋겠고 문고본이 되살아나는 계기가 됐으면 해요. 우리 문고본은 내용이 없다고 했는데, 물론 내용이 없는 책들도 있을 수 있지만, 진짜 내용이 없는 건 아닌 것 같고, 사실 경력이 짧고 배움이 숙성되지 않은 사람들은 일반적으로 쓰기 힘든 것이 문고본이라고 생각해요. 자기가 다루는 주제를 완전히 자기 말로 표현할 수 있고, 핵심이 뭔지 아는 필자가 써낸 문고본은 그만큼 생명력도 길죠. 문고본이 밀리고 있는 데는 필자층이 충분히 두텁지 못하기 때문에 그런 면도 있을 거예요.

한기호 그런데, 일본의 문고는 이미 검증된 것이잖아요. 아까 2만 부라고 했는데, 이미 단행본으로 찍어서 다 팔았고 충분히 검증된 것입니다. 이를테면, 『오체불만족』(오토다케 히로타다) 같은 경우는 4월에 일본에 가서 보니까 문고본으로도 나왔던데, 그게 단행본으로 6백만 부 팔린 책을 다시 문고본으로 낸단 말이에요. 그렇게 검증된 단행본을 문고본으로 내는데 비해서 우리는 좀 애매하고 수준이 안 되는 것을 문고로 오인하기도 하죠. 사실 예전의 잘 나가던 문고는 대부분 일본 책을 그대로 가져와 번역 출간한 것 아닌가요.

장은수 일본의 문고본은 독서 운동하고 관계가 있죠. 태평양 전쟁 당시에 가난한 고학생들에게 고급한 지식을 싸게 보급하기 위해 시작한 것이니까요.

이권우 일본 문고본이 그렇죠. 우리의 문고본 형태는 출판 원론에 안 맞죠. 새롭게 쓴 글이 문고본으로 나온다는 얘기는 한 소장님이 몇 차례에 걸쳐서 하신 말씀인데, 일본도 그러고 있는데 출판사 입장에서 보면 수지타산이 안 맞는다는 얘기죠. '창비교양문고'도 중단했다는 이야기를 들었는데…….

김이구 지금은 신간을 안 내고 있습니다.

이권우 외국 고전소설 같은 경우는 문고본으로 계속 나오는 게 좋은데.

한기호 그렇게 되면 돈이 엄청나게 드는데…….

이권우 사실 그게 새로 번역하기 때문에 그런 거죠?

한기호 새로 번역하는 것뿐만이 아니라…….

장은수 그러기 위해서는 저작권 자체가 사고 팔 수 있는 것이라는 인식이 출판계 내부에 생겨야 합니다. 현재 한국 출판은 이런 의식이 전혀 없습니다. 문고본을 내기 위해 다른 회사와 접촉하면 작가나 원고를 빼앗아 간다는 생각을 하는가 봐요. 사실 그 출판사에서 관리할 수 있는 시장에서는 팔 만큼 팔았고, 더 이상 새로운 독자를 창출하기 위해서 마케팅을 할 것도 아니면서 다른 출판사에서 달라고 하면 뭔가 아까워하잖아요.

이권우 민음사 '세계문학전집'을 봐도 느끼는 건데요. 외국식으로 말하면 하드커버 책이 잘 나와야 문고 문화가 성숙하겠더라구요. 창비는 새로 번역을 하는 것으로 알고 있는데, 고전물 같은 경우는 기존에 나온 책이 문고로 나와줘야 되거든요. 새로 번역한 것을 문고로 내면 제작 단가가 너무 높아 출판사에 남는 게 없잖아요. 민음사 것을 보면, 『젊은 예술가의 초상』(제임스 조이스)은 이상옥 교수인가요? 그 책은 옛날에 본인이 번역했던 것을 다시 손본 수준이던데, 그런 식이면 얼마나 좋겠어요. 하지만 민음사 전집만 해도 새로 번역하는 책이 많아요.

장은수 저희로서는 새로 번역할 수밖에 없습니다. 전공자들이 번역하지 않은 것도 많고, 중역도 많아서 어쩔 수 없어요. 그래도 일부는 옛날에 번역했던 책을 편집자들이 요즈음 감각에 맞는 언어로 바꾸어서 출간하기도 했죠.

이권우 현대어로만 바꿔도 되는 완벽한 번역본이 있어야 문고가 활성화되는데, '원류'가 빈약하니까 '지류'가 되는 문고본이 활성화될 수 없는 거예요.

장은수 과거의 번역서들을 업그레이드시키는 방법도 연구를 해봐야 할 것 같습니다. 헌책방에 갈 때마다 '야, 이런 책도 나온 적이 있었네'라고 하면서 놀라거든요. 1970년대에 전집물의 전성기 때에는 한꺼번에 1백 권씩 기획해서 만들어냈으니까 어지간한 것들은 다 번역이 되어 있습니다. 그중 많은 책들이 일본어나 영어 중역판이거나 또 번역에 문제가 있지만 아예 손을 못 볼 정도로 치명적이지는 않습니다. 문제 되는 부분은 젊은 학자들이 손봐서 공역 등의 방법으로 새로 내면 좋겠다 싶어요. 번역을 맡기면 항상 처음부터 다시 하니까 시간도 많이 걸리고 비용도 커집니다. 제가 당시 민음사의 이영준 주간님과 함께 '세계문학전집'을 기획한 게 1994년이었는데, 거의 대부분의 책들이 번역을 기다리다가 출판 기한을 넘겨서 재계약해야 했습니다. 따라서 과거에 나왔던 좋은 책들을 어떻게 다시 활용할 수 있는가를 본격적으로 생각할 때가 된 것 같습니다. '셰익스피어 전집'이나 '앙드레 지드 전집' 이런 거 다 나와 있거든요.

이권우 그럼요, '생텍쥐페리 전집'도 다 나와있어요. 물론 다 일본어 중역인데, 우리가 단행본 출판으로 나아간 게 올바른 방향 전환이었지만, 그래서 좋은 책이 더 안 나오는 부정적인 모습도 있었죠. 그래서 도서관이나 헌책방 가는 즐거움이 있죠. 우리가 한때 지적 수준이 이 정도까지 올라갔었구나 하면서. (웃음) 청하에서 '니체 전집' 펴낼 때, 정음사에서 나온 '니체 전집'을 참고로 했대요. 번역자들 이야기를 들어보면, 오역이라도 번역된 책이 있으면 전체적으로 내용을 파악하고 번역을 하기 때문에 번역이 한결 쉽대요.

침체 국면에 접어든 컴퓨터 책 시장

한기호 제가 출판계의 부정적인 요인을 들추어내려고 하는 것이, 경제·경영서가 잘 팔린다하면 모두 경제·경영서 쪽으로 다 달려들고, 또 아동서가 잘된다고 그러면 아동으로 몰리고……. 요즘 아동 시장이 난리도 아니에요. 그런데 유일하게 아무 출판사나 못 뛰어드는 시장이 컴퓨터 책 시장입니다. 이 시장은 무엇보다 이미 형성된 브랜드 이미지가 매우 중요합니다. 어쨌든 작년에 컴퓨터 책 시장은 상당히 활성화됐잖아요? 올해는 작년보다 크게 침체된 것으로 아는데 어떻습니까?

이종원 올해는 글쎄요. 정확한 판매통계가 전국적으로 집계가 안 되니까. 대략 서점 쪽 얘기 들어보면, 작년 같은 기간에 비해서 한 40% 정도가 줄어든 상황으로 컴퓨터책 시장 전체가 안 좋죠. 작년에는 인터넷 특수가 사회 전체적으로 좀 있었잖아요. 코스닥이니 뭐니 해 가지고 인터넷을 모르면 안 된다 하는 분위기가 최대치까지 다다라서 '주부 인터넷 교실' 등이 패션처럼 유행이었는데 올해는 거품도 많이 빠졌고, 웬만한 사람들은 컴퓨터에 대해 어느 정도는 알게 된 거죠. 작년에는 대기 수요자와 잠재적 소비자가 대거 시장에 들어와 시장이 급성장했던 거죠. 지금은 벤처업계나 IT 업계가 상당히 위축됐잖아요. 입문서만이 아니라 중·고급의 전문서까지도 같이 줄어드는 상황이죠. 컴퓨터 책은 1990년대 10여 년 동안 계속 성장하던 시장이었는데, 올해 들어서는 이쪽 책을 내는 출판사들은 상당히 고전하고 있죠. 높이 올라갔던 만큼 떨어지는 폭도 크니까 회사 입장에서 받아들일 때는 상당히 고민이 되죠.

장은수 40%가 줄었으면 굉장히 축소된 거네요.

한기호 거의 절반 가까이 떨어졌네요.

이종원 작년까지는 단행본 쪽에서 일하시는 분들이 되게 부러운 시선으로 봤다면 이제는 안 부럽게 봐줘도 될 정도입니다.

한기호 요즘엔 서점매출보다는 학원이나 평생학습과 연계하는 마케팅에서 얻어지는 이익이 높지 않나요?

이종원 그렇진 않고요. 그 비중이 꽤 높죠. 컴퓨터에 대해 배우는 데는 여러 채널이 있잖아요. 혼자서 책을 볼 수도 있고 학원에 다닐 수도 있고. 이쪽은 교재용으로 대학이나 학원 쪽으로 들어가는 책들이 적지는 않은데요. 컴퓨터 시장을 들여다보면 크게 몇 덩어리로 나눌 수가 있어요. 일반 독습용 매뉴얼이나 대학용 교재가 따로 있고, 학원용 교재도 따로 형성되어 있고 하는 식으로. 세부 시장에 따라 서술 방식이나 구성, 분량과 가격 정책 등이 다르죠. 또 수험서 시장이라고 해서 큰 덩어리가 따로 있고. 그런데 전반적으로 자격증 대비용, 수험서 시장이 더 많이 위축됐어요. 오히려 다른 것들보다 하락 폭이 더 크다고 하더라고요. 저희는 그쪽 책은 안 내는데, 어쨌든 시장이라는 게 항상 성장만 하는 것은 아니잖아요. 당연히 굴곡이 있는 건데, 작년에 너무 높았기 때문에 충격으로 다가오는 것이라고 생각합니다.

그리고 시장 내부의 변화가 커요. 예전에는 몇 십만 부짜리 컴퓨터 책 시장이 있었는데 몇 년 전부터 그런 시장이 없어졌어요. 그런 큰 상품이 90년대 중반에는 컴퓨터 종합 입문서였죠. 그런 대표적인 시장이 시대별로 변화는 했고요. 옛날에는 도스DOS였다가, 그 다음에는 아래아한글이 시장을 점유하다가 이제는 배워야 할 것이 많으니까 종합 입문서가 그 역할을 했고 그게 단일 상품으로는 큰 시장의 마지막이었어요. 작년부터는 컴퓨터 사용자들의 수준과 욕구가 한 단계 올라가고 기본적으로 알아야 할 프로그램이 늘어나면서 큰 단일 시장이 분화되었어요. 점점 컴퓨터가 생활화되니까 꼭 디자이너가 되기 위해서가 아니더라도 포토샵 정도는 알고 있어서 단순히 재미로 홈페이지를 만든다든가 하는 사람들이 늘어난 거죠. 그래서 5~6개 프로그램 시장이 비슷한 크기의 시장을 가지게 되었죠. 그래서 대표적인 하나가 시장을 압도적으로 리드하는 것은 아니고, 이게 더 세분화됐죠. 이 추세는 더 강화될 것 같아요. 단일한 책이 끌고 가는 것이 아니라 세분화되고, 그 세분화된 프로그램 시장에서도 다양한 각도의 책들이 나오지 않을까 생각해요.

　먼 미래는 잘 모르겠고 가까운 미래를 본다면, 컴퓨터 시장은 계속 성장할 것으로 생각됩니다. 한국 출판이 분야가 다를 뿐이지 문제의 본질을 추려보면 일반화시킬 수 있지 않을까 하고 생각해요. 눈에 확실히 보이는 시장에만 책이 너무 집중적으로 나오는 것 같아요. 만약, 포토샵 책이 가장 큰 시장이다 그러면 비슷비슷한 책들이 몇 십 종이 나와서 고르기도 힘들어요. 그런데 그 시장을 조금만 벗어나면 책이 별로 없는 거예요. 있어도 중·고급용 정도의 책이 있다든지. 어떻게 보면 생산자는 시장의 잠재적인 욕구를 읽어내고 새로운 내용과 형식의 책들을 만들어가면서 독자들의 욕구를 더욱 상승시켜줘야 하는데 그러한 책들을 독자들에게 충분히 제공해주지 못하는 것 같다는 생각도 듭니다. 그래서 시장의 위축을 말할 때, 경제적인 불황이나 객관적 상황의 측면이 있기는 하지만, 단순히 그것만으로 설명하기에는 스스로도 좀 찜찜한 느낌이 들죠.

　장은수　그런데 컴퓨터책은 MS나 이런 데 돈을 안 주나요. 뭐라고 안 하는 모양이죠?

　이종원　MS가 그것을 얘기하면 얻는 것보다 잃는 것이 많으니까요.

　장은수　포토샵 같은 것들은 좀 특수하잖아요. 특정 회사의 제품이고.

　이종원　프로그램 업계 내에서도 경쟁이 치열한 측면도 있고요. 출판 시장이 프로그램 시장의 파생 시장이면서 양자는 시장이 존속하는 한 지속적으로 상호 협력할 수밖에 없는 관계죠. 프로그램 회사 입장에서 보면, 광의적인 면에서 자신의 프로그램을 다룬 책 자체가 홍보 역할을 하는 측면도 있거든요.

　장은수　그래도 계약을 해서 허가를 받고 쓰는 것하고, 그렇지 않은 것은 다르지 않나요?

　이종원　저희가 프로그램을 쓰는 것은 아니고, 설명만 하니까요.

장은수 요즘 영화 책을 만들 때는 영화사에서 전부 카피라이트를 받아야 해요. 필름은 전부 돈을 주고 사와야 하는데, 컴퓨터 쪽은 이상해서 여쭤보려고 했어요.

이종원 법이라는 것은 일종의 형식 기준이잖아요. 형식적인 기준으로 봐서 굳이 의미를 따지면 제가 봐도 허락을 받아야 되는 문제죠. 그런데 저작권법이라는 것이 존재하는 이유가 보호잖아요. 그런데 그 행위를 통해서 프로그램 회사는 손해를 하나도 안 보거든요. 그렇기 때문에 문제 삼을 이유가 없죠.

장은수 게임, 애니메이션, 영화 같은 경우도 사실 마찬가지 아닙니까? 가령, 영화 같은 경우는 영화 소설을 낼 때, 한 출판사에 독점적으로 그 판권을 주지, 여러 출판사에서 내도록 허용하지 않잖아요?

이종원 소프트웨어는 그렇게 주장할 여지는 있지만, 그것보다는 그냥 넓게 퍼뜨리는 게 더 낫다고 판단하는 것 같은데요.

장은수 길벗에서 포토샵5.0을 독점적으로 얻어서 출판하면 혼자서 1백만 부짜리 시장을 얻을 수 있는 게 아닌가요?

이권우 동남아시아나 중국 같은 곳은 컴퓨터 관련서 수준이 떨어진다고 하잖아요? 우리 출판물 수출 가능성이 상당히 높다고 들었는데, 개인적으로 준비하시는 것은 없으세요?

이종원 생각하고는 있는데, 당장 현실적인 계획은 없고요. 작년에 도쿄 도서전에 갔을 때, 카탈로그를 만들어서 나름대로 선정한 출판사들에게 보여줬는데 별 반응이 없더라구요. 장기적으로 볼 문제 같아요.

이권우 우리 컴퓨터 책 수준이 객관적으로 봤을 때 어떤 정도인가요?

이종원 보통 입문서를 봤을 때, 문화적인 차이를 배제하고 세계적인 수준이라고 생각해요. 그런데 고급 프로그램 쪽은 아무래도 좀 수준이 낮죠. 원래 IT라는 것 자체가 미국 중심으로 체제가 확립되고 전 세계 시장을 주도해 가니까요. 지식, 정보를 담은 책이라는 것이 사회와 똑 떨어져서 나오는 게 아니기 때문에 그런 면에서는 격차가 있죠. 아직도 언어 쪽이나 신기술 쪽은 번역서가 시장을 주도하고 있어요.

이권우 현재까지 컴퓨터 출판업계가 거둔 수출 실적은 없나요?

이종원 있습니다. 영진닷컴을 비롯해서 몇 출판사가 하고 있습니다.

이권우 영진이 '데끼루'를 가져와서 '할 수 있다' 시리즈를 만들었는데, 지금은 독자적인 책을 써내고 있나요?

이종원 예, 잘하고 있어요.

이권우 궁금한 게 있는데, 우리 컴퓨터 책 저자들의 수준이 높은 이유가 뭡니까?

이종원 제가 보기에는 필자의 수준이 높다기보다는 출판사간 경쟁이 워낙 치열하기 때문에 그런 게 아닌가 싶습니다. 저는 세계 시장으로 진출할 수 있는 가능성이 있다고 보는데요. 왜냐하면, 문화적인 요소가 다른 책들에 비해서 상대적으로 덜하지 않습니까? 컴퓨터는 기계잖아요. 기계의 작동법이기 때문에 상대적으로 그런 요소가 덜하고 단지, 중·고급 시장으로 갔을 때, 아무래도 사회 전체의 정보 인프라를 극복하기가 힘든 것 같아요.

장은수 제휴를 해서 현지 출판사와 저작권 계약이 아니라 합작 법인을 세운다든지, 아니면 판매 수익금을 나누는 방법이 있겠죠.

이종원 지금 현재 진행되고 있는 방식은 그렇게까진 안 가구요. 기본적으로는 저작권 계약 방식인데 컴퓨터책 시장의 특성상 동시 제작을 하는 정도죠. 이게 버전이라는 게 있기 때문에 통상 수명이 1년 정도죠. 예를 들어서 인문 교양서라든가 하는 것들은 그런 것에 구애를 받지 않잖아요. 아주 시사적인 것들을 빼놓고는요. 그런데 이것은 그것을 번역해서 제작을 해서 몇 달 후에 시장에 판다고 하면, 기본적으로 판매 기간이 줄어드는 것이죠. 빠른 속도로 내야 하거든요. 어떤 출판사 같은 경우는 중국에 한 출판사를 파트너로 정해서 현지인을 우리 나라로 데려와서 교육시키고, 동시 출판할 수 있도록 시도하고 있다고 들었어요.

이권우 그런 사례가 있어요?

이종원 영진닷컴인 걸로 알고 있어요. 그 다음에 미국 시장에도 얼마 전에 완전히 제작해서 납품하는 방식으로 하고 있다고 하더라구요.

이권우 길벗은 그럴 계획이 없나요?

이종원 당장은 해외로 눈을 돌릴 여유가 없어요.

한기호 『엄마, 영어방송이 들려요!』(이남수)는 반응이 어때요?

이종원 반응은 괜찮은 거 같아요. 저도 깜짝 놀란 것이 온라인 서점에서의 반응이 생각보다 상당히 빨리 오더라구요.

이권우 주부 계층이 제일 민감한 거죠.

이종원 주부들이 온라인 서점을 많이 이용하나 봐요. 이제 한 달이 좀 안 됐나?

이권우 영어책 내는 출판사 사장님은 영어 잘하세요?

이종원 저는 못해요.

이상 열기에 빠져든 영어책 시장

이권우 컴퓨터하고 영어책하고 출판 입장에서 볼 때 공통점과 차이점은 무엇인가요? 두 가지를 병행하는 경영자 입장에서 느끼는 게 많을 텐데……

이종원 실용서라는 공통점이 있죠. 제가 생각하기에 도대체 어떤 아이템을 내야 할까 하는 고민을 하지 않아도 기본적으로 반 정도는 출판 시장 자체에 아이템이 항상 존재한다는 거죠. 그 아이템을 기획에서 차별화하고 자신만의 색깔로 콘텐츠를 구성한 후 편집 공정이 세밀하게 맞춰져야겠죠.

이권우 그럼 아까 컴퓨터 책에서처럼 편집이 굉장히 중요시된다는 얘기네요.

한기호 유저user니까요. 사용자 입장에서 이게 좋다고 하면, 확 쏠리게 되어 있죠. 지금 우리 나라의 영어책 시장이 이상 열기에 빠진 것 같은데요. 이제 영어 공부는 초등학생부터가 아니라 뱃속에서부터 하잖아요.

장은수 현재 한국은 실질적으로 제2공용어로 영어를 사용하는 국가라고 봅니다. 초등학교만 막 벗어나면 모든 시험에 필수적으로 영어가 들어가 있지 않습니까? 아마도 국민의 자격을 묻는 시험이 있다면 거기에도 영어는 필수과목이 될 겁니다. 가령, 기업체 승진 시험의 경우, 모국어인 한국어 사용 능력은 시험하지 않으면서 영어는 반드시 포함시키고 있습니다. 우리는 이미 미국의 변방민으로서 영어 문명권에 속합니다. 이미 오래 전부터 이러한 상황에 처해 있었지만, IMF 이후에 새삼스럽게 그것을 인식하게 된 것일 뿐입니다.

이러한 현상은 굳이 한국에만 국한되지 않습니다. 이웃 일본이나 중국도 마찬가지입니다. 또 미국에 대해 자국의 문화적 자존심을 지키려는 프랑스에서도 영어 학습서가 엄청나게 팔리고 있습니다. 이미 전 세계는 미국의 내부에 편입되어 있거나 그 변방민으로 살고 있는 것이지요.

그러나 우리가 과열이라고 하는 것은 고작해야 틈새 시장 공략용 책들일 뿐입니다. 이런 책들은 아무리 많이 나와도, 이종원 사장님 말씀처럼, 진짜 영어책을 내는 사람들에게는 시시한 것입니다. 가령, 『영어공부 절대로 하지마라』가 밀리언셀러가 되었어도 교재 내고 테이프 팔고 학원 세우고 학습지 돌리는 시장에 비하면 새 발의 피에 지나지 않습니다. 단행본 영어 책들이 시장을 잠식했다고 생각하는 게 아니라, 오히려 그 책이 영어에 대한 일반인의 관심을 높여줘서 좋다고 생각할 겁니다. 따라서 저는 정식으로 영어책 시장을 공략한 단행본 출판사는 현재까지는 고려원 밖에 없었다고 봅니다. 『오성식 생활영어 SOS 7200』은 영어책 시장을 산업의 관점에서 보고 시도한 유일무이한 사례입니다. 우리가 그 책의 마케팅 전략을 자세히 들여다보아야 하는 이유는 그 때문입니다.

하지만 저 개인적으로 더 주목하고 싶은 것은 단행본 출판사들이 영어책을 내면서 출판의 콘텐츠를 멀티미디어 산업과 연결할 수 있는 가교를 발견했다는 점입니다. 황금가지에서도 『부자 아빠 가난한 아빠』의 오디오 북을 발간해서 지금까지 1만 부 정도 팔았습니다. 그런데, 오디오 북을 일단 경험해 본 출판사들과 그렇지 않은 출판사들은 다음 책을 기획할 때 달라집니다. 처음부터 오디오 북을 머릿속에 넣고 기획할 수 있는 것이지요. 영진닷컴이나 길벗에서 제가 정말 부러워하는 것은 CD-ROM을 자유자재로 책의 콘텐츠 및 마케팅과 연결하는 능력입니다. 영어책의 경우에도 테이프나 CD를 자유자재로 사용하고 있다는 점에서 마찬가지라고 봅니다.

그에 관련된 축척된 노하우가 영진닷컴이 인터넷 사이트를 열고 IT 사업에 뛰어들 수 있는 기본 요인으로 작용했다고 생각합니다. 이런 큰 프로젝트를 진행할 인력, 그것을 지원해 줄 수 있는 내부 조직 등이 민음사를 비롯한 대부분의 단행본 출판사에는 부재한다고 생각합니다. 단행본 출판사들의 가진 벽과 같은 것이라고 할까요? 민음사의 경우에는 물론 장기적인 관점에서 관련 콘텐츠 산업 쪽에 다각적으로 투자하고 있습니다. 그러나 직접 투자하는 것은 아니고, 아직까지는 간접 투자를 하고 거기에서 나오는 부산물을 책과 연결하는 수준에 지나지 않습니다. 외국의 도서전에 가보면 프랑스의 갈리마르 출판사와 같은 유서깊은 출판사에서 멀티미디어와 연계된 책들이 서서히 나오고 있는 것을 볼 수 있습니다. 그러한 경험을 출판사에서 쌓아가고, 프로젝트를 진행하는 매니저들이 출판사 내부에서 성장해야 한다고 봅니다. 영어책 시장을 통해 단행본 출판사들은 아마도 이런 방식으로 미래를 준비하게 될 것 같습니다.

소비자가 생산자가 되는 사회

이종원 저는 『영어 공부 절대로 하지마라』 저자가 전공자나 영어교육을 했던 교수나 강사가 아니라는 점을 주목해요. 그런 면에서 출판 전체적으로도 그런 현상이 나타나는 것 같은데, 『엄마, 영어방송이 들려요』도 저자가 평범한 주부거든요. 그리고 컴퓨터 책 저자 중에는 대학생 저자도 꽤 되요. 대학생인데 컴퓨터 마니아일 수도 있고, 교수보다 더 뛰어난 지식을 가질 수 있거든요. 일테면, 현장에서 필요한 실제적인 지식이랄까. 영어는 그것보다는 덜하겠죠. 왜냐하면 컴퓨터는 프로그램 하나 하나로 섹터화가 되지만, 영어는 하나의 종합적인 분야잖아요. 단어만 알아서 되는 것도 아니고, 그런 사람들이 누구나 필자가 될 수 있는 가능성이 높은 시장이 현재 출판 시장이죠. 물론 감으로는 그렇게 생각을 하고 있었지만, 『엄마, 영어방송이 들려요』의 원고를 보고는 정말 대단하다는 생각을 했어요. 어찌 보면 이 사람이 이것을 전공한 필자보다 체계성도 없고 여러 가지 면에서 학문적인 깊이도 낮겠지만, 실제로 아이를 가르치면서 얻은 경험이라든지 교습법이라는 것은 효율성의 관점이 클 것 아니겠어요? 자기 아이에 대한 기본적인 애정, 그러니까 자신의 아이를 대체 어떻게 해야 잘 키울 것인가 하는 점이 기본적으로 녹아있기 때문에 어떤 면에서 본다면 훨씬 뛰어난 방법론이라고 생각해요.

이권우 그게 유저user의 눈 높이에 맞춘 글쓰기겠죠.

이종원 우리 애가 초등학교 3학년인데, 영어가 아주 현실적인 고민이었습니다. 그런데 이 책을 보면서 많은 문제가 해결이 됐어요.

이권우 우리 아이도 초등학교 1학년이니까 그 책 사봐야겠어요.

이종원 꼭 사보세요. 생산적 소비자라고 하나요, 그런 경우죠.

장은수 소설의 경우, 장르 문학 시장에서 생산자가 소비자가 되고, 소비자가 생산자가 되는 현상이 이미 나타나고 있습니다. 판타지 소설은 그 대표 장르 중의 하나입니다. 최소 2만 명 정도의 마니아 계층이 있고, 어느 수준 이상의 작품을 내면 5천~1만 부 정도는 안정적으로 팔리고 있습니다. 영어 책 시장이나 컴퓨터 책 시장 역시 장기적으로 볼 때에는 그렇게 되지 않을까 합니다. 문학 시장 전체도 그렇게 될 수 있습니다. 작가가 되고자 하는 사람이 글을 읽고, 나중에 작가가 되고, 또 편집자가 되기도 하는……. 휴머니스트의 김학원 사장님을 만나서 위트로 이런 이야기를 한 적이 있습니다. 어떤 책의 경우에는 주변에 있는 편집자들은 다 읽었는데, 바깥의 친구들 만나면 아무도 안 읽었다는 거예요. 대체 누가 읽은 거야 하는 생각이 듭니다. 다른 출판사에서 좋은 책이 나오면, '아, 이 책은 꼭 읽어야겠다'고 생각하는데, 이것도 일종의 생산자와 소비자가 서로 일치되는 것일까요? (웃음)

이권우 그럴 때의 편집자 역할은 어떻게 되는 걸까요. 소비자가 생산자가 되는 시점에서, 인터넷 사회이기도 하니까 인터넷에 띄울 수도 있고, 전자출판이 활성화되면 전자출판을 할 수도 있는데, 생산자가 소비자가 되고, 소비자가 생산자가 된다는 것은 기본적으로 인터넷 구조에 맞잖아요. 한울림에서 나온 『'영어'하면 기죽는 엄마를 위한 자신만만 유아영어』(서현주)의 경우도 그렇잖아요? 그렇다면, 종이책으로 그것을 구현을 할 때, 출판사의 역할은 어디에 있는 건가요.

이종원 거기서 생산적 소비자라는 것이, 생산자가 소비자가 되고, 소비자가 생산자가 되는 것은 아니라고 생각해요. 질적인 구분은 있겠죠. 생산적 소비자 중의 일부가 필자로서의 생산자가 될 수 있겠죠. 다는 아니죠. 생산자와 소비자가 어떻게 같아질 수 있어요. 대신에 예전에는 전문가와 비전문가의 경계가 절대적이었고 그 경계조차도 학위, 인증 등의 다소 형식적인 것이었다면 지식이 대중화되면서 그 절대적 벽이 깨졌고 판타지나 컴퓨터, 영어책, 인문 교양 등 여러 응용 영역에서는 형식적인 기준에서의 비전문가 중에서 필자로 올라올 수 있는 층들이 두터워지고 있는 것 아닐까요.

이권우 이번 『엄마, 영어방송이 들려요!』 원고는 어떻게 발굴하셨어요?

이종원 그 책의 원고 입수 과정은, '잠수네 커가는 아이들'이란 인터넷 사이트에서 이남수 씨가 연재한 글에 대한 생산적 토론이 이뤄져 이미 화제가 됐어요. 그래서 저희가 이남수 씨랑 접촉을 했고 책으로 나오게 된 거죠.

이권우 일단 원고 생산은 인터넷에서 됐다고 봐야겠네요? 원고에 대한 검증이나 이런 것도요.

이종원 그렇죠. 강연회나 이런 것들을 통해서 화제가 된 거죠.

이권우 『Hello 베이비, Hi 맘』, 『'영어'하면 기죽는 엄마를 위한 자신만만 유아영어』(이상 한울림)의 서현주 씨 책도 인터넷으로 화제가 된 다음에 단행본으로 나왔는데 그 책과 공통점이 있네요.

이종원 그런 사람들이 사실 처음부터 책을 쓰겠다는 생각을 가진 게 아니거든요. 인터넷이라는 매체가 생기니까 별 부담 없이 서로의 의견을 교환한다든지 하면서 여러 가지 커뮤니티가 형성이 되는 것 같아요. 그 중에 가치 있는 콘텐츠가 있으면 화제가 되는 것이고요.

이권우 이게 참 중요한 부분 같아요. 예전에는 편집자들이 수동적으로 앉아서 원고를 기다렸지만, 이제는 발신자를 쫓아서 그 중엔 강한 발신자도 있을 것이고 약한 발신자도 있을 텐데, 그것을 적절하게 잘 찾아내서 상품화의 가능성을 점치고 책으로 내서 성공하고 하는 것. 예를 들어 책의 내용이 좋든 그렇지 못하든 『노자를 웃긴 남자』(이경숙, 자인) 같은 경우도 그런 케이스거든요. 인터넷 사이트에 올렸던 글을 보고 책을 낸 건데, 그런 면에서 편집 아이템, 편집자의 역할이 바뀌면서 좀더 적극적으로 필자를 개발하고, 검증된 원고를 받아낼 수 있는 가능성이 넓어지는 것 같아요.

더욱 강조되는 에디터십

장은수 전통적인 출판사를 가장 고통스럽게 하는 것이 그런 부분이에요. 기존의 출판은 투고된 좋은 원고를 읽고, 그 원고를 판단해서 책의 형태로 내는 것이었어요. 그래서 편집자에게 가장 중요한 것이 심미안을 가지고 좋은 원고를 발견하는 능력이었거든요. 그런데 지금은 심미안뿐만 아니라 원고를 생산할 수 있는 능력을 가져야 하죠. 저자와 커뮤니케이션을 하면서 원고를 출판 가능한 원고, 즉 책의 형태에 적합한 원고로 가공하는 능력이 있어야 하거든요. 과거에는 출판사에서 그런 능력을 편집자에게 요구하지 않았죠.

이권우 이런 추세가 강해지면 강해졌지 약해지지는 않을 거예요.

장은수 약해지지는 않죠. 미국 출판은 더 극단적으로 소설가와 커뮤니케이션을 하잖아요. 그러니까 소설가가 써온 완성된 원고를 출판 가능한 원고로 바꾸는 게 미국 편집자들의 기본 역할이죠. 너무 힘든 일이죠. 저희들이 외국 저작권 계약할 때 보면, 'This is unediting manuscript'이라고 나와 있어요. 'editing manuscript'가 되면 얼마나 고쳐질지 알 수 없다는 뜻이 담겨 있죠.

김이구 미국 같은 경우에는 투고 원고가 워낙 많으니까, 편집자한테서 읽혀볼 기회를 얻는 것 자체가 큰 행운일 정도죠.

이권우 그러면 이제 에디터십이 강조되는 거잖아요. 경험해보신 결과 어느 정도의 에디터십이 요구되던가요?

이종원 90% 정도까지는 안 되고 한 50% 정도는 되죠.

이권우 인터넷 사이트에서 필자를 발굴할 수 있다는 데에 초점을 맞추면, 그때 에디터십은 어느 정도까지 발휘되는지 궁금해요.

이종원 소설이든 어떤 책이든지 정도의 문제지, 아무리 원고가 좋다고 해도 최소한 형식은 맞춰줘야 하잖아요? 아까 컴퓨터와 영어책 기획에서 공통점이 뭐냐고 하셨죠? 제가 경험해 보니까 이런 거 같아요. 그게 실용서든 소설이든 어떤 분야든 기획과 편집이 없을 수는 없거든요. 실용서도 기획과 편집 양쪽 다 잘해야 하죠. 근데 실용서 기획·편집에서의 특징이라면 이 시장은 드러나 있는 게 많기 때문에 예측 가능하고, 시장을 객관적으로 판단할 수 있는 데이터가 있는 거예요. 왜냐하면, 윈도우98이 2000으로 바뀐다 하면, 그 시장이 대충 어떻게 될 것이다 하는 것을 예측할 수 있거든요. 그런데 '사랑'에 관한 소설은 예측하기가 힘들죠. 직관에 의한 판단과 노하우의 비중이 상대적으로 더 클 것 같아요. 실용서기 때문에 그런 차이는 좀 있는 것 같고요. 또 편집의 정교함이 굉장히 중요해요. 실제로 기획 의도만 가지고는 독자를 만족시킬 수 없어요. 실용서라는 게 눈으로 봐서 구체적인 팩트fact를 확인할 수 있잖아요. 예를 들어서, 컴퓨터 책을 들춰보면 이 단계에서 이렇게 하라는 말인지, 이게 되는지, 설명이 이해가 되는지 부분만 봐도 알 수 있잖아요. 그리고 차례를 보면 자기가 배우려고 하는 프로그램의 내용이 다 들어있는지 소비자 입장에서 즉시 확인이 가능한 책이란 말이죠. 기획 의도에 맞게, 정밀하고 완성도 있게 해줘야 하나의 상품으로서 소비자들이 돈 아깝다는 생각 없이 살 수 있는 것 같아요. 그런 면에서 영어나 컴퓨터의 공통점을 말할 수 있고요. 필자의 기여도를 따진다면, 책의 가치를 새롭게 만드는 부분에서는 영어책의 필자가 기여도가 더 높겠죠. 왜냐하면, 상식적으로 봤을 때, 내가 영어 회화

책을 하나 낸다고 하면 이것을 쓸 수 있는 국내 예상 필자는 컴퓨터 입문서와는 확실히 다르죠. 컴퓨터 쪽이 훨씬 더 대중적이죠. 그래서 저희 고민이 뭐냐하면, 컴퓨터책 필자들이 전문적인 글쓰기 훈련을 받은 것이 아니잖아요. 물론 영어도 마찬가지고요. 컴퓨터는 잘하고 말까지는 할 수 있는데, 글로 써낸다든가 구성하는 능력은 전혀 훈련이 안 돼 있어요. 예를 들면, 저희가 책 한 권을 만드는데 예전에는 6개월 정도 걸리고 거의 재집필하다시피했거든요.

그리고 아까 잠깐 나온 얘긴데요, 컴퓨터 분야에서 책의 수준이 높아진 데에는 치열한 시장 경쟁이 단행본 시장과는 달리 기업 대 기업의 가시적인 총력전 형태로 진행된 데도 이유가 있어요. 예를 들면 윈도우98 시장에서 우리가 이만큼 더 팔면 상대방의 몫이 줄어드는 게 확실히 보이거든요. 그런데 단행본은 좀 간접적이잖아요. 길게 봤을 때, '아, 저 출판사와 경쟁을 해야지' 하는 것은 있지만, 하나 하나의 아이템으로 맞붙는 것은 아니란 말이죠. 이런 것들이 컴퓨터 책의 품질을 끌어올리는 동인動因이었다는 생각이 들어요. 근데 약 7년 전 저희가 컴퓨터 출판에 들어가기 전에는 이 시장의 책들의 수준이 기술서적에 가까웠어요. 진정한 의미의 편집 가공이 거의 없었죠. 눈에 보이는 시각적인 표지나 디자인 등도 없었고요. 말하자면, 필자가 가지고 있는 지식을 그저 책 속에 던져놓은 것밖에 안 되는 거예요. 그리고 그것이 책으로 나와야 하니까 형식적인 편집을 했을 뿐이죠. 그런데 저희는 단행본에서 시작하다 보니까 컴퓨터에 대한 지식은 없지만, 그래도 책을 책답게 만들어야 한다는 기본적인 자세가 있었어요. 그게 컴퓨터 업계에서는 충격이었던 것 같아요. '컴퓨터 책을 이렇게도 만드는구나' 하면서.

이권우 이거 회사 자랑 아니에요?

이종원 이건 공인된 사실입니다. (웃음) 안 그런가요? 그게 제가 보기에는 상당한 영향을 미쳤어요. 왜냐하면 자기들도 경쟁을 해야 하니까요. 그런데 요새는 불과 몇 년 사이에 저희보다 더 잘 만드는 출판사도 생겨났어요.

장은수 그렇게 되면 결국, 한 사람의 편집자가 1년에 많은 책을 진행하기는 힘들겠네요?

이종원 지금은 점점 경쟁이 치열해지다 보니까 외주 업체를 많이 활용하는 식으로 생산 방식을 바꾸어서 해결하고 있죠. 그래서 기획사들이 많아요. 우리 나라에는 기획사가 존재하기 굉장히 힘들잖아요. 단행본에서는 시장성을 예측한다는 것이 굉장히 힘드니까요. 아이템 하나에 대해서 기획서를 가져가도 이것에 대해서 출판사에서 받아들일지 말지, 얼마에 계약해야 할지가 상당히 불확실하잖아요. 지속성도 없고요. 그런데 이쪽은 그게 가능하고, 규모도 되면서, 아이템도 많으니까 기획사가 존재 할 수 있는 물질적인 여건이 되는 거예요. 서로가 맞는 거죠. 그래서 이런 것이 활성화되고, 저희도 그런 시스템으로 가려고 해요. 왜냐하면, 시장이 점점 스피디하게 변해버리고 버전의 업그레이드 기간이 점점 짧아지고 인터넷 환경이 발달되면서 점점 더 강화되는 거예요. 예전에는 프로그램들이 모두 독립적이었거든요. 아래아한글 프로그램 따로 워드, 엑셀 다 따로였는데, 웹이라는 것을 중심으로 상호 연관성을 가지니까 이 변화 속도도 확실히 빠른 거예요.

장은수 패치도 금방 갱신되잖아요.

기획자와 출판사가 연대하는 출판 시스템

한기호 넥서스 같은 곳도 그렇게 가던데, 기획사나 기획자가 책을 다 만들어 오는 거예요. 판권에만 넥서스를 붙여서 파는 겁니다. 물론 믿을 수 있는 책에 한정되는 것이지만요.

이권우 판매 대행이네요?

한기호 종이로 인쇄하는 것은 필름 상태로 넘겨주는 거죠. 그런 다음에 팔고 나서 남는 이익은 출판사와 기획사가 5대 5로 나누어 가지는 거죠. 『내 몸은 내가 고친다』(김홍경)라는 베스트셀러를 낸 식물추장은 별도의 회사가 따로 있어서 영업만을 대신해 주었지만, 이제는 개별 기획체제와 따로 연대한다고 하더라구요. 기획 아이템만 확실하면 나머지는 모두 출판사에서 대신하는 모델이 도입되는 거죠. 이렇게 되면 기획력을 확실하게 가진 사람들이 구태여 출판사를 차리지 않더라도 나름대로의 승부를 낼 수 있을 겁니다.

장은수 미국식 개념이네요. 단행본 시장에서는 여전히 힘들고 미국의 디자인 전문 출판사에 그런 경우가 많습니다. 팔릴 만한 아이템은 대형 출판사에 팔아버리고, 안 팔리는 것은 직접 출판하는 거죠. 물론 그것도 예상외로 많이 팔리면 다시 대형 출판사에 팔죠. 영업력 문제 때문이겠죠.

이권우 상당히 선진적인 출판 시스템이 실용적인 분야에서는 자연스럽게 도입되고 있는 거군요.

한기호 일본 사람들은 '파퓰러 라이터'라고 하거든요. 대중 글쓰기 작가겠죠. '르포 라이터' 같은 경우도 마찬가지죠. 일본에서 출간된 『누가 책을 죽이는가』(사노 신이치) 같은 책은 르포 라이터가 출판사, 유통회사, 서점, 편집자 등을 다각도로 취재해서 오늘날 출판 시장이 갖고 있는 문제의 본질을 잘 정리해 놓은 책입니다. 그렇게 분야별로 나누어서 대중적 글쓰기를 하는 사람이 많이 늘어나는 거죠.

장은수 저희도 그 시대로 막 접어들었죠. '논픽션 글쓰기'라는 영역이 이제 막 생기기 시작했죠. 『한 권으로 읽는 조선왕조실록』(들녘)을 쓴 박영규 씨가 아마도 최초의 본격 논픽션 작가가 아닐까요? 자료를 모아 나름의 색을 입혀서 새로운 아이템을 만들어내는 것이죠. 미국처럼 좀 지나면 전기를 전문으로 쓰는 작가들도 생겨나겠죠. 또 경제서만을 전문적으로 쓰는 작가가 나타날 수도 있겠죠. 그들이 점점 많아지고 나면, 그들과 대화를 할 수 있는 편집자의 에디터십이 필수적일 것입니다. 그들이 쓴 원고를 자기 출판사에서 요구하는 질이나 의도에 맞게 업그레이드해 줄 수 있는 창조성이 에디터들에게 요구되겠죠. 대부분의 출판사에서는 꿈 같은 얘긴지도 모르겠지만.

이권우 말하자면 그런 에디터십이 잘 녹아있는 책이 성공 가능성이 높은 것 아닙니까. 일본 만화잡지 스타일이 되야겠네요. 한 작가에 보통 네 명의 편집자가 붙어서 기초 자료 조사는 물론 작품 내용에 조언을 하고, 심지어는 연재 중에 독자들의 반응에 따라 내용 변경 여부를 결정하기도 한다는데.

한기호 문학도 작가마다 담당 편집자가 따로 있죠. 잡지에 연재하거나 기획 단계부터 편집자가 붙어있는데…….

이권우 우리 나라는 편집자에게 문제가 있는 겁니까, 아니면 저자들에게 문제가 있는 겁니까? 우리 쪽 인문이나 문학에서는 시도도 안 되고 있잖아요. 원인이 어디 있을까요?

장은수 전혀 안 된다고 생각하지도 않고, 또 그렇다고 실용서처럼 높은 수준에서 이루어진다고 생각하지도 않습니다. 문학 편집자들은 주로 그런 부분을 술자리에서 이야기하면서 '이번에 작품을 읽어봤는데, 이 부분은 좀 고쳤으면 한다'는 정도지, 진지하게 회의실에 앉아 작품을 이렇게 고쳐야 한다고 하지는 않습니다. 작품과 실용서는 아주 다른 책이기 때문입니다. 작품은 예술품이기 때문에 예술품을 타인의 의견을 들어 업그레이드할 수 있느냐 하는 것은 아직까지 논란의 여지가 있습니다. 그러나 저는 어떤 부분의 경우에는 업그레이드할 수 있다고 생각합니다. 작가의 아이디어가 막혔을 때가 특히 그렇죠. 편집자라는 말을 쓰기 시작한 것이 한

십여 년이나 됐나요. 그저 출판사 직원 정도죠, 원고 받으러 갔다가 왔다가 하는 수준이었죠.

이권우 이종원 사장님은 편집자 출신이잖아요, 굉장히 중요한 변화예요. 흔히 영업 출신이 출판사 차리면 성공한다고 하는데 에디터십이 강조되면서 편집자 출신이 유리해졌다는 것도 주목할 만한 점인 것 같고요.

장은수 저는 그래도 아직도 몇 분을 제외하고는 성공한 사람을 못 봤어요. (웃음)

이권우 희망을 가져야죠. 장 편집장님의 모델을 부정하면 안 되죠. (웃음) 디지털 시대가 되고 저자의 출신 배경이 다양해지면서 에디터십의 중요성이 더욱 높아지는 것 같아요. 독자의 마음을 읽는다, 시대의 흐름을 살핀다는 측면뿐만 아니라, 디지털 매체를 통해 발표된 원고의 작품성이나 상품성을 잘 살펴 하나의 책이란 완성품으로 만들어낸다는 것이 강조될 필요가 있어요.

영화 〈친구〉의 성공 요인을 살펴보면서 느낀 것이 협업 시스템입니다. 제작·감독·홍보·마케팅간의 협업이 제대로 되어야 대박을 터트릴 수 있는 거지요. 〈비천무〉를 홍보·마케팅했던 팀이 홍보 전략을 맡았는데 두 영화의 차이점을 정확히 알고 전략을 짰어요. 〈비천무〉는 내용은 없고 스타들이 즐비하니까 가능하면 적게 보여주고 광고를 많이 했고, 〈친구〉는 내용이 알차니까 30~40대 남성독자를 1차 관객으로 시사회에 동원하고 단계적으로 여성들도 공략하는 전략을 짰죠. 우리 출판이 성공하려면 책을 만드는 과정에 참여하는 각 분야간의 협업이 제대로 이루어져야 하고, 특히 저자들이 이 점을 알아야 할 듯해요.

전반적으로 질이 상승되는 아동 출판 시장

한기호 창비는 올해 아동문고의 판매가 어땠습니까?

이권우 창비가 아동문고만 올 상반기까지 7억 정도 매출을 올렸다고 들었는데요.

장은수 '창비아동문고'가 그것밖에 안 되나요? 제가 알기로는 월 2억 5천 정도는 하는 걸로 아는데요. 더 많을 거예요.

김이구 그렇습니까? 숫자는 내가 잘 모르겠는데요. 아동문고가 매출의 절반 정도를 차지한다는 소문도 있는데 그 정도는 아니고, 대략 전체 매출의 35% 선에서 오르내리지 않나 싶어요.

한기호 어쨌든 아동도서의 질이 전반적으로 높아진 건 사실이잖아요.

장은수 좋은 책이 거의 다 나왔죠. 가령 볼로냐 아동도서전 같은 데 가면 외국 출판사들이 다 물어봐요. "너희 나라에 무슨 일이 있냐?"고요. 아동도서의 클래식에 해당하는 책들은 거의 다 소개가 됐어요. 한국 경제가 고도 압축 성장을 했듯이 단기간에 이렇게 많은 외국의 명작을 모조리 소개한 나라는 한국밖에 없을 겁니다.

한기호 아동 출판은 생산에 투입되는 비용이 많잖아요. 그런데 이렇게 많이 출간되면 아동 출판의 전체 효율은 좀 떨어지지 않습니까.

김이구 인기가 높은 『똥이 어디로 갔을까』(이상권, 창작과비평사)가 이제 6만 5천 부 가량 나갔어요. 이 책뿐만 아니라 다른 어린이책도 대부분 고르게 투자된 비용을 회수할 정도로 꾸준히 판매돼요. 일반 단행본과 같은 대형 베스트셀러를 기대할 수 없는 것이 어린이책의 특성이면서, 창비 책에 대한 신뢰도가 워낙 높으니까 20여 년 전에 출간된 책도 여전히 판매가 되는 강점이 있죠.

장은수 아동서 시장 성장의 배경에는 학급 문고의 업그레이드도 한 몫 하고 있다고 생각합니다. '창비아동문고'의 경우는 아주 많은 학교에 이미 학급 문고로 들어가 있죠. 그러다가 신간이 나오면 한 권씩 추가되고 있습니다. 비룡소의 그림동화도 많은 유치원에 비치되어 있습니다. 방문 판매용 도서가 그 시장에서 밀려나면서 아동 단행본들의 안정적 매출을 가져오고 있는 것입니다. 두번째로 보다 중요한 것은 386세대의 극성 엄마들이 내 아이에게 더 이상 질 낮은 책은 읽히고 싶지 않다는 심리가 큰 작용을 하고 있습니다. IMF 직후에도 결코 줄어들지 않았던 막대한 키드 시장을 앞장서서 연 출판사들이 지금 결실을 맺고 있는 거죠. 창비는 20여 년 전부터 투자를 한 것이고 비룡소도 10여 년 전부터 투자한 결과죠.

다른 출판사에서 좋은 책은 다 골라간 이후에 뒤늦게 이 시장에 뛰어든 출판사들은 아직 빛을 보지 못하는 것 같습니다. 디즈니 만화 영화 같은 애니메이션과 연결된 타이틀을 주로 내던 저가형 아동서 출판사들 역시 지금 상당히 위축되고 있죠. 이 시장이 대충 정리가 되면 대형 아동물 출판사들이 틀림없이 그 저가형 시장으로도 눈을 돌릴 거예요. 그러면 저가형 시장도 좀더 업그레이드해서 고급화되겠죠.

한기호 제가 창비에 근무할 때, 창비에서는 사륙판을 내다가 개정판을 내고 나서 구판인 사륙판 반품을 받는데 10만 부가 넘었어요. 어떻게 할까 고민하다가, 그 당시 전교조에 참여하다 해직된 선생들이 많다는 것에 생각이 미쳤어요. 그 사람들을 아르바이트로 동원해서 세트 작업을 했어요. 물론 책에 기증 도장을 찍었죠. 그 당시 개정판을 낼 수밖에 없었던 이유가 '읍니다'에서 '습니다' 하는 식으로 맞춤법이 일부 바뀌었거든요. 그래서 주요 맞춤법 변화표를 만들어서 책에 다 넣었죠. 그렇게 해서 벽지 학교에 보냈습니다.

예를 들어서 어느 낙도학교에서 도서관을 만들었는데 책이 없다고 학생 회장 같은 아이한테서 편지가 와요. 그러면 속는 척하고 책을 몇 백 권 보내주면 답장은 꼭 교장이나 교감 선생님한테서 와요. 지방에 학생들은 줄어들고 교실은 남아돌지만 도서관이라고 만들어봐야 책이 없는 게 뻔하잖아요. 그때 보내준 책을 읽고 감동한 아이가 자라서 교사가 된다면 창비는 영업 사원 한 사람을 더 두는 거라는 생각을 항상 마음속에 가지고 있었어요. 지금 '창비아동문고'를 읽고 자란 아이가 자라서 또 자신의 아이들에게 '창비아동문고'를 사주고 가르치고 권하는 시대가 되었거든요. 그게 나름대로 토털 마케팅이라고 생각했지요.

장은수 미국의 스콜라스틱 출판사가 바로 그런 경우죠. 스콜라스틱의 책을 읽고 자란 사람들이 스콜라스틱의 책으로 아이들에게 사주고 있습니다. 자기가 어렸을 때 읽었던 '클리포드' 시리즈를 아이들에게 사주는 거죠. 스콜라스틱 책을 읽은 세대들이 교사가 되어서 스콜라스틱 책으로 가르치고요. 지금 한국에서 그런 시장이 막 형성된 것이죠. 과거에 비하면 방문 판매 책들도 많이 좋아졌습니다. 단행본 출판사에서 내는 책들의 질이 높아지니까 그쪽도 눈높이를 조정할 수밖에 없는 거죠.

제 생각은 이렇습니다. 아동 출판의 압축 성장기는 앞으로 2, 3년 안에 마무리될 것입니다. 그러고 나면 퍼블릭 도메인에 속한 책들을 어떻게 만들 것인가 하는 문제가 초미의 관심사로 떠오를 것입니다. 퍼블릭 도메인을 잘 만드는 출판사들이 정말 좋은 출판사인 것 같습니다. 『백설공주』를 예로 들어보죠. 1년에 이 책을 읽는 사람들의 수는 정해져 있습니다. 1년에 10만 부 정도의 시장을 나눠먹는 거죠. 그리고 그 판매 부수는 책의 질에 따라 결정됩니다. 가격도 중요한 요소겠지만 말입니다. 이런 책을 어떻게 만들 것인가를 고민하는 시장이 되면 아동물 편집자의 에디터십이 지금보다 더 중요해질 것입니다. 일러스트의 질이나 편집의 수준이 높아지고 나면 그 책들은 수출하기도 쉽습니다. 내용은 똑같으니까. 비룡소의 경우에는 이호백 씨의 『쥐돌이는 화가』를 일본과 이태리 두 나라에 수출했고, 한국적 정서가 담긴 『아씨방 일곱 동무』(이영경) 역시 일본 등에 수출했습니다. 어느 정도 수준 이상의 그림책을 펴내면 전세계적으로 유통될 가능성이 높습니다.

아동 출판 시장은 '새로운 책'의 개념을 구체적으로 구현할 수 있는 장

이권우 제가 어린이책 시장을 주목하는 이유는 새로운 책의 개념을 구체적으로 구현할 수 있는 장이어서입니다. 출판 편집자들이 미래의 책을 구현할 수 있는 능력과 실력을 쌓을 수 있는 장이고 거기서 성공하면 장 편집장님 말씀대로 수출도 할 수 있거든요.

그 성공과 실패를 한꺼번에 보여주는 것으로 현암사에서 나온 '우리가 정말 알아야 할 우리 고전' 시리즈를 들 수 있어요. 『구운몽』, 『춘향전』 등 우리 고전문학은 지금까지는 왼쪽에는 고대어, 오른쪽에는 현대어 이런 식으로 했고 그림도 없었잖아요. 일단 '우리가 정말 알아야 할 우리 고전' 시리즈는 현대 청소년들이 볼 수 있는 버전으로 만들어냈다는 점에서 높이 평가할 만해요. 하지만 창작시대에서 나온 '스칼라 월드북스'와 비교해 보면 우리 수준이 너무 떨어져요. 갈리마르판과 비교해 볼 때 다양한 보조 자료나 그림의 수준 면에서 현격한 차이가 난다는 것이죠.

어린이책을 보면 정말 오감을 자극하잖아요? DK에서 나온 유아용 시리즈 가운데 '터치 북'인가요? 이런 책을 보면 그저 놀라울 따름입니다. 촉각에 대한 반응을 유도하는 책이거든요. 그런 가능성 때문에 어린이책에서 새로운 책의 개념을 구체화할 수 있겠다는 생각이 드는 거고 현재 우리나라에서 실험한 책 중에서 가장 잘된 것이 사계절출판사의 '한국생활사박물관'이 아니겠습니까. '한국생활사박물관' 시리즈가 서서히 팔리기 시작한다고 하는데, 시장을 찾아내서 성공하면 과감하게 어린이 시장뿐만 아니라 성인 시장에서도 새로운 책의 개념을 구현할 수 있는 책들을 만들 수 있을 것으로 기대돼요. 어린이 책에서 많은 실험과 훈련과 구체적 성과가 있어야 우리 출판의 앞날이 밝아지겠지요.

장은수 에디터십 쪽이 중요해지는 시대로 접어들수록 그 희망은 커집니다. 아동물은 특히 더 그렇죠. 어떤 때는 필자가 에디터이기도 하고요.

(웃음) 아동 실용서라고 할 수 있는 책은 거의 편집자들이 썼을 겁니다. 제가 일본에서 재미있게 본 책 중의 하나가 『어린이가 지구를 살리는 50가지 방법』인데 굉장히 신선하게 다가왔어요. 그런 아이템들을 적극적으로 발견하고 개발해야죠. 저는 교육이 제대로 되려면 적어도 초등학교에서는 교과서가 없어져야 한다고 생각합니다. 교사가 안을 짜고 그에 맞는 책을 골라서 가르치면 되죠.

이권우 어린이책 시장이 활성화되었다면 앞으로는 그 책을 제대로 이해할 수 있게끔 이끌어주는 장치가 있는지 주목해야 합니다. 공교육 차원에서 책을 정확하게 읽게 해주는 능력을 키워줘야 하는데, 우리는 방기하고 있죠. 또는 사설교육기관에 맡기고 있고. 우연한 기회에 미국의 독서교육 프로그램을 봤는데, 가히 임상기록표 수준이더라고요. 아이가 학교에 입학하면 담당 선생님이 그 아이의 독해 능력을 측정해요. 그리고 그것을 기록 해놓고 그 아이에게 맞는 책을 읽히죠. 반 학생들이 읽는 책이 다 다른 거예요. 의사가 환자의 병 호전 상태를 살피듯 선생님이 학생의 독서력을 측정해줘요.

책에 전혀 관심 없는 아이한테는 '너는 뭘 좋아하니?'라고 물어봐요. 풋볼을 좋아한다고 하면 풋볼에 관련된 책부터 읽게 해주는 거예요. 그렇게 해서 아이들이 책에 흥미를 가질 수 있게 해주는 거죠. 독해 능력이 뛰어난 아이들은 문학 쪽으로 가는 거구요. 부모님이 방문하면 의사가 보호자에게 얘기해주듯 아이의 독해 능력 결과를 일러주고 얼마나 향상됐는지를 알려주는 시스템이죠. 물론 현장에서 어떻게 활용되는지는 모르겠지만 시스템 자체는 그렇습니다. 우리 같은 경우는 문학 중심 독서 교육이잖아요. 근데 그들은 그렇지 않고 각 과목별로 추천 도서가 있고 그걸 시행하고 있는 거죠. 그것도 주州마다 다르다고 하더라고요. 물론 이런 시스템이 우리 현장 교육에서는 힘들겠지만 일정한 부분이라도 빨리 도입돼서 아이들이 책을 정확하게 읽고 문학적 상징성을 충분하게 독해해 내도록 훈련시켜야 합니다.

작년 겨울에 간행물윤리위원회에서 연 모임에 가보니까 유럽을 방문해서 독서력 측정 프로그램, 즉 책을 읽게 도와주고 읽은 책을 정확하게 이해했는가를 측정하는 프로그램을 가지고 왔다고 하더라고요. 그걸 번역해서 각 교육기관에 뿌리겠다고 하던데, 그게 어떻게 됐는지를 모르겠어요. 갈리마르 출판사에서 나온 책을 웅진이 번역한 게 있는데, 그 책을 보면 뒤에 독해 능력을 측정하는 프로그램이 있는데, 아주 재미있어요. 비유하면 『로빈슨 크루소 따라잡기』 같은 프로그램이 그 안에 있는 거예요. 그래서 아이들이 충분히 그 책을 이해했는가를 재미있고 흥미롭게 측정하면서 그 작품의 상징성과 메시지를 정확하게 읽어낼 수 있는 쪽으로 끌고 가거든요. 이런 식으로 사회적·교육적 지원 시스템이 있어야 독서 열기가 중학교, 고등학교, 성인까지 올라갈 수 있다는 거죠. 단기적으로 아동 출판에서 성공하고 있다고 해서 다 아동 출판으로 뛰어들 생각만 하지 말고, 아이들이 책을 정확하게 이해하고 있는지 또는 이해하게 해주는 시스템이 무엇인지를 연구해 출판계가 지원해줘야 한다는 거죠.

장은수 저희의 경우에는 이제 그런 것을 이야기하고 있습니다. 스콜라스틱 출판사의 홈페이지에 가면 teacher's guide가 있어요. 외국의 주요 아동물 출판사에는 이게 없는 데가 거의 없는 듯합니다. 선생님들이 자기 회사의 책을 활용해서 교육을 하는 방법 등을 가르쳐주는 것입니다. 또 교사들을 초청해서 연수를 하기도 합니다. 교사들이 책을 수업에서 활용하는 법을 설명해 주고, 그걸 배운 선생님들이 학생들을 대상으로 자기가 교육받은 것을 또 가르치는 것이죠. 이런 시스템은 출판사 차원에서도 고민을 해봐야 하고 사회적 차원에서도 고민을 해야 하는 요소죠.

이권우 박해현 씨가 비룡소에서 번역한 『말썽꾸러기 로라』는 문학적 상상력이 뛰어난 작품이거든요. 왜 박해현 씨가 이 책을 번역한지 알겠어요. 박 기자가 보인 문학적 세계관이 이 작품과 일치하는 면이 있어요. 문학성이 풍부한 책인데, 아이들 수준에 맞게 상상력을 교육시키기에 굉장히 좋은 책이거든요. 그걸 제가 딸아이한테 읽히는데 딸은 그렇게까지는 몰라요. 그리고 『오른발, 왼발』(토미 드 파올라, 비룡소)이던가요? 그것도 굉장히 뛰어난 작품이에요. 할아버지와 손자의 커뮤니케이션을 다룬 건데, 서로에 대한 이해와 사랑을 상징하는 오른발과 왼발의 의미를 아이가 가슴으로 느끼더라고요. 일반적으로 어떤 문학 장르보다 어린이책이 아주 상징성이 치밀하고 뛰어나요. 아동들을 상대로 했기 때문에 문학적 이음새가 잘 안 보일 정도로 아주 매끈하게 다듬어진 작품들이 많아요. 그렇기 때문에 그 책이 갖는 교훈 이전에 문학적 구성력과 상징성에 대한 이해도를 높여주면 아이들을 아주 고급한 독자로 성장시킬 수 있겠더라고요. 그런데 우리는 그 부분이 전무하다는 거죠. 그걸 그냥 학교 현장에 맡기고 있는데 현장에서는 해줄 수가 없어요. 이런 부분에 출판사들이 적극적으로 참여해줬으면 좋겠어요.

출판물의 글로벌 전략은?

한기호 이야기 순서를 좀 바꿔서 얘기합시다. 지금까지 아동 얘기를 했는데, 일본의 슈에이샤의 편집자인 야마모토라는 사람이 『강아지똥』(권정생, 길벗어린이)을 번역 출판했는데 한 2만 권 팔았다고 하더라고요. 그가 최근에 『마당을 나온 암탉』(황선미, 사계절)을 읽고 눈물을 많이 흘렸다고 해요. 그래서 정식 계약을 한 모양인데……. 일본에서도 2만 권 정도 팔리면 많이 팔린 거 아녜요? 애들 그림책인데.

장은수 2만 권이면 많이 나갔죠.

한기호 이제는 출판 시장 자체를 글로벌하게 생각할 수 있지 않을까 싶어요.

장은수 실질적으로 많이 수출되고 있습니다. 특히 아동물 중에서 괜찮은 책들은 많이 사가죠. 개성이 있고, 재미가 있고, 보편적 상상력을 갖추고 있으면서도 현실에 밀착한 교훈을 주는 동시에 순수한 예술적 즐거움을 아이들에게 전해주는 책이 주 대상이 되는 것 같습니다.

한기호 사회평론의 『영어공부 절대로 하지마라』도 일본에서 30만 부 나갔죠? 적은 것이 아니잖아요? 30만 부의 인세를 계산해 보니까 우리 돈으로 3억 4천만 원이더라고요. 또 그 책은 중국에도 팔았고 대만, 싱가포르, 말레이시아 등 영어 스트레스가 있는 전 아시아에 다 팔 수 있죠. 『부자 아빠 가난한 아빠』와 『누가 내 치즈를 옮겼을까』는 한국에서 먼저 베스트셀러가 된 후에 일본에서 낸 것입니다. 일본에서는 한국 시장을 굉장히 주시하고 있다고 해요.

장은수 일본에서는 『누가 내 치즈를 옮겼을까』란 책이 있다는 것도 몰랐던 것 같아요.

한기호 일본에 있는 사람들이 꽤 많이 서울 국제도서전에 왔어요. 한국 시장에 대한 관심이 굉장히 높더라고요. 제가 이번 도서전 때 일본의 〈출판뉴스〉 사장과 저녁을 먹었는데 그때 들은 이야기가 작년에 『코리안 드림』이란 책이 일본에서 나왔잖아요. 저도 한 꼭지 글을 써주긴 했습니다만, 세계 최초로 나온 '한국 전자미디어 탐방'이죠. 그들이 전자화된 디지털 시장으로는 한국 출판이 자기들보다 3년이나 5년 정도 앞서고 있다는 생각을 하고 있었다는 거예요. 『부자 아빠 가난한 아빠』와 『누가 내 치즈를 옮겼을까』, 『말을 듣지 않는 남자 지도를 읽지 못하는 여자』가 일본에서 빅셀러였는데 이 중 두 개가 우리 나라에서 먼저 대형 베스트셀러가 됐거든요. 이 반응에 대해서 굉장히 관심이 많더라구요.

장은수 『수학귀신』(H. M. 엔첸스베르거, 비룡소)도 저희가 먼저 냈어요. 이쪽에서 먼저 베스트셀러가 되고 일본에서 1년 후에 나와서 베스트셀러가 되었습니다.

한기호 일본이 한국 시장을 계속 주목해요. 여기저기서 책을 사가기도 하고. 이번 서울국제도서전에 와서도 상당히 많이 뒤지고 찾아다녔는데 책이 없다는 거예요. 국제도서전이 아동서 할인 판매장으로 완전히 전락해버리니까 실망도 많이 했지만 어쨌든 간에 독자가 유저user화되며 관심이 전 세계적으로 통일되고 있으니까 시장 자체를 글로벌하게 보자는 게 제 생각입니다. 사회평론에서는 『한국이 죽어도 일본을 못 따라잡는 18가지 이유』와 『한국이 그래도 일본을 따라잡을 수 있는 18가지 이유』(이상 모모세 타다시)도 이미 꽤 비싼 값에 수출했습니다.

장은수 한국이 국제 저작권 시장에 본격적으로 들어간 지 이제 10년 정도 되면서 상호 이해의 장이 형성됐기 때문이라고 봅니다. 1987년부터 계약을 시작했지만 1993년까지는 잘 안 지켜졌죠. 1993년 이후부터 비로소 국제 저작권 시장의 한 축으로서 한국이 등장했습니다. 그렇게 되면 출판이 다 망할 것처럼 여기는 분위기도 한국 내에서는 없지 않았지만, 실제로 시장의 고급화와 활성화에 기여하고 있다는 게 제 생각입니다. 어쨌든 한국의 출판사들이 외국의 저작물들을 많이 들여와서 국내 시장에서 팔기 시작하면서 비로소 한국 시장이 그들에게 하나의 시장으로 인식된 것입니다. 그러니까 당연히 한국 시장에서 화제가 된 책들의 정보가 저쪽에 축적될 수밖에 없지 않겠습니까? 그것이 한국 책의 수출을 가능하게 한 것입니다.

그동안 한국 작품들을 외국에서 내고 싶으면 현지의 출판사에 자금을 지원해야 간신히 가능했습니다. 장기적으로는 전혀 그럴 필요가 없다는 게 제 생각입니다. 만약에 지원금을 주어야 할 책이 있다면, 그것은 『구운몽』과 같은 고전들일 것입니다. 저작권이 살아있는 작품은 역시 시장

원리에 맡겨야 하고, 정부가 지원하고 싶으면 영문 소개서를 만드는 비용을 지원하는 게 더 좋을 듯합니다.

　외국 편집자들을 만나면 가장 어려워하는 부분이 번역입니다. 한국어를 자기들 언어로 번역할 수 있는 인력이 절대 부족하다는 것입니다. 따라서 정부에서 해야 할 일은 우선 한국어 전문가를 양성하는 것입니다. 그런데도 『영어 공부 절대로 하지마라』처럼 자기네 시장에서도 통할 것 같은 책은 무슨 수를 써서라도 번역합니다. 전혀 문제가 없지요.

　한기호　사회평론 윤철호 사장 말에 따르면 『한국이 죽어도 일본을 못 따라잡는 18가지 이유』를 팔아본 경험이 『영어 공부 절대로 하지마라』를 팔 때 굉장히 도움이 됐다고 합니다. 그 책이 일본에서 기사화된 다음에 일본의 큰 출판사 편집자들이 죄다 쫓아와서 하자고 그랬다니까요. 그 당시 계약금이 7백만 엔이니까 7천만 원이었죠. 상당히 높은 조건이었습니다. 그래서 파는 데 연연하지 않았다는 거예요. 국내에서 잘 팔리면 언제든지 팔 수 있을 거라고 생각했고 또 과거 두 권을 팔아봤으니까. 책이 베스트셀러가 된 다음에 에릭양 에이전시를 통해 알아봐달라고 했답니다. 그리고 나서 신쵸사, 선마크 등 네다섯 군데에서 오퍼가 들어왔다는 거예요. 그리고 중국하고 대만은 직접 팔았답니다. 그쪽의 한 사람이 관심이 있다고 해서 그 사람을 통해서 적극적으로 알아봤는데 그쪽도 관심들이 많았다는 거죠. 대만은 연락이 많이 왔는데 어느 큰 출판사와 얘기가 오가서 다른 출판사들과는 모두 거절하고 그쪽과 계약을 했답니다.

　장은수　『드래곤 라자』는 온라인 게임과 함께 팔았는데 4만 2천 달러를 선인세로 받았습니다. 우리 돈으로 5천만 원 정도 되나요? 대만에서 만화 판권도 사겠다고 해서 그것도 팔 예정입니다. 초판을 1만 8천 부 찍겠다고 해서 놀랐습니다. 소설의 경우는 초판을 1만 부 정도 찍은 듯합니다. 반응은 나쁘지 않은 것 같습니다. 번역이 제대로 됐나 싶어서 지금 확인하고 있어요. (웃음) 중국어를 할 수 있는 편집자가 원문과 대조해서 읽고 있어요. 그래서 지금 일본어판도 추진중입니다.

얼마든지 가능한 것 같아요. 일본에서도 얼마 전에 카도가와에 가서 얘기를 좀 했거든요. 『드래곤 라자』가 국내에서 1백만 부 정도 나갔는데 카도가와에 판타지 문고가 있으니까 그쪽에서 내보면 어떻겠냐 라고요. 일본은 기본적으로 문고본으로 나오면 많이 팔리기 때문에 작품 수준만 괜찮으면 팔린다는데 이영도 정도면 판타지 세계에서는 뒤지지 않는다고 생각하거든요. 아마 일본에서도 반응이 있지 않을까 싶어서 일본 쪽으로 시장 공략을 하려고 하죠.

한기호 우리 나라 베스트셀러가 나가서 한 번, 두 번 계속 되면 점점 더 많이 생기겠죠.

장은수 그렇습니다. 실용서 같은 책은 처음부터 수출을 고려해야 한다고 생각합니다. 좀더 적극적으로 해야 되요.

한기호 그러니까 우리 출판이 시장을 너무 내부적으로만 본 게 아니냐는 거죠. 이제 전 세계 유저user들의 관심에 대해 귀를 기울여야 합니다. 그건 전 분야로 파급되는 거거든요.

전에 〈주간동아〉에서는 외국에 로열티 판매한 사례들을 모아 기사를 썼습니다. 노벨 문학상을 수상한 오에 겐자부로의 신작은 일본에서도 5천 부밖에 안 팔립니다. 그런데 조정래 선생의 『태백산맥』이 일본에서 2만 질 나갔다면 대단한 거 아녜요?

우리 연구소는 올해 책 세 권을 일본 국제도서전에 맞춰 출간해서 도서전 부스를 돌아다니면서 나눠주기도 하고 필요한 출판사라고 판단되는 곳에는 택배로 보내주기도 했습니다. 우리 출판 시장을 객관적으로 알리고 싶었던 것이죠. 그 결과 일본 〈출판뉴스〉 6월 하순호에서는 우리 연구소가 펴낸 책들을 '해외출판 리포트'에서 소개해 줬습니다. 글쓴이는 다테노 아키라라는 한국 출판에 정통한 출판평론가인데 글 첫머리에 "최근 한국에서는 한국출판마케팅연구소의 출판 활동이 눈부시다. 가장 중요한 출판 분야는 침체 국면인데 주변의 연구소가 활기를 띠고 있다는 것이 왠지 이상하게 여겨지지만 출판 불황인 만큼 출판 마케팅에 대한 관심이 고조되고 있다"고 말해서 우리를 부끄럽게 만들었습니다. 앞으로는 이런 노력들을 많이 해서 우리 출판을 해외에 객관적으로 알려야 합니다. 『책의 현장 2001』, 『베스트셀러 이렇게 만들어졌다』, 『우리 시대 스테디셀러의 계보』(이상 한미화) 등을 펴낸 것은 그런 노력의 일환이죠. 우리 연구소는 앞으로도 그런 노력들을 열심히 할 것입니다. 그런 노력을 통해 우리 시장을 해외에 알리고 우리 또한 시장을 글로벌적으로 넓혀서 본다면 출판사의 운신의 폭이 넓어지지 않겠냐는 거죠. 특히 영화 시장을 보면 더 그렇다는 생각이 듭니다. 〈쉬리〉가 그랬고 〈JSA〉도 그렇고……. 영화나 원작소설이 일본에서 대단한 반응을 얻었잖아요.

장은수 『DMZ』도 3만 부 정도 팔렸어요. 아마 『태백산맥』보다 많이 팔리지 않았을까 싶은데요. 일본은 전통적으로 영화 소설에 관대한 나라인데다가 소설 『쉬리』(정석화, 다른세상)가 10만 부 나갔기 때문에 기대감도 있었겠지요.

이권우 우리보다 많이 나갔네요? 우리 나라에서는 7, 8만 부 정도 나갔다더니.

장은수 〈미술관 옆 동물원〉도 그쪽에서 책으로 나왔어요. 아마 『친구』도 팔리지 않을까요? 올해 사재기 빼고 최고 베스트셀러가 『친구』인데. (웃음)

이권우 『친구』는 지금 얼마나 나갔죠?

장은수 10만 부가 넘었다고 하죠?

이권우 그 책은 영화를 보며 관객들이 느꼈던 의문점을 속시원히 풀어낸 것처럼 광고를 해놔서.

장은수 영화사에서 그 홍보 컨셉도 만들어준 것 같습니다. 영화사에서 토털 마케팅을 해준 거죠. 인세가 마케팅비용을 포함해서 15% 정도 되는 것 같아요. 물론 마케팅을 영화사에서 다 해주는 조건이지요. 읽어봤는데 영화 소설치고는 잘 썼어요.

한기호 그런데 이런 글로벌 전략을 우리 한국 출판이 해야죠. 문화상품의 해외 수출에 대해 문화부가 이제야 겨우 관심을 기울이고 있더라고요.

장은수 그것은 정부에서 나설 일은 아니라고 봅니다. 전적으로 시장에 맡겨야 합니다. 지원하고 싶으면 문화부는 계약한 이후에 부족한 자금을 지원해 주는 게 더 좋습니다. 정부의 지원은 독이면서 동시에 약이기 때문에 시장의 흐름을 왜곡하는 경우가 많다고 봅니다.

지금 한국 문학을 해외에 번역할 때 제일 큰 문제는 한국 문학 중에서 그래도 괜찮은 작품들이 외국의 삼류 출판사에서 책을 내고 있다는 것입니다. 프랑스의 악트쉬드 같은 경우는 한국문학 작품을 낼 때마다 정부에서 지원금을 받아서 자본을 축적했다는 이야기를 들은 적도 있습니다. 지방의 작은 출판사였는데 한국 책들을 내면서 그 지원금으로 프랑스 작가의 작품들을 내면서 파리로 진출했다고 합니다.

이권우 그것도 좋은 예죠. 한국 책을 출판하면 성공한다……. (웃음) 『우리들의 일그러진 영웅』(이문열, 민음사)은 미국에서 어떻게 됐어요?

장은수 초판 2만 부 찍었고 아직 결과는…….

출판 기업의 산업화는 불가능한가?

한기호 또 하나 생각할 수 있는 게, 미국 같은 경우는 그런 얘기를 해요. 매출 1위 회사와 2위 회사가 3위인 회사를 공동 인수했다고 그러거든요.

그러면 어떻게 되는 거예요? 지금 일본 출판 잡지들을 읽어보면 두려운 게 출판의 다국적 기업이 세계를 점령하는 것입니다.

장은수 일본에서 최근에 슈에이샤를 쇼각칸에서 인수해서 쇼각칸의 자회사가 됐잖아요.

한기호 거긴 계열사가 4개 있잖아요. 미디어그룹이 되어버렸는데. 출판의 산업화를 주제로 해서 〈송인소식〉에도 계속 연재했고 지난번에 〈중앙일보〉 조우석 부장이 민음사와 창비를 비교해서 시끄럽게 하기도 했는데…….

장은수 제가 생각하기에 출자나 제휴를 통해 두 출판사가 합쳐져서 하나의 대형 회사가 되려면 그 전제 조건은 서로 다른 영역에서 질 좋은 콘텐츠를 확보하고 있는 기업끼리 그것이 이루어진다면 긍정적으로 볼 수 있다고 봅니다. 가령, 길벗과 민음사가 합병하면 엄청난 시너지 효과가 있겠죠. 길벗은 컴퓨터 책을 전문으로 하고 그건 종합 출판사인 민음사에는 없는 영역이니까요. 그러면 좀더 시장 지배력을 가질 수 있겠죠. 이런 통합은 지금도 가능하고, 또 가끔씩 일어나야 한다고도 생각합니다. M&A에 대한 우리 출판계의 인식이 아직 익지 않아서 쉽지는 않겠지만 말입니다. 그러나 각자의 전문성을 확보하지 못한 상태에서 이루어지는 단순 인수·합병은 오히려 해를 끼칠 수도 있다고 봅니다.

이권우 타산지석의 자료가 있어서 가져왔는데요. 랜덤하우스에서 편집자로 일한 엡스타인이라는 분이 쓴 글을 〈이머지emerge 새천년〉가 2000년 9월호에 번역해 실은 글이에요. 1958년 랜덤하우스에 입사해서 1999년까지 계속 편집 과정에 참여해온 분이니까 40여 년 동안 일한 일급 편집자입니다. 랜덤하우스가 계속 합병되어 왔잖아요. 그 과정에서 자기가 느꼈던 편집자로서의 소회所懷와 인터넷의 발달로 인한 출판 환경의 변화에 대한 나름대로의 전망을 담았어요. 이걸 보면서 전 굉장히 값진 자료라고 생각했거든요.

　결론을 얘기하자면 이분은 출판의 산업화에 대해서 부정적이에요. 산업화라는 게 지향하는 바가 콩글로머리트conglomerate(복합기업)라는 것이거든요. 랜덤하우스가 지금은 베텔스만에 합병되어 있지만, 1970년대에는 RCA라는 데에 합병됐대요. 다른 여러 가지 출판사의 운명을 봐도 결과적으로 여러 가지 미디어그룹에 통폐합되는 건데, 이 양반이 분석한 결과를 보면 미디어그룹이 출판사를 수용하지 못하고 결국에는 뱉어낸다는 겁니다. 이 글을 보면, "명성 높은 출판사들을 인수한 연예 콩글로머리트conglomerate들— CBS, ABC, RCA, MCA, 유니버설—은 결국 이 출판사들이 대차대조표상의 부담일 뿐이라는 사실을 발견하고 이들을 토해내게 되었다." 이렇게 아주 명백하게 얘기하거든요. 그러면서 결과적으로 왜 그러냐 하는 얘기를 하는데, 결국 타산이 안 맞다는 겁니다. 우리가 과학적 마케팅을 자주 얘기하는데, 선진국의 출판 편집자가 하는 말이 결국은 과학적 마케팅이 불가능한 부분이 출판에는 있다는 거예요. 모든 미디어그룹에서 차기년도에 일정한 이윤 상승률을 예측하는데 책만은 그게 안 된다는 거예요. 전년대비 몇 % 상승할지 예상할 수가 없다는 거예요. 그러니까 결과적으로 출판이 영화업계의 시나리오 생산 공장 격으로 전락해버리고 편집자들이 자긍심을 잃어버리고 만다는 거죠.

　미디어그룹이 출판을 뱉어낸 이유가 "예산은 효율을 요구하며 거기에 어울리는 구조를 만들어내지만, 이는 결과를 직감에 의존할 수밖에 없는 출판 산업의 악명 높고 변덕스러운 시장 조건과 양립하기 어렵다"는 거죠. 출판이 다른 매체에 대해 갖는 우월성이 어디에 있는가, "전형적인 낮은 이윤과 박봉을 보상하고도 남는 자부심이 원천이었다"라고 얘기했어요. (웃음) 이걸 모르고 산업화를 얘기하면 곤란한 거예요. 이 사람은 그런 면에서 산 증인 아닙니까.

여기 보면, 그분이 입사하셨을 때는 랜덤하우스가 교회 성당 부속 건물에 있었대요. 그 성당 주교님의 시집은 반드시 출판했대요. 성당에서 주차장을 할당해줬는데 조금이라도 더 얻어내려면 주교님의 책을 내줘야 했다더군요. 낭만적인 얘기죠. 그리고 랜덤하우스가 독립되어 있을 때는 우리 출판사와 똑같아요. 모든 작가들이 자유롭게 드나들고 밤새고 소파에서 잠을 자고……. 편집자와 작가 사이에 인간적인 유대 관계가 이뤄졌는데 RCA로 통합되면서 그런 관계가 딱 끊어졌대요. 대신 수위실에서 누구 만나러 왔냐 물어보고, 일없으면 내보내죠. 과학적이고 경영적인 마케팅만으로 움직이니까 인간적인 관계는 다 끊어지는 거죠. 그렇기 때문에 우리가 산업화가 되냐 안 되냐, 추구해야 하냐 아니냐 그 문제를 논하기 전에 이런 것을 겪어본 선진국 출판사의 고민을 한번쯤은 되새겨봐야 할 겁니다.

한기호 물론 일본 같은 경우는 서른 살에 연봉이 1천만 엔이 넘는 곳도 있어요. 그렇다고 광고에 나오더라고요. 우리 돈으로 1억 원이 넘는 거죠. 초임이 30만 엔 정도 되니까.

장은수 고단샤는 35만 엔 정도라고 들었습니다. 정확하지는 않지만 방송국이나 신문사보다 높다고 합니다. 그러니까 고단샤 시험부터 보고 떨어지면 다른 직장 구하는 것 아니겠습니까?

한기호 출판물이 질적으로 또 기획력이 상승하려면 기본적으로 고급 인력이 들어와야 하는데 그렇게 박봉에 시달리는 데도 일정한 한계가 있기 때문에 출판 기업이 기업 마인드로 가야한다는 거죠. 뭐 여러 가지 방법이 있겠는데, 개별 기업이 성장해서 훨씬 더 안정적인 기업적 마인드를 갖추는 것도 중요하겠지만 아까 M&A 얘기를 했는데, 우리 나라는 아직까지 M&A 정서가 보편화되지 않았고 기업도 철저하게 1인 기업, 즉 사기업이니까 문제인데 그걸 공기업화 개념으로 가고 주식회사 개념으로 가서 기업을 넘겨도 저 회사만 잘되면 나에게 이익이 된다는 개념의 전환이 필요하죠. 출판의 규모가 어느 정도 돼야 외국 기업하고 경쟁이 되지 않겠냐는 거예요.

최근의 여러 가지 모습을 보면 베텔스만도 와있잖아요. 베텔스만이 앞으로 어떤 모습으로 갈지 모르겠지만, 한 모습만 보면 출판사들한테 50%에 공급하는 조건으로 5천 부 사갔거든요. 그러고도 한달 만에 재주문이 와요. 그런 마인드를 지금까지 계속 출판사에 보여줬다고요. 그런데 최근에 출판사들이 좀 어렵고 아쉬우니까 '우리 책을 좀 팔아다오' 하면서 공급률을 38%로 낮추는 거예요. 너무 심한 거 아니냐 그러면 그렇게 해서라도 책 공급하겠다는 데가 줄 서 있는데 꼭 너희 것을 팔아야 할 이유가 없지 않냐는 식으로 나온다는 거죠.

최소한 그런 경쟁을 자유롭게 할 수 있고 상시적으로 고단샤의 호시노 씨 같이 매일 외국 출판사 사람과 대화를 만나는 사람이 하나 있어야죠. 호시노 씨와 저녁을 먹은 적이 있는데, 자신은 1987년 이전에 국내 출판이 마구 베끼던 시절의 정서에 젖어있는 나이든 출판인들과 거래하는 것은 싫다고 하더라고요. 오히려 젊고 감각 있을 뿐만 아니라 양심 있는 사람들과 연대를 해서 일을 하고 싶다 라는 얘기를 하더라고요. 그러면서 『도쿠가와 이에야스』가 전후 고단샤가 다시 일어나는데 큰 힘이 되어줬고, 오늘의 고단샤를 만들었다고요. 이 책을 한국에서 2천만 권이나 해적판으로 팔았다는 게 얼마나 약오르겠어요. 그 책을 최근 솔출판사에서 자기들보다 더 잘 만들어줘서 너무 고맙다고 하더라고요.

그런 면에서 연대하고 뭔가 호흡할 수 있는 거라면 우리도 그 정도 될 수 있어야 하지 않나요? 매일 직원이 아침부터 저녁까지 교정 보기에만 바빠서는 한계가 있는 거 아녜요? 전문성의 문제도 있고.

장은수 해외 출판사하고 교류하는 시스템을 갖추는 것은 출판사들가 빠른 시일 내에 확보해야 할 기본 요소로 정착되어야 하겠죠. 물론 그 인력은 현재의 한국 상황에서는 주로 수입을 담당하게 되겠지만, 장래에는 판매 쪽도 신경을 쓰게 만들어야 하니까 에디터 훈련도 시켜서 어떤 책이 그 시장에 맞을 것인가를 판단하게 해야겠죠.

그 정도로 하고, 아까 이권우 편집장님의 말씀도 틀린 것은 아닙니다. 출판이 기업화되면 인간적인 친밀감이 떨어지고 출판의 아주 소중한 자산인 창조적인 직감보다는 데이터를 중요하게 여기게 되겠죠. 그리고 데이터에 대한 의존도가 높아질수록, 지금까지는 상상할 수 없었던 최악의 상황을 맞게 될 수도 있겠죠. 그런데 지금 상황은 창조적인 직감의 결과조차 확인할 수 없는 데이터 부재의 시대 아닙니까? 출판이 어느 정도 산업화되지 않으면 이런 문제들은 결코 개선되지 않습니다. 차라리 고민해야 할 것은 산업화되고 대형화한 출판 그룹에서 어떻게 창조성을 보존할 것인가, 그런 제도는 없는가 하는 것 아니겠습니까?

이권우 이런 책은 잘 팔렸으면 좋겠는데, 『편집자가 작가에게』(주디 맨델)라고 예영커뮤니케이션에서 나온 책이 있는데요. 미국의 유명한 출판사 편집자들을 인터뷰해서 쓴 책이에요. 이 책을 보면 미국 편집자들도 대체로 10년 전이 좋았다고 해요. 뭐 다른 뜻은 아니고 미국도 10년 동안 급격하게 출판사가 미디어그룹에 통폐합되고 소위 말해서 자본의 논리, 산업의 논리에 휩쓸리면서 편집자들이 자기 정체성에 대해서 고민을 많이 했나봐요. 다른 무엇보다 8번째나 9번째 작품이 터진 작가가 있다는 거예요. 근데, 산업화된 이후부터 한 번에 안 터지면 더 이상 편집자가 그 작가의 작품을 내줄 수 없다는 얘기가 나오고 있어요. 분명하고 명백한 부작용이 있다는 거죠.

출판의 산업화는 출판에서 원한다고 되는 게 아니에요. 예를 하나 들어볼께요. 제가 일산으로 이사한 지 10개월쯤 되는데 한번은 인천에서 택시를 불러서 일산에 간 적이 있었어요. 택시 기사한테 이것저것 물어봤는데, 국가에서 콜택시를 할 때는 왜 안 되다가 지금은 자발적으로 콜택시가 잘되냐고 했더니 꽤 명쾌한 답변을 내놓더라고요. 기본적으로 개인택시 운전자들의 수익성을 보장해주고 있고, 돌아올 때 빈차로 오더라도 장거리를 뛰게 되면 훨씬 돈이 많이 남는대요. 예전에는 시 경계를 넘어가면 돈을 더 냈잖아요. 근데 이 콜택시는 미터 요금만 받아요. 그리고 휴대폰의 확산을 얘기하더라고요. 위치를 서로 확인할 수 있는 통신 수단이 있기 때문에 가능하다는 말이죠. 한때 국가가 외국인을 위해서 콜택시 제도를 만들어 운영했을 때는 실패했는데, 전반적인 여건이 성숙해지니까 자연스럽게 콜택시가 활성화됐다는 거죠.

그 얘기를 들으면서, 늘 우리는 주체의 변화만을 요구한다는 생각이 들더라고요. 바로 이어령의 '바람개비 이론'이잖아요. '바람이 안 불어도 달리면 바람개비는 돌아간다'라는. 주체가 늘 뭔가를 바꾸고 변해야 한다는 건데, 그게 객관적 조건이 성숙하면 자연스럽게 이뤄질 일이 있거든요. 이미 겪어본 나라에서 나오는 부작용이 있다면 우리가 너무 인위적으로 산업화를 추진하지 말고 제반 조건이 성숙해지는 과정에 발맞춰 가면 되지 너무 앞서 얘기할 필요가 없지 않냐는 거죠.

꾸준히 출판 실적을 쌓아 가는 과정에서 산업화할 여건이 갖춰진다면 좋은 거고. 또 M&A를 통해서 미디어그룹에 통폐합될 수도 있고 또 미디어그룹이 출판을 할 수도 있겠죠. 근데 미디어그룹이 출판하는 것은 위협적이라고 생각하지 않아요. 어차피 엔터테인먼트 쪽에서 치고 들어올 것이기 때문이지요. 이런 대기업들이 해낼 수 없는 출판 본연의 역할이 있기 때문에 우리 출판은 계속적으로 성장해 나갈 수 있을 거고요. 기업적 규모의 대형화보다는 출판이 제대로 작동할 수 있는 산업적 인프라가 산업화되었으면 좋겠어요. 그런 쪽에 우선적으로 초점을 맞추고 논의하는 게 현실적으로 맞지 않겠어요?

장은수 유통 현대화를 위한 자금 3천억 원을 가져가라고 해도 안 가져 왔잖아요.

한기호 우리 나라 출판사들, 창비 같은 곳은 안 그렇지만, 나이 마흔이 넘으면 다 출판계를 떠나야 되고……. 이런 것은 극복해야 되는 거 아녜요?

장은수 그건 어느 정도 규모가 없으면 불가능하죠.

이권우 그런 측면은 분명히 인정하죠. 제가 말하는 것은 결과적으로 산업화라는 것이 미디어그룹과의 통합으로 가니까 그런 것에는 경계심을 갖자는 거죠.

디지털 문명이 가져온 출판 시장의 세 변화

한기호 이제 시간을 줄여서 나가죠. 디지털 문명이 가져온 세 가지 변화가 있는데, 그 중 하나가 종이책 제작의 디지털화입니다. 이제는 원고 작성부터 디지털로 만들어서 출판사에 바로 전송합니다. 일본 같은 경우는 바로 DTP 편집을 해서 그 자료를 그대로 전송을 하거든요. 그렇게 인쇄소로 넘기는 거죠. 두 번째가 온라인 서점입니다. 한국 출판계에는 온라인 서점이 양날의 검과 같습니다. 선과 악, 은총과 저주, 희망과 불안이 함께 하는 거죠. 또 하나는 e-북이라고 불려지는 디지털 콘텐츠 산업이라는 게 있죠. 그걸 뭉뚱그려서 전체적인 얘기를 했으면 하거든요.

온라인 서점 같은 경우는, 이런 식으로 부정적인 모습을 자꾸 매체에서 다뤄주면 결국은 출판사가 스스로 독자와 직접 대화해버리는 길로 가지 않겠는가 하는 거예요. 그것도 가능하지 않습니까? 영진닷컴이 아마 자사 사이트에서 한 달에 10억 원 정도 판매를 하죠?

일본에서는 쇼각칸이 슈에이샤를 인수했잖아요. 거기에 하쿠덴과 소우

덴 등 히토츠바시 그룹에 속한 출판사들이 공동 홈페이지를 만들어서 공동 판매 시스템으로 팔고 있더라구요. 쇼각칸만 해도 굉장히 크거든요. 우리도 문지, 창비, 문학동네와 민음사가 모여서 문학 부분만 판매를 한단 말이에요. 공동의 홈페이지를 만들고 공동 판매 시스템을 시작하면, 온라인 서점은 바로 경쟁력이 다 사라질 것이라고 보거든요. 한번 시험적으로라도 위협을 줘야 한단 얘기죠. 미국의 디지털 문명이라 하는 것은 자기들이 콘텐츠를 만들지만, 판매는 서점 쪽에서 해 주려고 하는 거잖아요. 그게 공존·공생하자는 입장인 겁니다. 우리처럼 다 죽고 자기들만 살려고 하는 게 아니란 말이죠. 하지만 우리처럼 자기만 살려고 하다간 모두가 죽게될 겁니다.

　미국의 스티븐 킹이나 일본의 무라카미 류가 직접 사이트를 만들어서 책을 팔아봤습니다. 일본에서는 아비코 다케무라, 이노우에 유메히토, 카사이키 요시 등 세 사람이 주축이 되어 10명의 인기 작가가 1999년 11월에 미스터리 소설 사이트 '이노벨즈'를 만들었습니다. 바로 하이퍼텍스트 소설이라는 사이트를 만들어 놓고, 직접 판매를 했거든요. 또 카피라이터인 다테이시 요우이치立石洋一씨는 자기가 직접 쓴 작품을 자기가 만든 판매 사이트를 통해 250만 엔 정도 팔았습니다. 그가 자신의 경험을 정리한 책이 『인터넷 인세 생활』이라는 책입니다. 앞으로 이런 일이 확산되면 출판사의 존재 가치마저 부정해버리는 거예요. 개인 출판, 1인 출판으로 변해 가는 국면이 될 텐데, 그런 측면에서 지금의 우리 온라인 서점이 보여주는 모습은 자기들도 살 수 없는 길을 가고 있어요. 온라인 서점은 이벤트를 벌이기 전보다 매출이 더 떨어지는 것으로 나타났거든요. 그러면서도 온갖 모습은 다 보여주잖아요. 드디어 교보문고와 영풍문고처럼 정가제를 고수하던 오프라인 서점까지 다 뛰어들었어요. 이런 상황에서 한국 출판이 어떻게 자리매김을 해야 할지 막막하죠. 그리고 e-콘텐츠 같은 경우도 지금까지는 수익성이 없었잖아요. 출판사에서 콘텐츠 판매를 해보셨을 테니 얼마나 이익이 나는지 잘 아실 테고, 유일하게 남아있는 게 디지털 콘텐츠 도서관 아니에요. 국가에서 그 비용을 주는데, 너무 안타깝죠. 콘텐츠를 잘 모르면서도 국가 예산에 의지해서 기업을 이어가려고 하는데, 모르겠어요. 저만 극단적으로 보고 있는 건지. 금년의 시키고 도서전 e-북 코너에는 Adobe니 MS 정도만 있었는데 그나마 한산하고 뭐 별로 관심도 없었답니다. 그런데 전통적 출판사들 부스는 바글바글했다지요. 서울도서전 마지막 날, 중앙일보 배영대 기자가 그런 이야기를 하더라구요. 시카고 도서전을 보고 나서 'e-북이 생각보다 아니더라' 하는 내용으로 정리 기사를 쓰겠다고 하더니 객관적으로 아주 공정하게 썼더라고요.

장은수 e-북을 바라보는 시각이 처음부터 잘못됐다고 생각합니다. 현재와 같은 개념을 가지고 있는 한 e-북은 안 팔리게 돼 있어요. 지금까지 e-북의 개발 방향은 잘못됐다고 봅니다. e-북 시장이 없는 게 아니라, 어쩌면 e-북 자체가 존재하지 않았다고 생각하고 싶을 정도입니다. 지금까지 출판물의 디지털화는 책하고 어떻게 닮을 것인가를 고민해 왔다고 봅니다. 예를 들면, Acrobat나 글래스북 같은 리더reader들을 보면, 책과 비슷한 분위기를 내려고 하는데도, 책이라는 느낌은 안 나고, 눈만 피로했습니다. 책하고 편집이나 형태가 비슷한데 책을 읽는다는 실감은 전혀 나지 않습니다. 현재의 e-북은 아무리 잘 만들어졌어도 종이책보다 읽기 편할 수가 없습니다. 저는 바로 '이 부분이 문제라고 봅니다. e-북은 종이책으로는 할 수 없는 기능들을 많이 가지고 있습니다. 가령, 복사해서 쉽게 재편집할 수 있다든지 하는 것 말입니다. 현재의 전자책은 저작권 문제 때문에 이 기능을 막아놓았습니다. 종이책의 경우 복사기만 있으면 얼마든지 복제해서 새로운 원고에 붙일 수 있는데, 그렇다면 종이책보다도 못한 것 아닙니까?

따라서 저는 e-북의 개발자들이 고민해야 할 것이 어떻게 하면 책하고 닮지 않은 전자책을 만들 것인가 하는 데 놓여야 할 것이라고 봅니다. 이쪽은 성공 사례도 있습니다. i-모드가 그것이죠. i-모드에서 휴대폰을 통해 다운로드 받아서 보는 것은 책이라고 볼 수는 없지만 넓게 보아 e-북에 포함시킬 수는 있겠죠. 그런데 i-모드에서 제공하는 콘텐츠들을 다양하면서도 실용적인 것들이어서 크게 성공을 했습니다. 가령, '날씨 정보'나 '동물점' 같은 것들입니다. '나한테 맞는 이성 상대 찾기'나 '오늘의 요리'도 있지요. 이 콘텐츠들은 모두 실용적이지만 e-북에 적합한 방식으로, 그러니까 짧아도 이해가 가능한 형태로 개발되었습니다. 이 콘텐츠들은 아마 책보다 훨씬 많이 팔렸다고 봅니다. 우리 나라의 경우에는 영화 대본이나 드라마 대본을 다운로드해 주는 업체가 성공을 거두었다고 합니다. 이것들 역시 책으로 팔기에는 적합지 않아 보이는 것들이죠. e-북 쪽에서 이 부분을 좀더 고민하면 좋을 듯합니다.

한기호 라디오만 있다가 TV가 등장했을 때, TV에 e-라디오라고 이름을 붙였으면 헷갈리지 않았을까요. 이것은 엄연히 카테고리가 다르거든요. e-콘텐츠도 마찬가지입니다. 종이책과 전혀 다르니까 이것을 e-북이 아니고 e-콘텐츠라고 이름을 붙였으면 아무 문제가 없었을 텐데, 이름에다 책이라는 걸 넣었기 때문에 이렇게 혼란을 겪은 겁니다. 그래서 저는 작년에 문제가 되었던 「e-북은 없다」라는 글을 쓸 때 'e-북이 아니라 e-콘텐츠'라고 명백하게 밝혔던 거죠.

장은수 출판에서 콘텐츠를 가지고 있기 때문에 출판에서 콘텐츠를 빌려오려고 했는데, 형태까지 빌려오는 바람에 문제가 생긴 거죠.

한기호 미국 같은 경우는 종이책과 e-콘텐츠가 분화되기 시작했습니다. 미국 출판계는 시기가 문제가 되겠지만 잡지가 먼저 디지털화되고 단행본이 나중에 뒤따라가는 식으로 예상을 했는데, 잡지는 웹진이 등장을 해도 여전히 대중적인 종이책 잡지는 계속 팔리고 있잖아요. 전문잡지 같은 경우는 독자도 광고도 별로 없으니까 디지털 콘텐츠로 넘어가거든요. 그 다음으로 대학교재도 e-콘텐츠로 넘어갈 것이라고 예상을 했는데, 지금 그렇지 않잖아요. 미국에서도 대학교재는 아주 잘되는 시장인데 말이죠. 사뮤엘슨의 경제학 교과서가 지금도 매년 1백만 권씩 나간대요. 거의 2~3년마다 개정판을 내는 거예요. 할리우드 산업처럼 전 세계에 다 번역해서 수출하면 워낙 수익이 많으니까 정가를 20~30달러 정도로 낮게 책정하죠. 그래서 미국에서는 교재를 복사하는 것보다 사는 게 훨씬 싸게 먹힌대요. 그리고 또 하나가 뭐냐면 미국의 교육 방식이 대학만 해도 완전 토론식 수업이니까 미리 책을 완벽하게 여러 번 읽고 어느 정도 이해해놓지 않으면 수업을 따라갈 수 없기 때문에 책을 읽지 않고는 어렵다는 거죠. 그래서 e-북이 불가능하다는 거예요. 그렇게 되는 이유가 경제적인 합리성 때문입니다. 거기에 비하면 대학원은 어차피 학생 수가 10명 미만이니까 책으로 만들어 내기가 곤란한 거예요. 대학 교수가 수업을 할 때도 e-콘텐츠를 만들어서 이용해서 하는 거예요. 그런 면에서 p-콘텐츠와 e-콘텐츠는 분화가 되어간다는 거죠. 그 모든 원칙이 경제적인 합리성에 따르게 되는 겁니다. 앞으로 장사가 되면 다 뛰어들 거란 말이죠. 수익모델이 안 되면 장사도 안 되는 거예요. 가능성을 충분히 보여줬지만 장사가 안 되면 어쩔 수 없는 거예요.

장은수 컴퓨터 책은 어떻습니까? 디지털 위협에 가장 노출되어 있는 분야이기도 한데요. 인터넷에 엄청나게 친절한 컴퓨터 교본들이 수없이 존재하잖아요.

이종원 어떤 프로그램에 대해서 관심 있는 전문가, 준 전문가들이 운용하는 개인 홈페이지가 많이 있는데, 거기만 들어가도 상당히 많은 프로그램에 대해서 알 수가 있고, 궁금한 것에 대한 질의 응답이 되죠. '우리가 이렇게 했는데, 갑자기 안 된다 어떻게 하면 되냐' 하는 식으로요. 이런 인터넷 사이트를 통해서도 컴퓨터 지식과 정보를 얻을 수 있으니까 책 시장에 어느 정도는 영향을 줄 거예요. 근데 한번 생각해보세요. 항상 새로운 매체가 등장하는 것은 신기술이 배경에 있기 때문에 등장을 하는 거잖아요. 새로운 매체가 등장하면 그 신기술의 성격에 기반한 그 매체의 장단점이 있을 거라고요. 예를 들어 라디오와 TV의 장단점이 있는 것처럼요. 기존의 종이책이든 핸드폰이든 모니터가 됐든 모두 장단점을 가지고 있거든요. 성격이 다른 거죠. 그렇기 때문에 어느 하나가 완전히 장악을 한다든지 하는 것은 아닐 것 같아요. 그리고 전체적으로 보면 신매체에 의해 전체 시장이 커지는 면도 있지 않을까요?

이런 관점에서 보면요, 만약 내가 어떤 프로그램의 컴퓨터 책을 사본다고 했을 때, 그게 다 필요한 게 아닐 수도 있거든요. 물론 다 필요한 사람도 있겠지만, 자기가 특정한 부분이 필요하다고 하면, 예전 같으면 서점에 가서 보든가 아니면 구입을 했거든요. 그런 사람들 상당 부분이 인터넷 사이트에 가서 부분적으로 필요했던 부분을 이용하면서 문제를 해결할 수도 있어요. 단기적으로 보면 그만큼은 책 시장이 줄어들 수도 있지만 새롭게 사람들의 욕구가 커지게 되면서 다른 내용과 형태의 책 시장은 커질 수도 있지요. 그리고 인터넷 콘텐츠 중 출판할 만한 가치가 있는 것은 종이책의 특성에 맞는 형식으로 출판할 수 있고요. 조금 있으면 저희가 그런 책을 낼 거예요. 그래서 저는 이것을 단순히 대립적인 관계에 있는 것으로만 보지 말고, 상호 관계성을 생각해서 볼 필요가 있다고 생각해요. 그리고 아까 e-북 말씀을 하셨는데 저는 e-콘텐츠와는 또 다른 e-북의 가능성이 있다고 봅니다. 예를 들면, 백과사전 같은 경우는 이미 검증이 된 거잖아요. 아직은 몇 안 되는 경우지만, 기술이 훨씬 좋아지고, 인터넷이 가지고 있는 장점들이 잘 구현되는 특정한 파트에서는 충분히 가능성이 있다고 보거든요.

장은수 제가 말씀드린 것은 대체할 수 없는 것을 e-북으로 대체하려고 했다는 거죠. 가령 소설은, 출판사도 계약금을 9백만 원씩 안 주는데, 작가들한테 그 정도 돈을 주고 e-북 판권을 사가는 것과 같은 소모적이고 어리석은 짓을 서슴없이 했죠. 물론 고맙죠. 생활이 어려운 작가들한테 많은 돈을 주니까. 그러나 앞으로도 대체하기가 쉽지 않은 콘텐츠들에 과잉 투자를 했습니다. e-북이 종이책을 대체할 것이라는 과대 망상에 걸렸던 거죠. 저도 e-북이 완전히 불가능하다고는 생각지 않아요. 하지만 기존의 소설책을 대체할 수는 없을 듯합니다.

이종원 그 분들이 e-북의 본질을 제대로 이해하지 못한 거죠

장은수 그렇죠. 스스로 종이책하고 너무 닮으려고 했다는 거죠. 말을 바꾸면, 종이책 시장에서 검증된 작가들을 모셔가서 e-북을 팔고 싶어 한 거예요. 그래서 이인화 같은 작가들한테 몇천만 원씩 계약금을 준 것 아니겠습니까. 결국 다 실패했지만 말입니다.

한기호 결과적으로 생산자이며 소비자이고 스스로 편집자가 된다는 것 아니겠습니까. 이제는 인간 모두가 책 자체를 종이책으로 만들었다가 디지털 데이터로 만드는 것이 아니고, 처음부터 디지털 데이터로 만들잖아요. 그 데이터를 가지고서 좋은 책을 만들어야죠. 디지털 데이터를 원액이라고 볼 수 있잖아요. 원액을 가지고 디지털 콘텐츠로 만들든 페이퍼 콘텐츠로 만들든 선택의 문제일 뿐입니다. 다만 어느 편이 유리한지, 종이책 같은 경우는 디지털의 기술을 이용해서 새롭게 재건축을 해주는 말하자면 바꿔주기의 출판이 분명히 이루어져야 할 것 같아요. 결국 디지털과는 훨씬 다른 깊이나 차이를 가져올 수 있는 종이책만의 장점을 만들어줘야겠죠. 또 오히려 책 시장을 확대시킬 수도 있죠. 데이터를 계속 디지털화하고 있기 때문에 절판본이 사라진다는 장점이 있기 때문입니다.

가능성이 큰 대안, 주문형 출판

장은수 프린트 온 디멘드Print On Demand(주문형 출판)는 출판에서 하나의 중요한 가능성으로 존재하게 되겠죠.

한기호 예, 그것은 결국 디지털 기술을 이용해서 종이책으로 공급하는 거니까요. 이미 국내에서도 영업이 시작되고 있습니다. 애인한테 선물하고 싶은 시를 골라서 편집하고, 글을 써서 책으로 만드는 거죠. 아직은 종이책보다 비용이 다소 비싸지만, 그래도 세계에서 하나뿐인 유일한 책을 애인한테 주는 것 아닙니까? 이런 것이 문화로 정착되어서 수많은 절판본을 살린다고 하면 책 시장을 확대할 수 있는 여지도 있는 거예요. 그런 측면으로 디지털을 대해야 한다고 생각합니다. 작년처럼 신문에서 논쟁 기사가 왔다갔다하고, e-북에서 종이책으로 U턴이니 V턴이니 하는 혼란은 없겠지만, 아직도 디지털 콘텐츠라는 것에 대해서 사람들이 이해를 못하는 것 같아요.

장은수 POD 같은 경우는 하나의 대안으로 얼마든지 유용할 것입니다. 제가 출판을 하면서 가장 안타깝게 생각하는 게 중요한 책들의 절판입니다. 민음사의 경우만 해도 지금까지 출판한 3천여 종의 거의 절반 이상이 여러 가지 이유로 인해서 절판되었습니다. 다시 찍을 가능성도 거의 없죠. 그런 책들을 필요한 사람한테 공급할 수 있게 디지털 기술을 이용했으면 좋겠어요.

이권우 저는 e-북 출현이 가능했던 데는 두 가지 원인이 있다고 봐요. 긍정적인 것은 종이책이 가지고 있는 선형적인 구조를 극복해서 일종의 모자이크 구조를 갖고자 했던 욕망, 이건 민주화라는 측면과 관련이 있는데 쌍방 커뮤니케이션이 된다는 측면이 있고, 또 하나는 소비자 중에 창작자가 될 수 있다는 가능성입니다. 이런 점에서 디지털 문명이 가지는 장점이 있어요. 종이책이 구현하지 못했던 그 무엇을 실현해 보자 하는 욕망이 있거든요. e-북이 현실화된다면 그 점을 성공적으로 극대화시켰을 때라고 생각해요. 부정적인 면은 종이책으로 나오지 말았어야 할 것들이 너무 많이 나왔기 때문에 e-북 개발을 촉진시켰다는 것이에요. 실용 도서는 유저user적 기능, 업데이트의 요구, 정보의 속도 같은 측면에서 종이책과 어울리지 않지요. 책 문화가 이쪽으로 확산되면서 수익을 내고, 그런데 그것은 종이책에는 어울리지 않고, 말하자면 황금광으로 보이고 이윤 동기가 작동하다보니까 e-북을 만들어보자는 욕구를 자극했다는 거지요. 그래서 e-북이 어떻게 보면 출판이나 책 정신의 훼손이 낳은 사생아일 수도 있다는 생각이 들어요. 저는 빨리 e-북이 현실화되었으면 좋겠어요. 그래서 출판의 기본적 정신을 구현하는 것은 종이책의 영역에 남고, 다른 출판물들은 e-북이 몽땅 가져갔으면 좋겠어요.

그런데 중요한 것은 지금의 e-북을 보고 낙관하지 말자는 것이죠. 제가 과학사 책을 보니까 TV가 나오자마자 주도권을 잡은 것처럼 생각되지만 사실은 그게 아니었대요. 처음에 TV가 나왔을 때는 화질이 나빠서 일반인에게 보급했을 때도 아직은 영화가 득세를 했다는군요. 그래서 영화를 이겨내기 위해서 TV 품질 향상에 엄청난 노력을 기울였다는 거죠. 이것저것 불편하다고 낙관해서 그래 이거 죽을 거야 이렇게 생각하면 안 된다는 거죠. 이익을 창출하기 위해서 기술에 엄청난 투자를 할 것이 분명하거든요. 그때를 대비해서 우리가 종이책으로서의 장점을 살리기 위해서 노력을 해야 합니다. 도전이 약하다고 해서 응전자도 준비를 하지 않으면 언제 잡아먹힐지 모르거든요. 이 얘기가 다시 나오는데, TV가 한 세대를 장악하고 있을 때, 죽었던 영화가 다시 살아나지 않았습니까. 우리가 이런 전철을 밟지 말고 아예 처음부터 종이책의 영역을 잘 지켜나가야 합니다. 모든 사람이 동의할텐데, e-북은 엔터테인먼트 쪽으로 갈 거예요. 종이책이 사라지고 e-북이 장악한다는 것은 엔터테인먼트가 우리 정신을 지배하는 사회가 온다는 거거든요. 반드시 우리가 응전력을 키워나감으로서 인문적 정신을 지켜 나가야 하고, 이런 면에서 모두가 다 새로운 자세를 갖출 필요가 있는 것 같아요.

한기호 이렇게 이야기하면 밤새도록 이야기해도 모자라겠어요. 오늘 예정됐던 몇 가지 주제가 남아있긴 하지만 장시간 이야기하시느라 힘드실 텐데 이제 오늘 이야기를 정리할 시점입니다.

김이구 전자책하고 종이책하고 적대 관계에 있다는 말씀을 하셨는데, 전 아니라는 생각이 들어요. e-북의 역사가 짧잖아요. 이리 가서 다운 받고, 저리 가서 또 다른 뷰어를 다운 받아야 하고, 내가 다운을 받아놨는지 안 받아놨는지도 모를 정도로 굉장히 뷰어가 많은데, 기술적인 정리가 되면 갈래가 잡힐 거라고 생각합니다. 디지털 콘텐츠로 생산된 것이 종이책의 형태로 출판되기도 하고, 때로는 e-북도 되었다가 모바일에도 공급되기도 하면서 여러 가지로 사용될 텐데, 출판계에서는 일단 종이책의 형태로 출판을 하는 것과 그것을 통해 독자와 만나는 것이 제일 핵심적인 사업이겠고, 전자책은 종이책을 보완해주는 부분으로 출판에서 같이 생각해야 할 것입니다. 가령, 창비의 계간지 같은 경우 정기구독자들한테는 창간호부터 최신호까지 전자책으로 다 볼 수 있게 제공하려고 하거든요. 어떤 책들을 구입했는데, 어디 멀리 여행을 떠나면서 그 책들을 갖고 가서 읽고 싶은데 부피와 무게가 부담이 돼서 곤란하다면, 구입한 출판사에서 서비스해주는 전자책을 거기 가서 접속을 해서 보는 거예요. 그런 식으로 서로 보완이 되죠. 뭐 전자책을 주로 사고, 종이책은 안 사는 사람도 앞으로는 생겨나겠죠. 또, 텍스트 위주가 아닌 멀티미디어 장르로 개발해 디지털의 장점을 살릴 수 있겠고, 수요가 적은 학술서나 절판된 책을 공급하는 데도 유용하죠. 예전에 주로 영인본으로 만들어 특정 수요층에 공급하던 자료나 문헌들을 중국에 가서 싼 노동력으로 입력해와 디지털 데이터를 도서관에 공급하는 사례도 있습니다. 그렇게 디지털 기술이 효율성이 높은 영역이 어디인지 충분히 발견한다면 독자와 접촉할 수 있는 길이 한층 넓어지는 것이죠.

그동안 경제적으로 디지털 산업을 일으켜야만 하니까 정책적으로 부양을 하는 것과 결합이 되어서, 사실 전자책으로 간다는 것이 지나치게 과장되기도 했어요. 그런 만큼 출판계에서 좀 냉정한 시선으로 바라본 경향도 있는 것 같습니다. 이제는 정체가 드러날 만큼 드러났으니, 어느 방향으로 가는 것이 제대로 가는 것인지 재점검해봐야 한다고 생각합니다.

에디터십을 키워주는 시스템이 있어야

한기호 저 역시 e-북 양비론에 참가했지만, 그런 '있다, 없다'의 논리 자체가 문제라는 거죠. 전체적으로 e-북이 생겨나서 무엇이 좋고 나쁜지를 아는데, 없어지지는 않을 거예요. 그것을 무시하고 살아갈 수는 없겠죠. 어떤 방향으로 갈 것인지, 또 그 방향으로 e-북의 나갈 방향이 제시되면 그에 대해 어떻게 대응할 것인가와 같은 냉정한 자기 성찰의 논리가 있어야 한다는 거죠.

장은수 제가 편집자로서 주목하는 부분은, e-북이니 e-콘텐츠니 하는 것이 아니라 전자적 형태에 맞게 콘텐츠를 가공할 수 있는 능력을 길러야 한다는 것입니다. 그것을 기존 출판계에서는 에디터십이라고 합니다. 에디터십이 전자책 쪽에도 도입이 되면, 과연 어떤 것을 내놓게 될까요? 그것은 출판과 적대적 관계를 맺게 될까요? 저는 그런 점이 고민됩니다. 현재 이 일은 미술 전공을 한 웹디자이너나 컴퓨터 공학을 전공한 프로그래머들이 하고 있습니다. 그래서 어떤 내용을 전할까보다는 어떻게 하면 보기 편할까, 어떻게 하면 복제를 방지할까에 더 관심을 기울이는 것입니다.

오늘 이야기한 것을 요약해 보면, 어느 때보다도 지금 에디터십이 중요해지는 시대로 접어들고 있다는 것입니다. 출판이 그 자체로 살아남고, 디지털 매체들과 경쟁하고, 또 출판이 스스로 디지털을 이용하기 위해서도 그렇습니다. 그런 의미에서 볼 때 지금 가장 심각한 문제는 에디터십을 키워줄 수 있는 출판사가 많지 않다는 것입니다. 또 개별 출판사 바깥에도 그것을 키워줄 수 있는 제도가 존재하지 않는다는 것입니다. 가령, 한국출판인회의에서 하는 출판 아카데미 과정만 해도 초급과정만 있지 중급과정이 없지 않습니까? 편집자들이 자주 만나면 사단이 생긴다고 생각하기 때문일까요? (웃음) 하여간 3년 차 정도가 되어 출판에 대해 어느 정도 아는 사람들을 위한 교육 과정과 7, 8년 정도 되어 편집장이 되려는 사람들을 위한 과정이 필요하다고 봅니다. 일반 대기업에는 이런 시스템이 굉장히 잘돼 있습니다. 가령, 대리로 진급하면, 대리는 어떤 일을 하는가에 관한 연수를 1~2주일 받고 나오잖아요. 이런 교육 시스템을 갖추는 것은 내부 역량이 부족한 개별 출판사가 하기에는 좀 버거운 일이죠. 어느 때보다도 에디터십이 요구되고 있는 이 때에 이런 시스템이 출판계 내부에 마련되어 있지 않아서, 편집자들이 혼자서 죽어라고 공부해서 익혀가는 수밖에 대책이 없죠.

김이구 그런 열정과 희생에 힘입어서 우리 출판이 성장했죠.

장은수 하지만 그것은 거의 개인 역량에 의존하고 있지, 체계적이지는 않은 것 같습니다. 그래서인지 편집자들은 30대 중반 정도 되면 약간의 한계를 느껴요. 젊은 편집자들의 파릇파릇한 감수성을 따라가지도 못하고, 체력도 상당히 떨어지거든요. 남들이 보기에는 출판사에서 7, 8년 있으면 공부 많이 할 것 같지만, 사실 누가 공부를 합니까? 충전이 안 되는 거죠. 안식년이 따로 있는 것도 아니니까. 그렇게 편집자로서 충전 과정 없이 마흔이 넘으면, 출판사에 있고 싶어도 쉽지 않고, 연봉 까먹는 사람이라는 생각이 들면서 그만두게 되죠. 그리고 나서 6개월 정도 쉬면서 재충전해서 새 출판사를 차리거든요. 그런 대형 편집자 한 사람을 키우려고 엄청난 돈을 들였을 텐데 이렇게 되어서야 출판사의 역량이 쌓이지를 않는 거죠. 출판사에서 3, 4년 정도 일한 사람은 그 출판사에서 간접비용 포함해서 몇 억 정도 투자를 했다고 봅니다. 그런데 그때쯤 돼서 가장 많은 편집자들이 그만두죠. 이게 얼마나 큰 손실입니까?

이 사람들이 계속 출판계 내부에 축적될 수 있도록 에디터십을 키워주는 시스템을 조속히 마련해야 합니다. 제가 여러 번 건의를 했는데, 이상하게도 사장님들 회의에 넘어가기만 하면 부결이 돼요. 예전처럼 모여서 노조를 만들 것도 아닌데, 왜 이렇게 어려운 것일까 하는 생각이 듭니다. 출판계 내에서도 에디터십을 강조하잖아요. 그런데 그건 그냥 생기지 않습니다. 대학에서 가르쳐주는 것도 아니고요. 그래서 편집자들은 자꾸 공부 모임을 만들고 있는데, 그 모임 역시 비생산적일 경우가 많죠. 체계적으로 능력을 키운다기보다는 그냥 책 읽고 독서 토론을 하는 수준입니다. 답답함을 느끼는 인력은 많은데, 그들을 수용할 수 있는 구조는 없습니다. 이 구조를 출판계가 빨리 마련해야 미래도 있고 비전도 있다고 생각합니다.

왜 책을 읽어야 하는지를 설득할 수 있어야

이권우 제가 관심 있는 분야가 그쪽이라서 그런지 몰라도 과거와는 달리 우리 출판계가 일반 독자들을 향해서 왜 책을 읽어야만 하는지에 대한 이유를 설명해줘야 된다고 생각해요. 저는 그게 중요하다고 보거든요. 우리는 과거에 책은 당연히 읽는 것으로 생각했지만, 이제는 워낙 다양한 매체들이 등장해서 책을 읽지 않아도 된다고 생각할 정도로 독서에 대한 욕구들이 많이 떨어졌거든요. 이제 왜 책을 읽어야 하는지, 그 필요성과 성과를 과학적으로 설득해야 되요. 막연하게 '훌륭한 사람이 되려면 책을 읽어라' 하는 것은 아무 소용이 없어요. 왜 책을 읽어야 하는지를 연령별, 계층별, 성별에 따라 각기 다른 논리적 이유를 만들어 대중을 설득하고, 그들의 동의를 얻어내서 책 읽는 문화를 만들어 나가야 된다는 거죠. 그런 것은 남에게 기대할 수 없는 것이고, 우리의 능력이 안 된다면 관련된 많은 사회단체나 민간단체들과 연계를 해서 그런 논리를 끊임없이 만들어야죠. 그래서 여전히 우리 시대에도 책읽기가 중요하고, 그것이 지식 사회나 정보사회에서도 힘이 된다는 것을 강조, 설득하는 문화로 가야만 출판 시장 전체가 살아남을 수 있다고 봐요.

우리가 늘 출판 시장의 외연적 확대를 이야기하는데, 외연적 확대를 위해서는 사람들이 책을 읽어야 하는 거잖아요. 개별적인 출판사가 마케팅 능력을 키워서 시장을 공략하는 것은 당연한 일이고, 이와 함께 출판계가 합심해 시민들에게 책을 읽어야 하는 이유를 계속해서 시대적 어법에 맞게 찾아내야 합니다. 그게 결과적으로 출판의 외연적 시장을 확대하는 데 크게 기여할 것이고요.

이종원 여러 가지 많은 주제에 대해 정말 좋은 말씀을 많이 해 주셨는데, 산업화나 e-북 문제가 다 한 가지 문제를 중심으로 연결되는 것 같아요. 저는 이렇게 혼란스럽고 위기의식이 대두되는 이 시점에서는 근원으로 돌아가서 '출판이 무엇인가'라는 물음이 필요하다고 봐요.

첫 번째는 문화를 다루는 산업이라는 것이고, 두 번째는 다른 문화 산업과 다른 특징 중 중요한 것으로 다품종 소량 생산 방식이잖아요? 이 두 가지 특징을 중심으로 제 생각을 얘기해 볼께요. 아까 산업화 이야기를 하면서 미국의 유명 편집자가 쓴 글도 언급됐지만, 문화를 다룬다는 것은 특수한 면이 확실히 있잖아요. 저는 회사의 이익이나 성장은 이차적인 문제라고 봐요. 물론 우리가 이 시대를 살아가고 있는 사람들에게 꼭 전달하고 싶은 콘텐츠를 제대로 만들고 싶은 각자의 꿈을 이루기 위해선 이익, 성장이 따라줘야겠죠. 그렇지만 저는 이익, 성장은 그 꿈을 이루기 위한 도구이자 현실적인 조건이라고 생각해요. 궁극적 가치는 아니란 말이죠. 어떤 계기로 이 일을 시작하게 되었든 간에 실용적인 정보나 소설 등 인간의 지식, 교양, 지혜 같은 것들을 다룬다는 것은, 음료수 하나를 개발해서 생산하는 것과는 좀 다르다고 생각해요. 출판은 정말 하고 싶은 사람들이 모인다는 의식이 강한 동네라는 생각이 들어요. 마케팅을 한다고 하면 컴퓨터 회사나 식품 회사에 들어가서 마케팅을 할 수도 있는데, 그런 분야는 일과 개인의 일치감이 별로 강하지 않을 것 같거든요. 그런데, 방송·광고 카피나 신문 같은 미디어 쪽은 일치감이 강한 것 같아요.

　다음에 다품종 소량 생산이라고 하면, 지구상에 존재하는 산업 중에 책과 같이 다양한 상품이 생산되는 게 없잖아요. 두 번째 특징에서 도출할 수 있는 것이 내가 아무리 성장하고 규모가 커진다고 하더라도, 어떤 것을 독식한다는 것은 출판에서는 구조적으로 불가능하다고 봐요. 만약 이것을 뛰어넘으려고 하면 스스로 다치고 오히려 이런 점을 스스로 이해하고 그 속에서 나름대로 자신의 색깔을 갖출 수 있는 산업이라고 생각해요. 굉장히 다양한 색깔을 가진 출판사들이 뭔가 어울려 같이 갈 수 있는 게 가능하다는 생각이에요. 그랬을 때 남는 문제는, 자본주의라는 것이 어차피 상품을 통해 자기 노력이 실현되는 사회인데, 얼마만큼 효율적으로 할 것인가이죠. 똑같은 콘텐츠를 만들고 노력을 하더라도 투자대비 성과와 효과를 비교했을 때, 당연히 이 사회에서는 효율성을 중시할 수밖에 없거든요. 이러한 의미의 효율화를 다른 표현으로 산업화라고 한다면, 저는 산업화를 규모의 경제로 이해하고 싶지 않아요. 최소한 현재 우리 출판 현실에서는요. M&A 같은 것은 여러 가지 중에서 하나의 방법일 수는 있다는 생각이 들고요. 오히려 우리 단계에서 산업화의 주요한 내용 혹은 산업화로 가기 위한 기초는 "과학적이고 합리적인 방식으로 일하기" 아닐까요?

경영자든 편집자든 영업자든간에. 예를 들어 출판의 특성상 시장에 대해서 직감에 의존하는 비중이 상대적으로 높다고 해도 우리가 의식적으로 일을 통제하는 범위를 계속 넓혀가야죠. 아무튼 우리에게는 규모의 경제로 가기 전에 선결해야 될 과제가 있는 것 같아요. 그리고 아까 미국의 M&A의 폐해에 대한 얘기가 나왔는데요, 그건 타산업 자본이 출판의 이념이나 철학 없이 단순히 자본 이식하듯 병합을 한 게 실패의 주요인이 아닌가 싶어요. 근본과 본질이 없는 상태에서 기술적으로 접근하면 원래 일이 잘 안 되잖아요. 산업화, M&A 그 자체가 문제는 아닌 것 같아요. 그런 차원에서 아까 이야기했던 것처럼 뭔가 큰 프로젝트를 하고 싶은데, 자본의 문제 때문에 못할 수도 있잖아요. 그것은 그때 부닥친 구체적인 상황 속에서 M&A든 어떤 식으로든 문제를 해결할 수 있다고 생각을 하거든요. 그럴 경우 전문화된 출판사나 이념이 같은 출판사간에 M&A가 이뤄질 가능성이 높겠죠. 사실 통계적으로 보면 M&A의 성공 확률이 굉장히 낮대요.

장은수 구조적인 트러블 때문에 그런 거겠죠.

세분 시장에서의 절대적 우위를 점할 수 있어야

이종원 예, 기업 이념이나 문화적인 문제 때문에 깨지는 경우가 많고, 오히려 비효율적인 경우가 훨씬 더 많대요. 지금 중요한 것은 각 출판사들이 누구나 낼 수 있는 책이 아니라, 자신이 더 잘 할 수 있는 분야, 그 분야 안에서도 어떤 특정한 테마를 잡고 실제 시장에서 효율적으로 성과를 만들어나가는 것에서 모든 문제를 풀어나갈 출발선을 찾아야 할 것 같아요. 그리고 나서 나머지 문제들, M&A나 e-북에 대한 문제 같은 것들은 이런 전제가 없는 상황에서 생각해봤자 별 소용이 없겠죠.

장은수 그게 M&A의 전제 조건 아닙니까. 각각의 칼라를 가지고 있는 수많은 출판사들이 있어야 하죠. 어디서 잘 팔린다고 하면 순식간에 20, 30종씩 유사 출판물이 쏟아져 나오는 베껴 먹기 식 중복 출판은 한국 출판의 가장 고질적인 병폐입니다. 저는 전문화는 출판계에서 가장 시급하게 이루어야 할 것 중의 하나라고 봅니다.

이권우 이종원 사장님은 그걸 말씀하신 게 아니고 M&A에 대해서 총정리를 해 주신 거죠.

이종원 장은수 편집장님 말씀대로 M&A는 그런 과정을 통해서 되야죠. 그냥 막연히 '이거 우리가 해야 되는 거 아니야?' 하지 말고, 조건과 필요에 따라서 하면 되겠죠. 안 해도 되고요.

e-북 문제도 그래요. 작년에 열풍이 불 때 저도 많이 혼란스럽고, '이거 기회 아닌가?' 하는 생각도 했는데, 사람이라는 게 시간이 지나면 '그때, 쓸데없는 생각을 했구나' 하는 것도 굉장히 많거든요. 그래서 인간은 한계가 많은 것 같아요. 분위기가 한쪽으로 쏠리면 자기도 모르게 영향을 받아요. 그래서 균형감을 상실해 버리죠. 제가 작년에 그랬던 것 같아요. 그런 면에서 조급하게 볼 상황은 아닌 것 같고요. 어차피 새로운 것이 생겨서 가시화되고, 물질적인 힘이 되자면 아무리 전파 속도가 빨라도 시간이 걸리는 문제인 것 같고, 오히려 지금 우리가 가져야 할 생각은 오프라인 종이책에서 풀어야 할 과제가 훨씬 더 많은 것 같고, 이 속에서 장기적인 관점으로 좀 지켜보면서요. 그렇다고 e-북의 메커니즘을 전혀 이해하려고 하지도 않고, 무시하고 '우린 이것만 하면 돼' 하는 생각을 가져서도 안 되겠죠. 왜냐하면 우리가 좋은 콘텐츠를 가지고 있다면, 직접은 아니더라도 다각적인 방법으로 판매를 할 수 있잖아요. 방법은 무궁무진하다고 생각하는데 그러기 위해서라도 기본적으로 디지털의 본질은 무엇이고, 어떤 특징을 가지고 있고, 우리와 만날 수 있는 부분과 그렇지 못한 부분이 뭔지 계속 추적을 해 가야 할 것 같아요. 적절하다고 생각했을 때, 조건이 되

었을 때는 참여하거나 제휴하는 방법 등 여러 가지 방법이 있겠죠.

김이구 아무래도 핵심적인 것은 생산이 아닌가 생각해요. 편집자와 저자의 협력 관계에서 원고를 만드는 것, 그리고 그것을 책으로 만드는 과정에서 승부가 나는 것이고, 앞에서 이야기가 나왔지만, 각 출판사가 자기가 아니면 할 수 없는 영역을 개발해 가는 것이 확실한 생존 비결이 아닌가 합니다.

하루빨리 자신감부터 회복해야

한기호 최근에 『누가 책을 죽이는가』와 『출판대붕괴』를 읽어본 느낌은 이래요. 거기서 하는 얘기는 결국 출판 산업이 무너지는 이유는 내부 종사자들의 자신감 상실에 있다는 겁니다. 원인은 거기에 다 있는 거예요. 독자가 책을 읽지 않는다는 것은 사실이 아니라는 것이 자꾸 드러나요. 일본의 〈마이니치신문〉이 실시하고 있는 '미디어 접촉 비율에 관한 독자여론조사' 데이터를 보면 지난 1974년의 '독서비율'은 40.7%이었지만 2000년에는 49%로 높아졌습니다. 미디어가 다양화되고 정보의 양이 늘어나긴 했지만 책만큼 신뢰할 만한 정보가 없다는 추세를 반영한 것이라 볼 수 있습니다. 지금 인터넷 사이트에는 옥석玉石을 구분할 수 없는 정보가 넘칩니다. 짧게 5~10초 밖에 안 나가는 데 방송의 정보는 자극적이고 충격적이긴 하지만 깊은 정보가 되지 못합니다. 그래서 미디어가 아무리 다양화되더라도 결국은, '아 저런 것도 있었어?' 하는 정도지, 책 만한 깊이를 만들 수 없다는 거죠. 그런 의미에서 우리가 하루빨리 자신감을 회복하는 게 중요하다는 겁니다.

두 번째, 출판 산업이 붕괴되는 이유는 이기주의라고 생각해요. 출판사나 도매상의 위기가 그런 예죠. 오늘날 정가제 파동으로 인한 위기 국면에서 서점은 디지털 혁명으로 인한 21세기에 대한 비전을 자기들끼리 연구하고 토론을 하면서 뭔가 대안을 세워놓고, 거기에 대한 자기 반성 중에서 출판계는 이러한 부분에서 이렇게 협조를 해달라고 말해야 하는데, 우리 서점인들은 그런 태도를 전혀 안 보이잖아요. 오로지 '우리를 온라인 서점과 똑같이 대우해 달라'고 하며 책값 거품을 내리라면서 출판계만 공격하잖아요. 이건 완전히 자중지란이예요. 그렇지만 사실은 그게 아니잖아요. 책값 거품이 그렇게 엄청난가요. 뻔히 알면서 책임 전가하는 모습을 보이고 있는 서점들이 한심해 보입니다. 출판사도 마찬가집니다. 할인 온라인 서점을 경고하는 의미에서 운동 좀 하자고 하면, 출판사들이 거의 협조를 안 하거든요. 도매상들도 '내가 공급 안 하면 남이 다 할텐데' 하면서 자기 발등 찍는 걸 알면서도 계속 똑같이 행동한단 말이죠. 이런 이기주의에서 벗어나 어떻게 하면 서로가 상생할 수 있는 논리를 찾는다거나 공덕심을 발휘하지 않는다는 것이 문제죠.

  세 번째 이유로는 원칙의 상실이라는 거죠. 도서정가제라는 것은 입법화되지 않았지만 하나의 상식으로 지켜왔던 것이고, 우리에게 아주 중요한 것이었는데, 이런 것들에 대해서 출판계 종사자들이 사장 이하 영업자들 모두가 이미 끝난 것이 아닌가 생각을 하고 있다고요. 게다가 인터넷 교보문고가 30% 할인을 시작하고 영풍문고, 종로서적, 반디앤루니스 등이 연이어 동참했는데도 출판계는 무대책입니다. 교보나 영풍의 논리는 우리도 할인할 수 있다는 것을 실천적으로 보여주면 할인 온라인 서점들이 겁이나 다시 타협적인 자세로 나올 것이라는 겁니다. 그러나 할인 온라인 서점들은 절대 타협하지 못할 겁니다. 그들은 반사 이익으로만 성장한 것이기 때문에 공정 경쟁을 하는 순간에 모두 망하게 되어 있어요. 그들이 왜 타협합니까? 공정 경쟁하는 즉시 매출이 격감해버릴텐데 왜 투신자살 하는 행동을 하겠습니까? 대형서점들마저 말도 안 되는 논리로 원칙을 무너뜨리고 있는데 그들이 먼저 크게 반성하고 그들부터 원칙 회복에 앞장서야 해요. 이미 정가제가 무너진 것과 다름없다고 하지만 다시 이 원칙을 회복하지 않으면 출판 문화는 3년 안에 결판납니다. 서점이 바보가 아닌 이상 출고가를 낮추어 달라고 요구할 테죠. 지금 대형서점들은 별도의 구매팀을 두고 입고가 인하에 혈안이 되어 있습니다. 할인 온라인 서점들도 입고가를 낮춰주지 않으면 초기 화면에 잘 띄워주지도 않습니다. 그러면 출판사가 바보가 아닌 이상 출고가를 낮춰주고, 자신들도 살아가기 위해서는 정가를 올리게 됩니다. 독자도 누가 비싼 책을 사려고 하겠어요. 속는 느낌이 드니까 할인할 때까지 기다렸다가 책을 구입하거나, 너무 비싸니까 책 사는 것을 망설입니다. 독자에게 이익을 환원시켜준다는 황당한 수작을 그만두고 시장 자체를 축소시키는 할인 행위는 즉각 중단돼야 합니다.

결국 우리는 디지털과 아날로그가 만나서 서로가 상생의 방법을 찾아야 합니다. 한번 출현한 디지털은 결코 죽지 않습니다. 그래서 출판인들이 뭉쳐서 만들어놓은 북토피아 같은 경우도 출판인들이 뭉쳐서 단결을 했다고 하면, 저 자체로 가능성을 열어 가는 데 십시일반의 도움을 주어야 된다고 생각하거든요. 장기적인 투자비용을 생각해서 돌아가면서 어디라도 가능성이 있는 부분을 찾아보는 경험적인 노력이 필요하다는 거죠. 아마 출판인들이 협조하려고 노력만 하면 대부분 따라갈 수 있을 것이고, 아까 말씀하셨던 디지털로서의 가능성이 무엇인가에 대한 업계 차원에서의 연구를 해야겠죠. 그런데 지금은 정보통신부에서 디지털화를 통해 이른바 콘텐츠 사업한다는 사람들의 대부분은 '이것을 지원해주면 리베이트를 주겠다'고 관리들을 유혹하고 있다는 소문이 파다합니다. 그런데 그들이 콘텐츠 만들어 놓아도 한 6개월 지나면 써먹을 수 없는 콘텐츠로 전락해 자동으로 폐기하는 악순환이 계속되고 있지요. 정말 한심한 수준입니다. 국회도서관도 저작자의 허락을 받지 않고 디지털화 했다가 이것을 다

폐기해야 할 처지에 놓여 있습니다. 이런 잘못된 관행에 종지부를 찍고 디지털화의 바른 길을 콘텐츠 전문가들이 모인 출판계에서 모범을 보여줄 수 있는 안을 제시해야 하고, 그런 면에서는 보고서 같은 것이 나와줘야 된다는 거죠. 연구를 혼자서는 할 수 없는 거니까 공동 작업도 해야 합니다. 제 자신도 이제 할인 온라인 서점의 행태에 분개하는 것과 같은 생존권적인 차원의 호소를 그만하고 앞으로는 책의 가능성을 열어갈 수 있는 아이템을 찾아서 제시해 출판계가 비전을 찾는데 도움을 주고 싶습니다. 긴 시간을 토론했지만 밝은 미래보다는 어두운 현실만이 두드러져 안타깝습니다. 하여튼 오늘 긴 시간 동안 수고 많으셨습니다.

3

2001년 출판 결산 및 월별 베스트셀러 분석

2001년 1월 베스트셀러 분석

스타 강사들이 내놓는 대중 교양서가 인기

2000년 벽두 노자강의로 김용옥 전 고려대 교수가 방송과 출판 모두에서 대중들에게 큰 반향을 불러일으켰던 것처럼 2001년에는 한의사 김홍경이 그 뒤를 잇는 스타 강사로 떠올랐다. 김홍경 역시 방송 강의에 이어 출간한 『내 몸은 내가 고친다』와 『사암침법으로 푼 경락의 신비』(이상 식물추장)가 각각 베스트 상위권에 진입했다. 김용옥 교수가 『노자와 21세기』, 『화두, 혜능과 셰익스피어』 그리고 최근 『논어』(이상 통나무)까지 동시에 베스트셀러 목록에 진입시키며 독자들에게 사랑을 받았던 것에 못지 않다.

김홍경 씨 역시 김용옥 교수처럼 대중에게 알려지게 된 계기는 EBS 강의를 통해서다.

EBS 기획시리즈 〈김홍경이 말하는 동양의학〉을 통해 각광받았던 저자는 1월 26일 마지막 방송이 끝나자마자 KBS 〈시사 포커스〉, MBC 〈아주 특별한 아침〉 등 각종 프로그램에 출연하고 있을 정도로 그의 말투나 강의 스타일을 패러디 하는 코미디 형식이나 흉내를 내는 코미디언들까지 생길 정도로 대중적 인기가 높아졌다.

〈송인서적〉 1월 베스트셀러에는 그의 책 『내 몸은 내가 고친다』가 종합 11위에, 『사암침법으로 푼 경락의 신비』가 종합 41위에 진입했다. 이 두 권이 판매 폭이 크지 않은 건강의학 분야의 책이라는 점을 감안한다면

순위	도서명	저자	출판사	정가	구분
1	누가 내 치즈를 옮겼을까?	스펜서 존슨	진명출판사	7,000	경제경영
2	가시고기	조창인	밝은세상	7,500	소설
3	상도 1	최인호	여백	7,500	소설
4	국화꽃 향기 1	김하인	생각의 나무	7,000	소설
5	국화꽃 향기 2	김하인	생각의 나무	7,000	소설
6	아주 오래된 농담	박완서	실천문학사	8,000	소설
7	부자 아빠 가난한 아빠	로버트 기요사키 외	황금가지	9,000	경제경영
8	봄 여름 가을 겨울	법정·류시화	이레	8,000	비소설
9	해리포터와 마법사의 돌 (상)	조앤 K. 롤링	문학수첩	7,000	소설
10	해리포터와 마법사의 돌 (하)	조앤 K. 롤링	문학수첩	7,000	소설
11	내 몸은 내가 고친다	김홍경	식물추장	10,000	건강
12	만화를 보면서 배우는 영어 삼국지 1	21세기영어교육연구회	이지북	6,000	외국어
13	해리포터와 불의 잔 1	조앤 K. 롤링	문학수첩	7,500	소설
14	원칙 중심의 리더십	스티븐 코비	김영사	12,900	경제경영
15	우리는 누구이며 어디서 와서 어디로 가는가	공지영 외	이수	8,000	소설
16	상도 2	최인호	여백	7,500	소설
17	해리포터와 비밀의 방 (상)	조앤 K. 롤링	문학수첩	7,000	소설
18	도올 논어 1	김용옥	통나무	8,500	인문
19	아들아 머뭇거리기에는 인생이 너무 짧다	강헌구	한언	9,800	비소설
20	좋은 생각 2월호	-	좋은생각	2,000	잡지
21	해리포터와 아즈카반의 죄수 (상)	조앤 K. 롤링	문학수첩	7,500	소설
22	해리포터와 비밀의 방 (하)	조앤 K. 롤링	문학수첩	7,000	소설
23	상실의 시대 (개정판)	무라카미 하루키	문학사상사	7,800	소설
24	이윤기의 그리스로마 신화	이윤기	웅진닷컴	12,000	인문
25	영어공부 절대로 하지마라	정찬용	사회평론	6,500	외국어
26	상도 3	최인호	여백	7,500	소설
27	상도 5	최인호	여백	7,500	소설
28	노자를 웃긴 남자	이경숙	자인	9,800	인문
29	절망은 희망의 다른 이름이다	박진식	시대의창	7,500	비소설
30	부자 아빠 가난한 아빠 2	로버트 기요사키 외	황금가지	12,000	경제경영
31	상도 4	최인호	여백	7,500	소설
32	신사년 대한민력	-	명문당	2,800	예술실용
33	해리포터와 불의 잔 2	조앤 K. 롤링	문학수첩	7,500	소설
34	느리게 산다는 것의 의미	피에르 쌍소	동문선	7,000	비소설
35	해리포터와 아즈카반의 죄수 (하)	조앤 K. 롤링	문학수첩	7,500	소설
36	야망패자 제2부 3	이자와 모토히코	들녘	7,800	소설
37	야망패자 제2부 1	이자와 모토히코	들녘	7,800	소설
38	야망패자 제1부 3	이자와 모토히코	들녘	7,800	소설
39	도쿠가와 이에야스 10	야마오카 소하치	솔	8,000	소설
40	수학 공부 절대로 많이 하지 마라	한창수	사회평론	6,800	중고학습
41	사암침법으로 푼 경락의 신비	김홍경	식물추장	9,000	건강
42	삼국지 1	이문열	민음사	7,000	소설
43	삼국지 3	이문열	민음사	7,000	소설
44	영어공부 절대로 하지마라 (주니어용)	정찬용	사회평론	9,800	외국어
45	美 - 현대문학상수상소설집	마르시아스 심 外	현대문학북스	8,000	소설
46	가슴에 새긴 너 1	김민기	은행나무	7,500	소설
47	돼지들 1	이정규	밝은세상	7,500	소설
48	화성에서 온 남자 금성에서 온 여자	존 그레이	친구미디어	8,000	여성육아
49	그러니까 당신도 살아	오히라 미쓰요	북하우스	7,500	비소설
50	가슴에 새긴 너 2	김민기	은행나무	7,500	소설

이례적인 호응임에는 틀림없다.

물론 이런 인기 스타 강사가 김용옥이나 김홍경만은 아니었다. 1997년 '신바람 건강법'의 황수관 전 연세대 교수, 1998년 '아우성'의 성교육 전문가 구성애 등도 모두 TV를 통해 대중들에게 널리 알려졌고, 그 여세를 몰아 그들 역시 단행본을 새로 출간하거나 과거 출간 단행본이 대중적으로 널리 알려지는 계기가 되었다. 『황수관 박사의 신바람 건강법』(서울문화사)이나 『구성애의 성교육』(석탑) 같은 책들은 이런 이유에서 베스트셀러가 되었다.

이들은 일단 공중파 방송을 통해 일반 대중에게 익숙해진 점 그리고 전문적 지식을 일반인들이 알기 쉽도록 자신만의 스타일로 풀어내 지식의 대중화에 성공했다는 공통적 특징을 지닌다. 현실과 유리된 강단 학자들이 소수를 대상으로 자신의 학문적 성과를 발표하는 것과 비교되는 특징이다.

김용옥 씨의 경우 동양학이란 화두를 퍼포먼스 수준으로 강의하여 중·장년층에게 폭발적 인기를 얻은바 있으며, 한의사 김홍경 씨의 경우 "동양의학의 본질은 마음을 다스리는 공부에 있다"는 사실을 강조하며 스트레스와 분노 등 욕망이 중용적 몸의 리듬을 흐트러뜨리는 것이 질병의 원인임을 강조하고 있다.

건강 상식을 다루는 지면이 신문에서 독립된 섹션으로 자리잡을 정도로 건강에 대한 일반인의 관심이 높을 뿐만 아니라 몸에 대한 관심을 반영하는 각종 산업이 부가가치를 창출하고 있는 현상을 떠올리면 김홍경 씨처럼 준비된 전문가가 풀어낸 개성 있는 대중적 건강 안내서는 잠재된 독자의 욕구를 분출시킬 가능성이 내재해있다고 보는 편이 옳을 것이다.

2001년 2월 베스트셀러 분석

지금 출판은 춘추전국시대

2001년 2월 종합 베스트셀러 목록에는 다양한 책들이 각축을 벌이고 있다. 단, 2001년 첫 번째 밀리언셀러로 기록될 것으로 예견되는 『상도』만이 전 5권을 합하여 2001년 3월 현재 70여 만 부가 팔려나가며 일찌감치 선두를 지켜나가고 있을 뿐이고 별다른 이변이 없는 한 이 기세가 올해 내내 이어질 것으로 예측된다.

아직까지 청소년 독자층에서는 『가시고기』와 『국화꽃 향기』가 판매 우위를 점하고 있지만 중·장년층을 중심으로 한 『상도』와 자연스럽게 자리바꿈을 할 듯하다.

이외에 소설 분야에서는 이원호와 이진수 씨 같은 대중소설의 베스트셀러 작가들이 신작을 선보였다. 철저히 상호주의에 입각한 상생의 남북관계를 다룬 『휘파람』(책이있는마을)은 남북공동협정을 앞두고 남북간의 권력층이 저마다의 목적을 가지고 국내외적으로 암투를 벌이는 내용을 담았다. 이진수의 『보도방』(민미디어)은 폭력, 섹스, 부패와 사회 병리 현상 등 지금까지 그가 즐겨 다뤄온 주제를 아우르면서 보다 심화된 정치, 경제, 사회 의식을 드러낸 소설이다.

또 미국의 대중작가인 『양들의 침묵』의 토머스 해리스가 11년 만에 펴낸 초대형 베스트셀러 『한니발』(창해)이 국내에서 영화로 소개될 예정이어서 주목이 기대된다. 리들리 스콧 감독의 영화 〈한니발〉이 영화 속의 잔인한 장면이 문제가 되어 영상물 등급위원회로부터 수입불허 판정을 받는 등 화제를 모았기 때문이다.

순수문학 작가들도 대거 신작을 준비하고 있다. 아직 출간되지는 않았지만 창작과비평사에서는 은희경의 신작 『마이너리그』, 이룸에서는 박범신의 『외등』, 윤대녕의 『사슴벌레 여자』, 문학동네는 『바이올렛』의 출간을 앞두고 있는 것으로 알려져 있어 이들 지명도 높은 작가들의 신작이 어떤 결과를 보일지 귀추가 주목된다.

2월 종합 베스트셀러 1위는 지난달과 동일하게 『누가 내 치즈를 옮겼을까』가, 2위는 『힐링 소사이어티』(한문화)가 차지했는데 이 두 책들의 공통점은 아마존에서 1위를 기록한 책들이라는 점이다. 아마존이 닷컴 기업의 교과서로 널리 알려지며 국내 독자들 사이에서도 새로운 권위를 부여받았는데 이 두 책은 바로 이 아마존의 명성 덕을 톡톡히 입었다.

『누가 내 치즈를 옮겼을까』는 2000년 3월 국내에 출간되었는데 아마존 베스트셀러였다는 사실이 책의 홍보와 판매에 권위를 부여한 바 있다.

특히 깨달음의 대중화와 그 방법을 소개한 『힐링 소사이어티』는 2000년 12월 세계 최대 인터넷 서점인 아마존에서 종합 베스트셀러 1위를 기록해 화제가 된 책이다. 2000년 12월 25일 오후 1시부터 26일 자정 무렵까지 하루 반 정도의 기간에 불과했지만 한국인이 쓴 책으로는 처음으로 '해리포터' 시리즈 등 세기의 화제작들을 누르고 베스트셀러 1위에 올랐다는 점이 크게 보도됐다. 미국에서 우리 고유의 정신문화와 명상법을 전파하고 있는 『힐링 소사이어티』의 저자인 새천년평화재단 이승헌 총재는 3월 내한할 예정으로 알려져 있다.

순위	도서명	저자	출판사	정가	구분
1	누가 내 치즈를 옮겼을까?	스펜서 존슨	진명출판사	7,000	경제경영
2	힐링 소사이어티	이승헌	한문화	7,800	비소설
3	도올 논어 2	김용옥	통나무	8,500	인문
4	국화꽃 향기 1	김하인	생각의 나무	7,000	소설
5	부자 아빠 가난한 아빠	로버트 기요사키 외	황금가지	9,000	경제경영
6	상도 1	최인호	여백	7,500	소설
7	국화꽃 향기 2	김하인	생각의 나무	7,000	소설
8	해리포터와 마법사의 돌 (상)	조앤 K. 롤링	문학수첩	7,000	소설
9	봄 여름 가을 겨울	법정·류시화	이레	8,000	비소설
10	가시고기	조창인	밝은세상	7,500	소설
11	아주 오래된 농담	박완서	실천문학사	8,000	소설
12	그대 스스로를 고용하라	구본형	김영사	9,900	경제경영
13	원칙 중심의 리더십	스티븐 코비	김영사	12,900	경제경영
14	도올 논어 1	김용옥	통나무	8,500	인문
15	아들아 머뭇거리기에는 인생이 너무 짧다	강헌구	한언	9,800	비소설
16	마음을 열어주는 101가지 이야기 1 (완결편)	잭 캔필드 외	이레	8,000	비소설
17	해리포터와 마법사의 돌 (하)	조앤 K. 롤링	문학수첩	7,000	소설
18	좋은 생각 3월호	-	좋은생각	2,000	잡지
19	해리포터와 불의 잔 1	조앤 K. 롤링	문학수첩	7,500	소설
20	A형의 마음 열려라 참깨	노미 도시타카	동서고금	6,000	비소설
21	내 몸은 내가 고친다	김홍경	식물추장	10,000	건강
22	김영삼 대통령 회고록 (상)	김영삼	조선일보사	7,500	정치사회
23	공자 노자 석가	모로하시 데츠지	동아시아	9,000	인문
24	베스트셀러 죽이기	최성일	한국출판마케팅연구소	8,000	인문
25	해리포터와 비밀의 방 (상)	조앤 K. 롤링	문학수첩	7,000	소설
26	해리포터와 아즈카반의 죄수 (상)	조앤 K. 롤링	문학수첩	7,500	소설
27	노자를 웃긴 남자 2	이경숙	자인	9,800	인문
28	사람들은 나를 성공이라는 말로 표현한다	김태연	밀알	8,000	비소설
29	상도 5	최인호	여백	7,500	소설
30	해리포터와 비밀의 방 (하)	조앤 K. 롤링	문학수첩	7,000	소설
31	보도방 3	이진수	민미디어	7,500	소설
32	휘파람 1	이원호	책이있는마을	8,000	소설
33	세상의 모든 굼벵이들에게	리타 엠멋	뜨인돌출판사	8,000	비소설
34	AB형의 마음 열려라 참깨	노미 도시타카	동서고금	6,000	비소설
35	상도 3	최인호	여백	7,500	소설
36	엄마 어렸을 적엔 (첫번째 이야기)	이승은 외	이레	9,000	비소설
37	한니발 1	토마스 해리스	창해	7,800	소설
38	우리는 특급열차를 타러 간다	윤정모	눈과마음	7,800	비소설
39	칭기스칸 3	장샘	새천년출판사	9,000	소설
40	해리포터와 불의 잔 2	조앤 K. 롤링	문학수첩	7,500	소설
41	O형의 마음 열려라 참깨	노미 도시타카	동서고금	6,000	비소설
42	B형의 마음 열려라 참깨	노미 도시타카	동서고금	6,000	비소설
43	상도 2	최인호	여백	7,500	소설
44	부자 아빠 가난한 아빠 2	로버트 기요사키 외	황금가지	12,000	경제경영
45	칭기스칸 1	장샘	새천년출판사	9,000	소설
46	찔레꽃 그 여자	박순애	북하우스	7,800	비소설
47	해리포터와 불의 잔 4	조앤 K. 롤링	문학수첩	7,500	소설
48	한니발 2	토마스 해리스	창해	7,800	소설
49	해리포터와 아즈카반의 죄수 (하)	조앤 K. 롤링	문학수첩	7,500	소설
50	상도 4	최인호	여백	7,500	소설

2001년 3월 베스트셀러 분석

우화를 통해 개인의 변화를 역설한 점이 돋보여

2001년 3월 송인서적 베스트셀러 종합 1위는 『누가 내 치즈를 옮겼을까』다. 2000년 3월 출간되어 변화의 당위성을 역설하며 좋은 반응을 얻었지만 2000년 중·후반기 이후 베스트셀러 순위에서는 큰 두각을 나타내지 못한 채 중위권을 맴돌았다. 그런데 2001년 1월로 접어들자마자 송인서적 베스트셀러 집계에서는 종합1위를 차지하며 선두에 나서기 시작했다. 2월에 이어 3월 순위에서 역시 1위 자리를 고수했다. 이런 현상은 송인서적의 베스트셀러 순위에서만 나타나는 현상이 아니라 대형서점의 판매순위에서도 공통적으로 보인다.

  2001년 들어 판매 신장세가 뚜렷한 이 책은 2001년의 사회·경제적 환경을 맞이한 대중들이 새해를 맞이하는 수신修身서의 개념으로 접근했을 것으로 보인다. 경제·경영서의 경우 신년 초에는 원칙과 비전을 제시하는 거대 담론 유의 책들이나 자신을 다스리는 데 도움을 줄 만한 책들이 좋은 반응을 얻는 사례와 비슷하다. 2001년 초 등장해 좋은 반응을 얻은 스티븐 코비의 『원칙 중심의 리더십』이나 구본형의 『그대, 스스로를 고용하라』는 세분 시장의 특성을 반영한 책들이다.

  내용적으로 살펴볼 때도 이 책은 장기 롱런이 가능하다. 미로 속에서 치즈가 사라지자 불평만 하던 꼬마인간이 생쥐를 따라 치즈를 찾으러 나선다는 단순한 우화가 담겨있는데 특정한 시대, 특정한 상황을 구체적으로

순위	도서명	저자	출판사	정가	구분
1	누가 내 치즈를 옮겼을까?	스펜서 존슨	진명출판사	7,000	경제경영
2	해리포터와 마법사의 돌 (상)	조앤 K. 롤링	문학수첩	7,000	소설
3	가시고기	조창인	밝은세상	7,500	소설
4	부자 아빠 가난한 아빠	로버트 기요사키 외	황금가지	9,000	경제경영
5	국화꽃 향기 1	김하인	생각의 나무	7,000	소설
6	국화꽃 향기 2	김하인	생각의 나무	7,000	소설
7	상도 1	최인호	여백	7,500	소설
8	해리포터와 마법사의 돌 (하)	조앤 K. 롤링	문학수첩	7,000	소설
9	아주 오래된 농담	박완서	실천문학사	8,000	소설
10	도올 논어 2	김용옥	통나무	8,500	인문
11	해리포터와 비밀의 방 (상)	조앤 K. 롤링	문학수첩	7,000	소설
12	해리포터와 불의 잔 1	조앤 K. 롤링	문학수첩	7,500	소설
13	세상의 모든 굼벵이들에게	리타 엠뭇	뜨인돌출판사	8,000	비소설
14	부자 아빠 가난한 아빠 2	로버트 기요사키 외	황금가지	12,000	경제경영
15	봄 여름 가을 겨울	법정·류시화	이레	8,000	비소설
16	해리포터와 아즈카반의 죄수 (상)	조앤 K. 롤링	문학수첩	7,500	소설
17	아들아 머뭇거리기에는 인생이 너무 짧다	강헌구	한언	9,800	비소설
18	마음을 열어주는 101가지 이야기 1 (완결편)	잭 캔필드 외	이레	8,000	비소설
19	해리포터와 비밀의 방 (하)	조앤 K. 롤링	문학수첩	7,000	소설
20	프로페셔널의 조건	피터 드러커	청림출판	12,000	경제경영
21	Body for life	빌 필립스	한언	12,000	자연과학
22	해리포터와 불의 잔 2	조앤 K. 롤링	문학수첩	7,500	소설
23	선의 나침반 1	숭산 스님	열림원	7,500	종교
24	로빈슨 크루소 따라잡기	박상준 외	뜨인돌출판사	7,500	자연과학
25	영어공부 절대로 하지마라	정찬용	사회평론	6,500	외국어
26	영어공부 절대로 하지마라 (2Tape)	정찬용	사회평론	9,800	외국어
27	김영삼 대통령 회고록 (상)	김영삼	조선일보사	7,500	정치사회
28	상도 2	최인호	여백	7,500	소설
29	사람들은 나를 성공이라는 말로 표현한다	김태연	밀알	8,000	비소설
30	힐링 소사이어티	이승헌	한문화	7,800	비소설
31	느리게 산다는 것의 의미	피에르 쌍소	동문선	7,000	비소설
32	그대 스스로를 고용하라	구본형	김영사	9,900	경제경영
33	도올 논어 1	김용옥	통나무	8,500	인문
34	이윤기의 그리스로마 신화	이윤기	웅진닷컴	12,000	인문
35	해리포터와 아즈카반의 죄수 (하)	조앤 K. 롤링	문학수첩	7,500	소설
36	해리포터와 불의 잔 4	조앤 K. 롤링	문학수첩	7,500	소설
37	상도 5	최인호	여백	7,500	소설
38	나는 그림에서 인생을 배웠다	한젬마	명진	10,800	비소설
39	김영삼 대통령 회고록 (하)	김영삼	조선일보사	7,500	정치사회
40	원칙중심의 리더십	스티븐 코비	김영사	12,900	경제경영
41	영어공부 절대로 하지마라 (주니어용)	정찬용	사회평론	9,800	외국어
42	좋은 생각 4월호	-	좋은생각	2,000	잡지
43	상도 3	최인호	여백	7,500	소설
44	노자를 웃긴 남자	이경숙	자인	9,800	인문
45	상실의 시대 (개정판)	무라카미 하루키	문학사상사	7,800	소설
46	해리포터와 불의 잔 3	조앤 K. 롤링	문학수첩	7,500	소설
47	가슴에 새긴 너 1	김민기	은행나무	7,500	소설
48	화성에서 온 남자 금성에서 온 여자	존 그레이	친구미디어	8,000	여성육아
49	우리는 특급열차를 타러 간다	윤정모	눈과마음	7,800	비소설
50	선의 나침반 2	숭산 스님	열림원	7,500	종교

명시하지 않았기 때문에 전천후로 해석이 가능하다. 인간의 역사란 곧 변화의 역사이며 새로움의 역사다. 이 책이 전하는 메시지, 변화의 필요성은 어느 시대를 막론하고 필요한 교훈이다. 독자가 처한 수많은 경우에 따라 독자 자신이 자신의 상황에 빗대어 스스로 성찰하고 자기 나름의 독법으로 교훈을 얻을 수 있다. 마치 『어린 왕자』나 『갈매기의 꿈』 같은 성인동화 유의 책들이 시대를 막론하고 오랫동안 사랑을 받고 있는 것과 같은 이치다.

2000년에 이 책을 읽었을 독자는 디지털 혁명의 소용돌이 속에서 자신의 미래와 비전을 반성했을 것이며, 2001년 대량실업과 제2의 경제위기설이라는 흉흉한 소문 속에서 이 책을 읽었을 독자는 자신이 맞을 변화에 대한 또 다른 깨우침을 얻었을 수 있다.

또 이 책은 다른 무엇보다 '개인'의 변화를 역설하고 있다. 생쥐보다 못할 것 없는 인간이라면 과거에 집착하지 않고 새 치즈를 찾을 용기를 얻을 수 있다고 부추긴다. 지난 1990년대 중반이후 경제·경영서 분야에 선보였던 조직과 기업의 변화를 다루던 책과 달리 개인의 변화를 다루었다는 점은 2000년이래 일관된 흐름으로 나타나는 출판물의 '시점' 변화이기도 하다.

미국에서는 1998년에 출간된 책으로 아마존 비즈니스 부문 베스트셀러 1위를 했고 〈이코노미스트〉, 〈포춘〉, 〈워싱턴포스트〉 등의 세계 언론이 새 천년의 필독서로 추천했을 뿐 아니라 GM, 시티뱅크, 제록스, 코닥 등의 세계적 기업들이 교육용 매뉴얼로 채택했다는 소개처럼 국내에서도 직원 교육용으로 단체주문이 늘어 2001년 현재 53여만 부가 판매된 것으로 알려지고 있다.

2001년 4월 베스트셀러 분석

별다른 흐름없이 '위기의식'만 대두

2001년 4월 베스트셀러를 살펴보면 별다른 흐름이나 트렌드를 잡아내는 것이 거의 불가능해 보인다. 2000년 3월 출간된 『누가 내 치즈를 옮겼을까』가 여전히 종합 1위를 차지하고 있다. 『누가 내 치즈를 옮겼을까』가 내포하고 있는 변화의 당위성 혹은 우화라는 장치를 통한 보편성 등이 이 책이 오랫동안 독자들의 사랑을 받고 있는 요인이다.

4월 베스트셀러 목록에서 특이한 점이라면 송인서적 일원화 출판사 중 하나인 뜨인돌의 『로빈슨 크루소 따라잡기』가 종합 2위를 차지했다는 점 정도일 것이다. 이 책에 있어 특기할 만한 점은 『로빈슨 크루소 따라잡기』가 1999년 출간되었다는 사실이다. 출간된 지 2년이 넘은 시점에서 판매 부수가 크게 증폭되는 것은 책의 생명력이 더욱 짧아진 요사이 좀처럼 보기 힘든 현상이다. 이 책의 판매상승에는 과학의 달인 4월을 맞아 초등학교와 중학교에서 이 책을 과학독후감용 도서로 선정한 것이 판매촉진의 가장 큰 요인일 듯 싶다. 물론 여기에는 그동안 각종 선정도서에 추천되며 교사와 초등학생들 사이에서 재미있는 과학서로 입소문이 난 결과가 뒷받침이 되었다.

4월 들어 새로 순위에 진입한 신간으로는 화가 개개인이 이룩한 예술세계를 입체적·다각적으로 서술한 유홍준 교수의 『화인열전』(역사비평사), 20세기 물리학의 응축물인 아인슈타인의 공식이 탄생한 뒤 유년기·

성숙기를 거치며 발전해온 과정을 추적하는 대중과학서 『E=mc²』 정도가 출간되자마자 바로 순위에 오르며 주목받고 있는 책들이다.

도서대여점의 여파로 왠만해서는 2만 부 이상 판매되기 어려워진 대중소설들은 출간되자 마자 상위목록에 올랐다 곧 순위에서 빠지는 패턴을 반복하고 있다. 4월에도 이정명의 『해바라기』(광개토)나 이진수의 『군도』(민미디어) 같은 책들이 출간되며 바로 상위권에 진입했으나 그리 오래가지는 못할 듯하다. 『국화꽃 향기』에 이어 남자들의 잃어버린 사랑을 자극하는 컨셉으로 공격적 마케팅을 벌이고 있는 『열한번째 사과나무』가 판매 상승세다. 특히 저자인 이용범이 최근 조선일보 지면에 대중문학 논쟁을 불러일으키며 이 책의 화제성을 더욱 풍부하게 만들었다.

대중소설의 반대지점에서는 58년 개띠 동창생 네 친구를 통해 한국사회의 비주류들의 삶을 그린 은희경의 『마이너리그』, 존재의 시원으로의 회귀라는 오래된 창작 코드를 뒤로하고 문화 기호와 SF영화 같은 디지털적 감수성을 표현한 윤대녕의 『사슴벌레 여자』, 승려 능현과 여대생 정희남 사이의 꿈결같이 애틋한 사랑과 구도의 문제를 다룬 김성동의 『꿈』 등이 출간되었지만 멜로소설들의 가파른 상승세를 역전시킬지는 지켜봐야 할 듯하다.

인문 분야와 소설 분야의 몇 가지 신간을 제외하고는 2001년 4월 베스트셀러에서 이처럼 특별한 흐름을 발견하기 어렵다. 우선 2001년을 주도할 만한 상품으로 롱런할 가능성이 있거나 트랜드를 만들어가며 시장을 주도할 만한 신간들이 눈에 띄지 않는다. 단지 2000년 내내 사랑 받았던 '해리포터' 시리즈 그리고 최근 4권이 출간된 『부자 아빠 가난한 아빠』, 『국화꽃 향기』 그리고 일찌감치 기세를 제압한 『상도』 등이 2001년 상반기에 베스트셀러 상위권에 진입해 있다.

순위	도서명	저자	출판사	정가	구분
1	누가 내 치즈를 옮겼을까?	스펜서 존슨	진명출판사	7,000	경제경영
2	로빈슨 크루소 따라잡기	박상준 외	뜨인돌출판사*	7,500	자연과학
3	친구 1	곽경택	다리미디어	8,000	소설
4	부자 아빠 가난한 아빠 4	로버트 기요사키 외	황금가지	12,000	경제경영
5	상도 1	최인호	여백	7,500	소설
6	세상의 모든 굼벵이들에게	리타 엠멋	뜨인돌출판사*	8,000	비소설
7	해리포터와 마법사의 돌 (상)	조앤 K. 롤링	문학수첩	7,000	소설
8	마이너리그	은희경	창작과비평사	7,500	소설
9	부자 아빠 가난한 아빠	로버트 기요사키 외	황금가지	9,000	경제경영
10	열한번째 사과나무 1	이용범	생각의 나무	7,000	소설
11	국화꽃 향기 1	김하인	생각의 나무	7,000	소설
12	해바라기 1	이정명	광개토	7,500	소설
13	가시고기	조창인	밝은세상	7,500	소설
14	해리포터와 불의 잔 1	조앤 K. 롤링	문학수첩	7,500	소설
15	국화꽃 향기 2	김하인	생각의 나무	7,000	소설
16	선의 나침반 1	숭산 스님	열림원	7,500	종교
17	열한번째 사과나무 2	이용범	생각의 나무	7,000	소설
18	친구 2	곽경택	다리미디어	8,000	소설
19	화인열전 1	유홍준	역사비평사	16,000	인문
20	해리포터와 마법사의 돌 (하)	조앤 K. 롤링	문학수첩	7,000	소설
21	해리포터와 비밀의 방 (상)	조앤 K. 롤링	문학수첩	7,000	소설
22	아주 오래된 농담	박완서	실천문학사	8,000	소설
23	해리포터와 아즈카반의 죄수 (상)	조앤 K. 롤링	문학수첩	7,500	소설
24	선의 나침반 2	숭산 스님	열림원	7,500	종교
25	해리포터와 비밀의 방 (하)	조앤 K. 롤링	문학수첩	7,000	소설
26	해리포터와 불의 잔 4	조앤 K. 롤링	문학수첩	7,500	소설
27	우리시대 스테디셀러의 계보	한미화	한국출판마케팅연구소*	8,000	인문
28	영어공부 절대로 하지마라 (2Tape)	정찬용	사회평론	9,800	외국어
29	상도 2	최인호	여백	7,500	소설
30	화인열전 2	유홍준	역사비평사	16,000	인문
31	해리포터와 아즈카반의 죄수 (하)	조앤 K. 롤링	문학수첩	7,500	소설
32	군도 1	이진수	민미디어	7,500	소설
33	해리포터와 불의 잔 2	조앤 K. 롤링	문학수첩	7,500	소설
34	부자 아빠 가난한 아빠 2	로버트 기요사키 외	황금가지	12,000	경제경영
35	프로페셔널의 조건	피터 드러커	청림출판	12,000	경제경영
36	화성에서 온 남자 금성에서 온 여자	존 그레이	친구미디어	8,000	여성육아
37	영어공부 절대로 하지마라	정찬용	사회평론	6,500	외국어
38	해바라기 3	이정명	광개토	7,500	소설
39	느리게 산다는 것의 의미	피에르 쌍소	동문선	7,000	비소설
40	해리포터와 불의 잔 3	조앤 K. 롤링	문학수첩	7,500	소설
41	마음을 열어주는 101가지 이야기 1 (완결편)	잭 캔필드 외	이레	8,000	비소설
42	E=mc²	데이비드 보더니스	생각의 나무	13,000	자연과학
43	가끔은 원시인처럼 살자	조은일	세계의여성들*	7,000	비소설
44	이기주의자로 살아라	요제프 키르쉬너	뜨인돌출판사*	8,000	비소설
45	힐링 소사이어티	이승헌	한문화	7,800	비소설
46	이윤기의 그리스로마 신화	이윤기	웅진닷컴	12,000	인문
47	남자가 불쌍해	김민조	이야기	7,500	비소설
48	영어공부 절대로 하지마라 (비기너용 듣기·받아쓰기)	정찬용 외	사회평론	9,800	외국어
49	해바라기 2	이정명	광개토	7,500	소설
50	Hello 베이비 Hi 맘	김린·서현주	한울림	12,000	여성육아

2001년 5월 베스트셀러 분석

우리 사회에 내재한 속도주의와
무한경쟁이 만들어낸 아이콘 몇 가지

최인호의 소설 『상도』가 2001년 들어 처음으로 1백만 부 판매를 돌파하며 첫 밀리언셀러를 기록했다. 인삼무역으로 거부가 된 조선후기 무역상 임상옥의 일대기를 통해 진정한 상업정신과 상업의 길이 무엇인가를 밝힌 소설이다. IMF 충격에서 완전히 벗어나기도 전에 제2의 경제 위기설을 맞은 시점에서 진정한 기업인의 덕목을 제시했다는 점이 30~40대 남성독자들에게 호소하는 바가 많았다.

『상도』는 국내에서의 인기 몰이에 이어 2001년 4월 일본 도쿠마 출판사에서 번역 출간될 예정이다. 또한 MBC 창사 40주년 기념 드라마로 확정돼 50부작으로 제작 방송예정이다. 〈허준〉의 이병훈 PD와 최완규 작가가 호흡을 맞춰 드라마의 인기몰이도 기대된다.

영화에서는 〈친구〉가 최근 〈공동경비구역 JSA〉가 세운 서울관객 최다동원 기록(251만 2525명)을 돌파하며 기록행진을 계속하며 화제를 모으고 있는 것과 동시에 출판에서도 곽경택 감독의 자전적 소설 『친구』가 2001년 5월 송인서적 베스트셀러 종합 1위를 차지했다. 2001년 3월말 2권으로 출간되어 총 7만 부 이상 판매되었다고 알려져있다. 영화의 인기 덕택에 소설 『친구』는 일본 문예춘추 출판사에 224만 엔에 판권이 팔렸다고 하며 10권짜리 만화책으로 6월 15일 출간 예정이다.

아내가 남편에게 어떻게 항복해야 하는가에 대한 구체적 지침을 담은

순위	도서명	저자	출판사	정가	구분
1	친구 1	곽경택	다리미디어	8,000	소설
2	누가 내 치즈를 옮겼을까?	스펜서 존슨	진명출판사	7,000	경제경영
3	열한번째 사과나무 1	이용범	생각의 나무	7,000	소설
4	마이너리그	은희경	창작과비평사	7,500	소설
5	친구 2	곽경택	다리미디어	8,000	소설
6	부자 아빠 가난한 아빠	로버트 기요사키 외	황금가지	9,000	경제경영
7	상도 1	최인호	여백	7,500	소설
8	새클턴의 서바이벌 리더십	데니스 N. T. 퍼킨스	뜨인돌출판사*	12,000	경제경영
9	열한번째 사과나무 2	이용범	생각의 나무	7,000	소설
10	일 잘하는 사람 일 못하는 사람	호리바 마사오	오늘의책	10,000	경제경영
11	해리포터와 마법사의 돌 (상)	조앤 K. 롤링	문학수첩	7,000	소설
12	노빈손의 버뮤다 어드벤처	박경수 외	뜨인돌출판사*	7,900	비소설
13	내 안의 깊은 울림	조성모	좋은날	7,500	비소설
14	로빈슨 크루소 따라잡기	박상준 외	뜨인돌출판사*	7,500	자연과학
15	장미를 사랑한 선인장	김송	시공사	7,500	비소설
16	사슴벌레 여자	윤대녕	이룸	7,500	소설
17	다시 사랑하지 않으리 1	김상옥	창해	7,000	소설
18	외뿔	이외수	해냄	8,000	비소설
19	도올 논어 3	김용옥	통나무	8,500	인문
20	가시고기	조창인	밝은세상	7,500	소설
21	다시 사랑하지 않으리 2	김상옥	창해	7,000	소설
22	국화꽃 향기 1	김하인	생각의 나무	7,000	소설
23	눈물꽃 1	김민기	은행나무	7,500	소설
24	국화꽃 향기 2	김하인	생각의 나무	7,000	소설
25	해리포터와 불의 잔 1	조앤 K. 롤링	문학수첩	7,500	소설
26	해리포터와 마법사의 돌 (하)	조앤 K. 롤링	문학수첩	7,000	소설
27	상도 2	최인호	여백	7,500	소설
28	해리포터와 비밀의 방 (상)	조앤 K. 롤링	문학수첩	7,000	소설
29	인생 망가져도 고!	김지룡	글로리아	7,800	비소설
30	천년의 빛 1	김하기	고도	8,000	소설
31	부자 아빠 가난한 아빠 2	로버트 기요사키 외	황금가지	12,000	경제경영
32	노영심 내 마음 조각글	노영심	자음과모음	5,500	시
33	노빈손의 아마존 어드벤처	박경수 외	뜨인돌출판사*	7,900	비소설
34	화성에서 온 남자 금성에서 온 여자	존 그레이	친구미디어	8,000	여성육아
35	펄떡이는 물고기처럼	해리 폴 외	한언	8,900	경제경영
36	외등	박범신	이룸	8,500	소설
37	아내여 항복하라	로라 도일	그린북	7,800	비소설
38	상도 3	최인호	여백	7,500	소설
39	그러니까 당신도 살아	오히라 미쓰요	북하우스	7,500	비소설
40	해리포터와 비밀의 방 (하)	조앤 K. 롤링	문학수첩	7,000	소설
41	해리포터와 아즈카반의 죄수 (상)	조앤 K. 롤링	문학수첩	7,500	소설
42	눈물꽃 2	김민기	은행나무	7,500	소설
43	아주 오래된 농담	박완서	실천문학사	8,000	소설
44	상도 4	최인호	여백	7,500	소설
45	아들아 머뭇거리기에는 인생이 너무 짧다	강헌구	한언	9,800	비소설
46	청호!	켄 블랜차드 외	21세기북스	8,500	경제경영
47	마음을 열어주는 101가지 이야기 1 (완결편)	잭 캔필드 외	이례	8,000	비소설
48	상도 5	최인호	여백	7,500	소설
49	내 삶을 떨리게 하는 것들	한수산	해냄	8,500	비소설
50	남자가 불쌍해	김민조	이야기	7,500	비소설

『아내여 항복하라』(그린북)가 2001년 4월 출간이래 호조다. 결혼생활의 매뉴얼을 다룬 실용서라는 점을 감안하면 판매치가 높은 편이다. 2000년 12월 미국에서 출간되어 언론에서 소개를 앞다투었던 화제의 책이었다고 한다. 행복해지기 위해서는 남편이 무슨 일을 하건, 무슨 얘기를 하건, 아내는 그저 우아하게 지켜보고 하고 싶은 대로 내버려두라는 식의 조언이 담긴 이 책에 대해 깊은 성찰에서 나온 지혜라는 시각이 있는가하면 페미니스트들 사이에서는 시대역행적 발상이라는 비난이 일었다고 한다.

『아내여 항복하라』는 존 그레이가 『화성에서 온 남자 금성에서 온 여자』(친구미디어)에서 남자는 여자보다 공격적인 존재이기 때문에 여자는 남자의 의견을 존중하는 것이 좋다는 식으로 성별의 특성과 차이를 인정하는 주장과 일맥상통한다. 『화성에서 온 남자 금성에서 온 여자』 역시 송인서적 베스트셀러 목록에 꾸준하게 올라있던 책이기도 하다.

잠시도 마음을 놓을 수 없을 정도로 변화의 소용돌이가 몰아치는 속도와 경쟁의 시대일수록 자신의 내면을 들여다보려는 욕구는 강해지기 마련이다. 인생의 근본에 대한 갈망과 욕구를 지니게 되면 과거 안락했던 시절을 추억하거나 정신적 지주를 찾게된다. 경제가 어려워질수록 보수적 가치관이 고개를 드는 것도 같은 맥락이다. 『아내여 항복하라』나 『화성에서 온 남자 금성에서 온 여자』의 꾸준한 인기는 최근 몇 년간 우리 사회에 불어온 불안과 어려움을 단적으로 보여주는 바로미터는 아닐까 싶다.

올바른 기업인상이 보여주는 『상도』에 감동, 교복세대의 정겨운 에피소드와 의리를 다룬 영화소설의 인기, 반 페미니즘적 보수적 가치관에 대한 대중적 지지 등은 그만큼 우리사회가 한치 앞을 예견할 수 없을 정도로 정신없고 숨돌릴 틈 없는 경쟁과 속도의 사회라는 것을 보여주는 것에 다름 아니다.

2001년 상반기 베스트셀러 분석
실용적 관심이 대세다

2001년 상반기에도 등장한 밀리언셀러 『누가 내 치즈를 옮겼을까』와 『상도』는 밀리언셀러가 되었다는 점말고도 공통점이 여럿이다.

2001년 현재 개인과 기업의 경제·사회적 환경을 적절히 반영했다는 점이 다량판매가 가능케 한 결정적 요인이었다. 이 책에 담긴 환경적·시대적 요인이란 자본주의의 심화에 따른 필연적 결과기도 하다. 미국식 신 자본주의가 새로운 신경제의 총아로 떠오르고 거대자본과 금융자본이 전 세계적 흐름으로 부각되고 있기 때문에 개인과 기업에게 몰아닥친 변화의 문제, 상업의 길로 표현된 기업경영의 새로운 마인드가 절실해졌다. 우리의 경우 이런 세계화의 흐름에 본격적으로 편입된 것은 1997년 말 겪었던 IMF가 촉진제가 되었다. 이후 기업의 구조조정은 물론 감원과 실업이 일상적인 문제가 되었다.

이는 불과 얼마 전까지 고도성장기의 산업사회를 살았던 대다수의 사람들에게 삶의 뿌리가 흔들릴 만큼 충격적인 가치관의 변화다. 하부구조가 변했다는 사실을 알고는 있지만 사람들의 정신과 마음까지 자본주의화되기란 그리 쉬운 일이 아니다. 강요된 변화란 얼마나 두려운 일인가?

두 종의 책이 명확히 자리한 지점은 바로 여기다. 무엇 때문에 변화해야 하는지 묻지 말고 일단 변화해라 그래야 살아남는다는 주장을 담았다. 마치 『누가 내 치즈를 옮겼을까』의 꼬마인간들이 처한 상황처럼 대중은 미로의 당위성이나 치즈의 배분문제에 대해 알려고 하기 전에 먼저 변화해야 하는 것이다.

이렇게 이 책들이 개인의 변화를 촉구했기 때문에 기업들에게는 자신의 이데올로기를 뒷받침하는 책으로서 효용성이 컸다. 두 번째 공통점이 될 기업의 대량납품 요구도 이런 이유 때문이다. 『상도』 역시 내로라 하는 대기업의 CEO들이 이 책을 읽고 감명 받았다고 밝히며 직원들의 교육용으로 구매했다. 『누가 내 치즈를 옮겼을까』는 아예 판매 부수의 1/3 정도가 기업납품용으로 팔려나갔다.

2001년 상반기 송인서적 베스트셀러 종합 50위 분포도를 살펴보면 소설이 28권이나 순위에 올라있다. 3~4년 전만해도 비소설과 소설 분야의 점유율이 비슷했던 것과는 차이가 있다. 이렇게 소설 분야가 양적으로는 여전히 높은 점유율을 보이고는 있지만 개별 책들을 살펴보면 대중문학과 순문학의 논쟁이 벌어질 만큼 대중문학이 대거 진입해있음을 알 수 있다. 문제는 소설 분야에서 대중문학의 점유율이 얼마나 높아졌는가가 아니라 순문학 계열의 작품들마저 대중문학을 닮고 있다는 사실일 듯하다. 논쟁의 여지가 있기는 하지만 은희경의 『마이너리그』, 윤대녕의 『사슴벌레 여자』, 최인호의 『상도』 등은 이런 혐의에서 자유로울 수 없다.

이제는 출판의 주류로 자리한 경제·경영서 분야는 50위 안에 5종이나 진입하며 건재함을 과시했다. 2001년 5월 내한하기도 했던 기요사키의 『부자 아빠 가난한 아빠』가 여전히 수위를 차지했고 국내에서 인기 있는 스티븐 코비의 『원칙중심의 리더십』, 스토리 있는 논픽션 방식의 글쓰기를 선보인 『펄떡이는 물고기처럼』이 순위에 올랐다.

2001년 상반기에 사랑 받은 책들은 2000년에 제기되었던 실용적 관심의 대두, 순문학의 후퇴, 답보상태의 인문서, 퓨전적 글쓰기를 통한 더 쉽고 더 재미있는 책들의 약진 현상이 심화된 모습을 보여줄 따름이다.

순위	도서명	저자	출판사	정가	구분
1	누가 내 치즈를 옮겼을까?	스펜서 존슨	진명출판사	7,000	경제경영
2	상도 1	최인호	여백	7,500	소설
3	부자 아빠 가난한 아빠	로버트 기요사키 외	황금가지	9,000	경제경영
4	가시고기	조창인	밝은세상	7,500	소설
5	해리포터와 마법사의 돌 (상)	조앤 K. 롤링	문학수첩	7,000	소설
6	국화꽃 향기 1	김하인	생각의 나무	7,000	소설
7	국화꽃 향기 2	김하인	생각의 나무	7,000	소설
8	아주 오래된 농담	박완서	실천문학사	8,000	소설
9	해리포터와 마법사의 돌 (하)	조앤 K. 롤링	문학수첩	7,000	소설
10	해리포터와 불의 잔 1	조앤 K. 롤링	문학수첩	7,500	소설
11	로빈슨 크루소 따라잡기	박상준 외	뜨인돌출판사*	7,500	자연과학
12	해리포터와 비밀의 방 (상)	조앤 K. 롤링	문학수첩	7,000	소설
13	봄 여름 가을 겨울	법정·류시화	이레	8,000	비소설
14	마이너리그	은희경	창작과비평사	7,500	소설
15	열한번째 사과나무 1	이용범	생각의 나무	7,000	소설
16	친구 1	곽경택	다리미디어	8,000	소설
17	부석사 - 2001 이상문학상 수상작품집	신경숙 외	문학사상사	8,500	소설
18	해리포터와 아즈카반의 죄수 (상)	조앤 K. 롤링	문학수첩	7,500	소설
19	상도 2	최인호	여백	7,500	소설
20	부자 아빠 가난한 아빠 2	로버트 기요사키 외	황금가지	12,000	경제경영
21	해리포터와 비밀의 방 (하)	조앤 K. 롤링	문학수첩	7,000	소설
22	아들아 머뭇거리기에는 인생이 너무 짧다	강헌구	한언	9,800	비소설
23	도올 논어 2	김용옥	통나무	8,500	인문
24	세상의 모든 굼벵이들에게	리타 엠멋	뜨인돌출판사*	8,000	비소설
25	마음을 열어주는 101가지 이야기 1 (완결편)	잭 캔필드 외	이레	8,000	비소설
26	상도 3	최인호	여백	7,500	소설
27	상도 5	최인호	여백	7,500	소설
28	원칙중심의 리더십	스티븐 코비	김영사	12,900	경제경영
29	힐링 소사이어티	이승헌	한문화	7,800	비소설
30	해리포터와 불의 잔 2	조앤 K. 롤링	문학수첩	7,500	소설
31	친구 2	곽경택	다리미디어	8,000	소설
32	느리게 산다는 것의 의미	피에르 쌍소	동문선	7,000	비소설
33	열한번째 사과나무 2	이용범	생각의 나무	7,000	소설
34	상도 4	최인호	여백	7,500	소설
35	이윤기의 그리스로마 신화	이윤기	웅진닷컴	12,000	인문
36	해리포터와 아즈카반의 죄수 (하)	조앤 K. 롤링	문학수첩	7,500	소설
37	해리포터와 불의 잔 4	조앤 K. 롤링	문학수첩	7,500	소설
38	영어공부 절대로 하지마라	정찬용	사회평론	6,500	외국어
39	화성에서 온 남자 금성에서 온 여자	존 그레이	친구미디어	9,000	여성육아
40	도올 논어 1	김용옥	통나무	8,500	인문
41	장미를 사랑한 선인장	김송	시공사	7,500	비소설
42	영어공부 절대로 하지마라 (2Tape)	정찬용	사회평론	9,800	외국어
43	상실의 시대	무라카미 하루키	문학사상사	7,800	소설
44	가슴에 새긴 너 1	김민기	은행나무	7,500	소설
45	해리포터와 불의 잔 3	조앤 K. 롤링	문학수첩	7,500	소설
46	무소유	법정	범우사	6,000	비소설
47	그러니까 당신도 살아	오히라 미쓰요	북하우스	7,500	비소설
48	사슴벌레 여자	윤대녕	이룸	7,500	소설
49	펄떡이는 물고기처럼	해리 폴 외	한언	8,900	경제경영
50	내 몸은 내가 고친다	김홍경	식물추장	10,000	건강

2001년 7월 베스트셀러 분석

여름 시장을 겨냥한 신간들이 두드러져

2001년 상반기 내내 이렇다 할 순위변동이나 두드러진 신간이 없었던 송인서적 베스트셀러 집계에 새로운 책들이 여러 권 올라왔다. 대부분 '이벤트 북'이라 불릴만한 재미를 강조한 책들이다. 이우혁의 『퇴마록』, 김진명의 『황태자비 납치사건』(해냄), 원성의 『거울』(이레), 김하인의 『허브를 사랑하나요』(생각의나무), 전동조의 『묵향』(명상), 시드니 셀던의 『하늘이 무너지다』(문수미디어) 등이다.

『국화꽃 향기』의 김하인의 신작 『허브를 사랑하나요』를 제외한 나머지 작품들은 스릴러·판타지로 묶일 수 있는 책이다. 예년에 비해 여름용 기획물들의 출간이 늦어진 탓인지 어떤 책이 올 여름시장의 기린아로 떠오를지는 지켜봐야 할 듯하다.

매년 여름 신간을 내놓다시피 하는 김진명 씨는 자신의 특기인 민족주의적 관점의 주제의식과 추리기법을 동원, 일본의 역사교과서 왜곡 문제를 다루는 『황태자비 납치사건』을 내놓았다. 일본의 황태자비가 가부키 공연 관람 중 감쪽같이 납치된다는 설정으로 시작되어 일본 우익의 음모를 100년 전부터 현재까지 되짚어 보는 '단숨에 읽히는' 소설이다.

1994년 시작해 8년 간 총 780만 부의 기록적 판매 부수를 보인 『퇴마록』이 말세편 제6권을 출간하며 대단원의 막을 내렸다. 판매 부수뿐만 아니라 한국형 판타지의 효시로서 국내 대중문학에 판타지라는 장르를

순위	도서명	저자	출판사	정가	구분
1	퇴마록 말세편 5	이우혁	들녘	7,000	소설
2	퇴마록 말세편 6	이우혁	들녘	7,000	소설
3	황태자비 납치사건 1	김진명	해냄	7,500	소설
4	거울	원성	이레	9,000	비소설
5	허브를 사랑하나요	김하인	이야기	7,500	소설
6	황태자비 납치사건 2	김진명	해냄	7,500	소설
7	누가 내 치즈를 옮겼을까?	스펜서 존슨	진명출판사	7,000	경제경영
8	로빈슨 크루소 따라잡기	박상준 외	뜨인돌출판사	7,500	자연과학
9	노빈손의 버뮤다 어드벤처	박경수 외	뜨인돌출판사*	7,900	비소설
10	목향 12	전동조	명상	7,500	소설
11	노빈손의 아마존 어드벤처	박경수 외	뜨인돌출판사*	7,900	비소설
12	하늘이 무너지다 (상)	시드니 셸던	문수미디어	7,500	소설
13	퀴디치의 역사 : 해리포터 스쿨북 1	조앤 K. 롤링	문학수첩	4,500	소설
14	하늘이 무너지다 (하)	시드니 셸던	문수미디어	7,500	소설
15	신비한 동물 사전 : 해리포터 스쿨북 2	조앤 K. 롤링	문학수첩	4,500	소설
16	수수꽃다리 3	임선영	삼진기획	8,000	소설
17	가시고기	조창인	밝은세상	7,500	소설
18	부자 아빠 가난한 아빠	로버트 기요사키 외	황금가지	9,000	경제경영
19	사슴벌레 여자	윤대녕	이룸	7,500	소설
20	어머니	김정현	문이당	8,000	소설
21	다이고로야 고마워	오타니 준코	오늘의책	7,000	비소설
22	이윤기의 그리스로마 신화	이윤기	웅진닷컴	12,000	인문
23	상도 1	최인호	여백	7,500	소설
24	열한번째 사과나무 1	이용범	생각의 나무	7,000	소설
25	손님	황석영	창작과비평사	7,500	소설
26	해리포터와 마법사의 돌 (상)	조앤 K. 롤링	문학수첩	7,000	소설
27	열한번째 사과나무 2	이용범	생각의 나무	7,000	소설
28	달콤한 인생	최인호	문학동네	8,000	소설
29	느리게 산다는 것의 의미	피에르 쌍소	동문선	7,000	비소설
30	마이너리그	은희경	창작과비평사	7,500	소설
31	눈물꽃 2	김민기	은행나무	7,500	소설
32	해리포터와 마법사의 돌 (하)	조앤 K. 롤링	문학수첩	7,000	소설
33	부자 아빠 가난한 아빠 2	로버트 기요사키 외	황금가지	12,000	경제경영
34	상도 2	최인호	여백	7,500	소설
35	내 공부는 내가 한다	박원상 외	창작시대	8,900	중고학습
36	The Blue Day Book	브래들리 트래버 그리브	바다출판사	6,800	비소설
37	해리포터와 비밀의 방 (하)	조앤 K. 롤링	문학수첩	7,000	소설
38	프리에이전트의 시대가 오고 있다	다니엘 핑크	에코리브르	15,000	경제경영
39	외등	박범신	이룸	8,500	소설
40	알도와 떠도는 사원 (상)	김용규	이론과실천	8,000	소설
41	눈물꽃 1	김민기	은행나무	7,500	소설
42	해리포터와 비밀의 방 (상)	조앤 K. 롤링	문학수첩	7,000	소설
43	상도 3	최인호	여백	7,500	소설
44	영자야 산으로 돌아가자	이원연 외	신풍출판사	5,500	비소설
45	국화꽃 향기 2	김하인	생각의 나무	7,000	소설
46	상도 5	최인호	여백	7,500	소설
47	해리포터와 아즈카반의 죄수 (하)	조앤 K. 롤링	문학수첩	7,500	소설
48	상도 4	최인호	여백	7,500	소설
49	좋은 생각 8월호	-	좋은생각	2,000	잡지
50	화성에서 온 남자 금성에서 온 여자	존 그레이	친구미디어	9,000	여성육아

개척한 공로가 크다. 4명의 퇴마사들이 악한 마귀들을 격퇴하는 내용으로 영화화되기도 했고 수많은 추종자들을 이끌 정도로 무협지적 요소에 고대종교, 밀교, 역사, 신화와 민담 등 방대한 지식이 녹아있다.

한국형 판타지 분야에 또 하나 빼놓을 수 없는 책은 『묵향』이다. 판타지와 무협을 절묘하게 결합시킨 무협판타지 작품으로 빠른 사건 전개와 스릴 넘치는 장면 묘사로 흡인력이 뛰어난 작품이다. 시드니 셀던의 『하늘이 무너지다』 역시 스릴러 코드다. 저주 받은 한 명문가의 잇따른 죽음을 파헤치는 앵커우먼이 겪는 미스터리를 그리고 있다.

다른 한 축으로는 방학을 맞은 청소년들의 교양적 독서를 돕는 원성 스님의 『거울』, 『다이고로야, 고마워』(오늘의 책), 『이윤기의 그리스 로마 신화』 등으로 좋은 반응을 얻고 있다.

『풍경』 이후 2년 만에 내놓은 두 번째 책 『거울』은 전작과 비슷하게 동승을 주제로 한 일련의 그림이 주는 소녀적 감수성과 진솔한 글로 독자들에게 어필하고 있다. 글과 그림이 전하는 소녀적 감수성 때문에 10대 소녀뿐만 아니라 40대 주부까지 폭넓은 독자를 거느리고 있다.

『다이고로야, 고마워』는 팔다리가 없는 기형 아기 원숭이를 데리고 살았던 2년 4개월만의 짧은 기간을 다이고로의 모습이 담긴 흑백사진들과 함께 보여준다. 다이고로는 오타니 가족에게 애완동물이 아닌 가족이자 아들이었다. 특히 KBS-1TV 〈TV,책을 말하다〉에서 장애를 지닌 다이고로의 기록을 영상으로 보여주며 반향이 컸다.

그런가 하면 『이윤기의 그리스 로마 신화』는 서울 예술의 전당에서 열리고 있는 '그리스 로마 신화전'이 성황을 이루며 더불어 좋은 반응을 얻고 있다. 저자인 이윤기 씨가 설명회를 열었던 날은 전시장을 찾은 인파가 인산인해를 이뤄 발 디딜 틈이 없을 정도였다고 하니 2000년 출간된 이 책의 판매는 전시회의 성공과 더불어 당분간 지속될 것으로 보인다.

2001년 8월 베스트셀러 분석

떠오르는 트렌드

2001년 8월 송인서적 종합 베스트셀러 1위는 『로빈슨 크루소 따라잡기』가 차지했다. 무인도에서 살아남기라는 설정이 아이들에게 호기심을 불러일으키며 출간된 지 2년이 지난 책이 이례적으로 판매 상승세다. 이 책을 펴낸 뜨인돌출판사가 송인서적의 일원화 공급 출판사라는 점도 이 책이 종합 1위까지 오른 이유 중 한 원인이기도 하다.

동일한 컨셉의 만화책인 아이세움의 『무인도에서 살아남기』와 『아마존에서 살아남기』도 초등학교 저학년들에게 인기가 높은 걸 보면 서바이벌·모험 코드가 아이들에게 마치 게임을 하는 듯한 오락적 재미를 안겨주는 듯하다. 재난과 위험으로부터 살아남기는 할리우드 영화가 끊임없이 되풀이하는 흥미로운 소재가 아닌가? 다만 이 책들은 단순한 오락적 재미뿐만 아니라 상식과 교양을 담고 있는 에듀테인먼트라는 점이 다르다.

아직까지 대량판매를 기록하지는 않았지만 새로운 트렌드와 독자기호를 반영한 책들이 약진하고 있어 흥미롭다. 가장 눈에 띄는 것은 동물애호 현상이다. 대표적인 책이 『The Blue Day Book』과 『다이고로야, 고마워』다. 주위를 둘러보면 애완동물을 기르지 않는 사람이 없을 정도로 사람보다 동물이 좋다는 마음은 이미 일상화된 지 오래다. 두 권의 책은 애완동물을 직접적으로 언급하기보다는 인간보다 더 인간적인 동물의 모습을 느끼고 대리 만족할 수 있다는 점을 부각시켜 동물 선호 현상을 잘 보여준다. 이런 현상덕택인지 최재천 교수의 『생명이 있는 것은 다 아름답다』도 작년 연말 출간 당시 보다 최근 독자들의 호응이 높아졌다. 최재천 교수의 이 책은 앞서 소개한 두 권의 책보다는 저자의 학문적 깊이와 자료를 토대로 안정된 글을 보여주고 있는 점이 다르지만, 동물의 세계에 숨겨진 인간적인 모습을 그리고 있다는 공통점을 지닌다.

원성 스님의 『거울』이 출간되자마자 좋은 반응을 얻고 있는 것도 주목할 만하다. 이 책은 전통적인 의미의 독서행위에 대한 기대감으로 독자들이 책을 산다기보다는 소녀취향의 팬시 기호를 잘 반영하는 책이다. "예쁘다, 갖고 싶다"는 마음은 결국 원성스님의 그림에서부터 나올 것이며 그만큼 텍스트뿐만 아니라 비주얼의 가치가 중요해졌다는 사실을 말해준다. 서점에서 서서 짧은 시간에 읽어버릴 수 있는 『The Blue Day Book』을 과연 독자들이 사겠느냐를 고민했다는 바다출판사 김인호 사장의 생각과 달리 이 책이 판매호조를 띨 수 있었던 것도 바로 팬시적 감각을 지닌 독자들이 자신의 감성과 맞는 (그림)책이라면 기꺼이 샀던 결과다.

『엽기적인 그녀』(김호식, 시와사회)가 다시 베스트셀러 목록에 올라온 것은 두말할 나위도 없이 동명의 영화가 흥행에 성공하고 있기 때문이다. 그러나 출판보다 트렌드가 앞서 간다는 영화 쪽에서 이런 스토리의 영화를 보고 젊은이들이 박장대소를 금치 못하는 걸 보면 이 책이 어필하는 바가 많은 듯하다. 가장 재미있는 것은 남녀관계의 변화다. 헌신적이고 순정적인 대중소설(영화) 속에 등장하던 남자의 모습이 어느덧 여자에게 속수무책 당하는 하릴없는 남자로 변해버렸다.

순위	도서명	저자	출판사	정가	구분
1	로빈슨 크루소 따라잡기	박상준 외	뜨인돌출판사*	7,500	자연과학
2	바이올렛	신경숙	문학동네	8,000	소설
3	거울	원성	이래	9,000	비소설
4	누가 내 치즈를 옮겼을까?	스펜서 존슨	진명출판사	7,000	경제경영
5	퇴마록 말세편 5	이우혁	들녘	7,000	소설
6	퇴마록 말세편 6	이우혁	들녘	7,000	소설
7	공지영의 수도원 기행	공지영	김영사	9,900	비소설
8	이브가 된 아담 하리수	하리수	대산출판사	12,800	비소설
9	아들아 머뭇거리기에는 인생이 너무 짧다	강헌구	한언	9,800	비소설
10	노빈손의 아마존 어드벤처	박경수 외	뜨인돌출판사*	7,900	자연과학
11	황태자비 납치사건 2	김진명	해냄	7,500	소설
12	노빈손의 버뮤다 어드벤처	박경수 외	뜨인돌출판사*	7,900	자연과학
13	부자 아빠 가난한 아빠	로버트 기요사키 외	황금가지	9,000	경제경영
14	황태자비 납치사건 1	김진명	해냄	7,500	소설
15	이윤기의 그리스로마 신화	이윤기	웅진닷컴	12,000	인문
16	가시고기	조창인	밝은세상	7,500	소설
17	미안하다고 말하기가 그렇게 어려웠나요	이훈구	이야기	8,000	비소설
18	The Blue Day Book	브래들리 트레버 그리브	바다출판사	6,800	비소설
19	손님	황석영	창작과비평사	7,500	소설
20	펄떡이는 물고기처럼	해리 폴 외	한언	8,900	경제경영
21	어머니	김정현	문이당	8,000	소설
22	해리포터와 마법사의 돌 (하)	조앤 K. 롤링	문학수첩	7,000	소설
23	상도 1	최인호	여백	7,500	소설
24	수수꽃다리 4	임선영	삼진기획	8,000	소설
25	소국 1	김순명	창해	7,500	소설
26	소국 2	김순명	창해	7,500	소설
27	영혼이 있는 승부 - CEO 안철수	안철수	김영사	9,900	경제경영
28	소국 3	김순명	창해	7,500	소설
29	해리포터와 마법사의 돌 (상)	조앤 K. 롤링	문학수첩	7,000	소설
30	상도 5	최인호	여백	7,500	소설
31	좋은 생각 9월호	-	좋은생각	2,000	잡지
32	상도 2	최인호	여백	7,500	소설
33	마이너리그	은희경	창작과비평사	7,500	소설
34	다이고로야 고마워	오타니 준코	오늘의책	7,000	비소설
35	열한번째 사과나무 2	이용범	생각의 나무	7,000	소설
36	엽기적인 그녀 (전반전)	김호식	시와사회사	7,800	소설
37	느리게 산다는 것의 의미	피에르 쌍소	동문선	7,000	비소설
38	열한번째 사과나무 1	이용범	생각의 나무	7,000	소설
39	상도 3	최인호	여백	7,500	소설
40	부자 아빠 가난한 아빠 2	로버트 기요사키 외	황금가지	12,000	경제경영
41	해리포터와 비밀의 방 (하)	조앤 K. 롤링	문학수첩	7,000	소설
42	해리포터와 비밀의 방 (상)	조앤 K. 롤링	문학수첩	7,000	소설
43	사슴벌레 여자	윤대녕	이룸	7,500	소설
44	패스트푸드의 제국	에릭 슐로서	에코리브르*	16,500	정치사회
45	상도 4	최인호	여백	7,500	소설
46	국화꽃 향기 2	김하인	생각의 나무	7,000	소설
47	퀴디치의 역사 : 해리포터 스쿨북 1	조앤 K. 롤링	문학수첩	4,500	소설
48	신비한 동물 사전 : 해리포터 스쿨북 2	조앤 K. 롤링	문학수첩	4,500	소설
49	여름사냥	허문선 외	뜨인돌출판사*	7,900	자연과학
50	하늘이 무너지다 (상)	시드니 셀던	문수미디어	7,500	소설

2001년 9월 베스트셀러 분석

초등학생층으로 확대된 그리스 신화 바람

최근 대형서점, 할인 매장, 인터넷 서점 그리고 송인서적 9월 베스트셀러 목록에 이르기까지 태풍의 눈처럼 판매가 일고 있는 책이 있다. 가나출판사의 『만화로 보는 그리스 로마 신화』다. 멋진 그리스 로마 신화 속에 등장하는 신의 모습을 멋진 남자, 아름다운 여자라는 지극히 순정만화풍의 인물로 창조해냄으로서 그리스 로마 신화를 읽기를 부담스러워 하는 초등학생들에게 적중했다.

자칫 어른세대가 보기에는 혼란스러워 보일 정도로 원색의 만화가 조악해 보이지만 초등학생들에게 주는 흡인력은 대단하여 전 7권이 모두 약 70만 부 가량 판매된 것으로 추정된다. 이 책의 선풍적 인기에는 2000년 6월 출간되어 2001년 10월 현재 40만 부 이상이 팔린 『이윤기의 그리스 로마 신화』가 일궈낸 신화 열풍에 상당 부분을 빚지고 있다.

2001년 7월 6일부터 9월 30일까지 예술의 전당에서 성황리에 열렸던 '그리스 로마 신화전-제우스에서 헤라클레스'는 『이윤기의 그리스 로마 신화』의 판매상승에 기폭제 노릇을 단단히 했을 뿐만 아니라 아이들과 함께 '그리스 로마 신화전'을 관람한 부모들에게 그리스 로마 신화에 관한 책을 사주고 싶다는 욕구를 동시에 안겨준 셈이다.

전시회를 계기로 그리스 로마 신화에 대한 관심이 초등학생까지 확산되는 것과 동시에 『만화로 보는 그리스 로마 신화』로 시장을 선점한 출

순위	도서명	저자	출판사	정가	구분
1	등대지기	조창인	밝은세상	8,000	소설
2	거울	원성	이레	9,000	비소설
3	로빈슨 크루소 따라잡기	박상준 외	뜨인돌출판사*	7,500	자연과학
4	중국견문록	한비야	푸른숲	8,800	비소설
5	누가 내 치즈를 옮겼을까?	스펜서 존슨	진명출판사	7,000	경제경영
6	황태자비 납치사건 2	김진명	해냄	7,500	소설
7	노빈손의 가을여행	함윤미 외	뜨인돌출판사*	7,900	자연과학
8	황태자비 납치사건 1	김진명	해냄	7,500	소설
9	바이올렛	신경숙	문학동네	8,000	소설
10	만화로 보는 그리스 로마 신화 7	토머스 불핀치	가나출판사	8,500	아동
11	노빈손의 아마존 어드벤처	박경수 외	뜨인돌출판사*	7,900	비소설
12	공지영의 수도원 기행	공지영	김영사	9,900	비소설
13	노빈손의 버뮤다 어드벤처	박경수 외	뜨인돌출판사*	7,900	비소설
14	수수꽃다리 5	임선영	삼진기획	8,000	소설
15	이윤기의 그리스로마 신화	이윤기	웅진닷컴	12,000	인문
16	부자 아빠 가난한 아빠	로버트 기요사키 외	황금가지	9,000	경제경영
17	The Blue Day Book	브래들리 트레버 그리브	바다출판사	6,800	비소설
18	가시고기	조창인	밝은세상	7,500	소설
19	너 그거 아니?	디비딕 닷컴 네티즌	문학세계사	8,200	비소설
20	상도 1	최인호	여백	7,500	소설
21	만화로 보는 그리스 로마 신화 1	토머스 불핀치	가나출판사	8,500	아동
22	미안하다고 말하기가 그렇게 어려웠나요	이훈구	이야기	8,000	비소설
23	상도 2	최인호	여백	7,500	소설
24	어둠의 편이 된 햇볕은 어둠을 밝힐 수 없다	황장엽	월간조선사	10,000	정치사회
25	어머니	김정현	문이당	8,000	소설
26	일 잘하는 사람 일 못하는 사람 2	호리바 마사오	오늘의책	10,000	경제경영
27	영혼이 있는 승부 - CEO 안철수	안철수	김영사	9,900	경제경영
28	아주 평범한 사랑	윤종기	현무	8,000	비소설
29	아들아 머뭇거리기에는 인생이 너무 짧다	강헌구	한언	9,800	비소설
30	상도 3	최인호	여백	7,500	소설
31	만화로 보는 그리스 로마 신화 2	토머스 불핀치	가나출판사	8,500	아동
32	열한번째 사과나무 2	이용범	생각의 나무	7,000	소설
33	느리게 산다는 것의 의미	피에르 쌍소	동문선	7,000	비소설
34	제왕들의 책사 - 삼국시대 편	신영란 외	생각하는백성	8,500	인문
35	부자 아빠 가난한 아빠 2	로버트 기요사키 외	황금가지	12,000	경제경영
36	열한번째 사과나무 1	이용범	생각의 나무	7,000	소설
37	상도 5	최인호	여백	7,500	소설
38	손님	황석영	창작과비평사	7,500	소설
39	상도 4	최인호	여백	7,500	소설
40	만화로 보는 그리스 로마 신화 6	토머스 불핀치	가나출판사	8,500	아동
41	남자 vs 남자	정혜선	개마고원	9,500	인문
42	해리포터와 마법사의 돌 (하)	조앤 K. 롤링	문학수첩	7,000	소설
43	엽기적인 그녀 (전반전)	김호식	시와사회사	7,800	소설
44	만화로 보는 그리스 로마 신화 3	토머스 불핀치	가나출판사	8,500	아동
45	펄떡이는 물고기처럼	해리 폴 외	한언	8,900	경제경영
46	여름사냥	허문선 외	뜨인돌출판사*	7,900	자연과학
47	화성에서 온 남자 금성에서 온 여자	존 그레이	친구미디어	9,000	여성육아
48	Toeic 답이 보인다 (tape 포함)	김대균	김영사	14,900	외국어
49	해리포터와 마법사의 돌 (상)	조앤 K. 롤링	문학수첩	7,000	소설
50	마이너리그	은희경	창작과비평사	7,500	소설

판사의 전략 또한 돋보인다.

시장의 선두자로 나선 『만화로 보는 그리스 로마 신화』보다 시장 선점에 뒤진 황금가지의 『만화 그리스 신화』는 일본의 유명 순정만화가의 책으로 아예 타깃을 중학생으로 수정했을 정도다.

또 다른 9월 출판가의 핫 이슈는 미 테러사건으로 관련 서적이 갑작스럽게 주목받았던 사실이다. 특히 판매 상승이 두드러진 두 권의 책이 있다. 새뮤얼 헌팅턴의 『문명의 충돌』과 『이슬람』이다. 뉴욕의 세계무역센터 폭파사건으로 인터넷서점 아마존에서는 이 사건을 예언한 프랑스의 전설적 예언자 노스트라다무스의 예언서들이 갑자기 주목받았다지만 국내에서는 『문명의 충돌』과 『이슬람』의 급상승이 눈에 띈다.

『문명의 충돌』은 1997년 국내에 소개되어 사회과학서로는 드물게 5만 5천부 가량 판매되었고 최근 테러사건이 벌어지자마자 며칠 사이에 5천부 이상 판매되며 독자들에게 주목받고 있다. 이 책은 냉전의 종식으로 새로운 유혈 충돌을 수반하는 갈등구조가 생길 것이며 그 원인이 문명과 종교라고 파악하는데 특히 악의적인 편견에 가득 차 있다는 비판을 받을 정도로 이슬람 문화를 적대적으로 간주하고 있다.

이에 반해 『이슬람』이나 노암 촘스키의 『숙명의 트라이앵글』(이후)은 객관적인 입장에서 이슬람과 미국 그리고 이스라엘의 관계를 조명한다. 세계무역센터 폭파의 테러용의자로 오사마 빈 라덴 등 이슬람 원리주의자들이 주목되는 가운데 이슬람 테러의 뿌리가 무엇인지를 미국중심주의적 시각에 익숙한 국내독자들에게 균형 잡힌 시각을 제공해 준다.

사회적 현실에 기민하게 반응한 이 책들과 달리 한동안 21세기의 대안적 가치로 주목받았던 김용옥의 동양학 관련서나 세계화로 인한 모순적 현실을 비판한 책들은 주춤하다. 인문사회 분야 베스트셀러에서도 발빠르게 현실을 반영한 책을 찾는 독자의 달라진 행보를 읽을 수 있다.

2001년 10월 베스트셀러 분석

화제와 어우러져 시너지 효과를 본 책들의 강세

1999년 여름 출간되었으나 1년이 지난 2000년 들어 폭발적으로 판매량이 늘기 시작한 『로빈슨 크루소 따라잡기』가 노빈손이라는 캐릭터를 활용, 다양한 주제의 시리즈들을 출간, 시너지 효과를 누리고 있다. 서바이벌이라는 주제를 다룬 『노빈손의 아마존 어드벤처』나 『노빈손의 버뮤다 어드벤처』 외에도 계절 상품인 『여름사냥』에 이어 『노빈손의 가을 여행』(이상 뜨인돌) 또한 인기다.

사고뭉치 노빈손이 특유의 엉뚱함을 발휘, 아마존이나 버뮤다에서 종횡무진 활약했던 서바이벌 시리즈에 비해 이번에는 가을을 맞이해 차분한 여행을 떠나는 이야기가 가을여행의 주제다.

『노빈손의 가을 여행』은 우연히 알게 된 아름다운 소녀가 시를 좋아한다는 사실 때문에 멋진 시를 쓰기 위해 시골로 가을 여행을 떠난다는 설정이다. 시를 찾아 떠난 노빈손이 겪게 되는 여러 에피소드뿐만 아니라, 가을이면 궁금해지는 여러 과학 상식이 덤으로 실려있다.

판타지라는 구성상의 특징 없이도 어디든 떠날 수 있는 노빈손 캐릭터가 보여주는 무궁무진한 환상의 세계와 과학상식이 교양과 재미를 한 번에 전달하는 책으로 인기가 높아 노빈손의 여행이 어디까지 이어질지 자못 궁금하다.

'노빈손' 시리즈 외에 소설에서는 문학상을 수상했거나 드라마 방영 등 화제와 맞물려 좋은 반응을 얻고 있는 책들이 눈에 띈다.

가장 대표적인 책이 『칼의 노래』다. 출간 당시부터 역사적 인물 이순신을 다른 방식으로 이해하고 소설적으로 형상화한 작품으로 주목받기는 했지만 판매는 부진했다.

그러나 올 10월 초 발표된 2001년 동인문학상을 수상을 계기로 독자들의 관심권 안으로 진입하며 판매도 급상승했다. 동인문학상은 종신고용 심사위원들이 매달 단행본으로 출간된 작품 중 추천작을 심사하고, 그 결과를 신문에 발표하며 화제를 불러일으켜 온 독특한 방식을 채택하고 있는 것도 이 책의 화제몰이에 큰 역할을 한 듯하다.

〈한국일보〉와 〈시사저널〉 등에서 오랫동안 기자생활을 했던 저자는 최근 전업작가로 변신했고 이번에 수상한 『칼의 노래』가 두 번째 소설이다. 기자시절부터 '모국어가 도달할 수 있는 산문미학의 한 진경을 보여준다'는 평가를 받을 정도로 유려한 글쓰기를 자랑해왔던 저자는 『칼의 노래』에서 역시 영웅 이순신의 모습이 아니라 고독한 개인으로서의 이순신의 내면을 잘 그려냈다는 평이다.

또 다른 책으로는 이미 올 여름 밀리언셀러를 기록한 소설 『상도』를 들 수 있다. 이미 팔려나갈 만큼 팔렸지만 동명의 TV 드라마가 방영되며 다시 한번 기지개를 펼 것이 기대된다. 김진명의 『황태자비 납치사건』 역시 드라마 〈명성황후〉가 인기리에 방영되며 비슷한 소재를 다룬 이 책 또한 독자들의 관심을 끌고 있다. 역사교과서 왜곡사건이라는 현실적 주제를 기민하며 소설 속에서 다루며 일본의 만행을 명성황후 시해사건과 연결시킨 작가의 현실감각이 돋보이는 작품이다.

순위	도서명	저자	출판사	정가	구분
1	노빈손의 가을여행	함윤미 외	뜨인돌출판사*	7,900	자연과학
2	로빈슨 크루소 따라잡기	박상준 외	뜨인돌출판사*	7,500	자연과학
3	중국견문록	한비야	푸른숲	8,800	비소설
4	노빈손의 아마존 어드벤처	박경수 외	뜨인돌출판사*	7,900	비소설
5	누가 내 치즈를 옮겼을까?	스펜서 존슨	진명출판사	7,000	경제경영
6	등대지기	조창인	밝은세상	8,000	소설
7	노빈손의 버뮤다 어드벤처	박경수 외	뜨인돌출판사*	7,900	비소설
8	거울	원성	이레	9,000	비소설
9	바이올렛	신경숙	문학동네	8,000	소설
10	여름사냥	허문선 외	뜨인돌출판사*	7,900	자연과학
11	황태자비 납치사건 1	김진명	해냄	7,500	소설
12	만화로 보는 그리스 로마 신화 1	토머스 불핀치	가나출판사	8,500	아동
13	이슬람	이희수 외	청아출판사	13,000	인문
14	문명의 충돌	새뮤얼 헌팅턴	김영사	17,900	정치사회
15	공지영의 수도원 기행	공지영	김영사	9,900	비소설
16	만화로 보는 그리스 로마 신화 7	토머스 불핀치	가나출판사	8,500	아동
17	부자 아빠 가난한 아빠	로버트 기요사키 외	황금가지	9,000	경제경영
18	The Blue Day Book	브래들리 트레버 그리브	바다출판사	6,800	비소설
19	너 그거 아니?	디비딕 닷컴 네티즌	문학세계사	8,200	비소설
20	부자국민 일등경제	이원복	김영사	8,900	경제경영
21	만화로 보는 그리스 로마 신화 2	토머스 불핀치	가나출판사	8,500	아동
22	황태자비 납치사건 2	김진명	해냄	7,500	소설
23	상도 2	최인호	여백	7,500	소설
24	이윤기의 그리스로마 신화	이윤기	웅진닷컴	12,000	인문
25	영혼이 있는 승부 – CEO 안철수	안철수	김영사	9,900	경제경영
26	만화로 보는 그리스 로마 신화 4	토머스 불핀치	가나출판사	8,500	아동
27	만화로 보는 그리스 로마 신화 6	토머스 불핀치	가나출판사	8,500	아동
28	만화로 보는 그리스 로마 신화 3	토머스 불핀치	가나출판사	8,500	아동
29	칼의 노래 1	김훈	생각의나무	7,500	소설
30	상도 1	최인호	여백	7,500	소설
31	협상의 법칙	허브 코헨	청년정신	12,000	경제경영
32	어느 게으름뱅이의 책읽기	이권우	한국출판마케팅연구소	8,000	인문
33	칼의 노래 2	김훈	생각의나무	6,000	소설
34	연인 2	김상옥	데미안	7,500	소설
35	연인 1	김상옥	데미안	7,500	소설
36	해리포터와 마법사의 돌 (상)	조앤 K. 롤링	문학수첩	7,000	소설
37	만화로 보는 그리스 로마 신화 5	토머스 불핀치	가나출판사	8,500	아동
38	아들아 머뭇거리기에는 인생이 너무 짧다	강헌구	한언	9,800	비소설
39	가시고기	조창인	밝은세상	7,500	소설
40	상도 5	최인호	여백	7,500	소설
41	무라카미 라디오	무라카미 하루키	까치	7,500	비소설
42	상도 3	최인호	여백	7,500	소설
43	오사마 빈 라덴	요제프 보단스키	명상	13,000	인문
44	잭 웰치 끝없는 도전과 용기	잭 웰치	청림출판	15,500	경제경영
45	해리포터와 마법사의 돌 (하)	조앤 K. 롤링	문학수첩	7,000	소설
46	원본 토정비결	김혁제	명문당	3,000	예술실용
47	국화꽃의 비밀	김환희	새움	6,500	인문
48	해리포터와 아즈카반의 죄수 (하)	조앤 K. 롤링	문학수첩	7,500	소설
49	어머니	김정현	문이당	8,000	소설
50	상도 4	최인호	여백	7,500	소설

2001년 11·12월 베스트셀러 분석

책과 방송의 만남

2001년 12월 송인서적의 종합베스트셀러 1위는 『괭이부리말 아이들』이 차지했다. 2000년 7월 출간된 『괭이부리말 아이들』은 창작과비평사에서 주최하는 제4회 '좋은 어린이 책' 원고 공모 창작부문 대상 수상작이다.

어린이용 창작동화인 『괭이부리말 아이들』이 갑작스럽게 종합 베스트셀러 1위를 차지한 것은 요즘 화제가 되고 있는 문화방송의 〈느낌표〉라는 프로그램 때문이다. 『괭이부리말 아이들』은 이 프로그램의 '책책책, 책을 읽읍시다'라는 코너에서 12월 17일부터 22일까지 4주 연속 집중 소개된 결과 판매가 급상승했다. 토요일 저녁, 황금시간대에 편성된 오락프로그램에서 개그맨들이 시민들에게 책을 나눠주고 책을 읽은 사람들의 감상도 들어보는 등 적극적으로 책읽기를 유도한 덕분이다.

방송 전까지는 2만여 부 정도 판매되었던 『괭이부리말 아이들』은 방송이 나간 후 30만 부 이상 판매됐고 2002년 1월부터 소개되기 시작한 공지영의 『봉순이 언니』(푸른숲) 역시 주문이 폭주하고 있다.

물론 그 동안 책 소개 프로그램이 없었던 것은 아니다. 그러나 그간 책 소개 프로그램은 아무도 보는 사람이 없을 법한 예컨대 일요일 아침 같은 사각시간대에 편성되거나, 드라마와 쇼프로그램 등 현란한 세트와 무대에 익숙한 대중에게 지루하게 느껴질 정도로 산뜻하지 못한 방송 세트와 진행 등으로 일반 대중이 재미있고 친근하게 받아들이기에는 한계가 있

순위	도서명	저자	출판사	정가	구분
1	괭이부리말 아이들 (양장본)	김중미	창작과비평사	8,500	소설
2	해리포터와 마법사의 돌 (상)	조앤 K. 롤링	문학수첩	7,000	소설
3	노빈손 에버랜드에 가다	박경수 외	뜨인돌출판사*	7,900	비소설
4	해리포터와 마법사의 돌 (하)	조앤 K. 롤링	문학수첩	7,000	소설
5	해리포터와 비밀의 방 (하)	조앤 K. 롤링	문학수첩	7,000	소설
6	해리포터와 비밀의 방 (상)	조앤 K. 롤링	문학수첩	7,000	소설
7	오늘 눈부신 하루를 위하여	구본형	휴머니스트	7,500	경제경영
8	오페라의 유령	가스통 르루	문학세계사	9,200	소설
9	해리포터와 아즈카반의 죄수 (하)	조앤 K. 롤링	문학수첩	7,500	소설
10	해리포터와 아즈카반의 죄수 (상)	조앤 K. 롤링	문학수첩	7,500	소설
11	등대지기	조창인	밝은세상	8,000	소설
12	누가 내 치즈를 옮겼을까?	스펜서 존슨	진명출판사	7,000	경제경영
13	성철스님 시봉 이야기 1	원택	김영사	8,500	비소설
14	카트린 M의 성생활	카트린 밀레	열린책들	8,500	비소설
15	해리포터와 불의 잔 2	조앤 K. 롤링	문학수첩	7,500	소설
16	해리포터와 불의 잔 4	조앤 K. 롤링	문학수첩	7,500	소설
17	해리포터와 불의 잔 1	조앤 K. 롤링	문학수첩	7,500	소설
18	한강 4	조정래	해냄	8,000	소설
19	한강 5	조정래	해냄	8,000	소설
20	로빈슨 크루소 따라잡기	박상준 외	뜨인돌출판사*	7,500	비소설
21	한강 6	조정래	해냄	8,000	소설
22	해리포터와 불의 잔 3	조앤 K. 롤링	문학수첩	7,500	소설
23	성철스님 시봉 이야기 2	원택	김영사	8,500	비소설
24	연탄길	이철환	삼진기획	7,500	비소설
25	Dear Mom	브래들리 트레버 그리브	바다출판사	6,800	비소설
26	노빈손의 버뮤다 어드벤처	박경수 외	뜨인돌출판사*	7,900	비소설
27	만화로 보는 그리스 로마 신화 2	토머스 불핀치	가나출판사	8,500	아동
28	중국견문록	한비야	푸른숲	8,800	비소설
29	만화로 보는 그리스 로마 신화 1	토머스 불핀치	가나출판사	8,500	아동
30	노빈손의 아마존 어드벤처	박경수 외	뜨인돌출판사*	7,900	비소설
31	만화로 보는 그리스 로마 신화 3	토머스 불핀치	가나출판사	8,500	아동
32	부활무렵 ; 제27회 한국소설문학상	공지영	청어와삐삐	8,000	소설
33	The Blue Day Book	브래들리 트레버 그리브	바다출판사	6,800	비소설
34	상도 2	최인호	여백	7,500	소설
35	상도 1	최인호	여백	7,500	소설
36	아스가르드 2	한이 외	들녘	7,800	소설
37	달라이 라마의 행복론	달라이 라마 외	김영사	9,500	비소설
38	아스가르드 3	한이 외	들녘	7,800	소설
39	상도 3	최인호	여백	7,500	소설
40	만화로 보는 그리스 로마 신화 6	토머스 불핀치	가나출판사	8,500	아동
41	만화로 보는 그리스 로마 신화 7	토머스 불핀치	가나출판사	8,500	아동
42	샤토루즈 2	와타나베 준이치	창해	7,500	소설
43	샤토루즈 1	와타나베 준이치	창해	7,500	소설
44	아스가르드 1	한이 외	들녘	7,800	소설
45	만화로 보는 그리스 로마 신화 5	토머스 불핀치	가나출판사	8,500	아동
46	만화로 보는 그리스 로마 신화 4	토머스 불핀치	가나출판사	8,500	아동
47	노빈손의 가을여행	함윤미 외	뜨인돌출판사*	7,900	비소설
48	만화로 보는 그리스 로마 신화 8	토머스 불핀치	가나출판사	8,500	아동
49	상도 4	최인호	여백	7,500	소설
50	황태자비 납치사건 1	김진명	해냄	7,500	소설

어 보이는 고답적 분위기를 연출했다.

　이런 점에서 최근 방송사들에서 선보이고 있는 책읽기 프로그램은 과거의 천편일률적 방송패턴을 벗어나 대중의 관심을 끌었고 나아가 책 읽는 분위기를 조성해내며 전체 출판계에 활력을 불어넣고 있다.

　MBC-TV의 〈느낌표〉외에도 KBS 제1TV의 〈TV 책을 말하다〉 역시 전문 책 소개 프로그램으로 연말 에 이 방송에서 소개된 『연탄길』(이철환, 삼진기획)은 2000년 8월 출간되었으나 호응을 받지 못하다가 〈TV 책을 말하다〉에서 소개된 이후 송인서적 12월 종합 베스트셀러에서 24위를 차지했을 정도로 매출이 급상승했다.

　〈TV 책을 말하다〉의 경우 영상매체라는 특징을 십분 발휘, 자칫 지루해질 수 있는 책 소개를 여러 다양한 방식으로 시도하고 있는데, 『다이고로야, 고마워』라는 책을 소개할 때는 장애를 가진 원숭이의 영상기록인 '날아라 다이고로'를 보여주며 시청자의 감동을 유도하기도 했다.

　물론 이외에도 라디오의 책 소개 전문 프로그램인 〈책하고 놀자〉, 〈책마을 산책〉과 주 1회 정도 책을 소개한 하는 단발 코너까지 합한다면 각 매체에서 책을 다루는 것이 이처럼 붐을 이뤘던 적이 없을 정도다. 그 동안 책읽기를 가로막는 가장 큰 훼방꾼으로 여겨졌던 TV가 이처럼 책읽기를 권장하고 있다는 점은 모든 문화 콘텐츠의 기본으로서 책의 중요성을 다시 한번 확인하는 계기가 되어 반갑다.

2001년 결산 베스트셀러 분석

독자의 다양한 욕구와
새로운 책 만들기의 가능성을 확인한 해

2001년 출판계는 밀리언셀러 3종을 탄생시키며 작년과 비슷한 외형적 성장을 이뤘다. 그러나 2001년 탄생한 베스트셀러가 모두 작년에 출간된 책들이라는 점과 베스트셀러 50위 정도의 목록을 살펴볼 때 주목할 만한 책이 상대적으로 부족하다는 점은 아쉬움으로 남는다.

올해 탄생한 밀리언셀러는 『누가 내 치즈를 옮겼을까』, 『국화꽃 향기』, 『상도』며 비공식적 집계지만 가나출판사의 『만화로 보는 그리스 로마 신화』 전 8권이 100만 부 이상 판매되었을 것으로 추측된다.

거센 바람을 몰고 온 신화 붐

2001년 국내에 불어닥친 신화 읽기 붐은 불과 1~2년 전만해도 상상할 수 없는 현상이다. 신화 읽기란 보통 종교학, 문학, 역사학, 인류학 등 인문학 전반을 포괄하는 성격을 띤다. 따라서 그간 신화에 관심이 있는 독자란 지적 성향이 높은 사람들이거나 인문학에 관심이 있는 독자들이 주류를 이뤘다. 신화에 대한 관심이 수많은 문화권의 신화들을 수집해서 비교·연구하는 문화 인류학적 관심이나 신화의 상징적 이미지를 인간심성 분석에 응용하는 분석심리학 쪽 관심에서 연구되어져 왔던 것처럼 말이다.

그러나 2000~2001년에 걸쳐 국내 독자들 사이에 불어온 신화바람은 25년 간 신화에 천착해 온 이윤기 씨의 개인적 노력에 크게 힘입었다고 보는 편이 타당하다. 『이윤기의 그리스 로마 신화』가 해를 거듭하며 40만 부 이상 판매되었고 신화 읽기는 전 국민의 트렌드가 되었다.

더구나 2001년 7월 6일부터 9월 30일까지 예술의 전당에서 성황리에 열린 '그리스 로마 신화전–제우스에서 헤라클레스'는 그리스 신화에 대한 열기가 초등학생까지 이어지는데 큰 기폭제 노릇을 했다. 초등학교 교과과정의 변화로 현장학습이 중요시되며 방학을 맞은 아이들이 부모들의 손을 잡고 그리스 로마 신화전을 관람했고 이는 초등학생들 사이에서 그리스 로마 신화가 널리 읽히게 된 직접적 계기를 마련했다.

덕택에 2001년 한해 초등학생들 사이에서 가장 큰 인기를 얻은 책은 가나출판사의 『만화로 보는 그리스 로마 신화』이다. 초등학생들 사이에서 부는 신화붐은 부모들이 내 아이에게도 신화책을 권하고 싶다는 소박한 욕심을 넘어서 아이들 사이에서 일종의 유행처럼 번지고 있다. 이제 아이들 사이에서는 포켓몬 이름을 외워야 또래 집단과 의사소통이 가능했던 것처럼 신과 영웅들의 이름을 외워야 대화가 가능할 정도다.

2000년에는 『신화, 그림으로 읽기』(학고재), 『벌핀치의 그리스 로마 신화』(창해), 『그리스 신화 100장면』(가람기획) 등 주로 성인을 대상으로 한 쉽게 쓰여진 신화서들이 여럿 출간되었다면 올해는 단연 어린이들을 대상을 한 신화서들이 연이어 출간됐다.

삶의 원형으로서 신화의 중요성은 두말할 나위가 없다. 어린이들이 신화 읽기에 거부감이 없다는 사실은 인문학의 한 줄기로서 신화서의 영역이 앞으로 다양해질 수 있다는 반가운 신호탄임에는 분명하다.

책의 다변화

전통적 관점으로 볼 때 책이 갖춰야 할 당위성이라고 여겼던 제반 조건들이 다양한 형식실험을 거치며 변화하고 있다. 2001년 출판계의 기린아 중

순위	도서명	저자	출판사	정가	구분
1	누가 내 치즈를 옮겼을까?	스펜서 존슨	진명출판사	7,000	경제경영
2	로빈슨 크루소 따라잡기	박상준 외	뜨인돌출판사*	7,500	자연과학
3	상도 1	최인호	여백	7,500	소설
4	부자 아빠 가난한 아빠	로버트 기요사키 외	황금가지	9,000	경제경영
5	가시고기	조창인	밝은세상	7,500	소설
6	해리포터와 마법사의 돌 (상)	조앤 K. 롤링	문학수첩	7,000	소설
7	국화꽃 향기 1	김하인	생각의 나무	7,000	소설
8	해리포터와 마법사의 돌 (하)	조앤 K. 롤링	문학수첩	7,000	소설
9	국화꽃 향기 2	김하인	생각의 나무	7,000	소설
10	상도 2	최인호	여백	7,500	소설
11	노빈손의 아마존 어드벤쳐	박경수 외	뜨인돌출판사*	7,900	비소설
12	노빈손의 버뮤다 어드벤쳐	박경수 외	뜨인돌출판사*	7,900	비소설
13	거울	원성	이레	9,000	비소설
14	해리포터와 불의 잔 1	조앤 K. 롤링	문학수첩	7,500	소설
15	해리포터와 비밀의 방 (상)	조앤 K. 롤링	문학수첩	7,000	소설
16	아들아 머뭇거리기에는 인생이 너무 짧다	강헌구	한언	9,800	비소설
17	이윤기의 그리스로마 신화	이윤기	웅진닷컴	12,000	인문
18	아주 오래된 농담	박완서	실천문학사	8,000	소설
19	열한번째 사과나무 1	이용범	생각의 나무	7,000	소설
20	부자 아빠 가난한 아빠 2	로버트 기요사키 외	황금가지	12,000	경제경영
21	마이너리그	은희경	창작과비평사	7,500	소설
22	상도 3	최인호	여백	7,500	소설
23	상도 5	최인호	여백	7,500	소설
24	해리포터와 비밀의 방 (하)	조앤 K. 롤링	문학수첩	7,000	소설
25	해리포터와 아즈카반의 죄수 (상)	조앤 K. 롤링	문학수첩	7,500	소설
26	상도 4	최인호	여백	7,500	소설
27	황태자비 납치사건 1	김진명	해냄	7,500	소설
28	바이올렛	신경숙	문학동네	8,000	소설
29	느리게 산다는 것의 의미 1	피에르 쌍소	동문선	7,000	비소설
30	황태자비 납치사건 2	김진명	해냄	7,500	소설
31	열한번째 사과나무 2	이용범	생각의 나무	7,000	소설
32	The Blue Day Book	브래들리 트래버 그리브	바다출판사	6,800	비소설
33	등대지기	조창인	밝은세상	8,000	소설
34	봄 여름 가을 겨울	법정·류시화	이레	8,000	비소설
35	해리포터와 아즈카반의 죄수 (하)	조앤 K. 롤링	문학수첩	7,500	소설
36	해리포터와 불의 잔 2	조앤 K. 롤링	문학수첩	7,500	소설
37	해리포터와 불의 잔 4	조앤 K. 롤링	문학수첩	7,500	소설
38	화성에서 온 남자 금성에서 온 여자	존 그레이	친구미디어	9,000	여성육아
39	친구 1	곽경택	다리미디어	8,000	소설
40	중국견문록	한비야	푸른숲	8,800	비소설
41	퇴마록 말세편 6	이우혁	들녘	7,000	소설
42	퇴마록 말세편 5	이우혁	들녘	7,000	소설
43	부석사 – 2001 이상문학상 수상작품집	신경숙 외	문학사상사	8,500	소설
44	세상의 모든 굼벵이들에게	리타 엠멋	뜨인돌출판사*	8,000	비소설
45	노빈손의 가을여행	함윤미 외	뜨인돌출판사*	7,900	자연과학
46	펄떡이는 물고기처럼	해리 폴 외	한언	8,900	경제경영
47	마음을 열어주는 101가지 이야기 1 (완결편)	잭 캔필드 외	이레	8,000	비소설
48	어머니	김정현	문이당	8,000	소설
49	손님	황석영	창작과비평사	7,500	소설
50	만화로 보는 그리스 로마 신화 1	토머스 불핀치	가나출판사	8,500	아동

하나인 '노빈손' 시리즈가 대표적이다. '노빈손' 시리즈의 첫 권인 『로빈슨 크루소 따라잡기』가 출간된 것은 1999년 7월이다. 출간된 지 2년 만에 독자들의 폭발적 반응을 얻어낸 드문 경우에 속하는 책이다. 이 책의 가장 큰 특징은 교양적 지식을 전달하는 새로운 방법론에 있다. 노빈손이 무인도에서 살아남는 과정을 거의 유머집 수준으로 재미나게 구성하였다. 중요한 것은 과거라면 가장 중요하게 다뤘어야 할 과학적 상식은 책을 구성하는 부가적 요소로 처리했다는 점이다. 더구나 노빈손이라는 캐릭터를 중심에 두고 있어, 『로빈슨 크루소 따라잡기』뿐만 아니라 연속 시리즈 출간이 가능했고 각종 다른 매체와의 연계 가능성 또한 높다. 이 시리즈는 지금까지 30만 부 정도 판매되며 교양적 지식을 전달하는 새로운 방법론의 선두주자 역할을 톡톡히 하고 있다.

『The Blue Day Book』 또한 새로운 책이다. 일종의 사진집인 이 책의 출간을 결정하며 10분이면 다 읽을 이런 책을 과연 독자들이 돈을 내고 살 것인가를 출판사가 고민했다는 말은 이 책의 성격을 설명하는 중요한 포인트다. 전통적 의미에서 책을 구성하는 가장 중요한 요소인 텍스트의 중요성이야 말할 것도 없지만 이제는 이미지 또한 독자들이 거부감 없이 소비한다는 사실을 이 책의 성공을 통해 확인할 수 있다. 인간보다 더 인간적인 모습의 동물들을 통해 오히려 인간적 모습을 확인하는 독자들을 통해 한 마디 말보다 더 웅변적인 이미지의 중요성을 절감할 수 있다.

번역출판이 주류를 이룬 가운데 수출의 가능성을 모색

인터넷의 활성화로 누구나 원하는 정보를 얻고 책을 계약할 수 있게 되어 해외 출판물의 수입이 활성화됐고, 질 높은 외국 출판물이 국내에 소개되며 전체적으로 출판의 질적 향상을 꾀할 수 있다는 긍정적인 측면도 있었다. 그러나 한편으로는 고만고만한 출판물을 양산해 경쟁을 심화시키고 자칫 해당 분야의 시장성을 떨어지게 할 우려를 낳는 것도 사실이다.

다른 무엇보다 국내 작가들의 발굴을 등한시하고 손쉬운 번역출판에 매달린다는 점에서는 기우가 아니라는 것을 알 수 있다.

그러나 2001년 한해 번역서들이 범람한 것 못지 않게 다른 어느 때 보다 많은 출판물들이 해외 시장으로 저작권 수출을 했고 좋은 결과를 얻어낸 것은 주목할 만하다. 한류바람을 타고 국내 연예인들이 다수 동아시아 시장에 진출했고 드라마와 영화가 수출 호조를 보이자, 『가을동화』 등 관련 책들 또한 중국과 대만 시장에서 좋은 반응을 얻었다. 그뿐 아니라 '노빈손' 시리즈, 『드래곤 라자』, 『마당을 나온 암탉』, 『영어공부 절대로 하지마라』, 『가시고기』 등이 일본과 중국 등에 성공적으로 저작권을 수출했고 『영어공부 절대로 하지마라』 같은 경우는 베스트셀러에 진입할 정도로 좋은 성적을 거뒀다.

사회적 이슈를 반영한 책들

사회적 이슈를 기민하게 반영하는 것은 대중출판의 본질이다. 그런 점에서 올해의 미국 테러사건과 중국 붐은 새로운 분야의 책이 출간되는 계기가 되었다.

9월 11일 벌어진 미 무역센터 폭파사건 이후 경악할 만한 참사의 의미를 규명하는 책들이 잇달아 출간됐다. 9·11 테러가 발발하자마자 가장 먼저 주목을 받은 책은 『문명의 충돌』과 『이슬람』이었다. 1997년 출간되어 화제가 되었던 헌팅턴의 『문명의 충돌』은 이번 테러가 새로운 문명의 충돌이 아닌가 하는 우려와 함께 주목받았고 우연히 타이밍이 적중한 『이슬람』 역시 사회 분위기를 타고 좋은 반응을 얻었다.

이 외에도 테러가 발생하지 않았다면 국내에 출간될 일이 없었을 테러 용의자 오사마 빈 라덴 자서전이 출간되기도 했으며 이슬람을 소개하는 책들과 미국의 정체성을 규명하는 책들이 줄지어 쏟아졌다. 가장 많이 소개된 저자는 언어학자이자 미국의 진보 지식인인 노암 촘스키로 『숙명의 트라이앵글』, 『불량 국가』(두레), 『전쟁과 평화』(삼인) 등이 소개되었다.

또 하나 사회적 이슈로 등장한 중국 붐으로 출판시장에서 역시 중국관련서가 각광받았다. 이념적 사회변혁의 수단으로서 중국을 아는 것이 80년대 중국 관련서의 특징이었다면 2001년 중국관련 독서 열풍은 경제적 이해관계가 주된 목표다. 거대시장 중국에서 돈을 벌 수 있는 방법이 무엇인지를 정리한 『차이나 쇼크』(매경)나 차이나 쇼크의 명암을 냉정히 따지는 『중국은 가짜다』(홍익출판사) 같이 대비되는 책들이 선보였다.

동아시아 전문출판사로 중국 관련서를 꾸준히 출간하고 있는 이산의 『현대 중국을 찾아서』나 레이 황의 『허드슨 강변에서 중국사를 이야기하다』(푸른역사) 등 중국의 역사 관련서뿐만 아니라 중국에서 1년 간 어학 연수한 체험을 바탕으로 생생한 중국 이야기를 선사한 『한비야의 중국견문록』 또한 독자들의 사랑을 받았다.

비슷한 점유율을 보인 소설, 침체를 면치 못한 비소설

대체로 소설과 비슷한 점유율을 기록하던 비소설이 2000년대 들어서면서 별다른 성과를 거두지 못했고 올해 역시 같은 현상이 되풀이되고 있다. 그나마 이번 〈송인소식〉 50위 연말 집계의 비소설 종수는 『노빈손의 아마존 어드벤처』나 『노빈손의 버뮤다 어드벤처』 같은 교양과학 도서를 비소설에 포함시킨 결과다.

1990년대 이후 소설 다음으로 큰 시장 규모를 자랑하며 수많은 베스트셀러를 양산해왔던 비소설 시장의 침체는 시대적 변화를 상징적으로 표현하고 있다. 1980년대 이데올로기 논쟁이 종말을 고한 뒤 갑작스럽게 몰려온 대중문화 바람, 개인주의의 물결 혹은 혁명처럼 나가온 페미니즘 논쟁 등 1990년대는 가치관의 변화가 급격한 시기였다. 당연히 대중들은 이런 가치관의 혼란기에 전문가나 인생 선배들에게 나침반이 되어줄만한 이야기를 듣고자 했다. 정신과 의사들의 에세이나 사회적으로 성공한 전문인들의 에세이 혹은 여성 성공인들의 인생담이 날개 돋친 듯 팔렸던 데는 이러한 대중심리가 큰 역할을 했다고 보인다.

그러나 2000년대로 접어들며 이런 유형의 책들에 대한 선호도는 상당히 떨어졌는데, 2000년대 대중이 바라는 것은 에세이를 통한 가치관의 정립보다는 너무도 제각각인 자신들의 관심 영역을 충족시켜주는 책이다. 보편적 인생이야기를 담은 에세이가 과거에 사랑 받았다면 최근 그나마 독자들의 호응을 얻는 에세이들은 전문적 지식을 대중에게 알기 쉽게 전달하거나, 예술서를 에세이처럼 낸 책 등 특정주제나 전문적 지식을 대중에게 전달하는 책들이다. 『화첩기행』(효형출판)이나 『나는 그림에서 인생을 배웠다』(명진출판)류가 여기에 속한다.

2001년에는 특히 단편적 지식을 담은 여행서가 아닌 자신이 보고 온 여행지를 감성으로 풀어낸 에세이풍의 여행서들이 주목받았다. 『공지영의 수도원 기행』이나 『한비야의 중국견문록』이 이런 경우다.

순문학 시장의 침체에 대한 우려가 끊이지 않았던 한해였지만 소설 시장 전체를 두고 볼 때 점유율 면에서 소설 시장에 큰 변화가 있었던 것은 아니다. 다만 몇 년 전과 비교할 때 본격문학 진영의 책들이 설 자리가 줄어든 것은 사실이다. 최인호의 『상도』가 일찌감치 밀리언셀러를 기록했으며, 조창인의 『가시고기』와 『등대지기』(밝은세상)가 여전히 좋은 성적을 냈다. 연말에는 드라마, 뮤지컬, 영화 등의 상영과 관련된 책들인 『상도』, 『오페라의 유령』, '해리포터' 시리즈 등의 소설들이 겨울시장을 맞아 기지개를 펴고 있다.

부록 2001년 교보문고 분야별 베스트셀러 목록

2001년 교보문고 베스트셀러 주요 동향

개인과 조직의 변화와 혁신을 요구하는 사회적 분위기에 힘입어 지난해 종합 7위를 차지했던 스펜서 존슨의 『누가 내 치즈를 옮겼을까』가 올해 약진을 거듭해 종합 1위를 차지하였으며, 최인호 『상도』는 장편소설로는 드물게 출간 7개월만에 판매량 1백만부를 돌파하는 저력을 발휘하며, 종합 2위에 올랐음.

지난해 종합 3위를 차지한 『부자 아빠 가난한 아빠』의 인기는 올해에도 수그러들지 않아 종합 4위를 차지하고 있으며, 『THE BLUE DAY BOOK』은 가볍고 유쾌하면서도 우리 스스로를 돌아보게 하는 참신한 기획으로 독자들을 사로잡으며 5위를 차지.

올해의 사회적 이슈인 미(美)테러사태의 여파는 국내 출판계에도 큰 영향을 미쳐 테러관련서에 대한 관심이 증폭되었으며, 미국의 대외정책 및 이슬람 문화에 대한 관심이 크게 증가. 특히 이 두 도서는 출간 시기가 우연히도 미(美)테러발생 시기와 맞물려 더욱 관심을 받았으며, 이러한 관심 속에 3개월이라는 짧은 판매 기간에도 불구하고 『협상의 법칙』, 『이슬람』 등 2종의 관련서가 연간 베스트셀러 종합 50에 오르는 이변을 낳았음.

여전히 소설 및 비소설이 주를 이루고 있으며 시분야가 총 4종에서 1종으로 감소하여 시 분야의 퇴조가 두드러지고 있다. 또한 컴퓨터 분야의 도서는 지난해 2종에서 올해는 1종도 진입하지 못하고 있음을 알 수 있다.

☞ 종합

순위	도서명	저자명	출판사명	정가
1	누가 내 치즈를 옮겼을까?	스펜서 존슨	진명출판사	7,000
2	상도 1	최인호	여백	7,500
3	국화꽃 향기 1	김하인	생각의나무	7,000
4	부자 아빠 가난한 아빠	로버트 기요사키 외	황금가지	9,000
5	The Blue Day Book	브래들리 트레버 그리브	바다출판사	6,800
6	가시고기	조창인	밝은세상	7,500
7	이윤기의 그리스 로마 신화	이윤기	웅진닷컴	12,000
8	느리게 산다는 것의 의미	피에르 쌍소	동문선	7,000
9	해리포터와 마법사의 돌 제1권 1	조앤 K. 롤링	문학수첩	7,000
10	힐링 소사이어티	이승헌	한문화	7,800
11	펄떡이는 물고기처럼	Harry Paul 외	한언	8,900
12	ENGLISH EXPRESSION DICTIONARY	신재용	넥서스	21,500
13	WORD SMART (1, 2권 통합본)	애덤 로빈슨 외	넥서스	29,500
14	상실의 시대	무라카미 하루키	문학사상사	8,800
15	영어공부 절대로 하지 마라 (T:2, 듣기와 받아쓰기)	정찬용	사회평론	9,800
16	창가의 토토	구로야나기 테츠코	프로메테우스	7,500
17	거울	원성	이레	9,000
18	아주 오래된 농담	박완서	실천문학사	8,000
19	호밀밭의 파수꾼	J.D.샐린저	문예출판사	7,000
20	경호	켄 블랜차드 외	21세기북스	8,500
21	아들아 머뭇거리기에는 인생이 너무 짧다	강헌구	한언	9,800
22	협상의 법칙	허브 코헨	청년정신	12,000
23	TOEIC 답이 보인다 21세기형 (T:3 포함, 개정판)	김대균	김영사	14,900
24	만화로 보는 그리스 로마 신화 1	토머스 불핀치	가나출판사	8,500
25	일 잘하는 사람 일 못하는 사람	호리바 마사오	오늘의책	10,000
26	지금 알고 있는 걸 그때도 알았더라면	류시화	열림원	5,000
27	부석사 (제25회 이상문학상수상작품집)	신경숙 외	문학사상사	8,500
28	화성에서 온 남자 금성에서 온 여자	존 그레이	친구미디어	9,000
29	너 그거 아니?	디비딕 닷컴 네티즌	문학세계사	8,200
30	한비야의 중국견문록	한비야	푸른숲	8,800
31	사슴벌레 여자	윤대녕	이룸	7,500
32	마이너리그	은희경	창작과비평사	7,500
33	디지몬 캐릭터 대도감	편집부	대원씨아이㈜	5,000
34	프로페셔널의 조건	피터 드러커	청림출판	12,000
35	바이올렛	신경숙	문학동네	8,000
36	미국 영어발음 무작정 따라하기 (T:2 포함)	릭킴 외	길벗	12,000
37	사람은 무엇으로 사는가	톨스토이	책만드는집	6,500
38	디지몬 어드벤처를 찾아라 1	편집부	학산문화사	8,000
39	향수 (양장본)	파트리크 쥐스킨트	열린책들	8,500
40	꿈을 도둑맞은 사람들에게	잭 캔필드 외	현재	8,000
41	야베스의 기도	브루스 윌킨슨	디모데	5,500
42	원칙중심의 리더십	스티븐 코비	김영사	12,900
43	등대지기	조창인	밝은세상	8,000
44	경제기사는 돈이다	송양민 외	21세기북스	10,000
45	무소유 (양장본)	법정	범우사	6,000
46	손님	황석영	창작과비평사	7,500
47	Body for LIFE	BILL PHILLIPS	한언	12,000
48	선의 나침반 1	현각 엮음	열림원	7,500
49	TOEIC 터미네이터 (R/C)	최종민	시사영어사	14,000
50	이슬람	이희수 외	청아	13,000

☞ 소설

순위	도서명	저자명	출판사명	정가
1	상도 1	최인호	여백	7,500
2	국화꽃 향기 1	김하인	생각의나무	7,000
3	가시고기	조창인	밝은세상	7,500
4	해리포터와 마법사의 돌 제1권 1	조앤.K.롤링	문학수첩	7,000
5	상실의 시대	무라카미 하루키	문학사상사	8,800
6	창가의 토토	구로야나기 테츠코	프로메테우스	7,500
7	아주 오래된 농담	박완서	실천문학사	8,000
8	호밀밭의 파수꾼	J.D.셀린저	문예출판사	7,000
9	부석사 (제25회 이상문학상수상작품집)	신경숙 외	문학사상사	8,500
10	사슴벌레 여자	윤대녕	이룸	7,500
11	마이너리그	은희경	창작과비평사	7,500
12	바이올렛	신경숙	문학동네	8,000
13	사람은 무엇으로 사는가	톨스토이	책만드는집	6,500
14	향수 (양장본)	파트리크 쥐스킨트	열린책들	8,500
15	등대지기	조창인	밝은세상	8,000
16	손님	황석영	창작과비평사	7,500
17	오페라의 유령	가스통 르루	문학세계사	9,200
18	어머니	김정현	문이당	8,000
19	황태자비 납치 사건 1	김진명	해냄	7,500
20	해바라기 1	이정명	광개토	7,500

☞ 비소설

순위	도서명	저자명	출판사명	정가
1	누가 내 치즈를 옮겼을까?	스펜서 존슨	진명출판사	7,000
2	The Blue Day Book	브래들리 트래버 그리브	바다출판사	6,800
3	느리게 산다는 것의 의미	피에르 쌍소	동문선	7,000
4	힐링 소사이어티	이승헌	한문화	7,800
5	거울	원성	이레	9,000
6	아들아 머뭇거리기에는 인생이 너무 짧다	강헌구	한언	9,800
7	너 그거 아니?	디비드 닷컴 네티즌	문학세계사	8,200
8	한비야의 중국견문록	한비야	푸른숲	8,800
9	꿈을 도둑맞은 사람들에게	잭 캔필드 외	현재	8,000
10	무소유 (양장본)	법정	범우사	6,000
11	서울대보다 하버드를 겨냥하라	김성혜	물푸레	8,500
12	바보들은 항상 최선을 다했다고 말한다	CHARLES C. MANZ 외	한언	9,800
13	가야산으로의 7일간의 초대	권기헌	한언	8,900
14	체 게바라 평전	장 코르미에	실천문학사	12,000
15	다이고로야 고마워	오타니 준코	오늘의책	7,000
16	로빈슨크루소 따라잡기	박상준 외	뜨인돌출판사	7,500
17	시도하지 않으면 아무것도 할 수 없다	지그 지글러	큰나무	7,000
18	공지영의 수도원 기행	공지영	김영사	9,900
19	모리와 함께 한 화요일	미치 앨봄	세종서적	7,200
20	나는 그림에서 인생을 배웠다	한젬마	명진출판사	10,800

☞ 시

순위	도서명	저자명	출판사명	정가
1	지금 알고 있는 걸 그때도 알았더라면	류시화	열림원	5,000
2	당신을 사랑합니다	김용궁	주변인의길	6,000
3	당신이 그리운 건 내게서 조금 떨어져 있기 때문입니다	이정하 외	책만드는집	5,000
4	어쩌면 그리 더디 오십니까	이정하	아래아	6,000
5	내가 얼마나 당신을 사랑하는지 당신은 알지 못합니다 1	수잔 폴리스 슈츠 외	오늘의책	5,500
6	사랑이 나를 찾아 오던 날	용혜원	양피지	5,000
7	누구나 혼자이지 않은 사람은 없다	김재진	그림같은세상	5,500
8	외눈박이 물고기의 사랑	류시화	열림원	5,000
9	넌 가끔가다 내 생각을 하지 난 가끔가다 딴 생각을 해	원태연	자음과모음	5,500
10	지금은 사랑하기에 가장 좋은 시절	용혜원	책만드는집	5,500
11	한 사람을 사랑했네	이정하	자음과모음	5,500
12	연가	신경림 외	책만드는집	5,500
13	사랑하는 이여 내가 죽거든	크리스티나 로제티 외	인화	5,000
14	사랑	김용택 엮음	이레	5,000
15	그대가 곁에 있어도 나는 그대가 그립다	류시화	푸른숲	4,000
16	너는 눈부시지만 나는 눈물겹다	이정하	푸른숲	4,500
17	외로우니까 사람이다	정호승	열림원	5,000
18	국화 옆에서	서정주	민음사	5,000
19	아무것도 아닌 것에 대하여	안도현	현대문학북스	5,500
20	외딴 마을의 빈집이 되고 싶다	이해인	열림원	5,000

☞ 아동

순위	도서명	저자명	출판사명	정가
1	어린이를 위한 우동 한 그릇	구리 료헤이	청조사	6,500
2	나쁜 어린이 표	황선미	웅진출판주식회사	6,000
3	똥이 어디로 갔을까	이상권	창작과비평사	6,500
4	소나기	황순원	다림	6,000
5	자전거 도둑	박완서	다림	7,000
6	돌아온 진돗개 백구	송재찬	대교출판	6,000
7	열두 사람의 아주 특별한 동화	송재찬 외	파랑새어린이	7,500
8	안내견 탄실이	고정욱	대교출판	6,800
9	쇠똥 아줌마와 구리구리	김영원	자유지성사	6,800
10	내게는 아직 한쪽 다리가 있다	송방기	파랑새어린이	7,500
11	우리나라 좋은 동화 12	구은영 외	자유지성사	6,800
12	오빠가 지어 준 감기약	김영원	사계절	7,000
13	마당을 나온 암탉	황선미	사계절	7,000
14	오줌 멀리싸기 시합	장수경	사계절	6,500
15	1학년을 위한 우수동화	편집부	예림당	6,500
16	열두살에 부자가 된 키라	보도 섀퍼	을파소	12,000
17	행복한 강아지 뭉치	이미애	푸른책들	6,500
18	365일 요정이야기	자운영	지경사	6,000
19	우리들의 일그러진 영웅	이문열	다림	5,500
20	엄마를 위하여	김자환	꿈이있는아이들	6,000

☞ 여성

순위	도서명	저자명	출판사명	정가
1	화성에서 온 남자 금성에서 온 여자	존 그레이	친구	9,000
2	귀여운 우리 아기 2	편집부	중앙일보	4,500
3	현명한 부모들은 아이를 느리게 키운다	신의진	중앙M&B	8,000
4	조물조물 매일반찬	박경미	효성출판사	5,800
5	귀여운 우리 아기 1	편집부	중앙일보	4,000
6	첫아기 안심하세요	곽노의 외	여성자신	16,800
7	최고의 우리맛	심영순	동아일보사	12,000
8	보글보글 찌개 전골	백지원	효성출판사	5,800
9	HELLO 베이비 HI 맘	김린 외	한울림	12,000
10	장우야 영어가 쉽니 우리말이 쉽니(T:1,별책:1 포함)	박은정	마더텅	14,000
11	행복한 엄마랑 아빠가 들려주는 태교동화	김문기	언어세상	12,000
12	지혜로운 부모가 행복한 아이를 만든다	박경애	오늘의책	9,000
13	남편과 함께 하는 태교 데이트	김창규	중앙M&B	8,000
14	천재를 만드는 유태인의 가정교육법	류태영	국민일보사	8,500
15	이현우의 싱글을 위한 이지쿠킹	이현우	웅진닷컴	12,000
16	모락모락 밥 한그릇	백지원	효성출판사	5,800
17	황금빛 똥을 누는 아기	최민희	다섯수레	13,000
18	선재 스님의 사찰음식	선재 스님	디자인하우스	13,500
19	엄마 영어방송이 들려요	이남수	길벗이지톡	9,800
20	첫임신 첫출산	편집부 엮음	중앙M&B	14,800

☞ 인문과학

순위	도서명	저자명	출판사명	정가
1	이윤기의 그리스 로마 신화	이윤기	웅진닷컴	12,000
2	이슬람	이희수 외	청아	13,000
3	한국의 정체성	탁석산	책세상	3,900
4	도올논어 2	김용옥	통나무	8,500
5	노자를 웃긴 남자	이경숙	자인	9,800
6	한권으로 읽는 조선왕조실록	박영규	들녘	10,000
7	화인열전	유홍준	역사비평사	16,000
8	로마인 이야기 1	시오노 나나미	한길사	8,500
9	공자 노자 석가	모로하시 데츠지	동아시아	9,000
10	한국의 주체성	탁석산	책세상	3,900
11	하룻밤에 읽는 세계사	미야자키 마사카츠	중앙M&B	9,000
12	로마인 이야기 9	시오노 나나미	한길사	11,000
13	나는 이런 책을 읽어 왔다	다치바나 다카시	청어람미디어	12,000
14	국화와 칼	루스 베네딕트	을유문화사	7,000
15	춘아 춘아 옥단춘아 네 아버지 어디 갔니	이윤기 외	민음사	15,000
16	논문 잘 쓰는 방법	움베르토 에코	열린책들	9,500
17	상식의 오류 사전 1	발터 크래머 외	경당	9,000
18	몰입의 즐거움	미하이 칙센트미하이	해냄출판사	8,000
19	주역과 21세기 1	성태용	EBS교육방송	9,000
20	나의 북한 문화유산답사기 (하)	유홍준	중앙M&B	12,000

☞ 정치·사회

순위	도서명	저자명	출판사명	정가
1	보보스	데이비드 브룩스	동방미디어	9,000
2	노무현과 국민사기극	강준만	인물과사상사	8,200
3	문명의 충돌	새뮤얼 헌팅턴	김영사	17,900
4	어둠의 편이 된 햇별은 어둠을 밝힐 수 없다	편집부 엮음	월간조선사	10,000
5	김영삼 대통령회고록 (상)	김영삼	조선일보사	8,500
6	모택동비록 (상)	산케이신문특별취재반	문학사상사	9,800
7	아주 작은 차이	알리스 슈바르처	이프	8,000
8	숙명의 트라이앵글 1	노암 촘스키	이후	14,000
9	아이 러브 폴리스	김중겸	좋은이웃집	7,000
10	위기의 한국 누구에게 맡길 것인가	조성관	생각의나무	8,500
11	DJ는 왜 지역갈등 해소에 실패했는가	성한용	중심	10,000
12	불멸의 지도자 등소평	등용	김영사	19,900
13	아집과 실패의 전쟁사	에릭 두르슈미트	세종서적	10,000
14	그림자 정부	이리유카바 최	해냄출판사	10,000
15	마르크스 평전	프랜시스 윈	푸른숲	20,000
16	불량국가	노암 촘스키	두레	12,800
17	국제분쟁의 이해	조지프 나이	한울	14,000
18	대한민국 죽이기	강준만	개마고원	9,800
19	오만한 제국	하워드 진	당대	16,000
20	부시 행정부의 한반도 리포트	콘돌리자 라이스 외	김영사	9,800

☞ 경제·경영

순위	도서명	저자명	출판사명	정가
1	부자 아빠 가난한 아빠	로버트 기요사키 외	황금가지	9,000
2	펄떡이는 물고기처럼	Harry Paul 외	한언	8,900
3	경호	켄 블랜차드 외	21세기북스	8,500
4	협상의 법칙	허브 코헨	청년정신	12,000
5	일 잘하는 사람 일 못하는 사람	호리바 마사오	오늘의책	10,000
6	원칙중심의 리더십	스티븐 코비	김영사	12,900
7	프로페셔널의 조건	피터 드러커	청림출판	12,000
8	경제기사는 돈이다(2001년개정판)	송양민 외	21세기북스	10,000
9	80/20 법칙	리처드 코치	21세기북스	12,000
10	그대 스스로를 고용하라	구본형	김영사	9,900
11	잭 웰치 끝없는 도전과 용기	잭 웰치	청림출판	15,500
12	CEO 안철수 영혼이 있는 승부	안철수	김영사	9,900
13	화나면 흥분하는 사람 화날수록 침착한 사람	바바라 베르크한	청림출판	7,800
14	부자 아빠 가난한 아빠 3	로버트 기요사키 외	황금가지	15,000
15	래리 킹 대화의 법칙	래리 킹	청년정신	9,000
16	성공하는 사람들의 7가지 습관	스티븐 코비	김영사	8,900
17	놓치고 싶지 않은 나의 꿈 나의 인생 1	나폴레온 힐	국일미디어	8,000
18	합법적으로 세금안내는 110가지 방법	노병윤	아라크네	12,000
19	내 사람을 만드는 말 남의 사람을 만드는 말	후쿠다 다케시	청림출판	8,500
20	소유의 종말	제레미 리프킨	민음사	15,000

☞ 건강·의학

순위	도서명	저자명	출판사명	정가
1	Body for LIFE	BILL PHILLIPS	한언	12,000
2	세상에서 가장 아늑한 휴식 발마사지 30분	김수자	넥서스	15,000
3	내 몸은 내가 고친다	김홍경	책만드는식물추장	10,000
4	사암침법으로 푼 경락의 신비	김홍경	책만드는식물추장	10,000
5	쉽게 찾는 칼로리북	한영실	현암사	8,500
6	암과 싸우지 말고 친구가 돼라	한만청	중앙M&B	12,000
7	차라리 아이를 굶겨라	다음을지키는엄마모임	시공사	8,500
8	심천 사혈 요법	박남희	정신세계사	8,000
9	누우면 죽고 걸으면 산다	김영길	사람과사람	7,000
10	소리기공	원공	이화문화출판사	8,000
11	TV 동의보감	신재용	학원사	9,500
12	나는 현대의학을 믿지 않는다	로버트 S.멘델존	문예출판사	9,000
13	통속 한의학 원론	조헌영	학원사	10,000
14	암을 이기는 식사 관리	김평자 외	작은우리	12,000
15	식탁 위에 숨겨진 항암식품 54가지	나가카와 유조	동도원	10,000
16	핸드경락 마사지	김여진	아이티출판사	6,000
17	기적의 음양식사법	이상문	정신세계사	10,000
18	신 동의보감	신재용	학원사	9,500
19	기 아는 만큼 행복하다	지선	성하	9,000
20	기통찬 한의사 이경제의 아침 이야기	이경제	김영사	12,900

☞ 교양과학

순위	도서명	저자명	출판사명	정가
1	$E=mc^2$	데이비드 보다니스	생각의나무	13,000
2	암호의 세계	루돌프 키펜한	이지북	12,000
3	게놈	매트 리들리	김영사	14,900
4	수학이 수군수군	샤르탄 포스키트	김영사	3,900
5	과학 콘서트	정재승	동아시아	9,000
6	세상 밖으로 날아간 수학	이시하라 키요타카	맑은소리	6,000
7	물리가 물렁물렁	닉 아놀드	김영사	3,900
8	이기적 유전자	리처드 도킨스	을유문화사	9,000
9	아무도 풀지 못한 문제	박영훈	지호	8,900
10	수학을 다시 시작하는 책	미야구치 유우지	자음과모음	9,900
11	마법의 수학나라	크리스티 매간지니	맑은소리	6,000
12	화학이 화끈화끈	닉 아놀드	김영사	3,900
13	3일만에 읽는 몸의 구조	타노이 마사오	서울문화사	7,800
14	발견하는 즐거움	리처드 파인만	승산	9,800
15	수학이 또 수군수군	샤르탄 포스키트	김영사	3,900
16	상대적이며 절대적인 지식의 백과사전	베르나르 베르베르	열린책들	7,500
17	마음의 여행	이경숙	정신세계사	9,000
18	청소년이 꼭 알아야 할 과학상식 148가지	박창수 엮음	인화	8,500
19	페르마의 마지막 정리	사이먼 싱	영림카디널	9,500
20	시간의 역사	스티븐 호킹	까치	23,000

☞ 외국어

순위	도서명	저자명	출판사명	정가
1	ENGLISH EXPRESSION DICTIONARY	신재용	넥서스	21,500
2	WORD SMART (1, 2권 통합본)	애덤 로빈슨 외	넥서스	29,500
3	영어공부 절대로 하지 마라(T:2, 듣기와 받아쓰기)	정찬용	사회평론	9,800
4	TOEIC 답이 보인다 21세기형 (T:3 포함, 개정판)	김대균	김영사	14,900
5	미국 영어발음 무작정 따라하기(T:2 포함)	릭킴 외	길벗	12,000
6	TOEIC 터미네이터 (R/C)	최종민	시사영어사	14,000
7	영어가 이렇게 쉽긴 처음이야(T:3 포함)	ROSEMARY BORDER	북맨	10,000
8	영어명문 BEST 20	김영숙	미국영어사	8,800
9	HACKERS TOEFL GRAMMAR(CD포함)	DAVID CHO	해커스어학연구소	14,900
10	HACKERS TOEFL VOCABULARY	DAVID CHO	해커스어학연구소	13,900
11	영문법 벼락치기(T:1포함)	이근철	마더텅	6,500
12	LONGMAN ESSAY WRITING FOR THE TOEFL TEST	박광희	피어슨에듀케이션코리아	10,000
13	토익 첫고비 580 쉽게넘기(T:1포함)	문창호	시사에듀케이션	12,000
14	영단어벼락치기 2000	편집부	마더텅	4,900
15	신경향 시사 TOEFL	임혜영 외	시사영어사	21,000
16	VOCABULARY 22000 (신경향)	HAROLD LEVINE	시사영어사	16,000
17	ENGLISH GRAMMAR IN USE(WITH ANSWERS)	편집부 엮음	홍익에프엘티	15,000
18	5일만 들으면 끝나는 영문법(T:5포함)	배진용	도솔	13,900
19	SPEEDUP TOEIC 문법공략	손영찬	시사영어사	13,000
20	아직도 영어공부 하니?	정찬용	사회평론	6,500

☞ 컴퓨터

순위	도서명	저자명	출판사명	정가
1	플래시 5 & 액션 스크립트(CD 포함)	장일호	영진.COM	25,000
2	엑셀 2000 무작정 따라하기(S/W 포함)	김종학	길벗	15,000
3	포토샵 6 & 웹디자인	김남권	영진.COM	23,000
4	PC 진단문제해결 무작정 따라하기(S/W 포함)	이순원	길벗	25,000
5	PHOTOSHOP 6 기본 활용 쉽게 배우기(할수있다)(CD 포함)	최종진 외	영진.COM	25,000
6	컴퓨터 길라잡이(CD 포함)	한석현	정보문화사	18,000
7	FLASH 5 웹 애니메이션(CD 포함)	최주영 외	이비컴	25,000
8	파워포인트 2000 쉽게 배우기(S/W 포함)	문인수 외	영진.COM	16,000
9	나모 웹에디터 4.X & 웹 디자인(할수있다 특별판)(CD 포함)	김기은	영진.COM	23,000
10	HTML & JAVA SCRIPT 사전	RYUICHI OKAKURA 외	영진.COM	22,000
11	웹캐스터 손은아의 한번에 찾는 인터넷 COOL 사이트	손은아	국일미디어	4,500
12	프리미어 6.0	이두한	하나디브이	19,000
13	포토샵 6 확실히 배우기	장경숙 외	영진.COM	29,000
14	포토샵 6 & 이미지레디 3 기초 활용 길라잡이(CD 포함)	고영자 외	영진.COM	23,000
15	HTML & JAVA SCRIPT(CD 포함)	안창현	정보문화사	23,000
16	C 언어 30일 완성(S/W 포함)	한상홍 외	영진.COM	17,000
17	3DS MAX를 이용한 건축과 인테리어	윤상홍	사이버출판사	20,000
18	플래시 5 액션스크립트 인터랙티브 무비 만들기(CD 포함)	이기철	영진.COM	25,000
19	파워포인트 2000 무작정 따라하기(S/W 포함)	이승일	길벗	14,800
20	PHOTOSHOP 6 & WEB DESIGN 처음부터 다시배우기(CD 포함)	김현희 외	홍익미디어씨엔씨	32,000

☞ 예술

순위	도서명	저자명	출판사명	정가
1	웬디 수녀의 유럽 미술 산책	웬디 베케트	예담	16,500
2	서양미술사	E.H.곰브리치	예경	35,000
3	칼라 이미지 차트	HARUYOSHI NAGUMO	조형사	15,000
4	재미있는 사진 길라잡이	천명철	미진사	16,000
5	포트폴리오 이렇게 만든다	편집부 엮음	디자인하우스	9,800
6	신화 영상집	-	파스텔미디어	15,000
7	반 고흐:태양의 화가	파스칼 보나푸	시공사	7,000
8	색채 1	KBS한국색채연구소 엮음	KBS문화사업단	4,200
9	유키 구라모토 피아노 앨범	편집부	삼호출판사	8,000
10	COLORING(작가에게 배우는 만화 채색 테크닉)	권선이	다섯수레	18,000
11	소리의 황홀	윤광준	효형출판	12,000
12	유키 구라모토 베스트 콜렉션	편집부	아름출판사	6,000
13	앙드레 가뇽	편집부	돋을새김	10,000
14	영화가 욕망하는 것들	김영진	책세상	3,900
15	최신 영화음악 히트곡집	편집부	아름음악출판사	7,000
16	경음악 편곡법	송전창	세광음악출판사	9,000
17	클림트	이주헌	재원	8,000
18	사진 (6판)	바바라 런던 외	미진사	30,000
19	사진 어떻게 찍을 것인가?	유경선	미진사	20,000
20	조지 윈스턴 피아노 앨범	박영진 외 엮음	청년사	8,000

☞ 취미·실용

순위	도서명	저자명	출판사명	정가
1	한자 쉽게 끝내기	이래현	키출판사	10,000
2	세계를 간다 102:일본 100배 즐기기	유재우 외	중앙M&B	14,000
3	세계를 간다 101:유럽 100배 즐기기	지일환 외	중앙M&B	14,000
4	정밀도로지도	편집부	영진문화사	20,000
5	중국(자신만만 세계여행 3)	편집부	삼성출판사	12,000
6	10만도로지도 지도대사전	편집부	성지문화사	20,000
7	EASY 유럽	고영웅 외	블루출판사업부	16,000
8	MAP OF SEOUL(서울 수도권 도로교통지도)	편집부	삼성출판사	15,000
9	서울시교통지도:축척 1:10,000	편집부	중앙지도문화사	12,000
10	미국(자신만만 세계여행 2)	편집부	삼성출판사	15,000
11	서울 수도권정밀지도	편집부	영진문화사	12,000
12	세계를 간다 3:미국	편집부	중앙M&B	13,000
13	고사성어	이상기 엮음	전원문화사	7,000
14	아름다운 몸의 혁명 스트레칭	밥 앤더슨	넥서스	13,000
15	숨은 여행 찾기	김세훈 외	삼성출판사	9,500
16	캐나다(자신만만 세계여행 10)	편집부	삼성출판사	12,000
17	세계를 간다 1:중국	편집부	중앙M&B	15,000
18	한국도로지도(한글판)	편집부	중앙지도문화사	12,000
19	서울지번도 1:5000(2001)	편집부	영진문화사	30,000
20	수도권도로지도(생활지도)	최무웅 엮음	성지문화사	20,000

찾아보기

ㄱ

가나출판사 8, 84, 332
『가던 새 본다』 197
가람기획 332
가스통 르루 8
『가시고기』 8, 18, 175, 193, 202, 215, 301, 335
『가을동화』 31, 128, 335
갈리마르 69, 261
『강아지똥』 262
강혜원 63
『개미제국의 발견』 30
『객지』 214
『거울』 316, 320, 334
건국대출판부 230
『경호』 20, 71~72
게오르그 루카치 183
『경주 남산』 231
고단샤 44, 271~272
『고대문명교류사』 24, 110
『고래는 왜 바다로 갔을까』 27
고려원 245
〈고사를 가다〉 44
『고양이라면 어떻게 했을까?』 77
『곰』 110
『공룡을 찾아서』 27
『공자 노자 석가』 37
공지영 8
『공지영의 수도원 기행』 18
『공포특급』 100
『과학 콘서트』 30, 148
곽경택 31
광개토 308
『괭이부리말 아이들』 8, 328

『교실밖 국어여행』 63
『교양』 24, 110~114, 116~117
구본형 22, 304
구성애 299
『구성애의 성교육』 299
『국화꽃 향기』 9, 31, 128, 175, 193, 202, 301, 308, 331
『군도』 308
궁리 95, 127
권정생 262
『그대, 스스로를 고용하라』 22, 304
『그리스 신화 100장면』 332
길벗 232, 241, 243
길벗어린이 262
김대벽 231
김대호 83
김상준 230
김성동 196, 308
김연수 105
김영건 227
김영사 11, 22, 27, 31, 78, 120, 233
김영하 213
김용규 106
김용석 25
김용옥 298~299
김우중 78
김원일 101
김주연 200
김중미 8
김진명 181, 326
김하인 9
김호식 320
김홍경 253, 298~299
김훈 17,
『깊은 슬픔』 104
『꼰빠이 이상』 105
『꿈』 196

ㄴ

『나는 그림에서 인생을 배웠다』 337
『나는 이런 책을 읽어 왔다』 12
『나는 장기를 제공하지 않을 것이다』 201
『나는 한국이 두렵다』 169
『나도 일등한 적이 있다』 140
『나의 가치를 높여주는 화술』 22
『나의 문화유산답사기』 88~90, 114, 134, 180, 189
나탈리 제먼 데이비스 49
『난 유리로 만든 배를 타고 낯선 바다를 떠도네』 193
『난장이가 쏘아올린 작은 공』 214
『내 몸은 내가 고친다』 253, 298
넥서스 60
『노빈손 에버랜드에 가다!』 142
『노빈손의 가을 여행』 325
『노빈손의 버뮤다 어드벤처』 325, 337
『노빈손의 아마존 어드벤처』 325, 337
노암 촘스키 53, 324, 336
『노자를 웃긴 남자』 249
『노자와 21세기』 298
『논어』 298
『누가 내 치즈를 옮겼을까』 9, 20, 60, 70~75, 77~78, 175, 202, 263, 302, 304, 307, 313~314, 331
『누가 책을 죽이는가』 253, 292
니체 전집 237

347

님 웨일즈 96

ㄷ

다니엘 핑클 22
다른세상 267
다리미디어 31
『다이고로야, 고마워』 319, 330
『다이어트의 성정치』 227
다치바나 다카시 12
다테노 아키라 266~267
다테이시 요우이치 276
당대 127
『대왕생』 44
『대우자동차 하나 못 살리는 나라』 83
데이비드 보더니스 30
데이비드 브룩스 22
데이비드 D. 패트릭 6
『도전받는 오리엔탈리즘』 120, 123~124, 126
『도쿠가와 이에야스』 272
『독서가 어떻게 나의 인생을 바꾸었나』 12
돌베개 96, 127
동녘 96, 127
동방미디어 22
동아시아 30, 37
『동양과 서양, 그리고 미학』 119
『동화로 읽는 그리스 신화』 17
두레 336
『드래곤 라자』 97, 100, 103, 128~129, 140, 223, 265~266, 335
들녘 24, 97, 253
『디지털 시대의 책 만들기』 37
『디지털 욕망과 문학의 현혹』 200
디트리히 슈바니츠 24

『딸이 엄마에게 가르쳐주는 컴퓨터』 180
『똥이 어디로 갔을까』 256
뜨인돌출판사 27, 38, 109, 226, 307, 325

ㄹ

래리 킹 22
『래리 킹 대화의 법칙』 22
레이 황 336
『로마인 이야기』 114, 180
로버트 기요사키 8, 223
로버트 라이시 11
『로빈슨 크루소 따라잡기』 27, 31, 59, 61, 63~66, 69~70, 139, 226, 261, 307, 319, 325, 334
로저 사르띠에 14
『로지컬 씽킹』 22
루이스 엡스타인 63
『루카치 미학』 183~184, 186~190
'리틀스코프' 시리즈 27

ㅁ

『마당을 나온 암탉』 262, 335
『마르크스 평전』 96
『마르탱 게르의 귀향』 49
마빈 해리스 180
『마음을 열어주는 101가지 이야기』 20
『마이너리그』 17~19, 193~195, 197~199, 202~203, 207, 216, 302, 308, 314
마이클 크라이튼 217
『만화 그리스 신화』 17, 85, 324
『만화로 보는 그리스 로마 신화』 8~9, 17, 27, 84, 322, 324, 331~332
『말썽꾸러기 로라』 261
『말을 듣지 않는 남자 지

도를 읽지 못하는 여자』 263
매경 336
『먼나라 이웃나라』 31, 90, 148
메네라오스 스테파니데스 17
명상 124, 316
명진출판 337
모로하시 데츠지 37
모모세 타다시 264
『무궁화꽃이 피었습니다』 181
무라카미 류 276
무라카미 하루키 218
『무인도에서 살아남기』 319
'무작정 따라하기' 시리즈 231
『묵향』 316
『문명의 충돌』 120, 324, 336
문수미디어 316
문이당 83, 200
문지스펙트럼 229
문학과지성사 49, 101, 190, 198, 209, 213
문학동네 17, 104~105, 209
'문학비평총서' 시리즈 230
문학수첩 8
『문화로 보면 역사가 달라진다』 115
미래사 115
미술문화 183
민경현 196
민미디어 301, 308
민음사 24, 31, 45, 93, 100, 105, 117, 127, 180, 181, 198, 208~209, 148, 231, 236~237, 245, 268, 282

ㅂ

바다출판사 58
『바이올렛』 17
박범신 302
박상연 31
박상준 27
박영규 253
박완서 193
박찬기 234
박해현 261~262
『반갑다 논리야』 63, 65
『반지의 제왕』 8~9, 84, 97, 167
밝은세상 8
백지연 200
『벌핀치의 그리스 로마 신화』 332
『베르그송주의』 229
베르나르 베르베르 119
『베스트셀러 이렇게 만들어졌다』 267
베텔스만 272
『변신 이야기』 231
보도 섀퍼 27
『보도방』 301
보리 94
『보보스』 22
『봉순이 언니』 8, 328
『부유한 노예』 11, 76, 82, 91
『부자 아빠 가난한 아빠』 8, 22, 74, 78, 80, 175, 192, 202, 223~225, 245, 263, 308, 314
『북 비즈니스』 115
북새통 160
북앤드 230
북앤월드 226
『불량 국가』 336
브래들리 트레버 그리브 58
비룡소 27, 140, 148, 258, 261, 263

ㅅ

사계절출판사 24, 259, 262
사노 신이치 253
『사람의 아들』 105
『사슴벌레 여자』 302, 308, 314
『사암침법으로 푼 경락의 신비』 298
사이언스북스 30, 234
사토나카 마치코 17
사회평론 8, 83, 263~265
『삶과 죽음을 바라보는 티벳의 지혜』 93
『삼국유사』 188
『삼국지』 181, 215
삼성출판사 27
삼인 127, 336
삼진기획 330
상도 8, 18, 100, 103, 175, 192, 202, 223, 301, 308, 310, 314, 326, 331
새물결 127
새뮤얼 헌팅턴 121, 324
『샘의 신나는 과학』 27
생각의나무 9, 17, 22, 30~31, 193, 316
『생명이 있는 것은 아름답다』 30, 320
『서가에 꽂힌 책』 12
서두칠 78
『서양과 동양이 127일간 e-mail을 주고받다』 25, 37, 51, 111, 117
서울대출판부 230
서울문화사 299
『서재 결혼 시키기』 12
서현주 247~248
석탑 299
선마크 265
세계문학전집 100, 117, 236~237

세계작가탐구 230
소걀 린포체 93
『소비자 코드를 읽어라』 109
『소설 동의보감』 100
『소설 프로메테우스』 96
『손님』 17~18, 101, 193, 196
솔출판사 272
송건호 180
송대방 105
쇼각칸 276
『쇼생크 탈출』 218
『수요 공급 살인사건』 226
『수학귀신』 263
『숙명의 트라이앵글』 324, 336
『쉬리』 267
슈에이샤 262, 276
'스칼라 월드북스' 259
스콜라스틱 258
『스타크래프트 한 판으로 영어 끝장내기』 140~141
스티븐 코비 304
스티븐 킹 17~218, 276
스펜서 존슨 9
『슬픈 시간의 기억』 101
『시간 박물관』 111, 117
시공주니어 27
시아출판 22
시오노 나나미 114
시와사회 320
식물추장 253, 298
신경숙 17, 104, 204
『신기한 스쿨버스』 27, 65, 148, 153
『신라인의 마음으로 삼국유사를 읽는다』 188
신영훈 231
신쵸샤 265
신현준 197

『신화, 그림으로 읽기』 332
실천문학 193
『씰크로드학』 24, 110

ㅇ

『아내여 항복하라』 312
『아담이 눈 뜰 때』 221
아라크네 71
『아랑은 왜』 213
『아름다운 이야기』 94~95
『아름다운 지상의 책 한 권』 12
『아리랑』 96, 100
『아마존에서 살아남기』 319
아비코 다케무라 276
『아씨방 일곱동무』 258
아이세움 27, 319
『아주 오래된 농담』 193
안은표 22
안철수 22, 95
'알고 싶어요' 시리즈 27
『알도와 떠도는 사원』 106
'앗' 시리즈 27, 65, 148, 233~234
애너 퀸들런 12, 43
앤 패디먼 12
『어느 게으름뱅이의 책읽기』 12
『어느 날 문득 발견한 행복』 38
『어린이가 지구를 살리는 50가지 방법』 260
『엄마, 영어방송이 들려요!』 243, 246, 248
에드워드 W. 사이드 53, 120
에이 로쿠스케 44
에코리브르 12, 22
엡스타인 115, 269
『여름사냥』 325
여명 27

여백 9
『여성이여, 테러리스트가 돼라』 20
역사비평사 307
『연탄길』 330
『열두 살에 부자가 된 키라』 27
열린책들 119
『열한번째 사과나무』 193~194, 212, 308
염무웅 200
『엽기적인 그녀』 320
『영국노동계급의 형성』 190
『영어공부 절대로 하지마라』 8, 31, 128, 175, 244, 246, 263, 265, 335
『'영어'하면 기죽는 엄마를 위한 자신만만 유아영어』 247~248
영진닷컴 242~243, 245, 275
예영커뮤니케이션 273
『오늘 눈부신 하루를 위하여』 22
『오래된 정원』 196~197
『오른발, 왼발』 262
오사마 빈 라덴 124
『오성식 생활영어 SOS 7200』 245
오수연 31
오에 겐자부로 266
『오체불만족』 235
오토다케 히로타다 235
『오페라의 유령』 8~9
『외등』 302
'우리가 정말 알아야 할 우리 고전' 259
『우리들의 일그러진 영웅』 268
『우리시대 스테디셀러의 계보』 267

『웃기는 리더가 성공한다』 81
웅진닷컴 17, 27, 94, 261
원성 320, 334
『원칙 중심의 리더십』 304, 314
위기철 63
유종호 210
유홍준 88, 114, 307
윤대녕 302, 308
은희경 17, 193~197, 204, 207, 302, 308
을파소 27
이경덕 118
이경숙 249
이광주 12
이권우 12
이남수 243, 248
이노우에 유메히토 276
이덕일 230
이도흠 188
이레 20, 316
이론과실천 106
이문열 5, 105, 181, 268
『이븐 바투타 여행기』 24, 110
이산 127, 336
이상권 256
이상옥 236
『이슬람』 117, 324, 336
이승환 25
이영경 258
이영도 97, 140, 266
이영준 237
이와나미 43~44
이용범 193, 204
이우익 63
이우혁 97
이원복 31
이원호 301
이윤기 24, 86~87, 119, 231,

331
『이윤기의 그리스 로마 신화』 17, 117, 322, 332
이은성 100
이인식 30
이정명 308
이진수 301, 308
이철환 330
이청준 214
『이타적 유전자』 148
이호백 258
이후 324
『익숙한 것과의 결별』 22
『인터넷 인세 생활』 276
〈일본 100 명산〉 44
〈일본어 연습장〉 44
일빛 22
'읽는 재미' 시리즈 27

ㅈ

자인 249
『작은 인간』 180
'작은책' 229
『장길산』 100
장인배 140
장정일 221
장파 119
『장한몽』 215
『재미있는 물리여행』 63
『재벌에 곡한다』 83
잭 웰치 22, 95
『잭 웰치 끝없는 도전과 용기』 22
잭 캔필드 20
전경린 193
『전당시』 132
전여옥 20
『전쟁과 평화』 336
전태일 96
전파과학사 233
『젊은 예술가의 초상』 236
정석화 267

정수일 24, 110, 117
『정신현상학』 91
정음사 237
정재승 30, 148
제인 구달 95
제임스 조이스 236
제임스 해리엇 94
제프리 존스 169
조세희 214
조애너 콜 27
조앤 K. 롤링 8
조영래 96
조정래 17, 100, 266
조창인 8
조한욱 115
『조화로운 삶』 94
존 그레이 312
존 그리샴 217
『좀머 씨 이야기』 218
주디 맨델 273
『중국신화전설』 231
『중국은 가짜다』 336
중앙M&B 169, 225
『쥐돌이는 화가』 258
지식의풍경 49
『지의 편집공학』 60
지호 12, 127
진명출판사 9
『진영첩의 주자강의』 229
진정석 197
질 들뢰즈 229

ㅊ

『차이나 쇼크』 336
'창비교양문고' 235
'창비아동문고' 256, 258
창작과비평사 8, 17, 24, 27, 88, 100, 127, 190, 195, 198, 209, 236, 256, 284
창작시대 259
창해 301, 332
'창해 ABC문고' 232

책세상 38
'책세상문고·우리시대' 24, 38, 115, 226~229, 234
『책의 현장 2001』 59, 267
책이있는마을 301
『천 가지 합법적인 세금 트릭』 226
『철학과 문학비평, 그 비판적 대화』 227
청년사 127
청년정신 22
청림출판 22
청어람미디어 12
청하 237
체 게바라 95
『체 게바라 평전』 93, 96
최용운 83
최원석 197
최인석 196
최인호 8, 223, 310
최인훈 208
최재천 30, 320
『춘아, 춘아, 옥단춘아, 네 아버지 어디 갔니?』 24~25, 45~46, 51
『출판대붕괴』 181, 292
『치즈와 구더기』 49
『친구』 31, 128, 267, 310
친구미디어 312

ㅋ

카를로 진즈부르그 49
카사이키 요시 276
『칼의 노래』 17~18, 326
케이트 로언 27
켄 블랜차드 20
『코리안 드림』 263
클로딘 롤랑 27
'클리포드' 시리즈 258

ㅌ

탁석산 115, 143
『태백산맥』 100, 195,

266~267
'터치 북' 259
테루야 하나코 22
토머스 불핀치 8
토머스 핀천 217
토머스 해리스 301
톨킨 8, 97
통나무 298
『퇴마록』 97, 100, 103, 223, 316

ㅍ

파랑새어린이 17
『파이의 역사』 148
파트리크 쥐스킨트 218
『펄떡이는 물고기처럼』 20, 70, 72, 75, 314
『편집자가 작가에게』 273
표정훈 118
푸른숲 8, 20, 111, 119, 328
푸른역사 127, 188, 229, 336
『프로이트와 영화를 본다면』 230, 231
『프리에이전트의 시대가 오고 있다』 22
『플래시 5 무작정 따라하기』 232
피터 드러커 95

ㅎ

『하늘이 무너지다』 316
『하이파이브』 20, 60, 71~72, 75, 77~78
학고재 332
『한강』 17~18, 100
'한국생활사박물관' 시리즈 259
『한국의 궁궐』 231
『한국의 정체성』 115, 143
『한국이 그래도 일본을 따라잡을 수 있는 18가지 이유』 264~265
『한국이 죽어도 일본을 못 따라잡는 18가지 이유』 264~265
한국출판마케팅연구소 12, 37, 267
『한권으로 읽는 조선왕조실록』 253
한길사 114, 180
한길아트 12
『한니발』 301
한뜻 100
한문화 302
한미화 267
한비야 128
『한비야의 중국견문록』 128, 336
한서설아 227
한언 20
한울 229
한울림 247~248
한창훈 196~197
'할 수 있다' 시리즈 234, 242
『합법적으로 세금 안 내는 110가지 방법』 71, 192, 225
해냄 17, 100, 181, 316
해리 폴 20
'해리포터' 시리즈 8~9, 100, 167, 175, 223, 302, 308
『해바라기』 308
『해방전후사의 인식』 180
『허드슨 강변에서 중국사를 이야기하다』 336
허브 코헨 22
『허브를 사랑하나요』 316
『헤르메스의 기둥』 105
헨리 데이빗 소로우 95
헨리 페트로스키 12
헬렌 니어링 94~95
『현대 중국을 찾아서』 336
『협상의 법칙』 22
『호밀밭의 파수꾼』 142
홍익출판사 336
『화두』 208
『화두, 혜능과 셰익스피어』 298
『화성에서 온 남자 금성에서 온 여자』 312
『화인열전』 307
『화첩기행』 337
황금가지 8, 17, 85, 97, 140, 245, 324
황석영 17, 101, 193, 196, 207, 214, 309
황선미 262
황수관 299
『황수관 박사의 신바람 건강법』 299
황종연 143
『황태자비 납치사건』 316, 326
효형출판 30, 337
『휘파람』 301
휴머니스트 22, 25, 37, 111
『희망의 이유』 95
히토츠바시 그룹 276
『힐링 소사이어티』 302

기타

『20대에 하지 않으면 안될 50가지』 72
21세기북스 20
『40대를 위한 컴퓨터』 234
『CEO 마인드』 225
『CEO 안철수 영혼이 있는 승부』 22, 78
DK 69, 259
『DMZ』 31, 128, 267
E. P. 톰슨 190
『E=mc^2』 30, 148, 308
H. M. 엔첸스베르거 263
『Hello 베이비, Hi 맘』 248
『The Blue Day Book』 58~59, 67, 69, 319~320